国家双高“铁道机车专业群”系列 活页工作手册式立体化教材
——铁道机车运用与维护专业

电力机车制动机

主 编 ◎ 李书营 马金法 张琼洁
副主编 ◎ 单绍平 李孝坤 毛乾亚
主 审 ◎ 尚宝鸿

西南交通大学出版社
·成 都·

内容简介

本书针对高等职业院校技能型人才培养的特点，以和谐型电力机车制动系统运用检修的各项任务、项目过程为导向，培养学生面向工作岗位的理论基础和实践能力。全书内容以 HXD3C 型电力机车 CCBⅡ制动系统、HXD2C 型电力机车法维莱 Eurotrol 制动机和 HXD1D 型电力机车 DK-2 制动机为主型制动机，包括 7 个学习项目，分别为：制动系统认知、和谐电力机车风源系统、CCBⅡ制动系统、法维莱 Eurotrol 制动机、DK-2 制动机、基础制动装置、制动理论基础认知。书末有 2 个实训项目：制动机操纵与故障处理、制动机的典型部件检修。

本书融和谐型电力机车制动系统理论知识和运用检修于一体，可作为高等职业院校电力机车专业的教材，也可作为职工教育、技工学校等电力机车专业的教学用书，同时可供电力机车运用与检修人员和有关工程技术人员参考。

图书在版编目（CIP）数据

电力机车制动机 / 李书营，马金法，张琼洁主编
. —成都：西南交通大学出版社，2023.8（2025.1 重印）
ISBN 978-7-5643-9349-6

Ⅰ. ①电… Ⅱ. ①李… ②马… ③张… Ⅲ. ①电力机车－制动器－高等职业教育－教材 Ⅳ. ①U264.91

中国国家版本馆 CIP 数据核字（2023）第 111690 号

Dianli Jiche Zhidongji

电力机车制动机

主　编 / 李书营　马金法　张琼洁

责任编辑 / 张华敏
特邀编辑 / 杨开春　陈正余
封面设计 / 何东琳设计工作室

西南交通大学出版社出版发行
（四川省成都市金牛区二环路北一段 111 号西南交通大学创新大厦 21 楼　610031）
发行部电话：028-87600564　　028-87600533
网址：http://www.xnjdcbs.com
印刷：成都蜀通印务有限责任公司

成品尺寸　185 mm × 260 mm
印张　19.75　　字数　475 千
版次　2023 年 8 月第 1 版　　印次　2025 年 1 月第 2 次

书号　ISBN 978-7-5643-9349-6
定价　56.00 元

课件咨询电话：028-81435775

Preface 前言

视频："机车制动"课程简介

重载运输已成为我国铁路货运发展的方向和必然趋势，目前重载列车牵引质量已达到 5 000 ~ 20 000 t，需要大功率的机车作为牵引动力。目前全国铁路已有万余台"和谐型"和"复兴号"大功率重载交流传动机车承担重载牵引，大功率交流传动机车已成为我国主流牵引动力。

随着铁路牵引动力新技术的发展，为了确保给铁路运输提供坚实可靠的人才保障，快速提升企业在职人员和职业院校学生实际运用和检修的专业水平，我们在参考 HXD 型电力机车制动机相关技术资料的基础上，从实际需要出发，编写了本教材。

本教材以培养电力机车运用与检修岗位所需的专业核心能力为目标，在机务生产一线人员的共同参与下，对照电力机车司机、电力机车电工、钳工、制动钳工等岗位应具备的电气系统操作、维护保养、检查检修、试验、故障应急处理等能力要求及标准选定教学内容。书中以专业岗位真实工作任务和真实工作过程为导向，共包括 7 个学习项目和 2 个实训项目。其中，7 个学习项目是：制动系统认知、和谐电力机车风源系统、CCBⅡ制动系统、法维莱 Eurotrol 制动机、DK-2 制动机、基础制动装置、制动理论基础认知。2 个实训项目是：制动机操纵与故障处理、制动机的典型部件检修。全书共包括 74 个学习任务和技能训练任务。

本教材的特点是以工作任务为中心，技能训练为引导，基础理论知识为背景，根据训练任务的需要把背景知识融入能力训练项目之中，使理论知识与实践有机融合。

本教材配套了丰富的数字资源，将"机车制动"课程涉及的知识内容，生动、直观地呈现在读者面前，使读者对所学知识更易领会并融会贯通，提高了学习效率，也提升了学习能力。

本教材由郑州铁路职业技术学院李书营、马金法、张琼洁主编，郑州铁路职业技术学院单少平、李孝坤、毛乾亚任副主编。具体编写分工如下：李书营编写项目二、项目四、项目六，马金法编写项目三、项目八，张琼洁编写项目五、项目九，单绍平编写项目七、项目一，李孝坤、毛乾亚参与部分立体素材的制作与整理。全书由郑州机务段尚宝鸿担任主审。

本教材在编写过程中，郑州铁路职业技术学院机车车辆学院、郑州铁路局机务处、郑州机务段、郑州职工培训基地的专家和同仁对编写工作给予了大量的指导和帮助，在此，编者谨向他们致以深深的谢意。

由于编写水平有限，加之时间仓促，书中难免有错误和不当之处，恳请读者批评指正并提出宝贵意见。

编　者

2023 年 3 月

Contents 目录

上篇 理论篇

下篇　实训篇

上篇

理论篇

项目一 制动系统认知

项目描述

制动系统关乎运输安全，是运输设备性能的重要体现，在运输设备中具有举足轻重的地位。本项目主要讲解制动的概念和一些制动常识。

知识目标

1. 掌握一些常见的制动概念、制动常识。
2. 掌握各种制动方式的分类及各自特点。
3. 了解制动机的发展历史，掌握其发展脉络。

能力目标

1. 会分析典型自动空气制动机的工作原理。
2. 能够独立进行制动机系统各管路的识别。
3. 能分别阐述各管路在制动机系统中的作用。
4. 建立制动机控制的整体思路和框架，对制动机有基本的宏观认知。

思政目标

1. 培养“敬业爱岗、遵章守纪、乐于奉献”的职业精神。
2. 牢记“安全第一、以质量促安全”的职业规范。
3. 树立“因果”理念，弘扬“精益求精”工匠精神。

任务一　制动系统基本概念认知

任务描述

1. 学习制动系统相关概念。
2. 分析制动过程中必须具备的基本条件。
3. 掌握制动系统的组成。
4. 充分理解制动系统的重要意义。

知识储备

日常生活中，任何运输工具都离不开制动系统。小到自行车，大到航天飞机，制动系统都起着保证运输安全的重要作用。对于铁路运输来讲，列车的运行过程包括牵引、惰行和制动 3 个基本工况，而制动工况的顺利实施关键在于制动系统有效、可靠地工作。那么，什么是制动系统？它包括哪些组成部分呢？下面先介绍两个基本概念——制动、制动力。

所谓制动，是指能够人为地产生列车减速力并控制这个力的大小，从而控制列车减速或阻止它加速运行的过程。制动过程必须具备两个基本条件：

（1）实现能量转换。

（2）控制能量转换。

简单的制动系统在实现能量转换的同时进行能量转换的控制。比如自行车的刹车，在捏闸的同时通过施加力的大小来完成制动力大小的控制。

随着机车车辆技术的发展，实现能量转换的设备为制动系统中的基础制动装置，通过基础制动装置将制动缸的压缩空气的压力转换为相对应的制动力，通过制动机控制基础制动装置的制动缸压力的大小，实现制动过程中能量转换速度与大小的控制。

制动力是指制动过程中所形成的可以人为控制的列车减速力。

制动系统是指能够产生可控制的列车减速力，以实现和控制能量转换的装置或系统。制动系统由制动机、手制动机和基础制动装置 3 大部分组成。其控制关系（即工作流程）如图 1-1 所示。

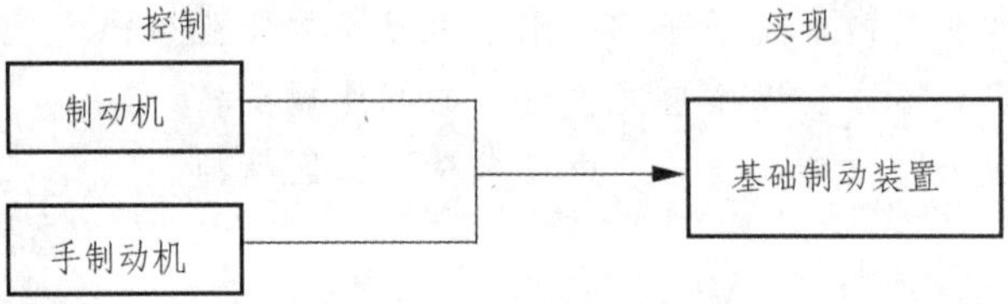

图 1-1　制动系统的控制关系

无论是机车还是车辆，都具有各自的制动系统，即各自的制动机、手制动机和基础制动装置。当机车、车辆编组成列车后，其各自的制动系统相互联系而构成一个统一的制动系统——列车制动系统。制动系统则有机车制动系统、车辆制动系统和列车制动系统之分。

由于制动系统的设置目的是实现列车能够按照人的意志减速或准确停车，所以，制动系性能的好坏，不仅影响着列车的制动效果，而且影响着铁路运输生产和安全。衡量制动系统性能的优劣，主要是衡量制动机性能的好坏。性能良好的制动机对铁路运输有以下几方面的促进作用：

（1）保证行车安全。

（2）充分发挥牵引力，增大列车牵引质量，提高列车运行速度。

（3）提高列车的区间通过能力。

学习指导

制动过程必然伴随着能量转换的过程。由于对制动结果的要求不同，比如，有发生紧急情况时必须立即停车的紧急制动，也有为了调速而施加的常用制动；就算是常用制动，也有需要制动力大使减速效果明显的制动，也有为了舒适而采用的最小制动力制动，所有这些，都需要在制动过程中进行能量转换的控制。这个控制在现代制动系统中实际上就是控制制动缸压力的变化。制动机与基础制动装置的结合点就是制动缸，对制动机来说，制动缸压力变化是它的输出结果，对基础制动装置来说，制动缸压力的变化是基础制动装置工作的前提。所以，制动机和基础制动装置组合在一起形成了制动系统，以完成制动功能。

任务自检

1. 为什么要学习制动系统知识？
2. 制动系统主要由哪些部件组成？

任务二　制动系统发展认知

任务描述

1. 学习制动系统的发展历程。
2. 分析制动系统发展过程中的关键因素。
3. 了解制动系统的发展方向。

知识储备

1825 年 9 月 27 日，英国在斯多克顿至达林顿之间建成了世界上第一条铁路，于是世界上第一列由蒸汽机车牵引的列车开始运营。当时所使用的制动机是人力制动机，即手制动机。在工作中，需设置若干名制动员，当运行中需要制动（刹车）时，司机发出信号，由制动员们分别操纵每一节车上的手制动机进行制动。可见，人力制动不仅使工作在较恶劣环境中的制动员的劳动强度增大，更主要是大大降低了列车中各车辆制动的同步性，从而造成严重的制动冲击，影响列车制动效果。

1869 年，美国工程师乔治·韦斯汀豪斯发明了世界上第一台空气制动机——直通式空气制动机。直通式空气制动机属于气动装置，并且由司机单独操纵，所以与人力制动机相比，大大提高了列车制动的同步性，减小了制动冲击，改善了列车的制动效果。但是，由于直通式空气制动机自身的工作机理，使其在运用过程中存在致命的弱点——当列车分离时，列车将失去制动作用。

1872 年，乔治·韦斯汀豪斯在直通式空气制动机的基础上，研制出了一种新型的空气制动机——自动空气制动机。自动空气制动机克服了直通式空气制动机的致命弱点，从而在铁路运输领域得到了广泛的应用，直到科技高度发展的今天，世界各国的铁路运输列车所使用的空气制动机，其工作原理均源于自动空气制动机。

20 世纪 60 年代，随着科学技术的发展，电空制动技术在铁路运输领域被广泛应用，产生了电空制动机，从而改善了制动机的工作性能，为铁路运输提供了更为可靠的安全措施。

学习指导

制动系统发展的核心是提高制动机的工作性能。以压缩空气作为制动原力是制动系统发展的基石。

现代制动系统的发展主要体现在控制上，即制动机（制动缸压力变化）的控制方式的发展。

任务自检

1. 直通式空气制动机存在什么问题？
2. 谁发明了自动空气制动机？

任务三　制动系统分类认知

任务描述

1. 学习制动系统的分类。
2. 按照不同的分类标准对制动系统进行分类。

知识储备

制动过程是人为产生并控制列车减速力的大小，从而控制列车减速运行或阻止它加速的过程。制动过程中所需要的作用动力和控制信号的不同是区别不同制动机的重要标志。例如，空气制动机的作用动力和控制信号均为压缩空气（又称压力空气）；电空制动机的作用动力也是压力空气，但其控制信号则为电信号。因此，了解制动机的作用动力和控制信号，是分析和掌握该制动机工作过程的基本前提。

理论上，常以制动方式区别不同方式的制动。所谓制动方式是指制动过程中列车动能的转移方式或制动力的形成方式。按照列车动能转移方式的不同，制动方式可分为热逸散和将动能转换成有用能两种基本方式，如图 1-2 所示。

- 热逸散
  - 摩擦制动
    - 固体摩擦制动
      - 闸瓦制动
      - 盘形制动
      - 轨道电磁制动
    - 液体摩擦制动
  - 动力制动
    - 电阻制动
    - 旋转涡流制动
    - 轨道涡流制动
- 动能转换成有用能
  - 再生制动
  - 飞轮储能制动

图 1-2　制动方式（按列车动能转移方式分）

按照制动力形成方式的不同，制动方式又可分为黏着制动和非黏着制动。制动力的形成是通过轮轨间的黏着来实现的制动，称为黏着制动；反之，不通过轮轨间的黏着来形成制动力的制动，则称为非黏着制动。黏着制动和非黏着制动的分类见表 1-1。

制动机按作用对象可分为机车制动机和车辆制动机；按控制方式和动力来源可分为空气制动机、电空制动机和真空制动机等。

表 1-1　黏着制动与非黏着制动的分类

制动类型	分类		备注
黏着制动	1. 摩擦制动	踏面制动	广泛应用
		盘形制动	
	2. 动力制动	电阻制动	在电力机车上普遍采用
		再生制动	在电力机车上采用
		加馈电阻制动	在电力机车上普遍采用
	3. 惯性制动	飞轮蓄能制动	
非黏着制动	4. 磁轨摩擦制动		在高速机车、动车组上采用，目前尚未普及
	5. 磁轨涡流制动		
	6. 风阻制动及喷气制动		

学习指导

制动系统有不同的分类方法，主要分类方法有：

（1）按照列车动能转换方式分类。

（2）按照制动力形成方式分类。

（3）按照制动系统作用对象分类。

任务自检

1. 按照列车动能转移方式的不同，制动方式如何分类？

2. 按照列车制动力形成方式的不同，制动方式如何分类？

任务四　早期制动系统工作原理认知

任务描述

1. 学习早期制动系统的组成。

2. 分析早期制动系统的工作原理。

3. 了解早期制动系统存在的问题。

4. 了解早期制动系统的改进方向。

5. 分析制动系统以后的发展方向。

知识储备

如前所述，早期空气制动机的发展经历了直通式空气制动机和自动空气制动机两大阶段，下面将分别讨论其基本作用原理。

一、直通式空气制动机的基本作用原理

（一）基本构成

直通式空气制动机的结构原理如图 1-3 所示。

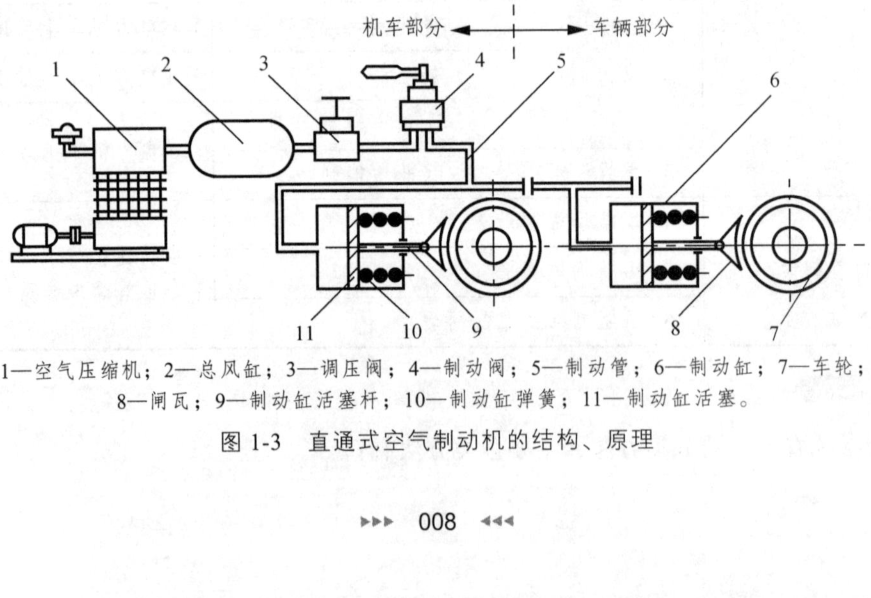

1—空气压缩机；2—总风缸；3—调压阀；4—制动阀；5—制动管；6—制动缸；7—车轮；8—闸瓦；9—制动缸活塞杆；10—制动缸弹簧；11—制动缸活塞。

图 1-3　直通式空气制动机的结构、原理

在车辆上，直通式空气制动机主要由制动管和制动缸组成；在机车上，直通式空气制动机除了包括制动管和制动缸外，还包括空气压缩机、总风缸及操纵整个制动系统的制动阀等组成部分。当编组成列车运行时，机车与车辆、车辆与车辆间除了通过车钩连接外，各自的制动机也要通过制动管连接软管连接，以构成列车统一的制动系统，并且由司机操纵制动阀来实现相应的控制。

（二）基本作用原理

制动系统的工作过程主要包括制动、缓解与保压 3 个基本状态。

1. 制动状态

当列车需要制动时，司机操纵制动阀手柄置于“制动位”，使储存在总风缸内的压力空气经调压阀、制动阀和制动管直接向机车制动缸和车辆制动缸充风，推动制动缸活塞压缩弹簧移动，并由制动传动装置（如制动缸活塞杆、制动杠杆等）将此推力传递到闸瓦上，使闸瓦压紧车轮，产生制动作用。

2. 缓解状态

当列车需要减小或消除制动时，司机操纵制动阀手柄置于“缓解位”，使机车、车辆制动缸内的压力空气经制动管和制动阀排向大气，在制动缸弹簧作用下，制动缸活塞反向移动，并通过制动传动装置带动闸瓦离开车轮，实现缓解作用。

3. 保压状态

当列车需要保持某一制动力时，司机操纵制动阀手柄置于“中立位”，既关断机车、车辆制动缸的充风气路，又关断其排风气路，使机车、车辆制动缸内保持一定的压力，实现保压作用。

综上所述，直通式空气制动机的工作具有以下特点：

（1）由于制动缸的充、排风都需经过制动管来完成，所以可以这样说，制动管充风，产生制动作用；制动管排风，实现缓解作用。恰恰是直通式空气制动机的这一特点，使其存在着“列车分离时，列车制动系统失去制动作用”的致命弱点，这也是直通式空气制动机被淘汰的根本原因。

（2）由于制动管又细又长，必然导致直通式空气制动机在制动时，前部车辆的制动缸充风快、压力高，而后部车辆的制动缸充风慢、压力低，使列车前、后部各车辆的制动同步性较差，从而造成较大的列车制动冲击，尽管其制动效果较人力制动好得多。

二、自动空气制动机的基本作用原理

微课：自动空气制动机的工作原理

（一）基本构成

自动空气制动机的结构原理如图 1-4 所示。

自动空气制动机是在直通式空气制动机的基础上增设一个副风缸和一个三通阀（或分配阀）构成的。其中，副风缸用来储存由制动管充入的压力空气，并在制动时向制动缸供给产生压力空气的空气源。三通阀或分配阀的用途是：在制动

管充风时，向副风缸充入相同压力的压力空气，并使制动缸排风；在制动缸排风时，停止向副风缸充风，同时使副风缸向制动缸充风。

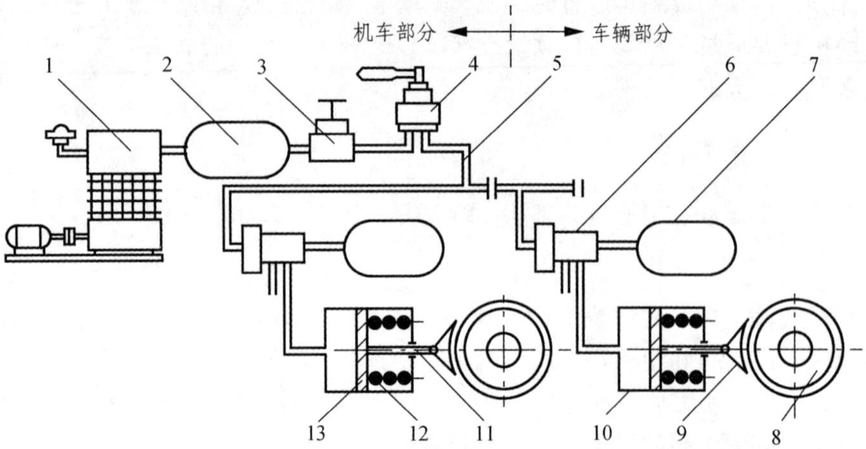

1—空气压缩机；2—总风缸；3—调压阀；4—制动阀；5—制动管；6—三通阀（分配法）；7—副风缸；8—车轮；9—闸瓦；10—制动缸；11—制动缸活塞杆；12—制动缸弹簧；13—制动缸活塞。

图 1-4 自动空气制动机的结构、原理

（二）基本作用原理

1. 缓解状态

如图 1-5 所示，司机将制动阀手柄置于“缓解位”，压力空气经制动阀向制动管充风，三通阀活塞两侧压力失去平衡而形成向右的压力差，推动活塞带动滑阀、节制阀右移，一方面开通充气沟，使制动管压力空气经充气沟进入副风缸储备；另一方面开通制动缸经滑阀的排风气路，使制动缸排风，最终使闸瓦离开车轮实现缓解作用。

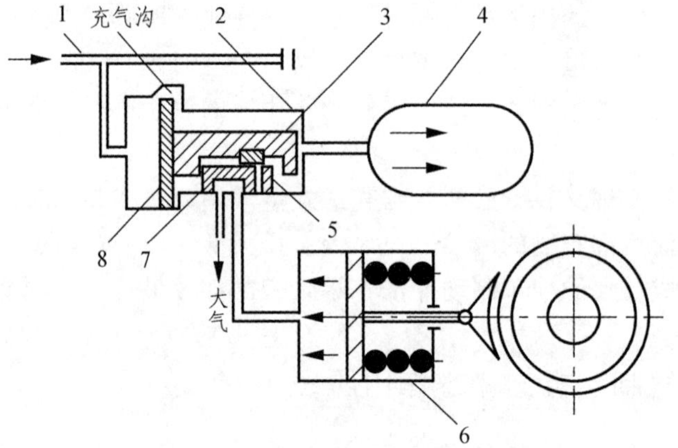

1—制动管；2—三通阀；3—活塞杆；4—副风缸；5—节制阀；6—制动缸；7—滑阀；8—三通阀活塞。

图 1-5 自动空气制动机的缓解状态

2. 制动状态

如图 1-6 所示，司机将制动阀手柄置于“制动位”，制动管内压力空气经制动阀排风，三通阀活塞两侧压力失去平衡而形成向左的压力差，推动活塞左移，关闭充气沟使副风缸内的压力空气不能向制动管逆流；同时，活塞带动滑阀、节制阀左移，使滑阀遮盖排气口以关断制动缸的排风气路，并使节制阀开通副风缸向制动缸充风的气路，随着压力空气充入制动缸，将推动制动缸活塞右移，最终使闸瓦压紧车轮产生制动作用。

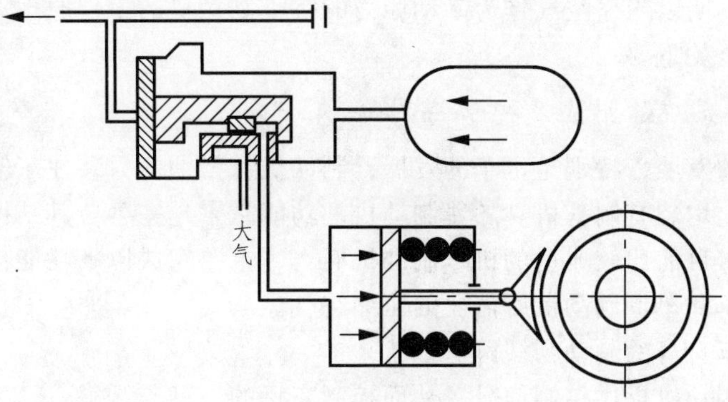

图 1-6　自动空气制动机的制动状态

3. 保压状态

如图 1-7 所示，司机将制动阀手柄置于“中立位”，切断制动管的充、排通风气路，即制动管压力停止变化。随着制动状态时副风缸向制动缸充风的进行，副风缸压力降低，当降到稍低于制动管压力时，三通阀活塞带动节制阀微微右移，从而切断副风缸向制动缸充风的气路，使制动缸既不充风也不排风，即制动机呈保压状态。可见，自动空气制动机具有“制动管充风——缓解，制动管排风——制动”的工作机理，因此，它克服了直通式空气制动机“列车分离时制动系统失去制动作用”的致命弱点，从而得到广泛应用。

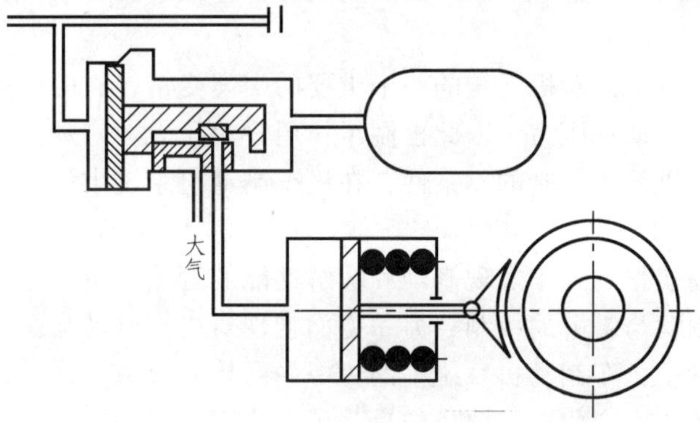

图 1-7　自动空气制动机的保压状态

学习指导

本任务中两个制动机实际上是由机车制动机的一部分（压缩空气的生产、向车辆制动机提供控制信号）和车辆制动机组合而成，最终的作用对象是车辆。

制动管将控制信号送至车辆制动机，从而使机车与车辆协调一致地制动与缓解。

制动缸为车辆制动机的控制对象，由原来的直接控制到自动空气制动机的间接控制，最终作用到车辆基础制动装置上，控制了车辆制动缸的压力变化就控制了车辆的制动与缓解。

副风缸是车辆制动机将车辆制动缸的压力控制由直接转为间接而增设的。

总风缸是机车和车辆的总风源。

现代制动系统的发展主要体现在控制上，即制动机（制动缸压力变化）的控制方式的发展。所以掌握早期以压缩空气作为制动原力的空气制动机的工作原理对后面机车制动机工作原理的学习至关重要。

1. 现代制动系统的组成及控制关系

随着制动机的发展，特别是机车的发展，制动机从早期的只装在车辆上到装在机车上再到机车和车辆上均装有制动机。随着制动机的功能越来越完善，其结构和工作原理也越来越复杂。而对于目前比较典型的机车制动机而言，主要完成以下功能：

（1）提供机车和车辆制动机所需要的压缩空气。

（2）控制机车自身的制动与缓解。

（3）向车辆制动机提供控制信号，从而控制车辆的制动与缓解。

要完成以上功能，制动系统中主要配置有总风缸管、总风联管、制动平均管、制动缸管、作用管、制动管、均衡风缸管。

（1）总风缸管：向制动机其他管路提供风源，机车制动机系统中的制动缸管、制动管、均衡风缸管都需要由总风缸提供风源。

（2）总风联管：一方面保证两节机车总风缸压力的相对一致，另一方面，还可在一台机车的空气压缩机故障时，由另一台机车通过总风联管提供压缩空气。

（3）制动平均管：保证重联机车与操纵端制动缸压力一致，使所有机车制动性能同步一致。

（4）制动缸管：向下通至单元制动器的制动缸，保证单元制动器的制动和缓解功能的实现。

（5）作用管：是机车制动机系统的一个重要的中间变量，它的压力直接通过分配阀的均衡部件转换为机车制动缸压力，因此控制了作用管的压力，实现了对机车制动缸压力的控制，由于机车制动机系统控制的复杂性，在机车制动机系统中设置了多个部件来控制作用管的压力变化。

（6）制动管：是使整列列车实现制动和缓解性能的管路。机车通过控制它的压力变化一方面实现对车辆制动与缓解的控制，另一方面实现对机车制动与缓解的控制。

（7）均衡风缸管：机车制动机系统中的另一中间控制环节，通过控制均衡风缸的压力变化来控制制动管的压力变化。主要目的是为了解决直接控制制动管压力变化的不足而设置的。

2. 制动系统中各管路的控制关系

（1）机车的制动与缓解受机车基础制动装置上的制动缸的压力变化控制。

（2）车辆的制动与缓解受车辆制动缸的压力变化控制。

（3）车辆制动缸的压力变化由机车提供的制动管压力变化来控制。

（4）机车制动缸的压力变化根据机车作用管压力变化来控制。

（5）机车作用管在机车制动机中存在两种控制方式：一种是直接控制，另一种是根据制动管的压力变化来控制。

（6）制动管的压力变化根据机车均衡风缸的压力变化来控制。
（7）均衡风缸的压力变化由司机直接控制。
（8）总风缸的压力变化由机车的风源系统控制。

项目自检

1. 什么叫制动？什么叫制动方式？
2. 制动机如何分类？
3. 简述直通式空气制动机的构成和工作原理。
4. 简述自动空气制动机的构成和工作原理。
5. 制动系统中主要有哪些管路，它们之间的控制关系是什么？

项目二　和谐型电力机车风源系统

项目描述

电力机车中很多部件需要用到压力空气，因此机车中设置了压力空气管路系统。风源系统是空气管路的重要组成部分，用以提供用风设备所需的清洁、干燥、压力稳定的压缩空气。本项目主要介绍空气管路系统、风源系统的组成及工作原理。

知识目标

1. 掌握电力机车空气管路系统的组成。
2. 掌握风源系统的组成。
3. 掌握风源系统主要部件的工作原理。
4. 了解螺杆式压缩机的检修工艺。

能力目标

1. 会分析不同车型风源管路系统的特点。
2. 会描述螺杆式压缩机的工作原理。
3. 会描述双塔式干燥器的工作原理。
4. 会对风源系统性能进行判断。

思政目标

1. 培养“敬业爱岗、遵章守纪、乐于奉献”的职业精神。
2. 牢记“安全第一、以质量促安全”的职业规范。
3. 树立“因果”理念，弘扬“精益求精”工匠精神。

任务一　机车空气管路系统整体认知

任务描述

1. 学习机车空气管路系统的组成。
2. 分析机车空气管路系统各模块的作用。

知识储备

机车空气管路主要包括以下几部分：风源系统、控制与辅助管路系统、电空制动系统以及相应的管路阀门等。

机车风源系统提供全列车制动机及辅助空气用风设备所需的清洁、干燥、稳定的压缩空气。机车风源系统的工作原理一般可分为压缩空气的生产、压缩空气的净化、压缩空气的贮存和压缩空气的压力控制四个环节。当由两节完全相同的机车组成一台机车时，为了使两节机车总风缸压力趋于一致，风源系统还包括总风重联环节。压缩空气的生产由压缩机电机带动压缩机转动来完成。压缩空气的净化通过空气干燥器来实现，目的是使全车得到高质量的、洁净的压缩空气。为了保证压缩空气在使用过程中保持相对稳定，在机车上设置总风缸来贮存经过干燥净化的压缩空气。为了使总风缸的压力变化在一定的范围内，设置压力控制器来控制。当总风缸压力高于一定值时停止压缩机电机的转动，低于一定值时启动压缩机电机转动。为了保证压缩空气管路系统的安全可靠，通过高压安全阀喷风报警装置来提醒司机主动停止压缩机组的工作。

机车辅助管路系统可以改善机车的运行条件，确保机车运行安全。机车辅助管路系统包括空气压缩机组启停控制模块、辅助风源系统、升弓控制模块（U43）、弹簧停车（停放）模块（B40）、停放制动辅助控制模块（R30）、撒砂模块（F41）、警惕控制模块（S10）、制动缸切除模块（Z10）、鸣笛控制、刮雨器、后视镜等部分。

制动系统为电空制动系统，包括司机室空气管路、制动柜空气管路、转向架基础制动管路、车端管路等。备用空气制动系统为纯空气制动系统，只在电空制动系统出现故障时使用。

HXD3 型电力机车的空气管路系统请参见以下视频资料。

视频：HXD3 型电力机车空气管路系统

任务二　HXD1 型电力机车风源系统认知

任务描述

1. 学习 HXD1B 型电力机车风源系统。
2. 掌握 HXD1B 型电力机车主风源系统和辅助风源系统的组成。
3. 掌握 HXD1B 型电力机车风源系统主要部件的工作原理。

知识储备

装有 CCBⅡ型制动机的 HXD1B 型大功率交流传动电力机车的空气管路系统主要由风源系统及空气管路组成。风源系统是机车空气管路与制动系统的基础，它为机车与车辆制动系统及全列车气动辅助装置提供洁净、干燥、稳定的压缩空气。

HXD1B 型大功率交流传动电力机车的风源系统分为两个相对独立的部分：一是由主空气压缩机、主空气干燥器、主风缸等组成的主风源系统；二是由辅助压缩机组、油过滤器、辅助风缸、升弓控制模块、升弓控制风缸及连接管路等组成的辅助风源系统。

一、主风源系统

HXD1B 型大功率交流传动电力机车的主风源系统负责在机车正常运行时，为机车、车辆的气动部件以及机车、车辆制动机提供所需的洁净、干燥和稳定的高质量压缩空气。

HXD1B 型大功率交流传动电力机车的主风源系统由主空气压缩机、主空气干燥器、压缩机高压安全阀、微油过滤器、压力控制器、总风缸安全阀、总风缸、止回阀、限流阀、折角塞门及连接管路组成。主风源系统组成及空气管路如图 2-1 所示。

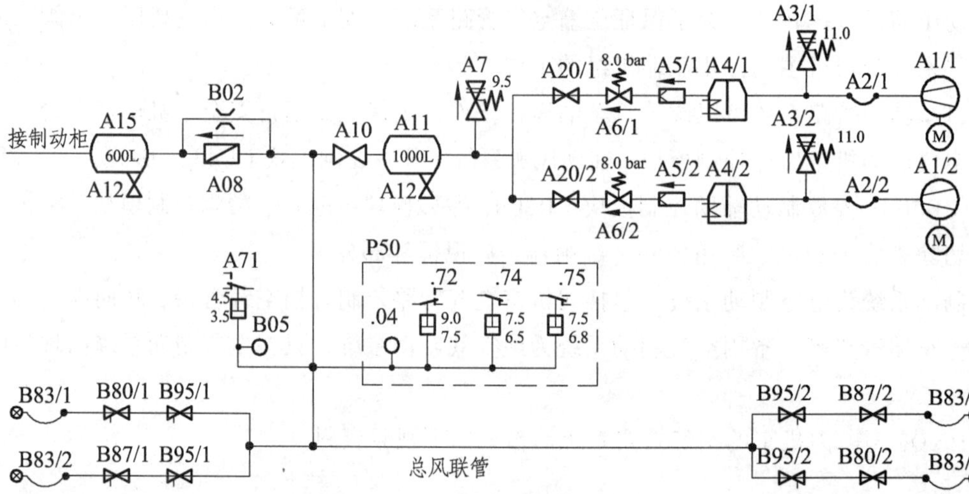

A1—主空气压缩机；A2—连接软管；A3—压缩机高压安全阀；A4—主空气干燥器；A5—微油过滤器；A6—最小压力阀；A7—总风缸安全阀；A08—止回阀；A10—塞门；A11—第一总风缸；A12—总风缸排水塞门；A15—第二总风缸；A20—塞门；A71—压力开关；B02—限流阀；B05—压力测试口；B80—折角塞门（左）；B83—总风软管连接器总成；B87—折角塞门（右）；B95—防撞塞门；P50—压缩机启停控制模块。

图 2-1　主风源系统的原理、组成

HXD1B 型大功率交流传动电力机车的风源系统包括压缩空气的生产、风源保护、净化处理、压力控制、储存等组成环节。每台机车配置有两台额定排气量不小于 2.4 m^3/min 的螺杆式空气压缩机 A1，安装在机械间两端，成斜对称布置，用于生产压缩空气。主压缩机后设置高压安全阀 A3，其整定值为 1 100 kPa，以保护压缩机的工作稳定。从压缩机出来的压缩空气分别经各自的主空气干燥器 A4 干燥处理后进入微油过滤器 A5 进行滤油处理，经净化处理后的压缩空气所含颗粒、水、油的等级均达到 2 级水平，满足制动机系统及其他气动部件用风的质量要求。干净的压缩空气经过最小压力阀 A6 进入第一总风缸 A11 和第二总风缸 A15 进行存储，在第一和第二总风缸之间设置止回阀 A08 和限流阀 B02，以保证两总风缸的压力平衡，在机车断钩时避免第二总风缸的压力空气快速损失，保证断钩机车停车时制动系统所需风量。总风缸的管路中设置总风缸高压安全阀 A7，其整定值为 950 kPa，用于压力过高时的保护，同时还设置压力开关 A71，当总风压力低于 350 kPa 时迅速产生断钩保护作用。连接在总风缸管路中的压缩机启停控制模块 P50 用于压缩机的工作控制，当总风压力低于 750 kPa 时启动远离操作端的压缩机，当总风压力达到 900 kPa 时，压缩机停止工作，当总风压力低于 680 kPa 时，启动两台压缩机同时工作，直到总风压力达到 900 kPa 时两台压缩机才停止工作，当总风压力低于 650 kPa 时，控制模块发出牵引封锁命令。总风联管设在两个总风缸之间，两端与折角塞门、总风软管连接器总成相连，防撞塞门的设置可保证机车在撞车之后能对管路进行切除，以维持机车的正常运行。

（一）主空气压缩机

每台 HXD1B 型大功率交流传动电力机车设置两台 SL20-5-103 型螺杆式空气压缩机（见图 2-2）。

视频：螺杆式空气压缩机的外形和结构

图 2-2　SL20-5-103 型螺杆空气压缩机

1. 技术参数

SL20-5-103 型螺杆式空气压缩机的主要技术参数如下：

电机功率：21.5 kW。

额定转速：3 515 r/min。

额定电压（基波有效值）：440 V。

额定频率（基波）：60 Hz。

最大启动电流：254 A。

控制电压：DC 110 V。
公称容积流量：2.4 m^3/min。
额定排气压力：1 000 kPa。
安全阀整定值：1 500 kPa。
压力开关整定值（断开）：(270 ± 50) kPa。
温度开关整定值（断开）：112 °C。
机组质量（不含油）：287 kg。
机组噪声（声功率级）：≤102 dB。

2. 基本原理

螺杆式空气压缩机为双轴旋转排放式机械，其工作原理是强迫送风。压缩机螺杆组由两个相互啮合的螺旋状槽形转子构成，转子外形为不对称的啮合形状，并在灰色的铸铁壳体内旋转。空气入口是从径向、空气出口是从轴向通向压缩机螺杆组外壳内特别形状的通道。转子旋转时，其叶片之间的空气量不断变化。进气口打开，开始吸气；转子将两个风口闭合后，空气开始压缩并排向出风口。由于转子继续旋转，其后打开出风口，压缩空气将以最终压力排出。

3. 结　构

螺杆式空气压缩机组由三大主要部件构成：驱动装置、空气压缩机组体和风冷却装置。它们用螺栓连接在一起，组成一个紧凑的支承的机组，采用弹性减震器平稳地固定在机车车体的安装座上。

（二）主空气干燥器

每台HXD1B型大功率交流传动电力机车采用两台WABTEC 653360-0012型主干燥器。

1. 技术参数

WABTEC 653360-0012型主干燥器的主要技术参数如下：
处理空气量：6.2 m^3/min。
工作压力：1 000 kPa。
吸附剂：$\phi 3 \sim \phi 5$ mm 分子筛。
再生方式：无热、常压。
再生耗气率：15 × (1 ± 3)%。
出气口相对湿度：<35%。
干燥塔转换周期：60 s。

2. 基本原理

每台HXD1B型大功率交流传动电力机车采用两台WABTEC 653360-0012型主干燥器，其最大空气处理量为 6.2 m^3/min。干燥器是一种清除压缩空气中水、尘埃等杂质的装置，采用此装置可防止机车、车辆制动系统产生锈蚀、堵塞、凝结水、结冰等现象。WABTEC 653360-0012型主干燥器是一种吸附式干燥器，由1个前置冷却风缸、1个电子自动排水阀、1个过滤筒、2个干燥塔、3个排泄阀、1个电控器等组成。通过电控器和电控阀对进气阀、出气阀和排泄阀的控制，使 2 个干燥塔定时在干燥、再生两种状态下进行周期性的转换，保证处理后的空气达到相应指标，满足机车、车辆的用风要求。

3. 结　构

干燥器通过干燥器安装架垂直安装在空气压缩机组旁边的车体侧墙上，其外形、结构如图 2-3 所示。

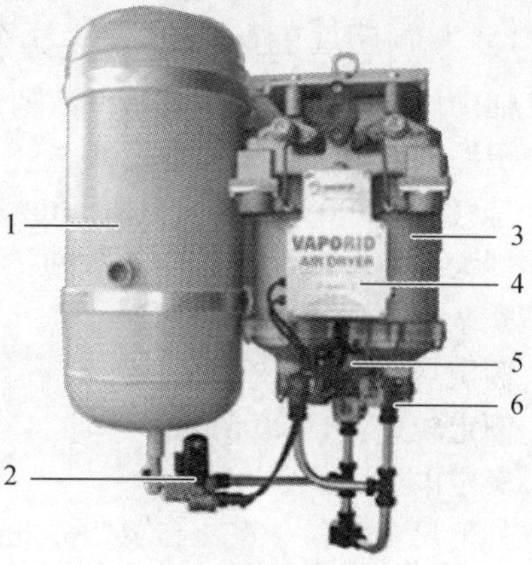

1—冷却风缸；2—电子自动排水阀；
3—干燥塔；4—电控器；
5—过滤筒；6—排泄阀。

图 2-3　主干燥器

（三）总风缸

每台 HXD1B 型大功率交流传动电力机车总风缸由第一总风缸和第二总风缸串联组成。

1. 技术参数

第一总风缸的容积为 1 000 L，由两个容积为 500 L 的风缸组成；第二总风缸的容积为 600 L，由两个容积为 300 L 的风缸组成。所有风缸的内径为 500 mm，封头采用标准的椭圆形封头，风缸的材料为 16MnDR。

2. 基本原理

经干燥净化处理后的压缩空气进入两个串连的总风缸内贮存，供全列车气动部件及制动机所需。

3. 结　构

第一总风缸横向安装在车体纵向中心的两侧，第二总风缸垂直布置在机械间的风源柜内，每个风缸均设置排水阀，排水阀位于总风缸安装底部，使用中应定期打开总风缸排水塞门，检查和排除总风缸积水。总风缸的安装形式及内部连接见图 2-4。

图 2-4　总风缸的安装形式及内部连接

二、辅助风源系统

HXD1B 型大功率交流传动电力机车辅助风源系统负责在机车库停时间较长、总风缸中压缩空气压力不够的情况下，给机车电气系统用风设备供风。

（一）辅助压缩机组的主要技术参数

辅助压缩机组的主要技术参数如下：

压缩机组类型：无油活塞式。

排气量：500 kPa 时 > 70 L/min。

最大空气压缩级别：1 000 kPa。

安全阀设定压力：800 kPa。

额定功率：880 W。

额定转速：1 320 r/min。

额定电流：8 A。

外形尺寸（长 × 宽 × 高）：960 mm × 265 mm × 425 mm。

机组质量：65.0 kg。

工作方式：在环境温度≤40 °C 时可连续工作；在环境温度≤70 °C 时，按 S2 级别工作，允许连续工作 10 min。

供电电压：110 × (1 – 30%) ~ 110 × (1 + 25%) VDC。

保护等级：IP 54。

环境温度： – 40 °C ~ + 70 °C。

安全阀设定压力：900 kPa。

干燥原理：单塔吸附式干燥器。

干燥器最大压力：1 300 kPa。

干燥器出口空气质量：任何情况下相对湿度<35%。

干燥器加热电压：110 VDC。

再生风缸容积：5.0 L。

（二）辅助风源系统的基本工作原理

每节机车采用一台无油活塞压缩机，用于辅助风源系统压缩空气的生产，辅助压缩机的启、停受机车控制电路控制，压缩机的气缸盖上还设有温度传感器用以控制辅助压缩机在规定温度范围内正常运行。辅助风源系统的压力控制由位于制动柜内的 U43.02 压力控制器控制，其整定值为 480 kPa 和 650 kPa。与以往电力机车不同，HXD1 型大功率电力机车还设置了一套辅助干燥系统，用于辅助风源系统的风源净化。

（三）辅助风源系统的组成

辅助风源系统的主要部件有无油活塞压缩机、辅助空气干燥器、止回阀、高压安全阀、压力控制器、风缸、排水阀、各型塞门等。辅助风源系统的组成及空气管路如图 2-5 所示。

HXD1B 型大功率交流传动电力机车辅助风源系统同样包括压缩空气生产、压力控制、干燥净化处理、贮存等组成环节。

每台 HXD1B 型大功率交流传动电力机车采用一台辅助压缩机 U80.01，用于辅助风源系统压缩空气的生产，辅助压缩机的启、停由制动柜升弓控制模块中的 U43.0 压力控制器控制，当总风压力低于 480 kPa 时，辅助压缩机开始工作；当压力达到 650 kPa 时，辅助压缩机停止工作。辅助风源系统中配置了一个油过滤器，用于辅助风源系统的风源净化，经处理后的压缩空气质量满足 ISO8573 含尘埃等级 3、含油等级 4 和含水等级 3 的标准要求。

辅助压缩机压缩后的压缩空气经油过滤器处理后，通过升弓控制模块中的双通道单向阀送入升弓风缸 U76 中备用，U76 位于制动柜背面，容积为 50 L，升弓风缸可以为受电弓升起、主断路器闭合的气动部件提供压缩空气，升弓控制模块中设有安全阀用以控制、保护辅助压缩机，其整定值为 900 kPa。

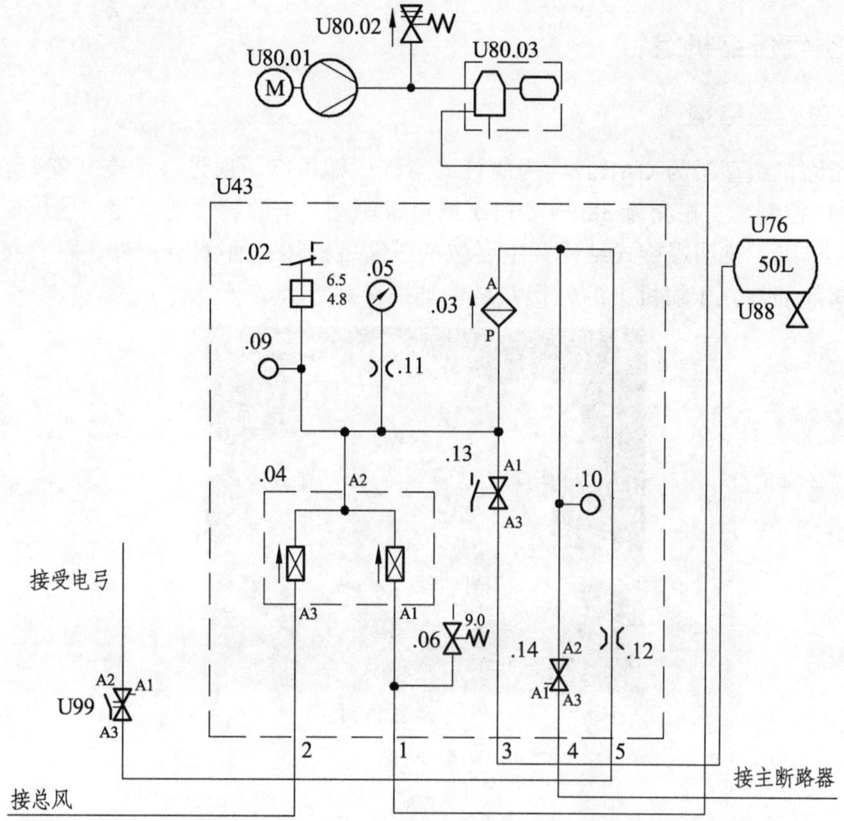

U80.01—辅助压缩机；U80.02—高压安全阀；U80.03—辅助干燥器；U43—升弓控制模块；U43.02—压力控制器；U43.03—过滤器；U43.04—双向止回阀；U43.05—压力表；U43.06—高压安全阀；U43.09—压力测试口；43.10—压力测试口；U43.11—限流孔；U43.12—限流孔；U43.13—带电触点塞门；U43.14—塞门；U76—升弓风缸；U88—排水阀；U99—钥匙开关。

图 2-5　辅助风源系统的空气管路

任务三　HXD2 型电力机车风源系统认知

任务描述

1. 学习 HXD2 型电力机车风源系统。
2. 掌握 HXD2 型电力机车主风源系统的组成。
3. 掌握 HXD2 型电力机车辅助风源系统的组成。
4. 掌握 HXD2 型电力机车风源系统主要部件的工作原理。

知识储备

HXD2 型电力机车每节车的风源系统采用 1 台螺杆式空气压缩机组和 1 台空气干燥器及总风缸等设备对空气进行压缩，并对压缩空气进行干燥、净化处理；总风缸采用并联方式组合。

一、空气压缩机组

（一）功能与结构

空气压缩机组型号为 GAR22，为螺杆式空气压缩机组，通过一个支架安装在机车上，由机车 MPU 控制、三相交流 380 V/50 Hz 的电机驱动、电源箱供电。此空气压缩机组采用空气冷却、单级、喷油螺旋式结构，主要包括压缩机机体、油/水分离器、电气接线盒、电机和控制阀等部件。压缩机组的外形及结构如图 2-6 所示。

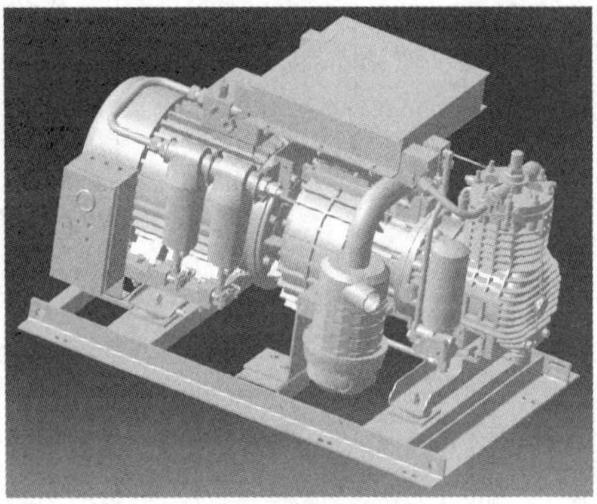

（a）外形立体图

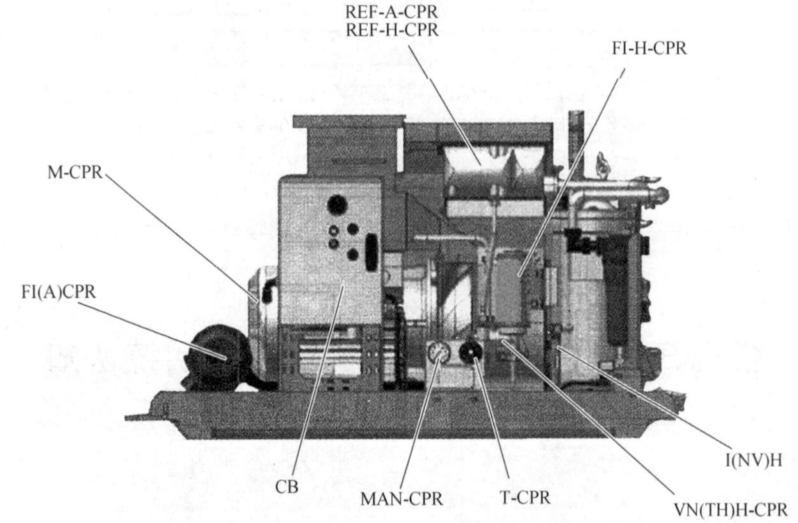

（b）结构

M-CPR—压缩机电机；REF-A-CPR—压缩机空气冷却；REF-H-CPR—压缩机油冷却；FI-H-CPR—压缩机油过滤器；I(NV)H—油位计；VN(TH)H-CPR—压缩机油温调节阀；T-CPR—压缩机温控开关；MAN-CPR—压缩机压力计；CB—控制箱；FI(A)CPR—压缩机过滤器。

图 2-6　GAR22 型空气压缩机组的外形及结构

（二）主要技术参数

GAR22 型空气压缩机组的主要技术参数如下：

频率：50 Hz。

压缩机数量：1 台。

最高工作压力：1 MPa（10 bar）。

压缩机出口工作压力：0.9 MPa（9 bar）。

最低工作压力：0.4 MPa（4 bar）。

进气最高温度：+40 °C。

最低环境温度：–40 °C。

额定工作压力时，空气出口的温度：27 °C。

电机转速：2 930 r/min

压缩机轴功率：17.5 kW。

机油量：约 9 L。

机组质量：660 kg。

（三）工作原理

空气压缩机的工作原理可从空气循环系统、油循环系统、冷却系统 3 方面进行阐述，其工作原理如图 2-7 所示。

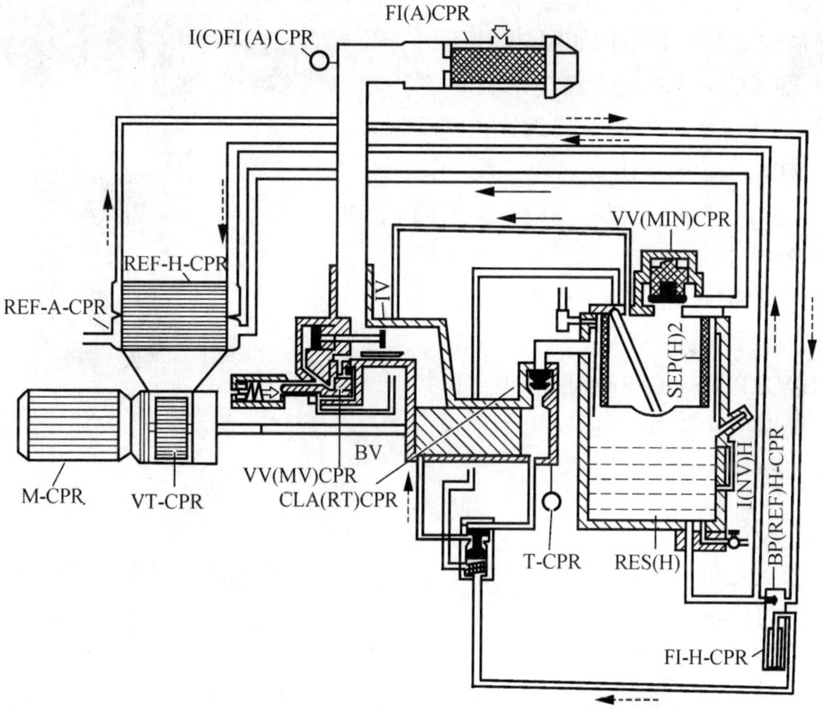

VT-CPR—风扇；RES(H)—压缩机油箱；SEP(H)2—油分离器；VV(MIN)CPR—最小压力阀；VV(MV)CPR—压缩机油泵双向阀；CLA(RT)CPR—压缩机油止回阀；IV—进气阀；IV—进气阀；BP(REF)H-CPR—压缩机油冷却旁通阀；BV—压缩元件。

图 2-7　空气压缩机的工作原理

1. 空气循环系统

打开进气阀（IV），空气通过过滤器（F1(A)CPR）进入压缩元件（BV）内压缩。压缩空气进入到油箱/油分离器（RES(H)-SEP(H)2），然后从最小压力阀（VV(MIN)CPR）和空气冷却器（REF-A-CPR）排出。

2. 油循环系统

油分离器（SEF(H)2）内的大多数油是通过空气/油混合器离心排除。借助分离器元件消除平衡。过滤器的下部分是一个油箱。

油系统设置旁通阀（BP(REF)H-CPR）。当油温在 75 °C 以下时，关闭油冷却器（RES-H-CPR）向旁通阀（BP(REF)H-CPR）的供油。空气压力迫使来自油箱的油通过油滤清器（F1-H-CPR）进入到压缩机元件（BV）内。油冷却器（REF-H-CPR）旁通。

3. 冷却系统

冷却系统由空气冷却器（REF-A-CPR）、油冷却器（REF-H-CPR）组成。冷却空气是借助风扇（VT-CPR）形成的。冷却空气通过冷却器进入，从顶部离开压缩机组。

4. 油/水分离器

油/水分离器能够有效分离冷却器出口产生的冷凝水，分离压缩机分离器内的油，从而确保空气管路里有良好的空气质量，避免干燥器内的干燥剂被堵塞。其结构如图 2-8 所示。

油分离器（F1-CPR）设置在水分离器（F1-DH）的后面。水分离器直接设置在空气冷却器的（REF-A-CPR）出口。由于受到离心的影响，水蒸气被冷凝。借助电磁阀（VE(PU)F1-DH）自动排放。由设置在配电箱内的定时器（TIM-DRYNESS）确保电磁阀延迟时间。水分离器每隔 2 min 工作一次（2 s）。加热器（RE-VE(PU)F1-DH）能防止电磁阀体内结冰。只要温度在 5 °C 以下，可借助恒温器（T(REC)CPR）完成供热。

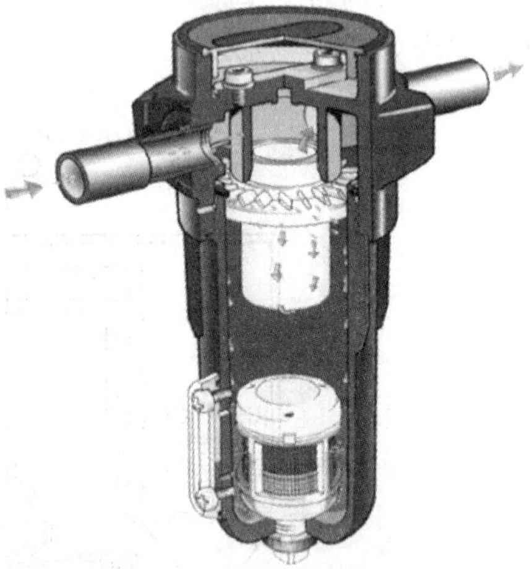

图 2-8　油/水分离器的结构

5. 电气接线盒（CB）

电气接线盒是机车、压缩机、逆变器之间的连接接口。接线盒的主要功能是：

（1）为电机供电。

（2）控制压缩机的星/三角形启动。

（3）控制空气处理电磁阀（滤清器净化、干燥器吸收/净化）。

（4）控制电磁阀的排放（VE(CO)CPR）。

（5）为电磁阀的加热器供电。

（6）完成加热器控制信号的转换（低温），借助 T-CPR 完成高温油信号的转换（>120 °C）。

二、空气干燥器

（一）功能与结构

空气干燥器（SR）连接在压缩机冷却器的出口、油/水分离器的后面。它由干燥塔和控制阀组成。控制阀用来控制通过干燥塔的空气流量，通过打开、关闭控制阀，干燥塔能够吸收或生成干燥的空气。控制阀由来自电子程序（定时器）的信号进行控制。空气干燥器的外形和结构如图 2-9 所示。

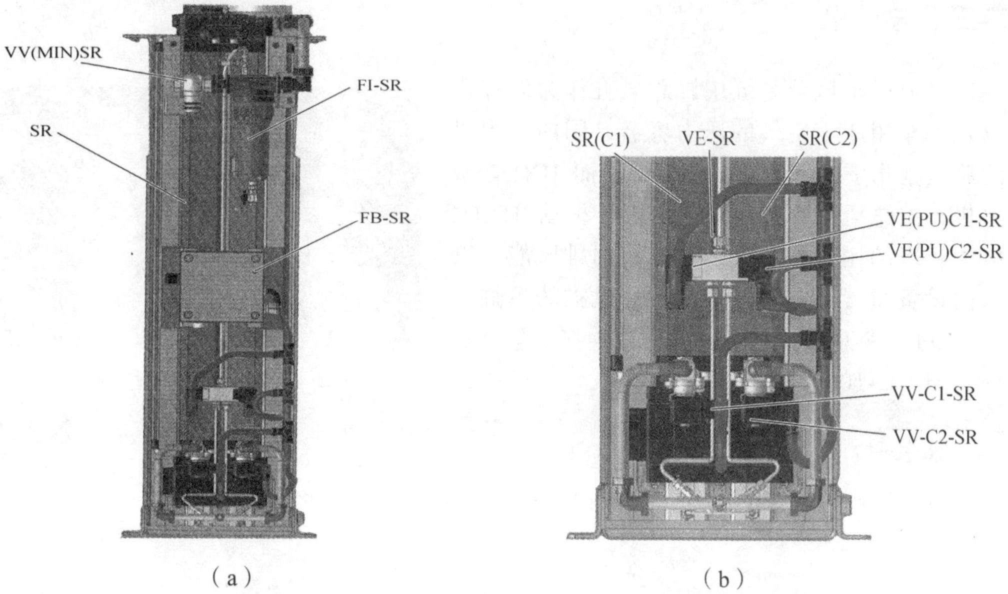

VV(MIN)SR—干燥器最小压力阀；SR—主干燥器；FI-SR—干燥器过滤器；FB-SR—干燥器控制盒；SR(C1)—干燥塔 1；SR(C2)—干燥塔 2；VE-SR—干燥器电磁阀；VE(PU)C1-SR—干燥塔 1 电磁阀；VE(PU)C2-SR—干燥塔 2 控制阀；VV-C1-SR—干燥塔 1 控制阀；VV-C2-SR—干燥塔 1 控制器。

图 2-9　空气干燥器的外形和结构

（二）主要技术参数

空气干燥器的主要技术参数如下：

型式：吸附式干燥器，双塔。

空气处理：5 m^3/min。

工作压力：1 000 kPa。

再生耗气率：≤18%。

工作方式：双塔交替，可间歇或连续工作。

（三）工作原理

1. 空气干燥器的水分吸收

在压力作用下，潮湿的空气通过干燥剂表面，空气中的水及水蒸气被干燥剂吸附，干燥剂能吸收和保持现有的蒸汽，且干燥剂与蒸汽之间形成的分子接合作用很弱。

2. 空气干燥剂再生

干燥塔设定在大气压力下时，干燥剂开始释放蒸汽。借助干燥器的净化装置将少量的干燥空气从排气口带走。借助排气消音器将净化的空气输送到干燥器外部。

3. 空气防尘

干燥器的空气防尘是通过防尘滤清器（F1-SR）来实现的，其连接在干燥器的出口处，用来分离进入机车管路内部空气中的灰尘（由于振动、干燥剂磨损产生的灰尘）。

三、总风缸

在电力机车风源系统中，总风缸作为储存机车以及列车用压缩空气的压力容器，国内电力机车的总风缸几乎全部位于车体外部，而 HXD2 型电力机车的总风缸安装在车体内部，根据 HXD2 型电力机车的用途、功率、压缩机的排风能力以及车内设备布置及空间的限制，总风缸的单缸容积为 500 L，两总风缸采用并联方式连接。总风缸的外形如图 2-10 所示。

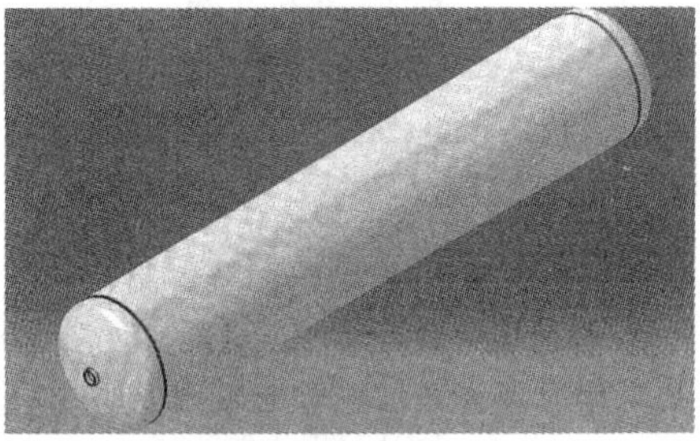

图 2-10　总风缸的外形

学习指导

重点理解螺杆式压缩机的工作原理，相比传统压缩机的优越性。

任务四　HXD3 型电力机车风源系统认知

任务描述

1. 学习 HXD3 型电力机车风源系统。
2. 掌握 HXD3 型电力机车主风源系统的组成。
3. 掌握 HXD3 型电力机车辅助风源系统的组成。
4. 掌握 HXD3 型电力机车风源系统主要部件的工作原理。

知识储备

HXD3 型电力机车风源系统采用两台 SL22-47 型螺杆式空气压缩机组作为系统风源，排风量为每台 2 750 L/min。配套使用两个 LTZ3.2-H 型双塔干燥器和两个 OEF2 型微油过滤器作为风源系统滤水、滤油的处理装置。其双塔干燥器的空气处理量为 4.8 m^3/min，处理后的压缩空气可以满足 ISO 8573-1 固体颗粒 2 级、油 2 级、水 2 级的标准。另外，机车采用 4 个容积均为 400 L 的风缸串联作为压缩空气的储存容器，风缸采用车内立式安装。为了满足机车重联功能，在机车端部安装了总风重联管软管和平均管软管。图 2-11 所示为 HXD3 型电力机车空气压缩机组。

图 2-11　HXD3 型电力机车的空气压缩机组

一、空气压缩机组

空气压缩机组型号为 SL22-47，为螺杆式空气压缩机组，其驱动电机为 KB/26-180LB 型交流电机。此空气压缩机组具有温度、压力控制装置，可以实现无负荷启动。冷却器排风口向下向车内排风。空气压缩机组的开停状态由总风压力开关进行自动控制，也可以通过手动按钮进行强行控制开停。

（一）技术参数

SL22-47 型空气压缩机组的技术参数如下：

型号：SL22-47。

转速：2 920 r/min。

流量：2 750 × (1 ± 6%) L/min。

工作压力：10 bar。

轴功率：25 × (1 ± 7%) kW。

机油牌号：Anderal 3057 M。

机油量：7/6 L。

工作温度范围：－40 °C ~ 50 °C。

电机型号：KB/26-180LB。

工作电压：380 × (1 + 15%) ~ 380 × (1 − 5%) V。

频率：50 Hz。

工作电流：40 × (1 + 20%) ~ 40 × (1 − 10%) A。

功率因数：0.89。

启动电流：440 × (1 + 20%) A。

冲击电流：810 × (1 + 20%) A。

保护等级：IP55。

冷却空气流速：0.55 m^3/s。

控制电压：110 VDC。

机组质量：300 × (1 ± 3%) kg。

（二）空气压缩机的组成

SL22-47 型螺杆式空气压缩机组的结构如图 2-12 所示，其内部接线和原理如图 2-13 所示。空气压缩机组包含以下主要部件：三相电机（2）、压缩机（1）、弹性支座（F1）、电气系统（4）和空滤器（5）。各部分通过螺栓连接形成紧凑的自支撑结构，整个空气压缩机组通过弹性支座与机车连接。其他控制部件的功能介绍如下：

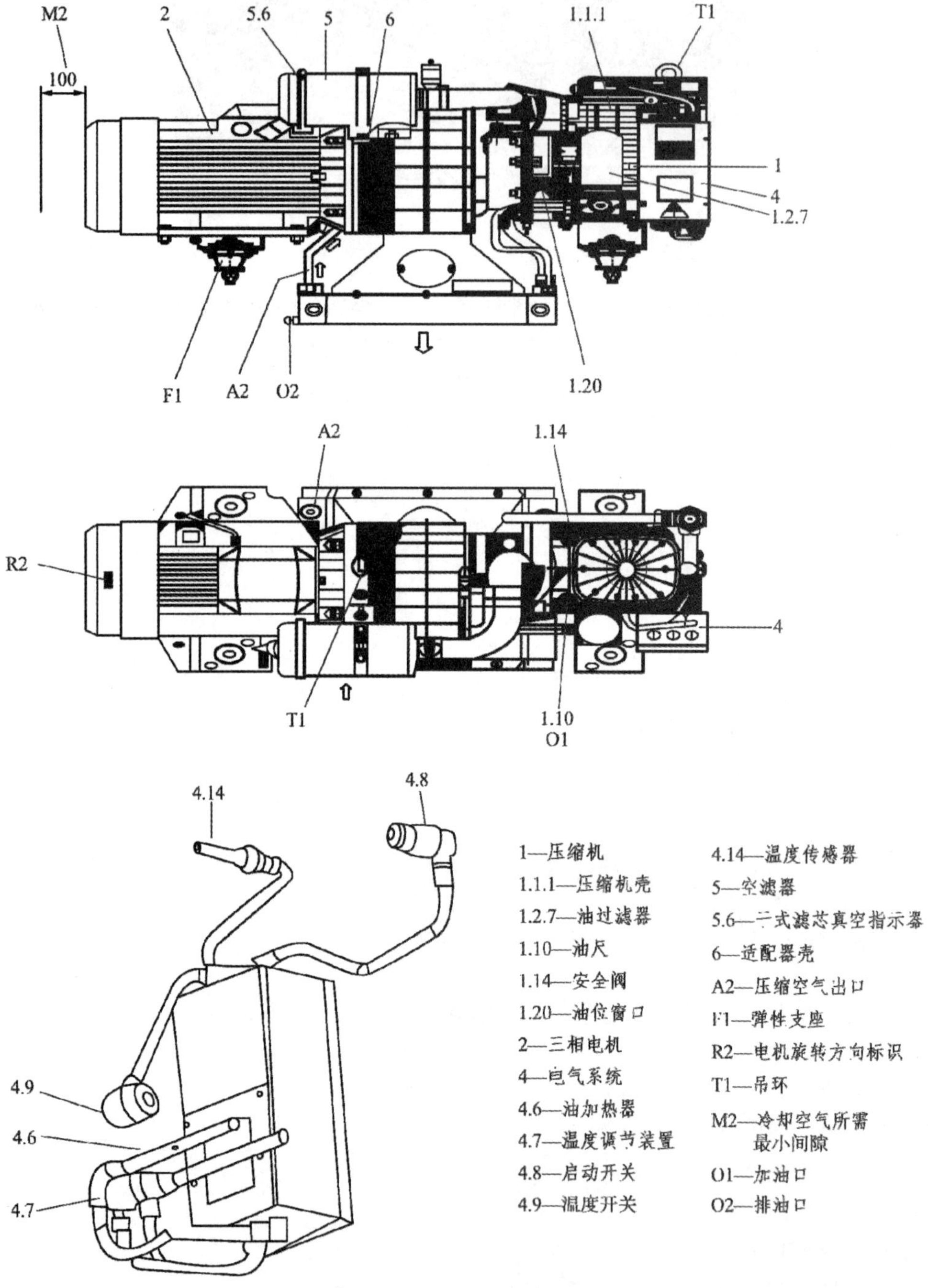

图 2-12　SL22-47 型空气压缩机组的结构

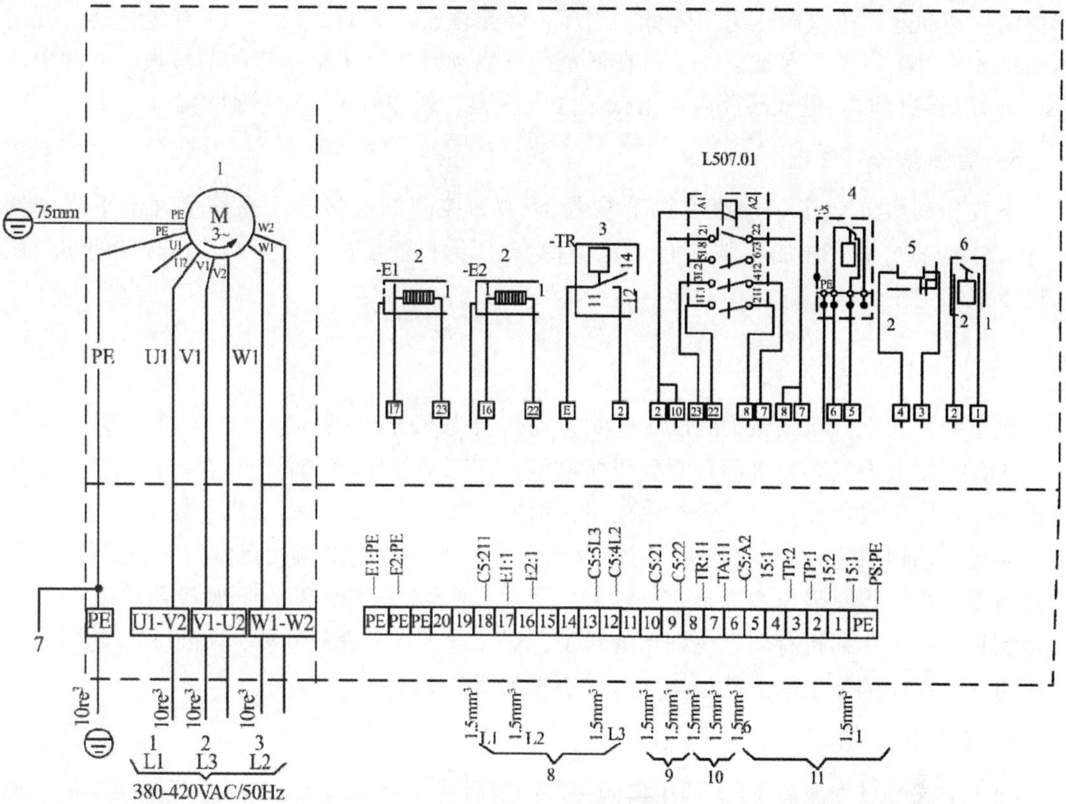

1—三相电机 KB/26-180LB；2—加热器（500 W/个）；3—温度调节装置（$T<-20$ °C 开，$T>-10$ °C 关）；
4—启动开关$(2.2\sim3.2)\times10^5$ Pa；5—熔丝；6—温度开关(112 ± 5) °C；7—电机接线端；
8—加热器电源（AC 400 V/50 Hz）；9—继电器电源（DC 110 V，最大值 1.1 A）；
10—温度调节装置控制电源（DC 110 V）；
11—电源（DC 110 V，最大可接受的阻性电流为 0.1 A）。

图 2-13　SL22-47 型空气压缩机组的接线和原理

1. 真空指示器

通过真空指示器的显示状态可以判断干式滤芯（5.6）是否需要进行更换。若指示器为红色表示，应更换滤芯。

2. 温度开关（4.9）

如果压缩机内的工作温度超过温度开关的设定值，该温度开关将动作，并切断空气压缩机的控制电源。

3. 温度传感器（4.14）

温度传感器安装在空气压缩机机头位置。工作时温度传感器对压缩空气出口的温度进行测量，在温度异常升高的情况下，温度传感器将对空气压缩机进行停机保护。

4. 启动开关（4.8）

启动开关用于检测压力。受进气阀压力控制，压缩机停机后，空气压缩机内压力立即传到进气阀阀座内，当压力超过 320 kPa 时，压力开关断开。随着空气压缩机内的压力被卸荷阀快速卸除，进气阀压力也降低，当压力降至恢复压力时，压力开关恢复接通，此时压缩机才能再次启动，保证了电动机在低负载下启动，压缩机再次启动的最短时间间隔为 6 s。压缩机运行时，进气阀腔内压力低于大气压力，压力开关处于接通状态。

5. 油加热器（4.6）

空气压缩机安装了一个温度调节装置（4.7）控制油加热器。在环境气温下降到约 $-20\times(1\pm5)$ °C 时，油加热器开始工作，对空气压缩机润滑油进行预热。预热期间空气压缩机不能够工作。

（三）工作原理

机车螺杆式空气压缩机为间歇工作制，动作值为 825 kPa 启动、1 000 kPa 停止。

HXD3 型电力机车装有两台空气压缩机组，在正常使用状态下，只有一台空气压缩机组投入运用。空气压缩机组是否投入使用，由操纵端所决定。Ⅰ端司机室控制 1 号压缩机组（靠近Ⅰ端司机室）；Ⅱ端司机室控制 2 号压缩机组（靠近Ⅱ端司机室）。当总风缸压力下降速度过快使得总风压力降至 750 kPa 以下时，两台空气压缩机组同时投入运用。

螺杆式空气压缩机有两个螺杆形的转子，空气输送几乎没有波动，1 000 kPa 的压缩空气压力是一级压缩产生的。其结构和工作原理如图 2-14 所示。

1. 空气压缩过程

（1）空气通过空滤器（F）和单向阀（1.4.3）吸入压缩机体（1.3）。空气被压缩后，通过与转子连接的输送口被推进压缩机壳（1.1.1）。

（2）如果压缩机启动时，压缩机壳里无空气压力，最小压力阀（1.37）将保持关闭状态，以便使压缩机壳内迅速建立起空气压力。空气压力建立后，润滑油开始循环。

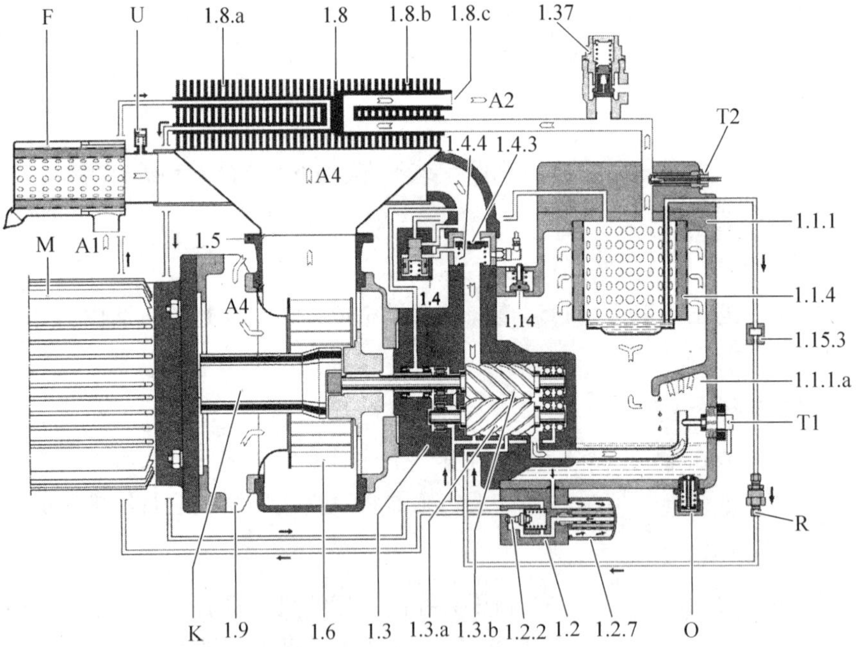

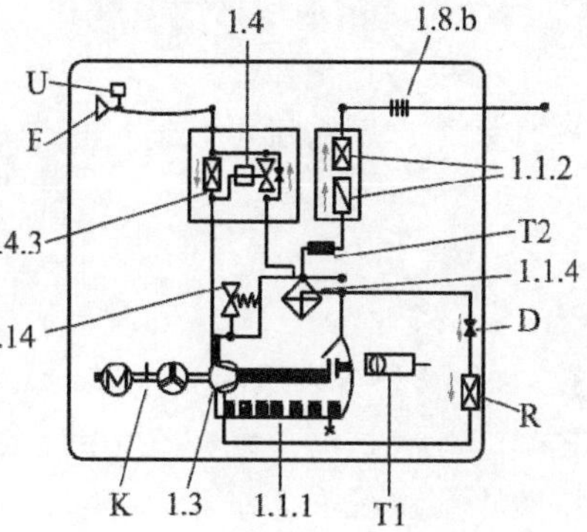

1.1.1—压缩机壳；1.1.1a—挡板；1.1.4—油细分离器；1.2—油控制单元；1.2.2—温控器；1.2.7—油过滤器；
1.3—压缩机体；1.3.a—阳转子；1.3.b—阴转子；1.37—最小压力阀；1.4—减压阀；1.4.3—单向阀；1.4.4—弹簧；
1.5—蜗壳；1.6—离心风扇；1.8—冷却器；1.8.a—油冷却器；1.8.b—空气冷却器；1.8.c—压缩空气出口；
1.9—适配器壳；1.14—安全阀；1.15.3—回油过滤器；O—排油阀；K—联轴器；F—空滤器；
M—电机；T1—温度开关；T2—温度传感器；U—真空指示器；R—止回阀；
A1—进气口；A2—压缩空气出口；A4—冷却空气。

图 2-14　SL22-47 型空气压缩机组的结构和工作原理

（3）当压缩机壳内空气压力达到约 650 kPa 时，最小压力逆止阀打开并将压缩空气送出。

（4）送出的压缩空气达到系统的规定压力后，压缩机受总风压力开关控制自动停机，最小压力阀将自动关闭，将系统和压缩机壳内的通路隔断。

（5）每次压缩机停机后，压缩机壳内的空气压力被自动释放。压缩机停机后，最小压力阀（1.37）和单向阀（1.4.3）关闭。在进气口，由于压缩机体空气逆流而压力升高，导致减压阀（1.4）打开。压缩机壳（1.1.1）里压缩空气可通过减压阀流进空滤器后排向大气，从而快速将压缩机壳里的空气压力降低到约 180 kPa。剩余的空气压力通过减压阀上的缩孔被缓慢排放至 0 kPa。

（6）停机时间 $t>6$ s 后，可以实现空压机的无负荷再启动。

2. 油循环过程

（1）当压缩机运转时，在压缩机壳（1.1.1）里建立起的空气压力将壳内的润滑油通过油过滤器输送到轴承、传动装置和压缩机体内的油喷射点。这些油用于润滑密封转子凸轮尖部，带走空气压缩产生的热量。

（2）由压缩机传送的空气/油混合物通过输送口交互式打在压缩机壳上的挡板上（1.1.1a），这一过程属于油粗级过滤。之后，压缩空气又经过油细分离器（1.1.4）进行精级过滤。精级过滤分离的油被收集到油细分离器底部，在压缩机壳内的空气压力作用下，通过回油过滤器（1.15.3）和止回阀（R）返回到压缩机体。

3. 其　他

当压缩机运转时，如果在压缩机壳内没有建立起空气压力，压缩机转子不能被充分润滑和冷却。在这种情况下，转子可能被损坏。

当润滑油温度高于 83 °C，油控制单元（1.2）中的温控阀（1.2.2）打开到油冷却器（1.8.a）的通道，对润滑油进行冷却。当润滑油温度低于 83 °C，油冷却器的通道保持关闭，油被直接传送到压缩机体。通过这种方式可达到润滑油的最佳操作温度，并有效避免机油乳化。

压缩机壳里的空气/油混合物的温度由输送口的温度开关（T1）监测。如果温度高于设定值 112 °C，温度开关动作，压缩机停止工作。

若环境温度较低（－20 °C 以下），压缩机可以通过一个油加热器对润滑油进行预热后再启动空气压缩机。

二、空气干燥器

空气干燥器型号为 LTZ3.2-H，属于双塔吸附式干燥器。该干燥器具有低温加热功能，位于空气压缩机组和总风缸之间，具有过滤压缩空气中的油、水，降低压缩空气露点的功能，保证空气系统在正常使用时不会出现液态水。

（一）技术参数

LTZ3.2-H 型干燥器的技术参数如下：

工作压力：最大 1 050 kPa，最小 300 kPa。

进气温度：最高 60 °C。

环境温度：－40 °C ~ 50 °C。

空气处理量：4.8 m^3/min。

再生方式：无热、常压。

每个电磁阀功率消耗：14 W。

每个加热器功率消耗：40 W。

电压允差：±30%。

保护等级：IP67。

整机质量：98 kg。

（二）结　构

空气干燥器的结构如图 2-15 所示，它主要包括：

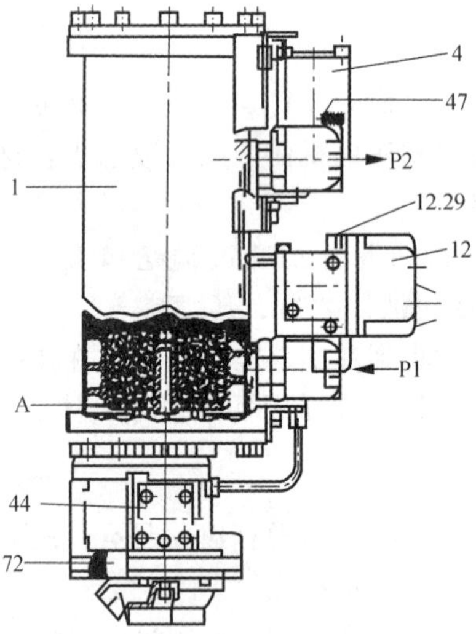

1—干燥塔；4—双逆止阀；12—脉冲电磁阀；12.29—压力指示器；44—排放阀；47—节流孔；72—消音器；A—油分离器；P1—压缩空气入口；P2—压缩空气出口。

图 2-15　空气干燥器的结构

（1）两个干燥塔（1），每个塔内集成一个油分离器（A）；
（2）带有计时功能的脉冲电磁阀（12）；
（3）带可更换再生节流孔（47）的双逆止阀（4）；
（4）排放阀（44），LTZ3.2-H 型空气干燥器的排放阀还配备了一个恒温器控制器；
（5）消音器（72）和冷凝排放盖。

每个电磁阀的工作状态用一个气动压力指示器显示。当电磁阀作用时，压力指示器弹起，对应的塔处于再生状态。

（三）工作原理

空气干燥器的气动控制原理如图 2-16 所示。

（1）无热吸附式双塔干燥器的再生和吸附工作在两个塔中同时进行，当压缩空气在一个塔内通过干燥剂进行干燥时，另一塔内的干燥剂被干燥的空气吹扫进行再生处理。

（2）到达干燥器的饱和压缩空气里的油和冷凝物在通过油分离器时首先被提取出来。饱和压缩空气接着通过干燥塔的干燥剂，压缩空气里的水分子被吸收，干燥器出口压缩空气的相对湿度达到 35%以下。

（3）部分干燥后的压缩空气通过再生节流孔（47）进入再生塔，吸收饱和干燥剂的水分，并将其排放到大气。

（4）两个工作塔交替作为干燥塔和再生塔进行工作。

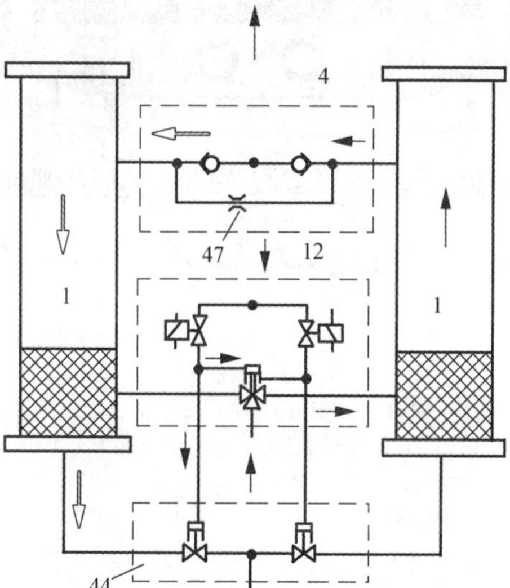

1—干燥塔；4—双逆止阀；12—脉冲电磁阀；44—排放阀；47—节流孔；72—消音器；
→主气流；⇨再生空气；→控制空气。

图 2-16　空气干燥器的气动控制原理

（四）工作流程

LTZ3.2-H 型空气干燥器的工作流程如图 2-17 所示，其中塔 1R（1 右）处于干燥阶段，塔 1L（1 左）处于再生阶段。

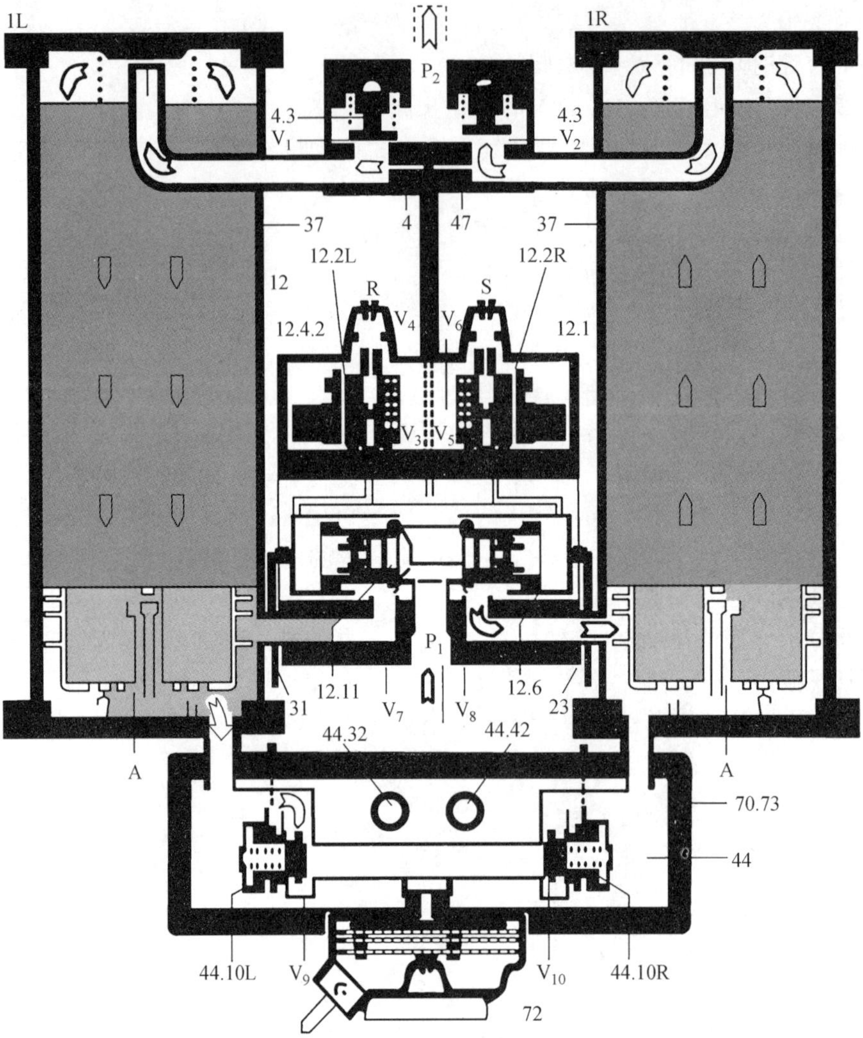

1—干燥塔（左/右，即 L/R）；4—双逆止阀；4.3—单向阀；12—脉冲电磁阀；12.1—电磁阀盖；12.2—电磁阀（左/右，即 L/R）；12.4.2—再生状态指示器；12.6—K 环；12.11—进气阀；23—控制管路；31—控制管路；37—干燥剂；44—排放阀；44.10—排放阀口（左/右，即 L/R）；44.32—加热器；44.42—温控器；47—节流孔；70—绝热层；73—绝热层；72—消音器；A—油分离器；P1—压缩空气入口；P2—压缩空气出口；R—电磁阀排放口（12.2 左）；S—电磁阀排放口（12.2 右）；V—阀座。

图 2-17　LTZ.3.2-H 型空气干燥器的工作流程

（1）脉冲电磁阀（12）的电磁阀（12.2L）得电工作。阀座 V_3 打开，V_4 关闭。由于电磁阀（12.2R）失电，V_5 是关闭的。

（2）压缩空气以 P1 口和打开的阀座 V_8 进入干燥塔（1R），在油分离器里进行旋转，在离心力作用下将油和水滴甩向油分离器的内壁后收集到排放阀（44）。压缩空气随后通过干燥剂，压缩空气中的水及水蒸气被吸收，使干燥器出口处压缩空气的相对湿度小于 35%。

（3）压缩空气通过双逆止阀阀座 V_2 和 P2 口从干燥器排出之前，部分干燥的压缩空气通过再生节流阀（47），进入再生塔（1L），带走干燥剂表面的液态水后从排放阀（44）左侧排放至大气。再生塔中的干燥剂得到干燥。

（4）电磁阀（12.2L）在半个工作周期（4 min）前 60 s 失电，阀座 V_3 关闭，V_4 开放。控制管路中的压缩空气通过阀座 V_4 排放到大气，排放阀口（44.10L）在弹簧力作用下动作，阀座 V_9 关闭。通过节流孔（47），再生塔（1L）中空气压力将增加到与干燥塔（1R）相同的空气压力。半个周期时（4 min），原干燥塔变为再生塔，原再生塔变为干燥塔。电磁阀（12.2）得电，进气阀（12.11）左侧开放，阀座 V_{10} 开放。

（5）当压缩机停止工作，干燥器也同时停止工作。干燥器的两个电磁阀都失电，控制管路（23）和（31）被排空，排放阀（44.10）两侧均关闭，进气阀（12.11）停留在干燥器停止工作时的位置。

三、辅助风源

该装置采用 LP115 型辅助压缩机组作为辅助风源，将其和升弓控制模块、升弓风缸及风表相连。辅助压缩机组的控制开关位于电器控制柜上，点动开关后，辅助空压机开始工作，当风压达到（735 ± 20）kPa 时，自动切断辅助压缩机的电源。

为保证压缩空气和管路的清洁，辅助压缩机配有小型的单塔干燥器和再生风缸。

辅助风源由直流电机、空压机和干式空气过滤器等主要部件组成。该装置结构紧凑。辅助空压机为单级压缩，自带法兰安装。直流电机通过联结器和空压机连接。干式空气滤清器可以为压缩机提供纯净的空气。

空压机单级工作，吸入的空气由干式空气过滤器清洁并在气缸内进行压缩。

学习指导

重点理解螺杆式压缩机的工作原理、相比传统的压缩机的优越性。

任务五　机车辅助管路系统认知

任务描述

1. 学习机车辅助管路系统。
2. 掌握机车辅助管路系统各模块的作用。

知识储备

机车辅助管路系统可以改善机车的运行条件，确保机车运行安全。辅助管路系统包括空气压缩机组启停控制模块（P50）、升弓控制模块（U43）、弹簧停车（停放）模块（B40）、停放制动辅助控制模块（R30）、撒砂模块（F41）、警惕控制模块（S10）、制动缸切除模块（Z10）、鸣笛控制、刮雨器、后视镜等部分。

一、停放制动控制装置

此模块接收司机控制指令，从而控制机车走行部弹簧停车制动缸压力。当弹簧停车制动缸中的空气压力达到 480 kPa 以上时，弹簧停车制动装置缓解，允许机车牵引；机车停车后，将弹簧停车制动缸中的压力空气排空，弹簧停车装置动作，闸瓦压紧轮对，避免机车因重力或风力的原因溜车。

机车第一、三、四、六轴上安装有四个弹簧停车装置。

机车停车后按下操作台左侧停放作用开关，可使停放脉冲电磁阀（.03）中的作用阀得电数秒，脉冲电磁阀（.03）处于作用位，弹簧停车制动缸中的压力空气通过弹停脉冲电磁阀（.03）排出，弹簧停车制动装置完全作用。如果需要走车，按下操作台左侧停放缓解开关，可使弹停脉冲电磁阀（.03）中的缓解阀得电数秒，脉冲电磁阀（.03）处于缓解位，总风将通过上述通路进入走行部的弹簧停车制动缸，当弹簧停车制动缸中的压力高于 480 kPa 后操作台上弹停指示灯常灭，弹簧停车制动缸完全缓解，允许机车牵引。弹簧停放制动控制装置及其原理见图 2-18。

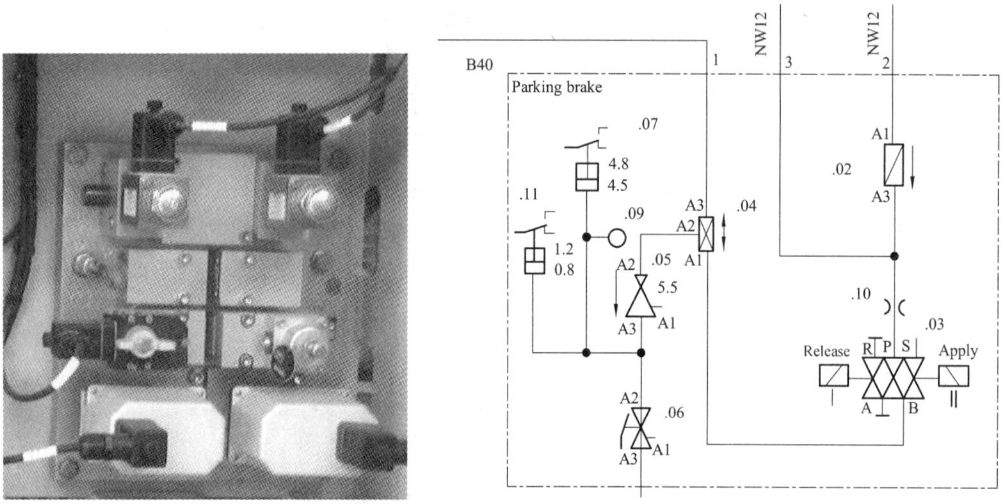

图 2-18　弹簧停放制动控制装置及其原理

（一）弹簧停车制动缸缓解

具体通路如下：

总风缸→双逆止阀（.02）↗弹停风缸（A13）

↘弹停脉动阀（.03）→变向阀（.04）→减压阀（.05）→弹停塞门（.06）→走行部弹停风缸

（二）弹簧停车制动装置作用后，机车制动缸作用时的工作状态

具体通路如下：

制动缸→变向阀（.04）→减压阀（.05）→弹停塞门（.06）→走行部的弹停风缸

制动缸风压进入弹停制动缸后，可以缓解部分弹簧压力，避免停车后或机车运行时制动缸产生的压力和弹停风缸产生的弹簧压力同时作用在制动盘上，造成制动盘的损伤。

在发生供电故障但总风缸压力高于 480 kPa 的情况下，也可以使用脉冲电磁阀的手动装置对停放制动装置进行手动操作。在空气系统无压力的情况下，可以使用停放制动单元的手动缓解装置（位于制动缸夹钳上）缓解停放制动。手动缓解后，不能再次实施停放制动。如果需要重新实施停放制动，必须使系统总风压力达到 450 kPa 以上，缓解一次后，方可再次实施停放制动。

二、停放制动辅助装置

停放制动辅助装置及其原理如图 2-19 所示，该装置用于在机车总风缸（A11/A15）和停放风缸（A13）均无风压的情况下，利用其他机车列车管的压力来实现弹簧停车制动的快速缓解，无须在走行部的弹停风缸上进行手动缓解。该装置将会提高机务段的调车作业效率，减小劳动强度。

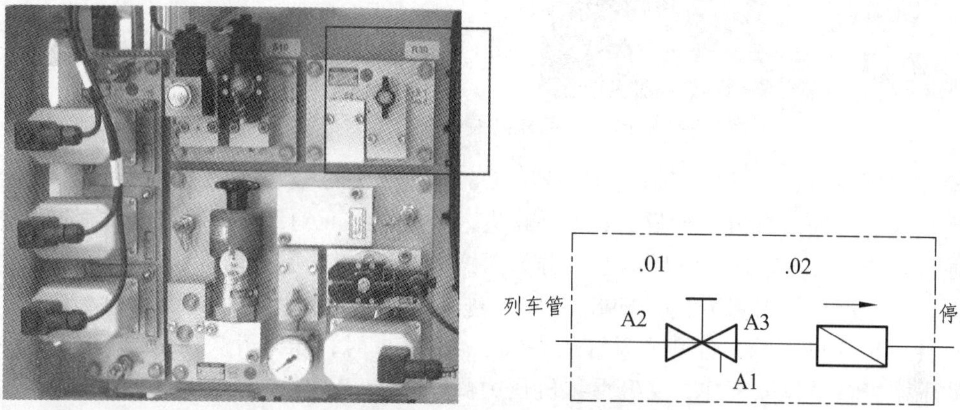

图 2-19　停放制动辅助装置及其原理

具体通路如下：

其他机车列车管→截断塞门（R30.01）→双逆止阀（R30.02）↗停放风缸（A13）
↘弹簧停车制动装置控制模块（B40）

三、升弓控制装置

升弓控制装置及其原理如图 2-20 所示，为受电弓和主断路器提供干燥、稳定的压缩空气。此模块包括双逆止阀（.04）、安全阀（.06）、压力开关（.02）、机械压力表（.05）、过滤器（.03）、塞门（.13、.14）、缩堵（.11、.12）和测试接口（.09、.10），它和辅助压缩机（U80）、辅助压缩机用干燥器（U82）、干燥风缸（U83）、压力开关（U84）、升弓风缸（U76）以及升弓塞门（U98、U99）等部件共同工作。

（一）库停后使用辅助压缩机供风升弓

具体通路如下：

辅助压缩机（U80）→干燥器（U82）→双逆止阀（.04）↗塞门（.13）→升弓风缸（A13）
↘过滤器（.03）→缩堵（.12）→升弓塞门（U99）→升弓塞门（U98）→阀板↘塞门（.14）→主断路器

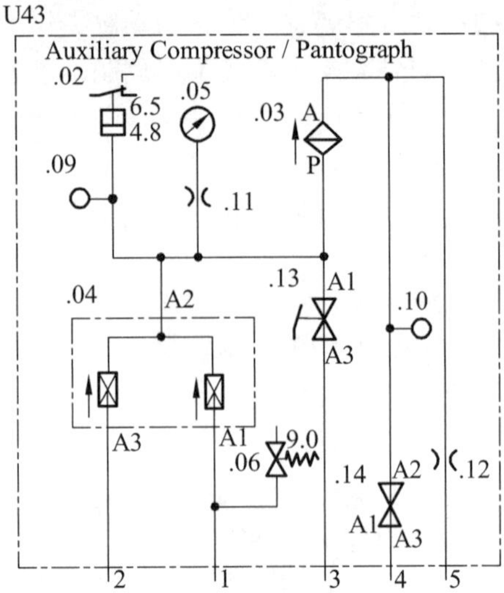

图 2-20　升弓控制装置及其原理

启动辅助压缩机，压缩空气通过干燥器（U82）进入升弓模块，通过双逆止阀（.04）右侧的逆止阀后压缩空气分为两路，其中一路进入升弓风缸（A13），将压缩空气存储起来，另一路通过过滤器（.03），又将压缩空气分为两路，其中一路通过塞门（.14）为主断路器提供风源，另一路通过升弓塞门（U98、U99）进入升弓阀板为受电弓提供风源。

机车升弓指令投入后，若升弓风缸压力低于 480 kPa 时，压力开关（.02）动作发出指令，辅助压缩机自动投入工作，当升弓风缸压力高于 735 kPa 时，压力开关（U84）动作发出指令，辅助压缩机自动停止工作，同时干燥风缸（U83）中的干燥空气将干燥器中的水和油污排出。如果通过按钮手动控制辅助压缩机启动，压力开关（.02、U84）将不再对压缩机的启停进行控制。

（二）正常运行时的总风缸供风

具体通路如下：

总风缸→双逆止阀（.04）↗塞门（.13）→升弓风缸（A13）
↘过滤器（.03）→缩堵（.12）→升弓塞门（U99）→
升弓塞门（U98）→阀板↘塞门（.14）→主断路器

总风缸的压缩空气直接进入升弓模块，通过双逆止阀（.04）左侧的逆止阀后压缩空气分为两路，其中一路进入升弓风缸（U76），将压缩空气存储起来，另一路通过过滤器（.03），又将压缩空气分为两路，其中一路通过塞门（.14）为主断路器提供风源，另一路通过升弓塞门（U98、U99）进入升弓阀板为受电弓提供风源。

在机车退乘之前，应将升弓风缸内压缩空气充至 900 kPa，然后关闭塞门（.13），以备机车再次使用时不必启动辅助压缩机就可以进行机车升弓操纵。

四、升弓、轮缘润滑和鸣笛控制装置

160 km/h 快速客运电力机车采用油脂式轮缘润滑方式，通过电磁阀控制油脂的喷涂，机车两端均设有两个高音喇叭、一个低音喇叭，由电空阀单独控制，电空阀由司机操纵台面板上的喇叭按钮、操纵台下的喇叭脚踏开关分别控制，喇叭控制采用高、低音单独控制方式，如图 2-21 所示。该装置将控制轮缘润滑及鸣笛的设备集成安装在同一块气路板上，方便维护和检修。

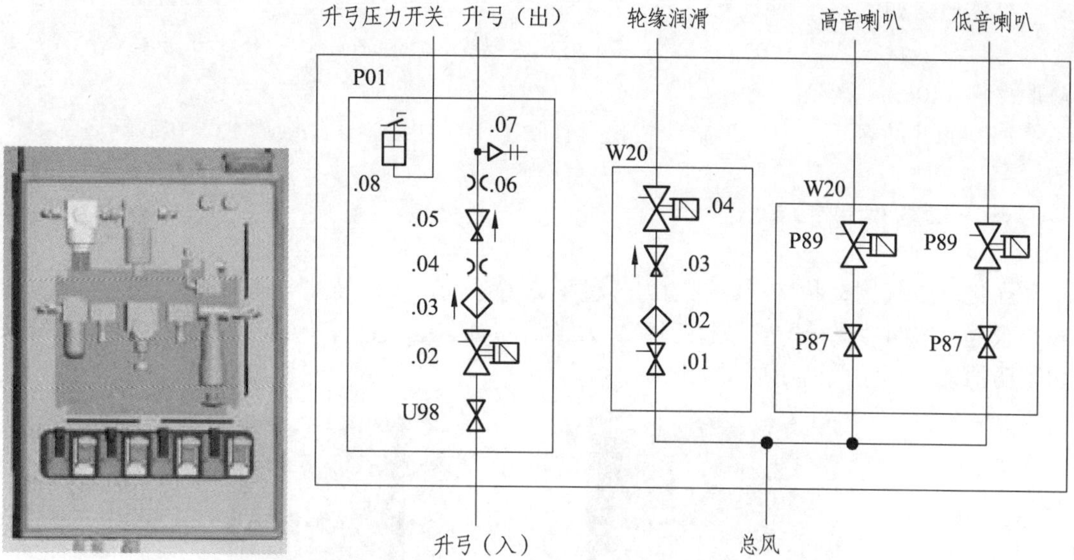

P01.02—升弓电磁阀；U98—升弓塞门；W20.04—轮缘润滑电磁阀；
W20.01—轮缘润滑塞门；P89—喇叭电磁阀；P87—喇叭塞门。

图 2-21　升弓、轮缘润滑和鸣笛控制装置及其原理

五、撒砂装置

撒砂控制模块及其原理如图 2-22 所示，由撒砂塞门撒砂塞门（.02）、减压阀（.03）、加热电磁阀（.04）、撒砂电磁阀（.05）和（.06）等控制部件组成。

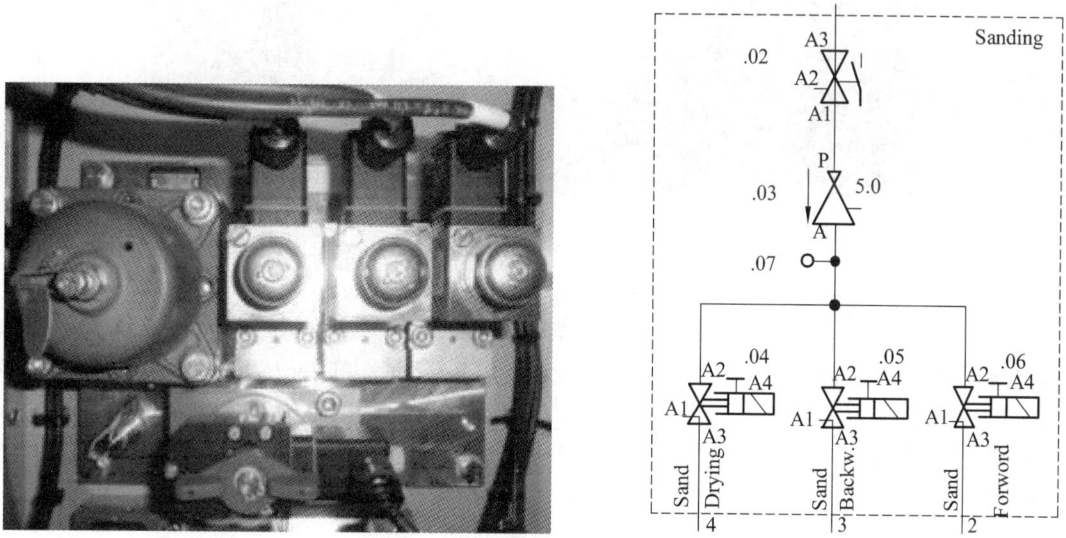

图 2-22　撒砂控制模块及其原理

机车设有四个砂箱和撒砂装置，车体两端各两个砂箱，容积为 30 L/个，撒砂量可在 0.3 ~ 0.5 L/min 范围内调节。撒砂动作与司机脚踏开关、紧急制动、防空转、防滑行等功能配合使用，撒砂方向与机车实际运行方向一致。

具体通路如下：

总风缸→撒砂塞门（.02）→减压阀（.03）→加热电磁阀（.04）/撒砂电磁阀（.05）/ 撒砂电磁阀（.06）→砂箱

160 km/h 的客运电力机车撒砂装置具有砂子干燥功能，干燥装置放置在砂箱底部。

六、空气防滑装置

在机车空气制动状态下，制动力超过了黏着限制，车轮转速急剧下降甚至停转而车速降得很慢，这叫“滑行”或“抱死轮”。为了消除机车运用过程中的这一现象，制动系统采用了防滑装置。空气防滑装置如图 2-23 所示。

（a）速度传感器

（b）防滑阀

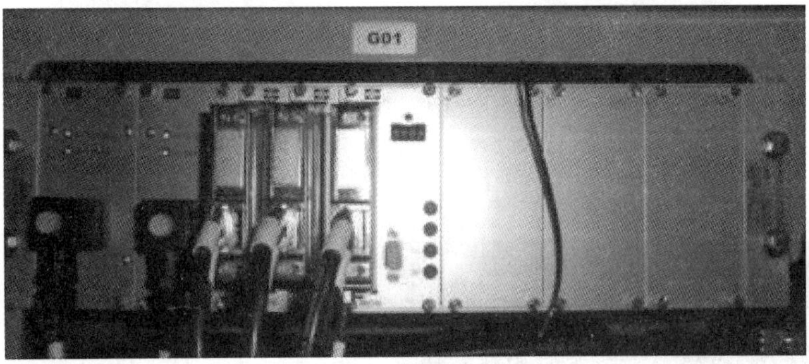

（c）防滑控制单元

图 2-23　空气防滑装置

制动系统防滑装置可以避免黏着性能差的情况下车轮擦伤，并使制动距离最优化。各轴防滑装置均独立工作。每个轴都有各自的速度传感器[见图 2-23（a）]和防滑阀[见图 2-23（b）]，防滑阀由防滑控制单元控制[见图 2-23（c）]，从而控制机车制动缸的压力，即车轮即将发生滑行时，防滑阀会及时动作，快速排出制动缸的压力空气而不排空，使制动力迅速降至小于黏着力即可，目的是防止车轮滑行、恢复轮轨的黏着状态。而且，在黏着恢复后，还要使制动缸及时再充风，尽量恢复较大的制动力。

七、空气压缩机组启停控制模块（B01/P50）

该模块位于空气控制柜内，共有三个压力开关，分别为单台压缩机组启停开关 P50.72 [压力范围为（750 ± 20）kPa ~（900 ± 20）kPa]、双台压缩机组启停开关 P50.75[压力范围为（680 ± 20）kPa ~（900 ± 20）kPa]、总风低压保护开关 P50.74[压力范围为（500 ± 20）kPa ~（600 ± 20）kPa]。

当总风缸压力低于（750 ± 20）kPa 时，P50.72 开关动作，操作端对应压缩机组启动；当总风缸压力低于（680 ± 20）kPa 时，P50.75 开关动作，两台压缩机组同时启动；当总风缸压力达到（900 ± 20）kPa 时，两台压缩机组均停止工作。当总风缸压力低于（500 ± 20）kPa 时，P50.74 开关动作，机车牵引封锁（动力制动仍可投入），确保机车内保留有能够安全停车用的压缩空气。

八、双管供风装置（Q01）

客运机车有两套双管供风装置（Q01），分别位于机械间内空气压缩机安装架侧面，该装置可将机车总风重联管压力调整为客车供风用压力。包括常开截断塞门（.01）、常闭截断塞门（.05）、减压阀（.02）、单项阀（.03）、压力传感器（.04）、压力显示器（D68）。

机车牵引客车具体通路如下：

第一总风缸（A11）→常开截断塞门（Q01.01）→减压阀（.02）→单项阀（.03）→压力传感器（.04）→总风折角塞门（B80、B86）→总风软管连接器（B83）→客车总风软管

本务机车被救援，且本务机车位于牵引机车后、客车车辆之前时，为保证后部客车车辆的用风需要，具体通路如下：

本务机车总风软管连接器（B83）→总风折角塞门（B80、B86）→常闭截断塞门（Q01.05）→总风联管→常闭截断塞门（Q01.05）→总风折角塞门（B80、B86）→总风软管连接器（B83）→客车总风软管

机车重联牵引具体通路如下：

第一总风缸（A11）→常闭截断塞门（Q01.05）→压力传感器（.04）→总风折角塞门（B80、B86）→总风软管连接器（B83）→重联机车总风软管

项目自检

1. 风源系统的作用是什么？
2. 风源系统包括哪些组成环节？
3. 简述空气压缩机的工作原理。
4. 简述空气干燥器的工作原理。
5. 检修空气压缩机时有哪些注意事项？

项目三　CCBⅡ型制动机

项目描述

CCBⅡ型制动系统是克诺尔公司生产的新型计算机控制制动系统，该制动系统是基于网络的电空制动系统，它是按照美国铁路协会标准（AAR）以26-L型制动机为基础，为满足干线客、货运机车的运用要求而设计的，可以满足我国既有机车车辆的配套使用。由于CCBⅡ型制动系统具有性能优异，故障率低，稳定性好等诸多优点，因而得到了广泛应用。本项目主要讲述CCBⅡ型制动系统的组成、工作原理、操纵试验等内容。

知识目标

1. 掌握CCBⅡ型制动机的组成。
2. 掌握CCBⅡ型制动机各部件的作用。

能力目标

1. 会分析EPCU各模块的工作原理。
2. 会分析CCBⅡ型制动机的综合作用。
3. 会分析CCBⅡ型制动机的备份作用。
4. 会对CCBⅡ型制动机进行性能实验。

思政目标

1. 培养敬业爱岗、遵章守纪、乐于奉献的职业精神。
2. 牢记安全第一、以质量促安全的职业规范。
3. 树立“因果”理念，弘扬“精益求精”工匠精神。

任务一　CCB Ⅱ 型制动机的整体组成认知

任务描述

1. 学习、掌握 CCB Ⅱ 型制动机的技术特点。
2. 认知 CCB Ⅱ 型制动机的整体组成。

视频：CCB Ⅱ 型制动机的组成和特点

知识储备

制动系统是机车及列车安全行车中必不可少的装置，而为了提高铁路的通过能力，也必须有动作灵敏、控制精确、制动能力强的大功率制动系统。

我国在 HXD3 型大功率电力机车引进项目中采用了先进的机车用 CCB Ⅱ 型微机控制制动系统。该制动系统是基于网络的电空制动系统（见图 3-1），它是按照美国铁路协会标准（AAR）以 26-L 制动机为基础，为满足干线客、货运机车的运用要求而设计的，可以满足我国既有机车车辆的配套使用。该制动系统具有以下技术特点：

（1）控制准确性高，反应迅速。

（2）安全性较高。

（3）部件集成化高，可进行部件的线路更换，维护简单。

（4）有自我诊断、故障显示及处理方法提示功能。

HXD3 型电力机车制动控制的原则是：

（1）优先使用机车再生制动。

（2）若在再生制动工况下进行常用制动操作，机车制动缸保持零压力，机车实施再生制动，车辆实施空气制动；若在常用制动工况下进行再生制动操作，机车制动缸压力下降为零，机车实施再生制动，车辆保持原空气制动压力。

（3）在紧急制动过程中，机车和车辆实施最大的空气制动力。

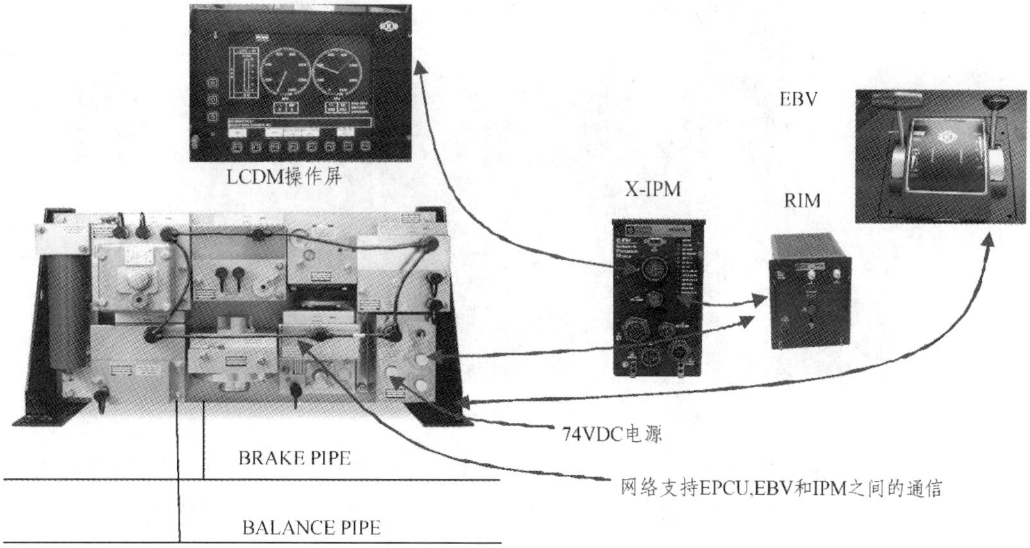

图 3-1　CCB Ⅱ 型制动机的组成

CCB Ⅱ 型制动机包括 5 个主要部件：

- LCDM：制动显示屏。
- EPCU：电-空控制单元。
- X-IPM：集成处理器模块。
- EBV：电子制动阀。
- RIM：继电器接口模块。

学习指导

CCB Ⅱ 型制动机采用微处理器数字化控制，因此控制准确性高，反应迅速。

CCB Ⅱ 型制动机采用模块化结构，因而集成化高。

注意：CCB Ⅱ 型制动机优先使用机车再生制动的控制原则。

任务二　CCB Ⅱ 型制动机电子制动阀认知

任务描述

1. 学习、掌握 CCB Ⅱ 型制动机电子制动阀（EBV）的结构及作用。
2. 掌握 CCB Ⅱ 型制动机电子制动阀（EBV）的操纵和激活。

知识储备

电子制动阀是 CCB Ⅱ 型制动机的人机接口。操作者通过电子制动阀（见图 3-2）直接给电控控制单元（EPCU）发送指令，并通知微处理器（IPM）进行逻辑控制。

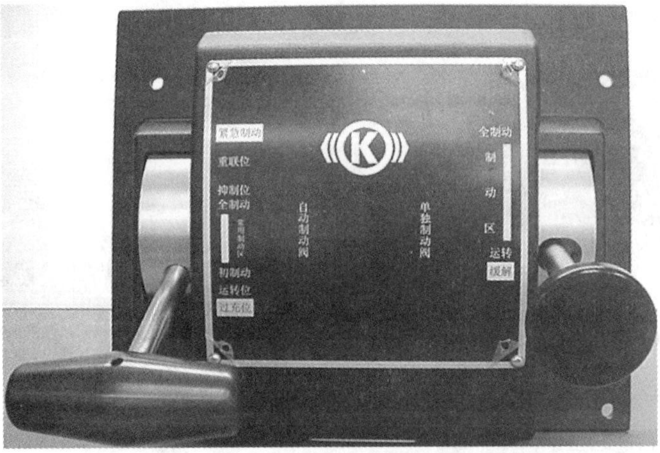

图 3-2　电子制动阀外观

视频：CCB Ⅱ 型制动机电子制动阀的组成

电子制动阀采用水平安装结构，自动制动手柄位于左侧，单独制动手柄位于右侧，中间为手柄位置指示牌。在 EBV 内部有一个机械阀，当自动制动手柄置于紧急制动位时，机械阀动作，保证机车车辆在任何状态下均能产生紧急制动作用。

自动制动手柄和单独制动手柄均采用推拉式操作方式，并具有自保压特性。自动制动手柄含有“运转位”“初制动位”“全制动位”“抑制位”“重联位”和“紧急制动位”等操作位置，在“初制动位”和“全制动位”之间是常用制动区。单独制动手柄包含“运转位”和“全制动位”等操作位置，在“运转位”和“全制动位”之间是制动区域。通过侧压单独制动手柄可以实现机车的单独缓解功能。

HXD3 型电力机车的每一个司机室均装有一个电子制动阀。当操纵端司机室的制动显示屏（LCDM）被激活，微处理器（IPM）将激活电子制动阀，操纵者可以用来进行制动控制；此时非操纵端司机室的电子制动阀未被激活，也不能送出制动指令。未被激活电子制动阀的自动制动手柄需用销子将其锁定在“重联位”，以免误动作触发紧急制动，单独制动手柄应置于“运转位”。

学习指导

电子制动阀实际上是两个阀，一个为自动制动阀，一个为单独制动阀。自动制动阀控制机车和车辆制动机实现自动制动作用，单独制动阀控制机车单独制动与缓解。

除了紧急制动时自动制动阀输出一个机械信号外，其他情况电子制动阀输出的均为电信号。

任务三　CCBⅡ型制动机制动显示屏认知

任务描述

1. 掌握 CCBⅡ型制动机制动显示屏显示的信息内容。
2. 会与 CCBⅡ型制动机制动显示屏进行人机交互操作。

知识储备

CCBⅡ型制动机制动显示屏（LCDM）（见图 3-3）位于司机室操纵台左侧，是 CCBⅡ型制动机的主要显示和操作装置。它由 10.4″ 液晶显示器、下方 8 个功能键和左侧 3 个亮度调节键组成。功能键用来实现操作菜单的选择及制动功能的选定。操作菜单可以用中文或英文显示。

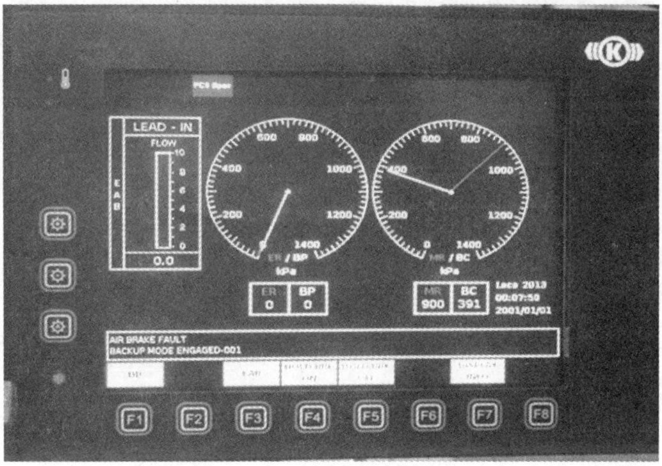

图 3-3　制动显示屏界面

HXD3 型电力机车的每一个司机室的操纵台上均装有一个制动显示屏。通过机车微机控制系统（TCMS）控制每个司机室制动显示屏的得、失电。当一个制动显示屏得电，其信号将送往制动系统微处理器（IPM），微处理器（IPM）根据此信号激活对应的电子制动阀（EBV），使其具有控制机车车轮制动系统的功能，此时，另一个制动显示屏未得电，其电子制动阀（EBV）未被激活。如果两个制动显示屏同时得电，微处理器（IPM）将通过制动显示屏显示制动系统故障信息，两个电子制动阀（EBV）均未激活。

制动显示屏在机车正常操作时，实时显示均衡风缸、制动管、总风缸和制动缸压力，也实时显示制动管流量和空气制动模式的当前状况。

通过制动显示屏还可以实时记录制动机故障信息。

通过制动显示屏还可以对制动机进行如下操作：对制动机各模块进行自检，可以进行本机/补机、均衡风缸压力设定、制动管投入/切除、客车/货车、补风/不补风、风表值标定、故障查询等功能的选择和应用。

学习指导

制动显示屏除了能够显示制动机的工作信息，还是司机与制动机系统进行工况设定的人机交互界面。

任务四 CCBⅡ型制动机微处理器认知

任务描述

1. 学习、掌握 CCBⅡ型制动机微处理器的作用。
2. 掌握 CCBⅡ型制动机微处理器各指示灯的含义。
3. 掌握 CCBⅡ型制动机微处理器各接线口的功能。

知识储备

微处理器（IPM）是 CCBⅡ型制动机的中央处理器，如图 3-4 所示，通过它进行各制动功能的软件计算，并对各部分软件状态进行检测和维护，它处理所有与制动显示屏（LCDM）有关的接口任务，并通过 LON 网络传送制动命令给电空控制单元（EPCU）。

微处理器（IPM）也通过继电器接口模块（RIM）与机车控制系统（TCMS）和安全装置（ATP）进行通信。

微处理器（IPM）前端设有 13 个指示灯，用来提供制动系统状态信息的反馈信息。若制动系统处于正常工作状态，微处理器顶端两个绿色的指示灯处于指示状态，而其他指示灯没有指示信息。各指示灯具体含义如下：

电源 POWER——绿色 LED 表示 IPM 已加电。如果在 IPM 得电的情况下，指示灯熄灭，则很有可能是电源失效。

CPU OK——根据内部看门狗计时器，该绿色 LED 显示 IPM CPU 的状况良好，该 LED 表示 IPM 成功通过每 15 min 进行一次的自检。

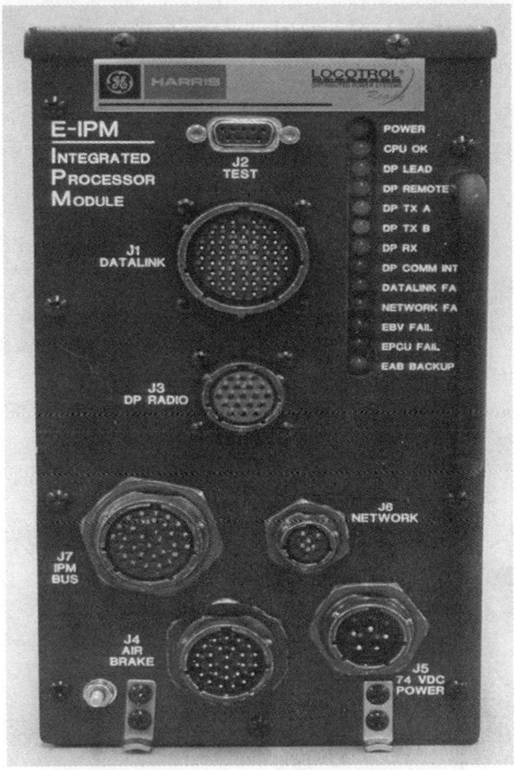

图 3-4　CCBⅡ型制动机的微处理器

视频：CCBⅡ型制动机微处理器

DP LEAD——该绿色 LED 表示该机车处于动力分散本机机车模式。

DP REMOTE——该绿色 LED 表示该机车处于动力分散重联机车模式。

DP TX A——该黄色 LED 表示该机车电台 A 正在传输 DP 无线信息。

DP TX B——该黄色 LED 表示该机车电台 B 正在传输 DP 无线信息。

DP RX——该绿色 LED 表示该机车正接收 DP 无线信息。

DP COMM INT——该红色 LED 表示该机车 DP 无线通信故障。

DATALINK FA——该红色 LED 表示该机车 IPM 无法通过 Lon Work 网或 RS422 数据线与机车控制系统或 EPCU、LCDM 通信。

NETWORK FA——该红色 LED 表示 LOCOTROL EB 或 CCBⅡ系统内部（IPM，EPCU and EBV）LON network 通信有问题。

EBV FAIL——该红色 LED 表示 CCBⅡ系统 EBV 失效，可能是电子部分故障，或空气部分故障，或两者皆有。

EPCU FAIL——该红色 LED 表示 CCBⅡ系统 EPCU 失效，可能是电子部分故障，或空气部分故障，或两者皆有。

EAB BACKUP——该红色 LED 表示 CCBⅡ系统已工作于一项备用模式，比如第一主风缸传感器失效，系统工作于第二主风缸传感器。

IPM 前端有 7 个电缆接线口，其具体含义如下：

J1——数据传输装置，通过 R422 数据线连接制动显示屏。

J2——测试接口，用于系统软件的更新及维护软件的下载。

J3——远程控制用电台连接接口（HXD3 型电力机车无此功能）。

J4——连接继电器接口模块。

J5——电源输入接口。

J6——网络接口，连接电控控制单元（EPCU）。

J7——远程控制接口（HXD3 型电力机车无此功能）。

学习指导

微处理器是 CCB Ⅱ 制动机的大脑，它综合处理制动机相关的各种信息，并输出相应的控制信号，可以对各部分状态进行检测和维护。

各指导灯的含义是掌握 CCB Ⅱ 型制动机工作状态的最直观信息表示。

任务五　CCB Ⅱ 型制动机继电器接口模块认知

任务描述

1. 学习、掌握 CCB Ⅱ 型制动机继电器接口模块的作用。
2. 掌握 CCB Ⅱ 型制动机继电器接口模块的输入和输出信号。

知识储备

一、继电器接口模块（RIM）

CCB Ⅱ 型制动机继电器接口模块（RIM）位于机车制动柜内，是微处理器（IPM）与机车进行通信的继电器接口（见图 3-5）。

信号输入部分包括：由安全装置（ATP）产生的惩罚制动和紧急制动信号，A/B 端司机室操作激活信号，再生制动投入信号，MREP 压力开关工作状态信号，机车速度信号。

信号输出部分包括：紧急制动信号，动力切除（PCS）信号，撒砂动作信号，再生制动切除信号，重联机车故障信号。

二、电源箱（PJB）

电源箱 PJB 是一个变压器，它给电空控制单元（EPCU）和其他可能扩展的装置提供 10 V 直流电压，并将机车蓄电池的电压 110 V 转变成 6 V 直流供微处理器（IPM）使用。

三、电缆箱（CJB）

HXD3 型电力机车在制动柜中安装有电缆箱（CJB），为两端司机室的电子制动阀（EBV）和制动显示屏（LCDM）进行通信线转换。

视频：CCB Ⅱ 型制动机继电器接口模块

图 3-5　继电器接口模块

学习指导

继电器接口模块是一个中间转换环节，是微处理器与机车间进行通信的接口。

任务六　CCB Ⅱ 型制动机电空控制单元模块认知

任务描述

1. 学习、掌握 CCB Ⅱ 型制动机电空控制单元的组成和作用。
2. 学习、掌握 CCB Ⅱ 型制动机电空控制单元各组成模块的作用。

知识储备

CCB Ⅱ 型制动机电空控制单元（EPCU）由电空阀和空气阀组成，如图 3-6 所示，它用来控制机车空气管路的压力，是制动系统的执行部件，所有电空阀和空气阀集成到 8 个线路可更换模块（LRU），其中 5 个 LRU 是智能的，可以通过软件进行自检并通过 LON 网络

（a）外观

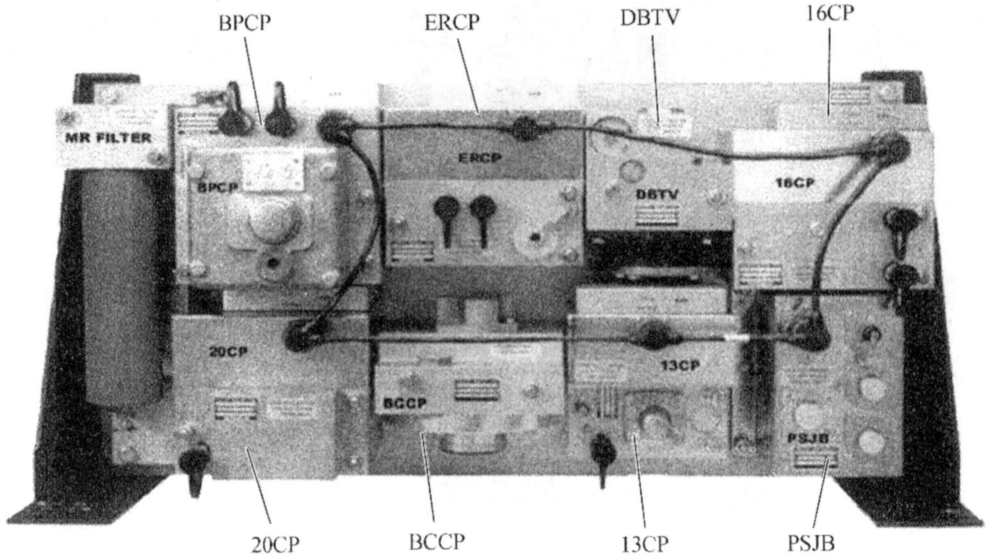

（b）内部结构

图 3-6　电空控制单元（EPCU）

和 EBV、IPM 进行通信，其功能简述如下：

均衡风缸控制模块（ERCP）——通过改变均衡风缸压力产生列车管控制压力。

制动管控制模块（BPCP）——制动管控制模块（BPCP）接收来自均衡风缸控制模块（ERCP）的均衡风缸压力，由内部 BP 作用阀响应其变化并快速产生与均衡风缸具有相同压力的制动管压力，从而完成列车的制动、保压和缓解。

控制部分（13CP）——实现单独缓解机车制动缸压力的功能。

16 控制部分（16CP）——响应列车管的减压量、平均管压力、单缓指令，来产生制动缸管的控制压力；功能类似于分配阀主阀部的作用。

20 控制部分（20CP）——通过响应列车管减压和单缓指令产生平均管压力。

EPCU 也包括纯空气控制阀：

制动缸控制部分（BCCP）——是一个制动缸中继阀，响应 16 号管压力变化，产生机车制动缸压力。

DB 三通阀（DBTV）部分——响应制动管的减压量产生制动缸管的控制压力，可以作为 16CP 的备份模块。

电源接线盒（PSJB）——电源接线盒（PSJB）内置电源，为 CCBⅡ型制动机供电（将 110 V 转换到 24 V），在外部具有多个接插件，允许 EPCU、EBV、X-PIM 和 RIM 相互连接。

电源箱（PSJB）——电源箱（PSJB）位于电空动作单元（EPCU）上，内置变压器，将电源箱（PJB）提供的 110 V 直流电源转换为 24 V 直流电源后提供给 CCBⅡ系统，供电空控制单元、电子制动阀等部件使用。在外部具有多个插接口，允许电空控制单元、电子制动阀、微处理器和继电器接口模块相互连接通信。

学习指导

电空控制单元（EPCU）是 CCBⅡ型制动机最关键的部件，它主要实现电信号向压缩空气压力信号的转换，从而实现制动机各管路的压力控制。

任务七　CCB Ⅱ型制动机均衡风缸控制模块认知

任务描述

1. 学习、掌握 CCB Ⅱ型制动机均衡风缸控制模块的组成。
2. 学习、掌握 CCB Ⅱ型制动机均衡风缸控制模块的工作原理。

视频：ERCP 模块的组成及作用

知识储备

CCB Ⅱ型制动机均衡风缸控制模块（ERCP）接收来自电子制动阀的自动制动指令、微处理器以及机车监控系统的指令来控制机车均衡风缸的压力。它的功能类似于 JZ-7 型制动机的自动制动阀中的调整阀与 DK-1 型制动机中的自动制动阀和缓解电空阀、制动电空阀联合作用；但又有所不同。调整阀是纯机械机构，只响应自动制动阀手柄的动作，且均衡风缸的压力由凸轮的行程决定；DK-1 型制动机虽然是通过电信号控制电空阀来实现均衡风缸的压力控制，但均衡风缸充风缓解时的最高压力是通过加装在总风管路上的减压阀来限制的，均衡风缸制动时，其最小减压量通过制动电空阀的缩口和初制风缸联合实现，最大减压量通过自动制动阀手柄在“制动位”停留的时间决定，即由制动电空阀的得电时间来实现，控制准确度、减压精度都不是很理想，且不能自保压。本系统中的均衡风缸控制模块通过电子信号能够准确地控制均衡风缸的压力，且具有自保压功能，如果此模块发生了故障，会自动由其他模块（16CP）来代替其功能，因为 DK-1 型制动机的电空阀没有备份功能。

无动力回送装置也集成在均衡风缸控制模块内部。

ERCP 模块由外壳、管座、均衡风缸、REL 缓解电磁阀、MVER 均衡模块电磁阀、MRT 总风压力传感器、ERT 均衡风缸压力传感器、TPER 均衡压力测试点、TPMR 总风测试点、过滤器等部分组成，其中无动力回送装置由 DE 无动力塞门、DER 压力调整阀、C2 充风节流阀、CV 单向止回阀等部分组成，如图 3-7 所示。

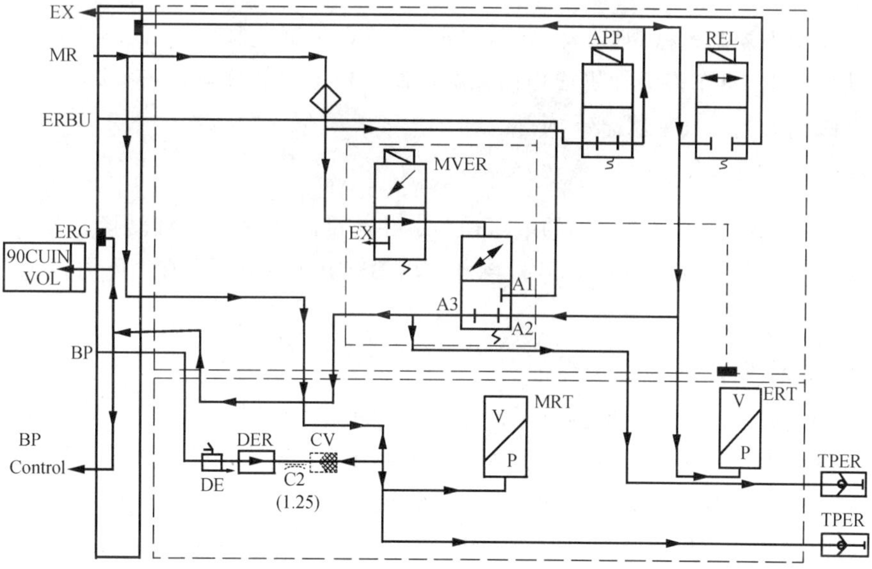

图 3-7　ERCP 模块的部件连接（缓解状态）

一、管　座

管座为均衡风缸控制模块 ERCP 的安装座。管座上设有 4 根管子的连接孔，即制动管 BP、总风管 MR、制动管控制管 BP control、均衡风缸备份管 ERBU。均衡风缸直接连接在管座上。

二、各部件简介

均衡风缸控制模块 ERCP 的其他部件均集成在外壳内，图 3-8 中的虚线框表示外壳。

1. REL 缓解电磁阀

得电——均衡风缸通大气，均衡风缸减压。

失电——停止均衡风缸通大气，均衡风缸保压。

2. APP 作用电磁阀

得电——总风通均衡风缸，均衡风缸增压。

失电——停止总风通均衡风缸，均衡风缸保压。

均衡风缸控制模块 ERCP 通过 REL 缓解电磁阀、APP 作用电磁阀实现对均衡风缸压力的控制。在缓解后或制动后的保压状态，两个电磁阀均失电。若将自动制动手柄置“重联位”，REL 缓解电磁阀得电将均衡风缸压力排空到 0。

3. MVER 均衡模块电磁阀

得电——产生预控压力，允许机械阀接口 A2 通 A3，从而均衡风缸接受 REL 缓解电磁、APP 作用电磁阀的控制。

失电——预控压力排大气，允许机械阀接口 A1 通 A3，从而均衡风缸与均衡风缸备份管 ERBU 相通。

本电磁阀用来控制机械阀接口的连通状态，是均衡风缸控制模块 ERCP 的预控电磁阀。

当制动机断电、机车设为补机或均衡风缸控制模块 ERCP 故障处于备用模式下，MVER 均衡模块电磁阀失电，其他状态下均得电。

4. MRT 总风压力传感器

产生与第二总风缸压力成比例的电压信号，并通过微处理器 IPM 转换，在制动显示屏上显示总风压力。如果此传感器故障，会自动由 BPCP 模块中的 MRT 压力传感器代替其功能。

5. ERT 均衡风缸压力传感器

产生与均衡风缸压力成比例的电压信号，并通过微处理器 IPM 转换，在制动显示屏上显示均衡风缸压力。备用模式下，均衡风缸压力由 16CP 模块中的 16T 压力传感器通过微处理器 IPM 转换，在制动显示屏上显示。

ERT 均衡风缸压力传感器与 REL 缓解电磁、APP 作用电磁阀配合作用，实现均衡风缸压力的精确控制和自动保压功能。

6. TPER 均衡风缸压力测试点

此测试点直接和均衡风缸连接，通过与系统外部的压力表连接，能够检测出任何状态下均衡风缸的实际压力。

7. TPMR 总风压力测试点

此测试点直接和第二总风缸连接，通过与系统外部的压力表连接，能够检测出第二总风缸的实际压力。

8. DE 无动力塞门

此塞门在机车附挂时（无动力回送）使用，有投入和切除两个位置。

投入——将制动管和第二总风缸连通，允许制动管给总风缸充风，机车附挂时使用此位置。

切除——断开制动管和第二总风缸的通路，机车在正常运行时使用此位置。

9. DER 压力调整阀

当 DE 无动力塞门在投入位时，限制制动管给总风缸充风的压力到 250 kPa 左右。

10. C2 充风节流孔

当制动管给总风缸充风时，限制其压缩气流的速度，使得总风缸能够获得稳定的压缩空气，同时避免制动管压力下降得太快而引起机车紧急制动。

11. CV 单向止回阀

防止机车在正常状态或无动力回送状态时，总风缸压力空气向制动管逆向流动。

三、工作原理

缓解时，APP 作用电磁阀得电导通、MVER 均衡模块电磁阀得电 A2-A3 接口导通，REL 缓解电磁阀失电断开，总风经 APP 作用电磁阀、MVER 均衡模块电磁阀 A2-A3 接口向均衡风缸充风，ERT 将均衡风缸压力信号实时传送给微处理器 IPM，当均衡风缸压力达到目标值时，微处理器 IPM 发出指令，APP 作用电磁阀失电断开，切断充风通路，均衡风缸保压。

制动时，APP 作用电磁阀失电断开，MVER 均衡模块电磁阀得电，A2-A3 接口导通，REL 缓解电磁阀得电导通，均衡风缸压力空气经 MVER 均衡模块电磁阀 A3-A2 接口、REL 缓解电磁阀排向大气，压力降低，ERT 将均衡风缸压力信号实时传送给微处理器 IPM，当均衡风缸压力达到目标值时，微处理器 IPM 发出指令，REL 缓解电磁阀失电断开，切断排风通路，均衡风缸保压。

无动力回送时，DE 无动力塞门置投入位，列车管压力空气经 DER 压力调整阀将压力调整到 250 kPa 左右，再经 C2 充风节流孔、CV 单向止回阀向无动力回送机车总风缸充风。

视频：ERCP 模块的工作状态

视频：ERCP 模块的失电制动保护

视频：ERCP 模块的无动力回送

视频：ERCP 模块的备份工作

学习指导

均衡风缸控制模块除了实现均衡风缸的压力控制之外，还能实现无动力回送时制动管向总风缸充风的功能。

正常通过充风电空阀 APP 和排风电空阀 REL 即可控制均衡风缸压力，为避免意外又设置了备用切换阀 MVER，通过控制 MVER 电磁阀的得/失电来选择是由 ERCP 还是由备份模块来控制均衡风缸的压力。

通过压力传感器将压缩空气的压力信号转变为电信号反馈给微处理器，从而实现相应均衡风缸压力的数字化闭环控制。

任务八　CCB Ⅱ 型制动机制动管控制模块认知

任务描述

1. 学习、掌握 CCB Ⅱ 型制动机制动管控制模块的组成。
2. 学习、掌握 CCB Ⅱ 型制动机制动管控制模块的工作原理。

视频：BPCP 模块的组成及作用

知识储备

CCB Ⅱ 型制动机制动管控制模块（BPCP）接收来自均衡风缸的压力，由内部 BP 作用阀响应其变化并使制动管快速地产生与均衡风缸相同的压力，从而完成列车的制动、保压和缓解。它的作用相当于中继阀的作用。

此外，制动管控制模块（BPCP）可以检测列车制动管的压力，并可接收自动制动阀、IPM 的指令。当发现制动管压力快速下降或接收到来自自动制动阀、IPM 的紧急制动指令，制动管控制模块（BPCP）会加快制动管减压产生紧急制动。此作用相当于紧急阀和电动放风阀的作用。

制动管控制模块（BPCP）由外壳、管座、BP 作用管、MV53 电磁阀、BPCO 机械阀、BRP 制动管压力传感器、MRT 压力传感器、FLT 制动管流量传感器、C1 充风节流孔、TPBP 制动管压力测试点、EMV 紧急电磁阀（74 V）、MEVM 紧急电磁阀（24 V）、PVEM 气动紧急放风阀、C3 充风节流阀等部分组成（见图 3-8）。

一、管　座

管座为制动管控制模块（BPCP）的安装座。管座上设有 5 根管子的连接孔，即总风管 MR、制动管压力反馈管 BPVV、制动管控制管 ER（BP control）、21 号管、制动管 BP。

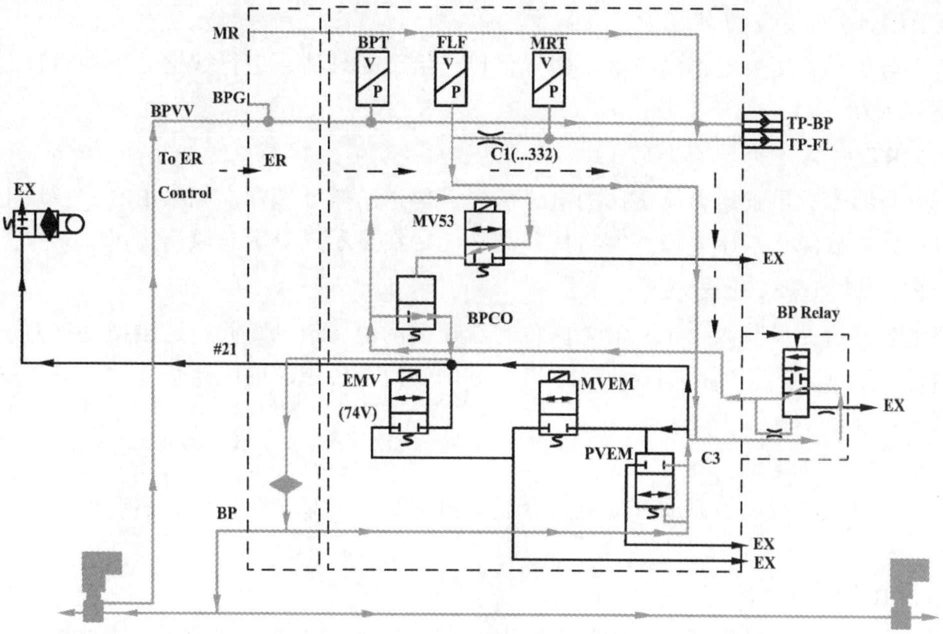

图 3-8 BPCP 模块的部件连接（缓解状态）

二、各部件简介

1. 制动管 BP 作用阀

接收均衡风缸的控制压力，产生与之相等的制动管压力，实现对列车的制动、缓解控制功能。其排风管路（EX）的制动管排风速度受 1/4 英寸节流孔限制，使得制动时进行常用制动，而不会引起紧急制动。

此阀是制动管控制模块 BPCP 的核心部件，属于机械阀。

2. MV53 电磁阀/BPCO 机械阀

MV53 电磁阀与 BPCO 机械阀共同作用，实现机车制动管投入/切除、补风/不补风、一次缓解/阶段缓解等功能。

MV53 电磁阀失电——允许由制动管 BP 作用阀产生的制动管压力通过本电磁阀，进而控制 BPCO 机械阀使其开通，BPCO 机械阀开通后由 BP 作用阀产生的制动管压缩空气通过 BPCO 机械阀，经过过滤后进入列车制动管。

MV53 电磁阀得电——由制动管 BP 作用阀产生的制动管压力不能通过本电磁阀，并且本电磁阀控制的 BPCO 机械阀的预控压力排向大气，从而使 BPCO 机械阀通路关闭。机车（或列车）的制动管和 BP 作用阀隔离。机车制动管处于保压状态，BP 作用阀虽仍受均衡风缸压力控制，但它不再控制制动管压力。

机车处于本机补风阶段缓解状态时，MV53 电磁阀处于常失电状态；机车处于本机不补风状态时，当自动制动阀在运转位，MV53 电磁阀失电，当自动制动阀在制动区，制动管减压到均衡风缸控制压力后，微处理器使 MV53 电磁阀得电，如果运行时产生紧急制动作用或将机车设置为单机状态（操纵端切除）、补机状态，则 MV53 电磁阀将常得电。

当制动管压力低于 90 kPa 时，BPCO 机械阀将自动关闭通路。

3. BPT 制动管压力传感器

产生与制动管压力成正比的电压信号，传送给微处理器，进行数据处理并通过制动显示屏显示压力值。

4. MRT 总风压力传感器

产生与第二总风缸压力成正比的电压信号，传送给微处理器。如果 ERCP 模块上的总风压力传感器故障，本压力传感器将代替其功能，在显示屏显示总风压力。

5. FLT 制动管流量传感器

产生与经过充风节流孔 C1 的总风压力成比例的电压信号，并传送给微处理器，微处理器通过比较 MRT 总风压力传感器和 FLT 制动管流量传感器的电压信号，计算出制动管充风流速，并显示在显示屏上。

6. C1 充风节流孔

其作用是限制总风给制动管的充风速度，避免长大列车充风太快，引起列车制动缓解不同步。

7. TPBP 制动管压力测试点

测试点直接和制动管压力反馈管 BPVV 连接，通过与系统外部的压力表连接，能够检测出制动管的实际压力。

8. EMV 紧急电磁阀（74V）

此电磁阀由微处理器直接控制，产生紧急作用。EMV 紧急电磁阀失电，21 号管不排风（正常操作模式）；EMV 紧急电磁阀得电，21 号管排风，产生紧急制动。

9. MVEM 紧急电磁阀

此电磁阀接收电子制动阀 EBV 的紧急制动指令，产生紧急制动。MVEM 紧急电磁阀失电，电子制动阀 EBV 不在紧急制动位，21 号管不排风；MVEM 紧急电磁阀得电，电子制动阀 EBV 在紧急制动位，21 号管排风，产生紧急制动。

10. PVEM 紧急放风阀

由于 21 号管排风，造成 PVEM 紧急放风阀动作，使得制动管内压力空气以足够大速度排向大气，保证紧急制动的发生。

三、工作原理

缓解时，MV53 电磁阀失电，BPCO 机械阀导通；ER 均衡风缸压力作为制动管 BP 作用阀的先导压力，ER 均衡风缸压力增加，制动管 BP 作用阀导通总风与 BPCO 机械阀的通路；总风 MR 经 C1 充风节流孔、FLT 制动管流量传感器、制动管 BP 作用阀、BPCO 机械阀向制动管充风，制动管压力增加，当制动管压力增加到和均衡风缸压力相等时，制动管 BP 作用阀自动切断充风通路，实现缓解。

常用制动时，MV53 电磁阀失电，BPCO 机械阀导通；ER 均衡风缸压力作为制动管 BP 作用阀的先导压力，ER 均衡风缸压力降低，制动管 BP 作用阀导通 BPCO 机械阀与大气的通路；BP 制动管压力空气经 BPCO 机械阀、制动管 BP 作用阀排向大气，BP 制动管压力降低，当制动管 BP 压力降低到和 ER 均衡风缸压力相等时，制动管 BP 作用阀自动切断排风通路。

紧急制动时，MV53 电磁阀得电，BPCO 机械阀断开；EMV 紧急电磁阀得到微处理器发出的紧急制动指令或 MVEM 紧急电磁阀接收到电子制动阀 EBV 的紧急制动指令，21#管排风，PVEM 紧急放风阀动作导通制动管与大气的通路，制动管内的压力空气以足够大速度排向大气，保证紧急制动的发生。

视频：BPCP 模块的缓解状态　视频：BPCP 模块的制动状态　视频：BPCP 模块的紧急制动状态

学习指导

学习本模块时要与均衡风缸控制模块相比较，利用类比法学习。

制动管控制模块控制制动管压力变化分为两种情况：

（1）紧急制动时，由 EMV 或 MVEM 动作后引起 PVEM 动作直接迅速排空制动管的压缩空气。

（2）常用制动与缓解情况下，由 BP 作用阀根据均衡风缸的压力变化控制。这个控制作用是否向制动管输出要根据 MV53 电磁阀的得/失电以及 BPCO 机械阀来控制。

任务九　CCBⅡ型制动机 16CP 控制模块认知

任务描述

1. 学习、掌握 CCBⅡ型制动机 16CP 控制模块的组成。
2. 学习、掌握 CCBⅡ型制动机 16CP 控制模块的工作原理。

知识储备

CCBⅡ型制动机 16CP 模块用来产生制动缸的控制压力，其基本功能类似于分配阀的作用。

在本机状态下时，通过对机车制动管的减压量、平均管的压力、机车单独缓解指令以及单独制动阀的控制指令来产生制动缸的控制压力，即 16 号管压力；在补机状态时，除了制动管压力降到 140 kPa 以下且总风重联管压力开关动作以外，不再根据制动管减压量而产生制动缸的控制压力，重联机车的制动缸压力由平均管的压力来控制。

在本机模式下，16 号管增加的压力与制动管减少的压力的比例为 2.5:1，并且 16 号管增加的压力最大不超过 450 kPa。

当接收单独缓解指令，或列车管压力增加 14 kPa 时，制动缸压力开始缓解。

当出现电源故障时，16CP 模块对制动管的控制压力自动进行释放，然后通过 DBTV（本务状态）或者 20CP 到制动缸中继阀的先导压力对制动缸压力进行控制。

一旦制动管压力小于 140 kPa，16CP 模块内部的紧急限制阀（ELV）将增加制动管先导压力到一个常规值 440 kPa，这样会产生一个最小 420 kPa 的制动缸压力。产生的制动缸压力在补机单元不能自动释放，只有当制动管的压力被充风到高于 140 kPa，补机单元中的制动缸压力才可随制动管压力增高进行缓解。

在 ER 控制单元故障的情况下，16CP 模块与制动缸隔离，通过 3 个电磁阀的动作连接到均衡风缸（上电 ERBU，断电 MV16 和 MVER），这样 16CP 模块可以控制均衡风缸的压力。制动缸的控制压力则由 DBTV 模块控制。

在 20CP 模块故障的情况下，16CP 模块可以根据单独制动手柄的位置产生制动缸控制压力。这种方式可以在本务机车上产生相应的制动缸压力，但是不能在本务机车上产生响应的平均管压力。

16CP 控制模块由外壳、管壳、REL 缓解电磁阀、APP 作用电磁阀、MV16 电磁阀、PVTV 三通阀、DCV2 变向阀、PVE 紧急压力阀、ELV 紧急限压阀、DCV1 变向阀、16T 压力传感器、BPT 制动管压力传感器、BCT 制动缸压力传感器、C1 充风节流孔、TP16 作用管压力测试点、TPBC 测试点、过滤器即作用风缸等部分组成（见图 3-9）。

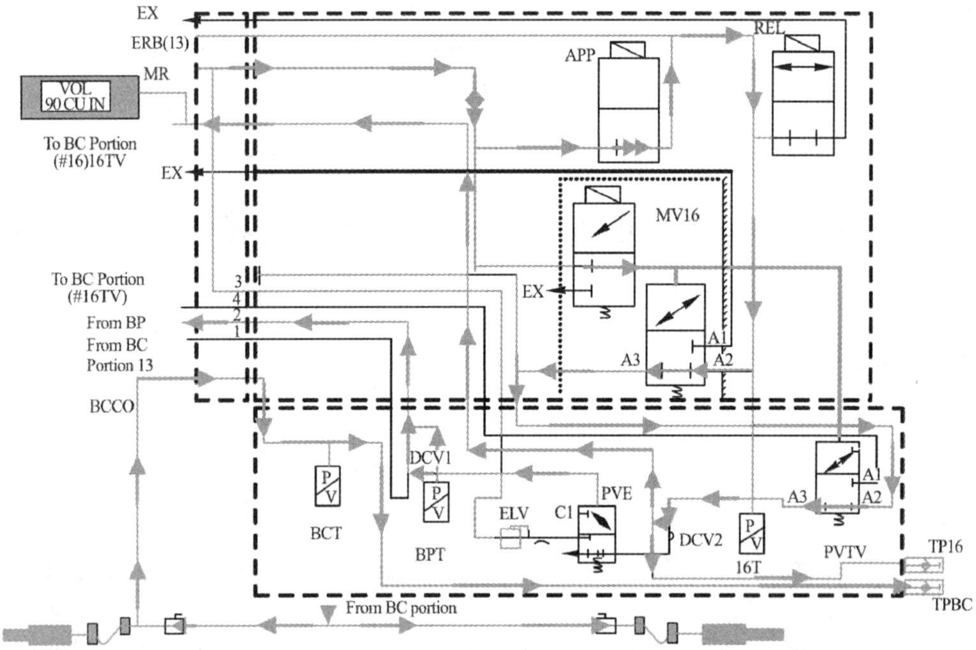

图 3-9 16CP 模块的部件连接（制动状态）

一、管　座

管座为 16CP 模块的安装座。管座上设有 7 根管子的连接孔，即均衡风缸备用管 ERB（13）、总风管 MR、制动缸控制管 16#管、通 DBTV 控制管 16 TV 管、制动管 BP、单独缓解管#13 号管、制动缸压力反馈管 BCCO。作用风缸（90 立方英寸）直接连接在管座上。

二、各部件简介

16CP 模块的其他部件均集成在外壳内，图 3-9 中右侧的虚线框表示外壳。

1. REL 缓解电磁阀

得电——作用风缸通大气，作用风缸减压。

失电——停止作用风缸通大气，作用风缸保压。

2. APP 作用电磁阀

得电——总风通作用风缸，作用风缸增压。

失电——停止总风通作用风缸，作用风缸保压。

16CP 模块通过 REL、APP 电磁阀实现对作用风缸压力的控制。在缓解后或制动后，两个电磁阀均失电，进行作用风缸保压。若将机车设置在补机位，REL 电磁阀得电，将作用风缸的压力空气排空。

3. MV16 电磁阀

得电——产生控制压力，允许机械阀接口和 PVTV 三通阀接口的 A2 通 A3，从而使作用风缸接受 REL、APP 电磁阀控制。

失电——控制压力排大气，允许机械阀接口和 PVTV 三通阀接口 A1 通 A3，从而使作用风缸同 DBTV 模块连通，并受其控制。

本电磁阀用来控制其机械阀接口的连通，是 16CP 模块的预控电磁阀。

当制动系统断电、ERCP 模块故障处于备用模式、16CP 模块故障处于备用模式，MVl 6 电磁阀将失电，16CP 模块失去对作用风缸的控制能力，同时允许 DBTV 模块对作用风缸进行控制，即对制动缸压力进行控制；其他状态无论机车设置为本机/投入、本机/切除或补机，MVl 6 电磁阀均得电。

4. PVTV 三通阀

此阀为机械阀，受 MVl 6 电磁阀控制，和 MVl 6 电磁阀配合作用，完成 16CP 模块对作用风缸的控制或 DBTV 模块对作用风缸的控制的选择或自动转换。在正常的工作状态下，作用风缸的压力控制应由 16CP 模块产生的 16 管压力来完成，但 DBTV 模块也适时根据制动管的压力变化产生作用风缸的控制压力 16 TV，但此控制压力在 PVTV 三通阀处被堵截。

5. DCV2 变向阀

DCV2 变向阀从 16/16 TV 或 ELV 中选择最高压力，向作用风缸充风。

6. PVE 紧急压力阀

当 BP 压力低于 140 kPa 时，PVE 压力阀动作，接通 ELV 和 DCV2，允许总风通过 ELV 直接进入作用风缸。

7. ELV 紧急限压阀

将 MR 压力限制到 440 kPa，使通过 PVE 紧急压力阀控制的作用风缸压力不超过 440 kPa。

8. DCV1 变向阀

DCVl 从制动管 BP 和单独缓解管 13 中选择最高压力，最高压力控制 PVE 紧急压力阀动作。

在紧急制动后自动制动单独缓解时，13 号管强制 PVE 动作，切断总风通往作用风缸的通路，可进行机车缓解。但当解除单缓命令后，PVE 恢复原态，作用风缸压力恢复到 440 kPa。

当使用单独手柄进行单独缓解时，建议将单独手柄置于制动区，以免单独缓解后机车突然缓解溜车。

9. 16T 压力传感器

产生与作用管压力成比例的电压信号，传送给微处理器 IPM，进行数据处理。

16T 压力传感器同 REI、APP 电磁阀配合作用，实现作用风缸压力的精确控制和自动保压功能。

10. BPT 制动管压力传感器

产生与制动管压力成比例的电压信号，传送给微处理器 IPM，进行数据处理。

如果 BPCP 模块上的 BPT、压力传感器故障，本压力传感器将代替其功能，在显示屏显示制动管压力。

11. BCT 制动缸压力传感器

产生与制动缸压力成比例的电压信号，传送给微处理器 IPM，进行数据处理，并在显示屏显示制动缸压力。

12. TP16 作用管压力测试点

此测试点直接和作用风缸连接，通过与系统外部的压力表连接，能够检测出任何状态下作用风缸的实际压力。

13. TPBC 制动缸压力测试点

此测试点直接和制动缸反馈管 BCCO 连接，通过与系统外部的压力表连接，能够检测出任何状态下制动缸的实际压力。

三、工作原理

缓解时，APP 作用电磁阀失电断开、MV16 均衡模块电磁阀得电 A2-A3 接口导通，同时 PVTV 三通阀 A2-A3 接口也导通，REL 缓解电磁阀得电导通，16 号管及其工作风缸压力空气经 DCV2 变向阀、PVTV 三通阀 A2-A3 接口、MV16 均衡模块电磁阀 A2-A3 接口、REL 缓解电磁阀排向大气，16T 将 16 号管及其工作风缸压力信号实时传送给微处理器 IPM，当 16 号管及其工作风缸压力达到目标值时，微处理器 IPM 发出指令，REL 缓解电磁阀失电断开，切断排风通路，16 号管及其工作风缸保压。

常用制动时，APP 作用电磁阀得电导通、MV16 均衡模块电磁阀得电 A2-A3 接口导通，同时 PVTV 三通阀 A2-A3 接口也导通，REL 缓解电磁阀失电断开，总风经 APP 作用电磁阀、MV16 均衡模块电磁阀 A2-A3 接口、PVTV 三通阀 A2-A3 接口、DCV2 变向阀，向 16 号管及其工作风缸充风，16T 将 16 号管及其工作风缸压力信号实时传送给微处理器 IPM，当 16 号管及其工作风缸压力达到制动管减压量的 2.5 倍时，微处理器 IPM 发出指令，APP 作用电磁阀失电断开，切断充风通路，16 号管及其工作风缸保压。

紧急制动时，制动管迅速排空，压力急剧减低，当制动管压力低于 140 kPa 时，PVE 动作，接通 ELV 和 DCV2，总风通过 ELV 将压力调整到 440 kPa，经过 DCV2 变向阀，向 16 号管及其工作风缸充风，实施紧急制动。

视频：16CP 模块的正常工作状态

视频：16CP 模块的缓解状态

学习指导

学习本模块时要与均衡风缸控制模块相比较，利用类比法学习。

16CP 控制模块控制制动缸压力变化分为两种情况：

（1）正常情况下 16CP 通过 APP 和 REL 电空阀直接控制 16#管压力。常用制动与缓解时直接按 2.5 倍的制动管减压量产生作用管压力。紧急制动时直接向作用管充风到 450 kPa。

（2）必要时，通过 PVTV 三通阀转切换到备用模式，即由 DBTV 模块控制作用管压力。

由于 DBTV 控制模块控制只有常用制动功能，没有紧急制动功能，故又增设了紧急增压回路，紧急增压回路由变向阀 DCV2 引入。紧急增压回路压力由 PVE 阀门决定是 0 或者 450 kPa。

任务十　CCBⅡ型制动机 20CP 控制模块认知

任务描述

1. 学习、掌握 CCBⅡ型制动机 20CP 控制模块的组成。
2. 学习、掌握 CCBⅡ型制动机 20CP 控制模块的工作原理。

知识储备

CCBⅡ型制动机 20CP 控制模块根据制动管减压量、单独缓解命令、本机/单机模式下单独制动手柄位置等信号，产生本务机和补机的制动缸、平均管压力；平均管控制压力为列车管减压量的 2.5 倍；当制动管压力增加 14 kPa 或者在单独缓解时，平均管压力缓解。

平均管压力直接根据单独制动手柄命令产生，从在运转位的 0 kPa 直到全制动时的 300 kPa，平均管可实现阶段变化；平均管压力取常用制动或单独制动命令中压力较高者；20CP 模块在电源故障时实现管路保压作用；20CP 只在本务机车上有效，制动状态时出现故障，将保持制动缸原压力值。当 20CP 模块故障时，16CP 模块会根据本务机单独制动命令产生制动缸压力，但不再产生平均管压力；20CP 模块在补机中不起作用，将保持在失电状态。

20CP 控制模块由外壳、管座、REL、缓解电磁阀、APP 作用电磁阀、MVLT 电磁阀、20R 阀、PVLT 阀、20TL 压力传感器、20TT 压力传感器、C1 充风节流孔、TP20 平均管压力测试点、过滤器及作用风缸等部分组成。各部件的连接如图 3-10 所示。

一、管　座

管座为 20CP 模块的安装座。管座上设有 2 根管子的连接管，即总风管 MR、平均管 20#管。作用风缸直接连接在管座上。

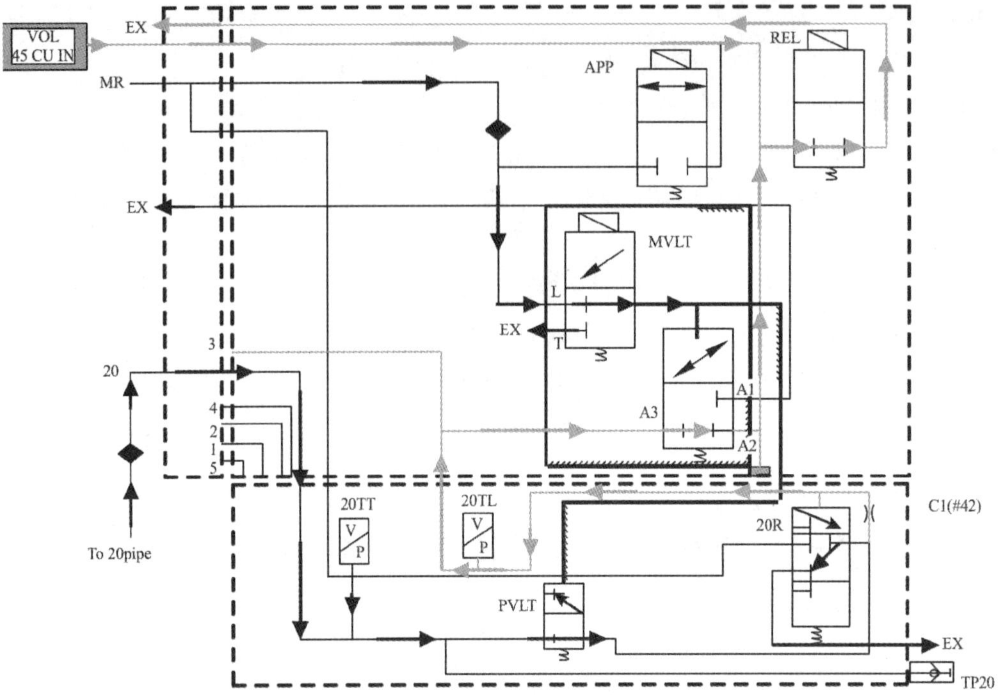

图 3-10　20CP 模块的部件连接

二、各部件简介

1. REL 缓解电磁阀

得电——作用风缸通大气，作用风缸减压，平均管排风。

失电——停止作用风缸通大气，作用风缸保压，平均管停止排风。

2. APP 作用电磁阀

得电——总风通作用风缸，作用风缸增压，平均管充风。

失电——停止总风通作用风缸，作用风缸保压，平均管停止充风。

20CP 模块通过 REL 缓解电磁阀、APP 作用电磁阀实现对作用风缸压力、平均管压力的控制。在缓解后或制动后，两个电磁阀均失电，作用风缸保压。若将机车设置在补机位，两个电磁阀均在失电状态。

3. MVLT 电磁阀

得电——产生控制压力，允许机械阀接口的 A2 通 A3，同时开通 PVLT 阀，从而实现通过控制 REL 缓解电磁阀、APP 作用电磁阀对平均管控制。

失电——控制压力排大气，允许机械阀接口 A1 通 A3，同时关闭 PVLT 阀，从而使 20CP 模块失去对平均管的控制能力。

本电磁阀用来控制其机械阀的接口的连通和 PVLT 阀的通断，是 20CP 模块的预控电磁阀。当制动系统断电、20CP 模块故障、机车处于补机模式时，MVLT 电磁阀失电，PVLT 阀关闭，20CP 模块失去对平均管的控制能力，机车平均管管路呈自保压状态；机车设置为本机、单机模式，MVLT 电磁阀得电。

4. 20R 阀

在 20CP 模块对平均管进行控制时，提供较大的充风、排风通道。

5. PVLT 阀

和 MVLT 电磁阀配合使用，实现 20CP 模块对平均管的控制。此阀属于两位两通阀，在关断后不能将机车平均管排空。

6. 20TL 压力传感器

机车在本机模式下，产生与平均管压力控制压力成比例的电压信号，传给微处理器进行数据处理。

20TL 压力传感器与 REL 缓解电磁阀、APP 作用电磁阀配合，实现作用风缸压力的精确控制和自动保压功能。

7. 20TT 压力传感器

机车在补机模式下，产生与平均管压力成比例的电压信号，传给微处理器进行数据处理。

8. PT20 平均管压力测试点

直接和 PVLT 阀前部的平均管相连，通过与系统外部的压力表连接，能够检测出任何状态下平均管的实际压力。

三、工作原理

缓解时，APP 作用电磁阀失电断开、MVLT 均衡模块电磁阀得电 A2-A3 接口导通，同时 PVLT 导通，REL 缓解电磁阀得电导通，20R 先导室压力空气经 MVLT 三通阀 A2-A3 接口、REL 缓解电磁阀排向大气，20R 先导室压力降低，20TL 将 20R 先导室及其工作风缸压力信号实时传送给微处理器 IPM，当 20R 先导室压力降低到目标值时，微处理器 IPM 发出指令，REL 缓解电磁阀失电断开，切断排风通路，20R 先导室保压。由于 20R 先导室压力降低，20R 阀门动作，接通 20 号管与大气的通路，20 号管及其工作风缸的压力空气经 PVLT、20R 阀门排向大气，直到 20 号管及其工作风缸的压力与 20R 先导室压力相等，20R 阀门切断排风通路，20 号管及其工作风缸保压。

制动时，APP 作用电磁阀得电导通、MVLT 均衡模块电磁阀得电 A2-A3 接口导通，同时 PVLT 导通，REL 缓解电磁阀失电断开，总风经 APP 作用电磁阀、MVLT 均衡模块电磁阀得电 A2-A3 接口，向 20R 先导室及其工作风缸充风，20TL 将 20R 先导室及其工作风缸压力信号实时传送给微处理器 IPM，当 20R 先导室压力达到目标值（制动管减压量的 2.5 倍）时，微处理器 IPM 发出指令，APP 作用电磁阀失电断开，切断充风通路，20R 先导室保压。由于 20R 先导室压力增加，20R 阀门动作，接通 20 号管与总风的通路，总风经 20R 阀门、PVLT 向 20 号管及其工作风缸充风，直到 20 号管及其工作风缸的压力与 20R 先导室压力相等，20R 阀门切断充风通路，20 号管及其工作风缸保压。

视频：20CP 模块的正常工作状态　　视频：20CP 模块的缓解状态　　视频：20CP 模块的制动状态

学习指导

平均管压力控制方式与常用制动时制动管压力控制方式相类似，都是先控制预控压力，再利用中继阀控制最终对象压力，可以利用类比法学习。

20CP 模块主要用来控制制动平均管的压力。它主要接收制动管减压量、单独缓解指令、本机/单机模式下单独制动手柄位置等信号来控制制动平均管的压力。20CP 在补机中不起作用。

任务十一　CCBⅡ型制动机 13CP 控制模块认知

任务描述

1. 学习、掌握 CCBⅡ型制动机 13CP 控制模块的组成。
2. 学习、掌握 CCBⅡ型制动机 13CP 控制模块的工作原理。

知识储备

当单独制动手柄侧压时，CCBⅡ型制动机 13CP 控制模块控制 13#管充风，对 DBTV 里的 BO 阀进行控制，排空 16TV 作用管的风压；同时制动系统控制 16CP 模块中的缓解电磁阀，排空作用风缸和 16#作用管的压力，实现单缓机车制动缸压力（该压力由自动制动产生），且在 ER 备用情况下与 16CP 共同动作来实现均衡风缸的压力控制。13CP 控制模块由外壳、管座、MV13S 电磁阀和 ERBU 电磁阀等各部件组成（见图 3-11）。

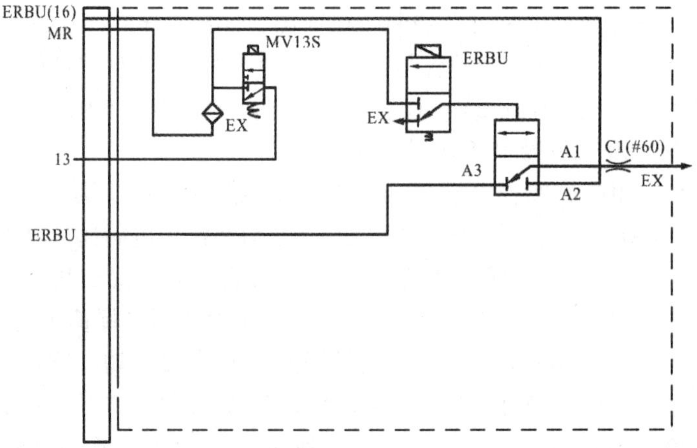

图 3-11　13CP 模块的部件连接

一、管　座

管座为 13CP 模块的安装座。管座上设有 3 根管子的连接管，即总风管 MR、通往 16CP 的 ERBU 管和通往 DBTV 的 13 号管。

二、各部件简介

1. MV13S 电磁阀

单独制动阀侧压，得电——总风缸给 13 号管充风，帮助 DBTV 模块内部实现机械的单缓功能。

单独制动阀恢复，失电——停止总风缸给 13 号管充风，13 号管通大气。

2. ERBU 电磁阀

和 16CP、ERCP 模块配合使用，当 ERCP 模块故障失效时，系统自动使 MVER 失电，MV16 失电，ERBU 得电。利用 16CP 模块中的 REL 缓解电磁阀、APP 作用电磁阀代替 ERCP 中的 REL 缓解电磁阀、APP 作用电磁阀的作用，用 ERBU 电磁阀代替 16CP 模块中的 MV16 电磁阀的功能，实现对均衡风缸的控制。

学习指导

学习本模块时要与其他控制模块相比较学习，利用类比法学习。

13CP 模块在一般情况下控制机车单独缓解。当 ERCP 故障时，与 16CP 一起实现均衡风缸压力的备份控制。

任务十二　CCBⅡ型制动机制动缸控制模块认知

任务描述

1. 学习、掌握 CCBⅡ型制动机制动缸控制模块的组成。
2. 学习、掌握 CCBⅡ型制动机制动缸控制模块的工作原理。

知识储备

CCBⅡ型制动机制动缸控制模块（BCCP）从 16CP 模块或平均管接收到制动缸控制压力，产生制动缸压力。BCCP 模块属于大通道的空气中继阀，它用总风缸作为供风风源，16 号管和平均管作为控制压力，对机车制动缸进行充风和排风控制。在失电状态下，BCCP 模块会使制动缸通过 PVPL 与平均管相连，产生平均管压力，这样补机就可以同本务机一样产生制动。PVPL 在均衡风缸后备管压力大于 69 kPa 时开通。失电时，13CP 模块缩堵限制均衡风缸压力的释放，从而本务机的 PVPL 可以将其制动缸与平均管相连而产生平均管压力，用于产生补机制动缸压力；空电互锁电磁阀也位于 BCCP 模块的 16 号管路中。

BCCP 模块由外壳、管座、BCCP 作用阀、DCV1 变向阀、PVPL 阀等部件组成（见图 3-12）。

一、管　座

管座为 BCCP 模块的安装座。管座上设有 5 根管子的连接孔，即总风管 MR、通往 16CP 的 16 号管、通往 20CP 的 20 号管、通往 13CP 的 ERBU 管、通往制动缸的 BC 管。

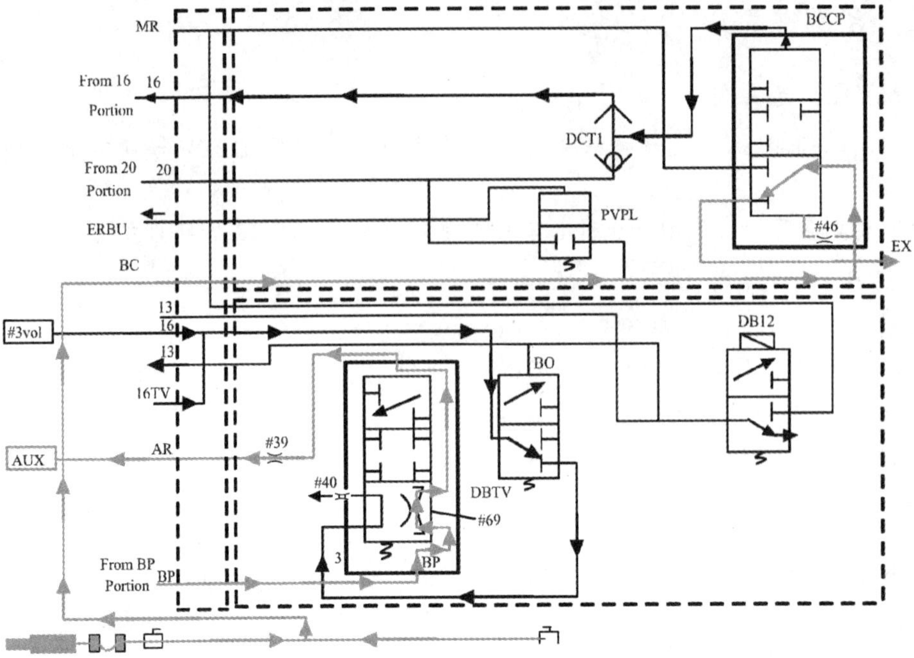

图 3-12　BCCP 模块的部件连接

二、各部件简介

1. BCCP 作用阀

BCCP 作用阀是大容量的空气中继阀。BCCP 按照 16 号管控制压力或平均管压力 1∶1 的比率产生制动缸压力。

2. DCV1 变向阀

DCV1 在 16 号管和 20 号平均管中选择最高压力，导通此压力作为 BCCP（制动缸中继阀）的控制压力。

3. PVPL 阀

PVPL 阀在 ERBU（均衡风缸备份）工作期间、ERCP 断电均衡风缸排风期间或机车设置为补机状态时连接制动缸和机车平均管，避免 20CP 不能工作时，本机机车不能产生平均管压力，从而导致补机没有制动缸控制压力。

学习指导

BCCP 模块实际为大通道中继阀，根据作用管的压力变化产生与作用管相等的机车制动缸压力。

任务十三　CCBⅡ型制动机 DBTV 控制模块认知

任务描述

1. 学习、掌握 CCBⅡ型制动机 DBTV 控制模块的组成。
2. 学习、掌握 CCBⅡ型制动机 DBTV 控制模块的工作原理。

知识储备

在 16CP 故障的情况下，DBTV 控制模块为 16CP 模块提供了一个空气备份功能，来控制制动缸中继阀。制动管充风缓解时，DBTV 模块使制动管向 EPCU 上的辅助风缸充风。当制动管压力降低时，辅助风缸通过 DBTV 模块向 16TV 管充风。当产生全制动时，DBTV 模块会使辅助风缸与 16TV 管和 3 号风缸压力均衡，从而达到全制动。

DBTV 模块由外壳、管座、DBTV 阀、BO 阀、缩堵、辅助风缸和 3 号风缸等部件组成（见图 3-13）。

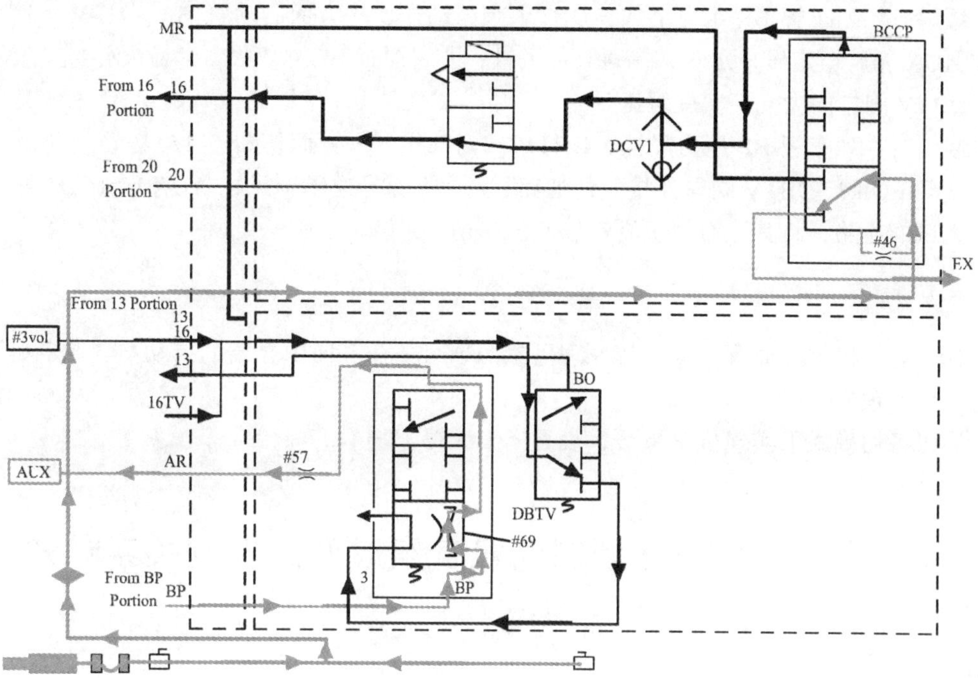

图 3-13　DBTV 模块的部件连接

一、管　座

管座为 DBTV 模块的安装座。管座上设有 3 根管子的连接孔，即制动管 BP、通往 16CP 的 16TV 管、通往 13CP 的 13 号管，辅助风缸（435 立方英寸）和 3 号风缸（60 立方英寸）直接连接在管座上。

二、各部件简介

1. DBTV 阀

制动管压力增加——16TV 号管排风，制动缸缓解，制动管给辅助风缸充风。

制动管压力降低——辅助风缸和 16TV 管接通，16TV 充风，制动缸作用。

制动管压力不变——16TV 关闭，充风、排风作用停止。

由于 DBTV 阀为纯机械结构，为使每次产生的制动缸控制压力达到目标值，在列车缓解时，辅助风缸必须完全充满。

2. BO 阀

DBTV 中 13 号管压力高于 140 kPa 时，将导致 16TV 排风，自动制动作用缓解，从而实现机车单缓。

三、工作原理

缓解时，列车管 BP 压力增加，DBTV 阀门动作，一方面制动管 BP 经 DBTV 阀向副风缸 AUX 充风至定压，为下次制动储备风量；另一方面 16TV 管及 3#风缸压力空气经 BO 阀、DBTV 阀排向大气，实施缓解。

制动时，列车管 BP 压力降低，DBTV 阀门动作，一方面切断了 16TV 管及 3#风缸压力空气经 BO 阀、DBTV 阀向外排气的通路；另一方面导通了副风缸 AUX 向 16TV 管及 3#风缸充风的通路，将其压力充至制动管减压量的 2.5 倍。

学习指导

DBTV 为机械三通阀，其工作原理可参照项目一任务四中介绍的自动空气制动机三通阀的工作原理来学习。

为了备用模式下实现机车单缓，设置了 BO 阀。

任务十四　CCB Ⅱ 型制动机各组成间的控制关系认知

任务描述

学习、掌握 CCB Ⅱ 型制动机各组成间的控制关系。

知识储备

CCB Ⅱ 型制动机主要部件之间的控制关系如图 3-14 所示。

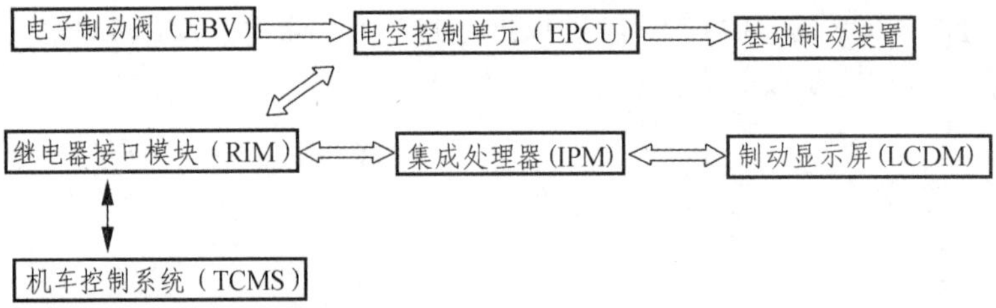

图 3-14　CCB Ⅱ 型制动机主要部件之间的控制关系

图 3-14 所示的各部件中，EBV、EPCU、RIM、IPM 之间通过 LON 网线进行通信，IPM、LCDM 之间通过 RS-422 数据线进行通信，TCMS、RIM 通过开关量进行通信。

CCBⅡ型制动机的气路控制关系如下：

（1）控制列车：

自动制动阀 → ERCP → BPCP → 制动管压力 → 车辆制动机

制动管压力 → 16CP → BCCP → 机车制动缸

（2）控制机车：

单独制动阀 → 20CP → BCCP → 机车制动缸

20CP → 平均管压力 → 重联机车制动缸

学习指导

在主要部件之间的控制关系中，电空控制单元 EPCU 是电信号对压缩空气进行压力控制转换的核心，集成处理器 IPM 作为控制核心，接收和处理机车各系统以及制动系统内部传递过来的控制和反馈信息，通过软件分析处理，向外输出控制信号，最后作用到 EPCU 上。

在 ERCP 模块控制机车和车辆制动和缓解时，制动管压力控制是核心，不仅将制动管压力变化送到车辆制动机，使车辆制动机获得控制信号，控制车辆的制动与缓解；同时，在机车内部，制动管压力变化信号通过 16CP 模块、BCCP 模块最终控制机车的制动与缓解。

任务十五　CCBⅡ型制动机气路综合作用分析

任务描述

1. 学习、掌握 EPCU 各组成间的控制关系。
2. 学习、掌握 CCBⅡ型制动机气路的综合作用。

知识储备

机车制动机的综合作用习惯上是根据自动制动手柄和单独制动手柄各位置的变换（该变换是由操纵列车或机车实际允许情况而决定）而确定的机车制动机各主要部件之间的相互关系和作用规律。

CCBⅡ型制动机的综合作用，下面将按自动制动作用、单独制动作用、空气备份状态以及无火回送状态等方面进行介绍。为了较清楚地说明问题，每种状态均附有气路图。

一、自动制动作用

自动制动作用，即 CCBⅡ型制动机的单独制动手柄位于运转位，操纵自动手柄在运转位或制动区，观察本机及重联机车的各主要部件的相互作用关系。

（一）本机-运转位

该位置是列车在运行过程中，自动制动手柄常放的位置，是向全列车初充风、再充风缓解列车制动以及列车正常运行所采用的位置。

视频：CCBⅡ型制动机自动制动作用——运转位

ERCP 模块接收自动制动手柄指令，给均衡风缸充风到设定值；BPCP 模块响应均衡风缸压力变化，制动管被充风至均衡风缸设定压力；16CP/DBTV 模块响应列车管压力变化，将作用管（16 号管/16TV 管）压力排放；BCCP 模块响应作用管压力变化，机车制动缸排风缓解；同时车辆副风缸充风，车辆制动机缓解。

EPCU 各模块内部通路如图 3-15 所示。

1. 均衡回路

总风MR → 过滤器 → 作用电磁阀APP得电接通 →
- 压力传感器ERT
- 均衡风缸电磁阀（二位三通阀）A2-A3 →
  - 均衡测试堵 TPER
  - 均衡风缸
  - 列车管模块（BP）中继阀（BPRelay）→ 定压

2. 列车管回路

均衡压力 →（BPRelay）中继阀控制压力 → 总风MR →
- 流量测试堵TP-FL
- 流量传感器C1（缩孔）→ BPRelay 中继阀 →
  - 缩孔 → 中继阀下部平衡均衡压力
  - BPCO →
    - BP列车管 → BPVV → TPBP
    - PVEM → C3 → 21#
  - MV53 → BPCO上方控制

3. 16#管（作用回路）

（1）BPCP 控制压力：

BPCP控制压力 → 双向阀DCV1 →
- 电空联锁电磁阀DBI1
- 16# 管风缸（90 L）
- TP16测试堵

→ 双向阀（16模块）DVC2 → PVTV（二位三通导向阀）A3-A2 → PV16电磁阀A3-A2 → 缓解电磁阀Rel → 大气

（2）DBTV 三通阀充风：

BP增压 → DBTV三通阀（分配阀）69#缩孔 → 57#缩孔 → AUX副风缸（工作风缸）定压

（3）16TV 缓解回路：

- PVTVA1
- 3#风缸

→ 快缓阀BO → DBTV → 大气

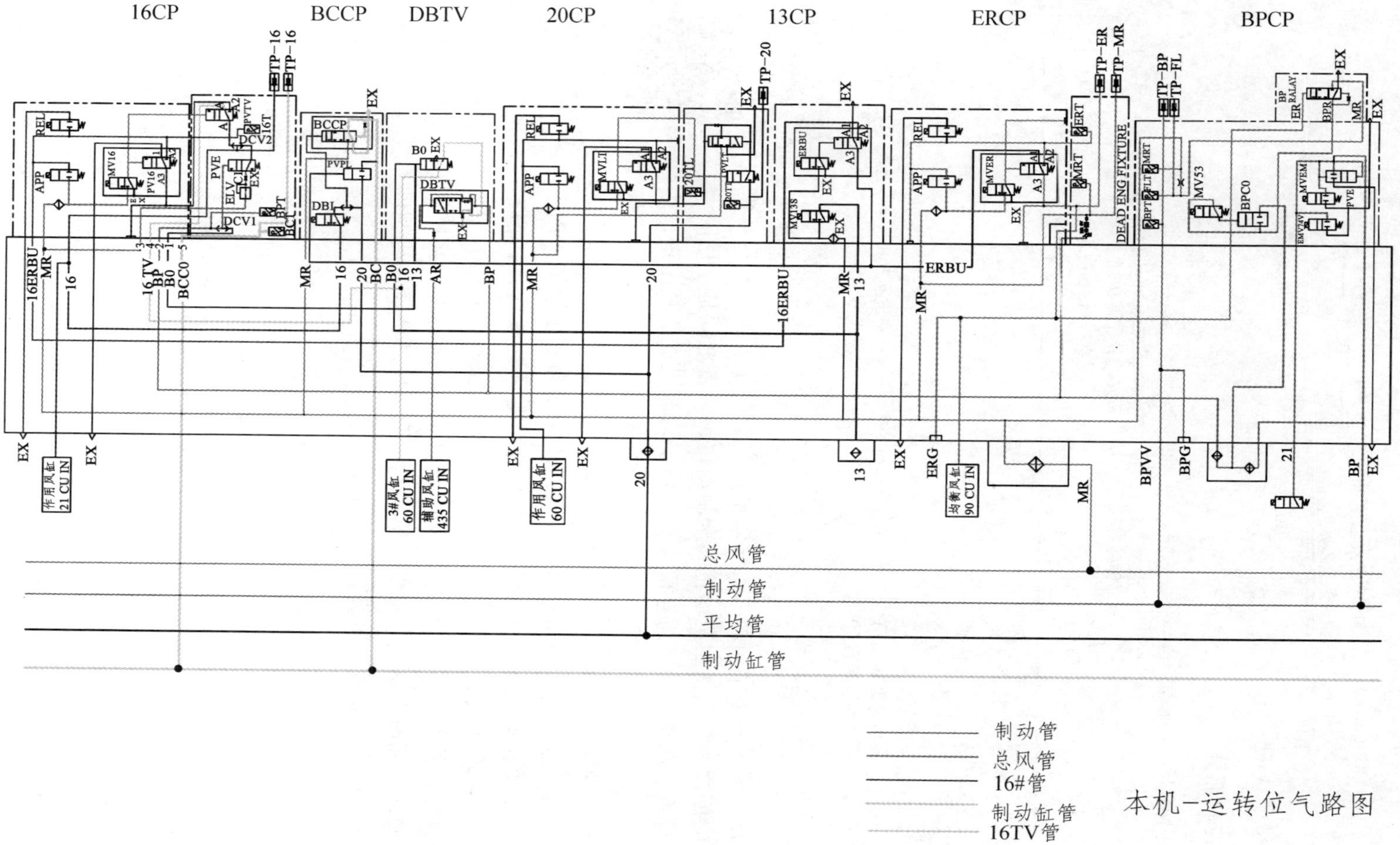

图 3-15　本机-运转位气路

4. 制动回路

制动缸压力 → 滤器
BCCP下边压力 → 46#缩孔
} → BPCP → 大气

5. 20#模块

（1）控制部分：

20模块中继阀20R上侧 → 缩孔
压力传感器20TL
} → 本补电磁阀MVLT的二位三通阀A3-A2
20模块控制风缸
作用电磁阀App右侧
} → 缓解电磁阀 → 大气

（2）20管缓解：

20管压力
压力传感器20TT
压力测试堵TP20
} → 本补导向阀PVLT → 中继阀20R → 大气

（二）本机-制动位

该位置是操纵列车常用制动，使列车正常缓慢停车或调整运行速度所使用的位置。它包括初制动位和全制动位，两者之间是常用制动区。自动制动手柄在制动区的停留位置决定了均衡风缸的减压量，达到目标减压量后，均衡风缸保压。机车在货车模式时，自动制动手柄在制动区可实现阶段制动作用，但只可实现一次缓解功能；机车在客车模式下，自动制动手柄在制动区可实现阶段制动和阶段缓解作用。

视频：CCBⅡ型制动机自动制动作用——制动位

ERCP 模块接收自动制动手柄指令，给均衡风缸减到目标值；BPCP 模块响应均衡风缸压力变化，制动管减压至均衡风缸压力；16CP/DBTV 模块响应列车管压力变化，给作用管（16 号管/16TV 管）充风；BCCP 模块响应作用管压力变化，机车制动缸制动；同时车辆副风缸给车辆制动缸充风，车辆制动机制动。

EPCU 各模块内部通路如图 3-16 所示。

1. 均衡回路

BP中继阀控制压力
均衡风缸
均衡压力测试口TPER
} → MVER均衡电磁阀A3-A2
均衡压力测试口TPER
} → 缓解电磁阀 → 大气

2. 列车管回路

16CP模块PVE控制压力 → 双向压力阀DCVI
列车管压力传感器BPT
} → BP
DBTV模块的BP
} → BPCO → BP中继阀 → 大气

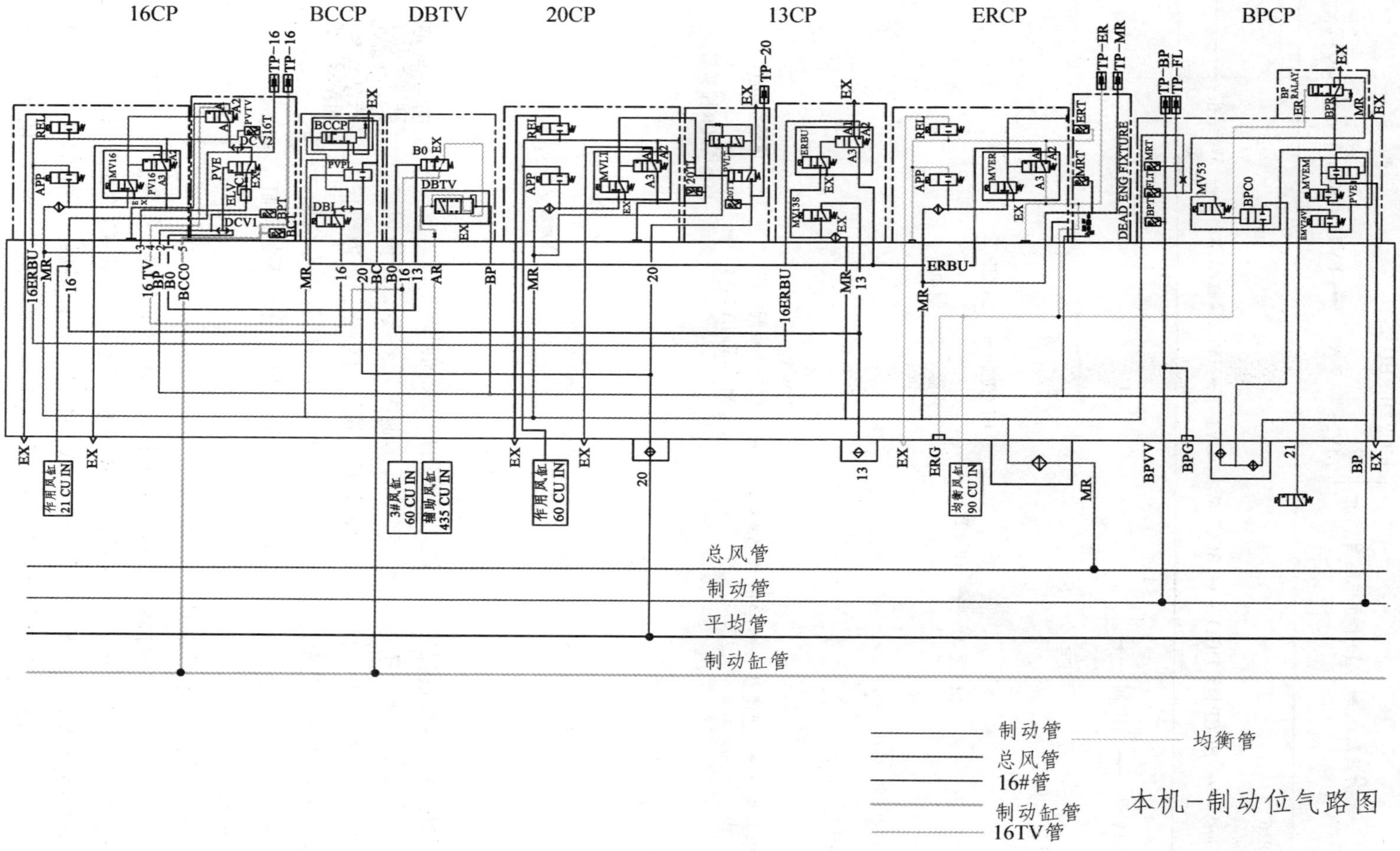

图 3-16　本机-制动位气路

3. 16#管（作用回路）

MR总风 → 过滤器 → APP作用电磁阀 → { 13CP的ERBU管; 16T; MV16阀A2-A3 → PVTV阀A2-A3 → DCV2 }

→ { TP16; 16#风缸; 16#管 → BCCP模块DB11 → BCCP模块DCV1 → 辅助风缸AUX → 57#缩孔 }

→ DBTV阀 → BO阀 → { 16TV; 3#风缸 }

4. 制动回路

MR总风 → BCCP → { BCCP → BCCP下方; 过滤器 → 制动缸 }

5. 20#模块

（1）控制部分：

MR总风 → 过滤器 → APP作用电磁阀 → { 20#风缸; 缓解电磁阀左侧; MVLT阀A2-A3 → { 压力传感器20TL; 中继阀20R控制侧 } }

（2）20 管制动：

MR总风 → 中继阀20R → 本补导向阀PVLT → { 20#管; 20#测试堵 }

（三）紧急位

该位置是列车运行过程中需要紧急停车时所使用的位置。

一旦自动制动手柄置于该位置，列车管迅速减压到零，均衡风缸以常用制动速率减压到零，16CP 模块响应列车管压力变化，迅速给作用管（16#管）充风到最大允许压力，BCCP 模块响应作用管压力增加，给机车制动缸充风产生紧急制动作用，同时车辆副风缸给车辆制动缸充风，车辆制动机制动。

视频：CCB Ⅱ 型制动机自动制动作用——紧急位

EPCU 各模块内部通路如图 3-17 所示。

紧急制动可分为多种条件触发。其中大闸手柄 EBV 至紧急位、拉紧急制动手柄（N68）、按下紧急按钮、监控紧急制动及 CCU、WTB 等触发紧急均非由 CCB Ⅱ 型制动机发出紧急制动。CCB Ⅱ 型制动机触发紧急的条件是 MVEM 得电。针对触发紧急的条件，列车管排风顺序如下：对于 HXD1C 型电力机车，由 MVEM 触发后，由于 PVEM 使列车管压力快速下降，导致压力阀 N97 及 NB11 动作，加速列车管排风，保证紧急制动的灵敏性。

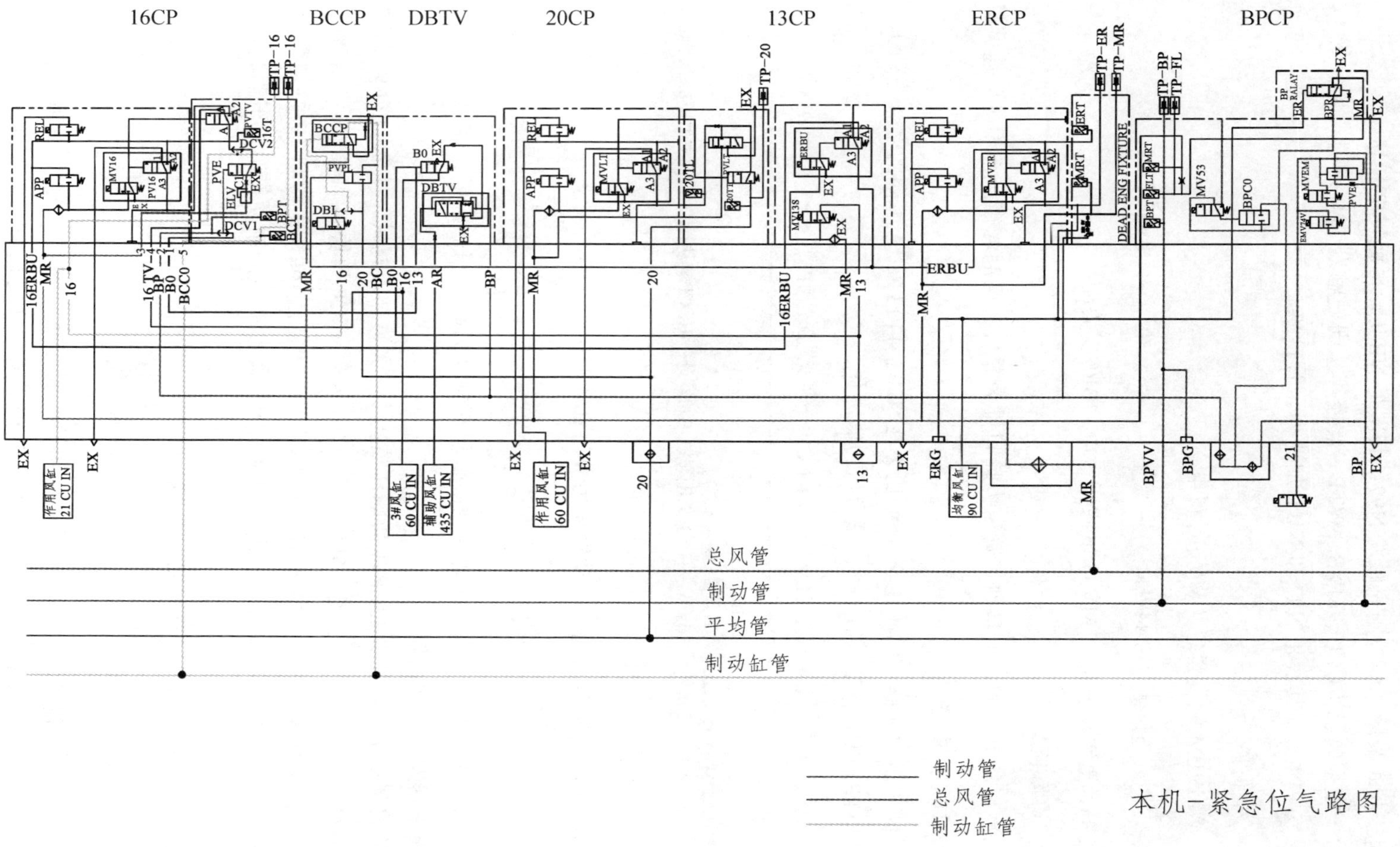

图 3-17　本机-紧急位气路

对于 EBV 手柄置紧急位时先触发 NBⅡ，然后是 N97 再触发 PVEM

对于拉车长阀 N68，则先触发 N97，其次是 NBⅡ，再触发 PVEM

对于安全装置（CCU、MVB、WTB、监控等）则先触发 S10.36 排出紧急管（21#）压力以触发 PVEM，其次是 N97 和 NBⅡ加速列车管排风。

1. 列车管

（1）MVEM 触发紧急（MVEM 得电）：

21#管 → MVEM → 大气　　　　BP → MVEM → 大气

（2）紧急制动发生时 MV53 电磁阀得电，BPCO 关闭。

2. 均衡回路

与减压制动相同，只是列车管压力瞬间排为零后，引起均衡按常用排风速度排为零。

3. 16#管回路

与减压制动回路相同（正常 16# 压力在 420 ~ 440 kPa），不同的是，当列车管压力下降至 140 kPa 以下直至 0 kPa 时，紧急压力阀动作：

MR总风 → 紧急限压阀ELV → 缩孔C1 → 紧急压力阀PVE → 双向阀DVC2 → DCV2 →
- TP16
- 16#风缸
- 16#管 → BCCP模块DB11 → BCCP模块DCV1 → BCCP控制压力

4. 制动缸上闸回路

与减压制动回路相同，制动缸压力保持在（450 ± 15）kPa 之间。

（四）自动制动的单缓

列车实施制动后认为有必要单独降低机车制动力时使用的位置，需要通过单独制动手柄侧压来帮助实现此功能。

单独制动手柄侧压，13CP 模块响应该指令，给 13#管充风，控制 DBTV 模块中的 BO 阀和 16CP 中的 PVE 阀门，让 16#作用管减压，同时 16CP 模块和 20CP 模块也响应该指令，允许 16#作用管和 20#平均管进行减压，BCCP 模块响应 16#作用管和 20#平均管压力变化，允许机车制动缸排风缓解，缓解由自动制动手柄动作产生的制动作用，车辆制动机仍保持制动作用。

EPCU 各模块内部通路如图 3-18 所示。

（五）补机-运转位

补机（重联机车）自动制动手柄应用销子固定在“重联位”，单独制动手柄应放置在“运转位”。此位置为本务机车在“运转位”时，补机（重联机车）受机车间制动管软管、总风软管、平均软管压力控制，而发生作用的位置，其缓解作用应和本务机车同步。

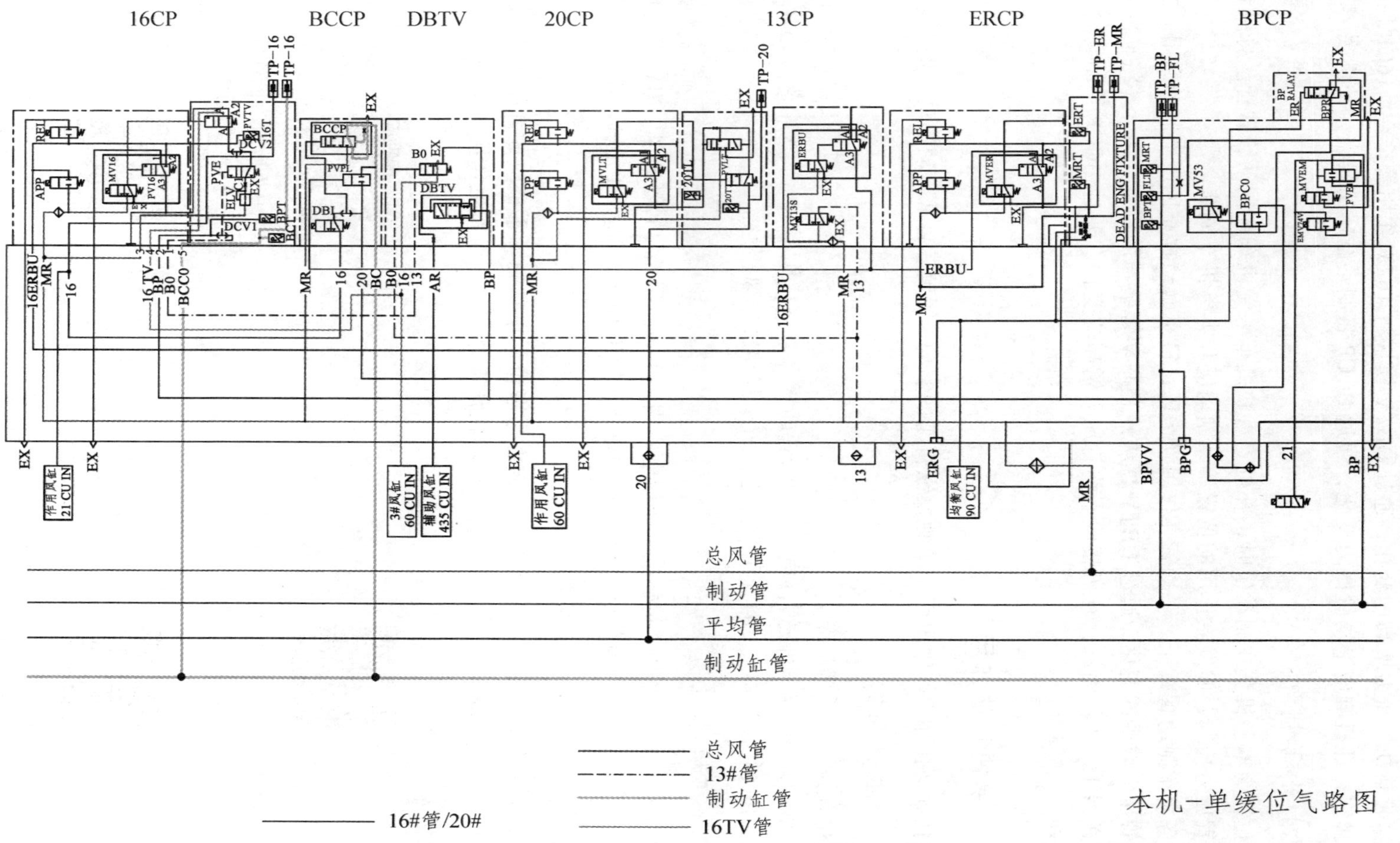

图 3-18 本机-单缓位气路

本务机车制动管充风，16#作用管及20#平均管压力排空，制动作用缓解。补机（重联机车）接收制动管压力增高的变化，通过DBTV模块将16TV作用管排空，16CP控制16#作用管排空；补机响应平均管压力变化，通过BCCP将制动缸压力排空，补机缓解。

（六）补机-制动位

此位置为本务机车在制动位时，补机（重联机车）受机车间制动管软管、总风软管、平均软管压力控制，而发生作用的位置，其制动应和本务机车同步。

本务机车制动管减压，平均管、作用管增压，机车制动缸充风产生制动作用。补机接收制动管压力减少的变化，通过DBTV模块停止制动管给辅助风缸充风，并将辅助风缸的风压传送到16TV作用管；补机接收平均管压力增高的变化，通过BCCP给制动缸充风，补机制动。

二、单独制动作用

单独制动作用，该作用用于单独操纵机车的制动、缓解。通常自动制动手柄置运转位。

（一）本机-运转位

该位置为单独缓解机车。

20CP模块内缓解电磁阀得电，将20#管的压力排空；作用电磁阀失电阻止总风给20#管充风；BCCP模块响应20#管压力变化，机车制动缸排风缓解。

（二）本机-制动位

20CP模块内缓解电磁阀失电，作用电磁阀得电，总风给20#管充风，MVLT得电允许总风通过，控制PVLT阀开通，20#管压力进入BCCP模块，制动缸充风，机车制动。

（三）补机-制动、缓解位

重联机车自动制动手柄应用销子固定在重联位，单独制动手柄应放置在运转位。重联机车受机车间制动管软管、总风软管、平均软管压力控制，而发生作用，其制动、缓解应和本务机车同步。

视频：CCBⅡ型制动机单独制动作用——运转位

视频：CCBⅡ型制动机单独制动作用——制动位

视频：CCBⅡ型制动机单独制动作用——常用制动后小闸侧缓

视频：CCBⅡ型制动机单独制动作用——紧急制动后小闸侧缓

三、空气备份

当机车制动系统 EPCU 中 ERCP 或 16CP 模块故障时，制动系统自动转换到空气模式，使其仍可继续工作。

（一）制动管充风，机车缓解

当制动管缓解充风时，DBTV 模块使作用管（16TV）压力排空，同时制动管给副风缸充风；16CP 模块中预控电磁阀断电，使作用风缸及 16#作用管同 16TV 连通，并随 16TV 排空，BCCP 模块响应作用管压力变化，排空制动缸压力，机车缓解。

EPCU 各模块内部通路如图 3-19 所示。

（二）制动管减压，机车制动

当制动管减压制动时，DBTV 模块使副风缸给作用管 16TV 充风，同时，制动管停止给副风缸充风；16CP 模块中预控电磁阀断电，作用风缸及 16#作用管同 16TV 连通，并随 16TV 增压；BCCP 模块响应作用管压力变化，使制动缸充风，机车制动。

EPCU 各模块内部通路如图 3-20 所示。

四、无火回送

机车无动力回送中，由于其空气压缩机停止使用，此时必须开放机车无动力回送装置。无动力装置由 DE（无动力塞门）、DER（压力调整塞门）、C2（充风节流孔）、CV（单向止回阀）等部分组成，集成于 ERCP 模块中，连接机车制动管与总风管。当开通无动力塞门后，制动管内压力空气经 E（无动力塞门）、DER（压力调整塞门）、C2（充风节流孔）、CV（单向止回阀）将调整后的空气压力充入无火回送机车的第二总风缸，此时第二总风缸在机车制动机系统中相当于车辆的副风缸。

无火回送的空气作用原理同空气备份相同，但总风缸压力较低，约为 220 kPa。

EPCU 各模块内部通路如图 3-21 所示。

学习指导

学习 CCBⅡ型制动机的综合作用要在学习掌握各主要部件的控制关系、气路控制关系以及电空控制单元（EPCU）内部各部件结构和工作原理的基础上，按照不同的工作方式来学习。

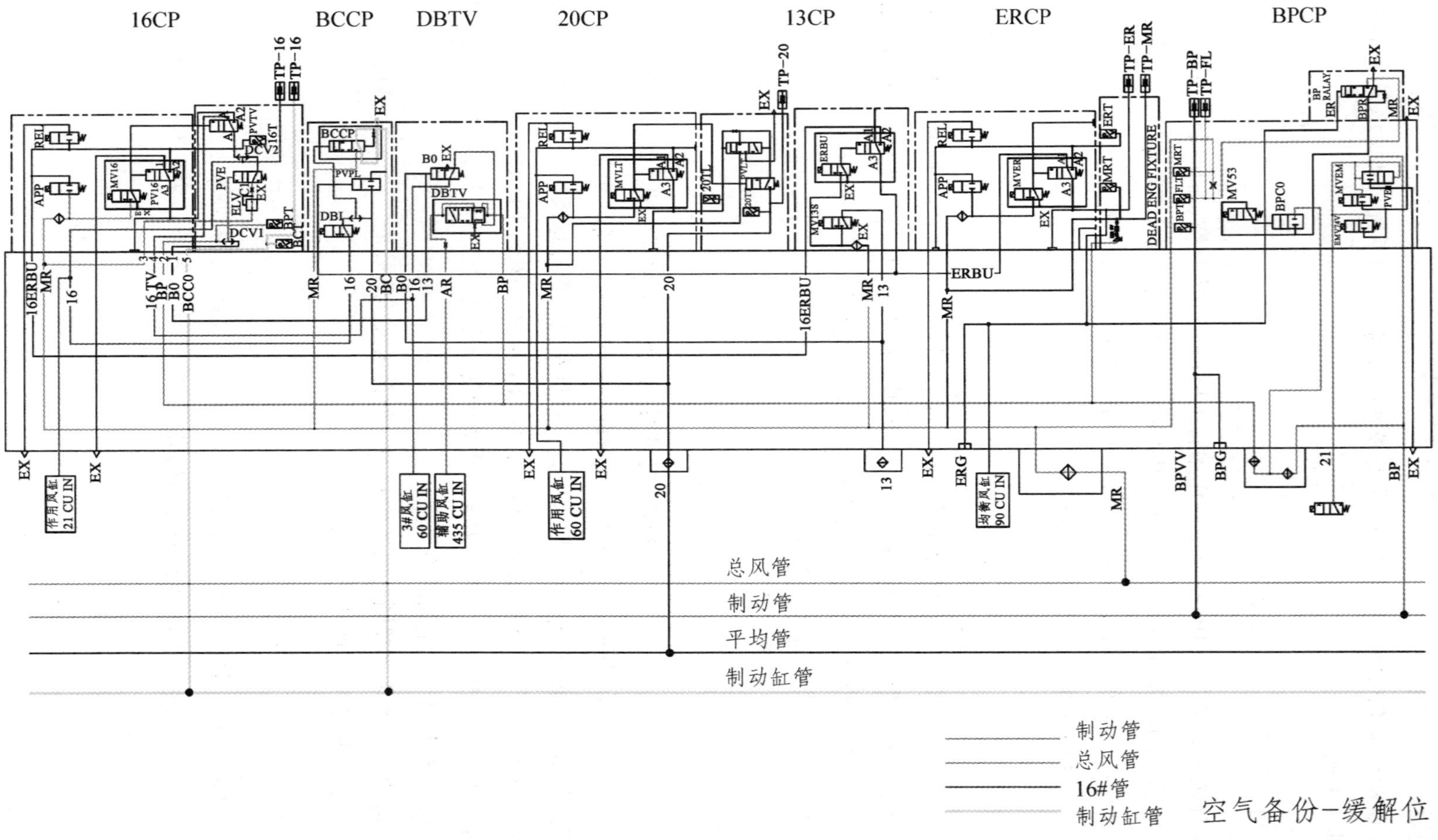

图 3-19　空气备份状态-缓解位气路

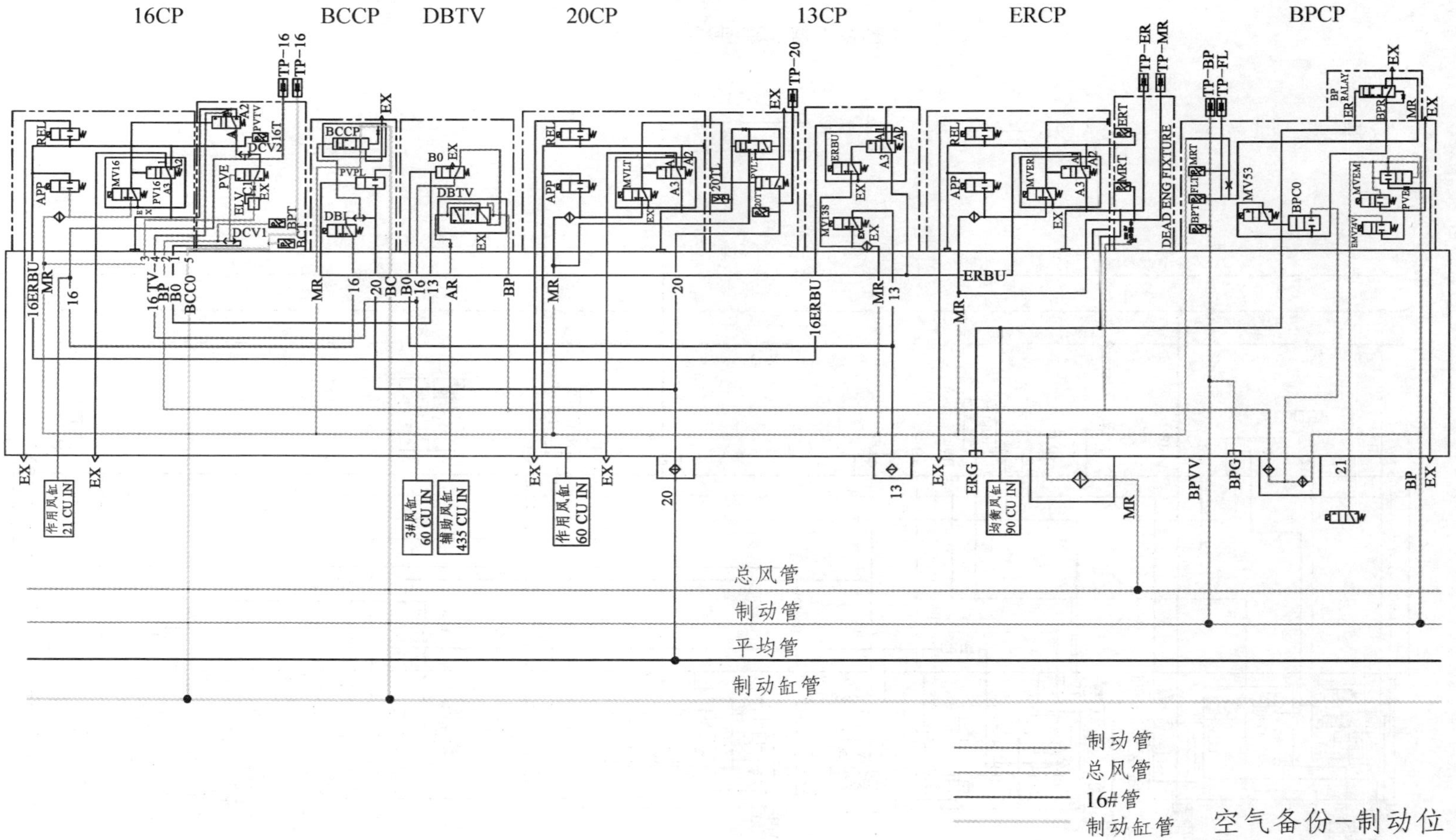

图 3-20 空气备份状态-制动位气路

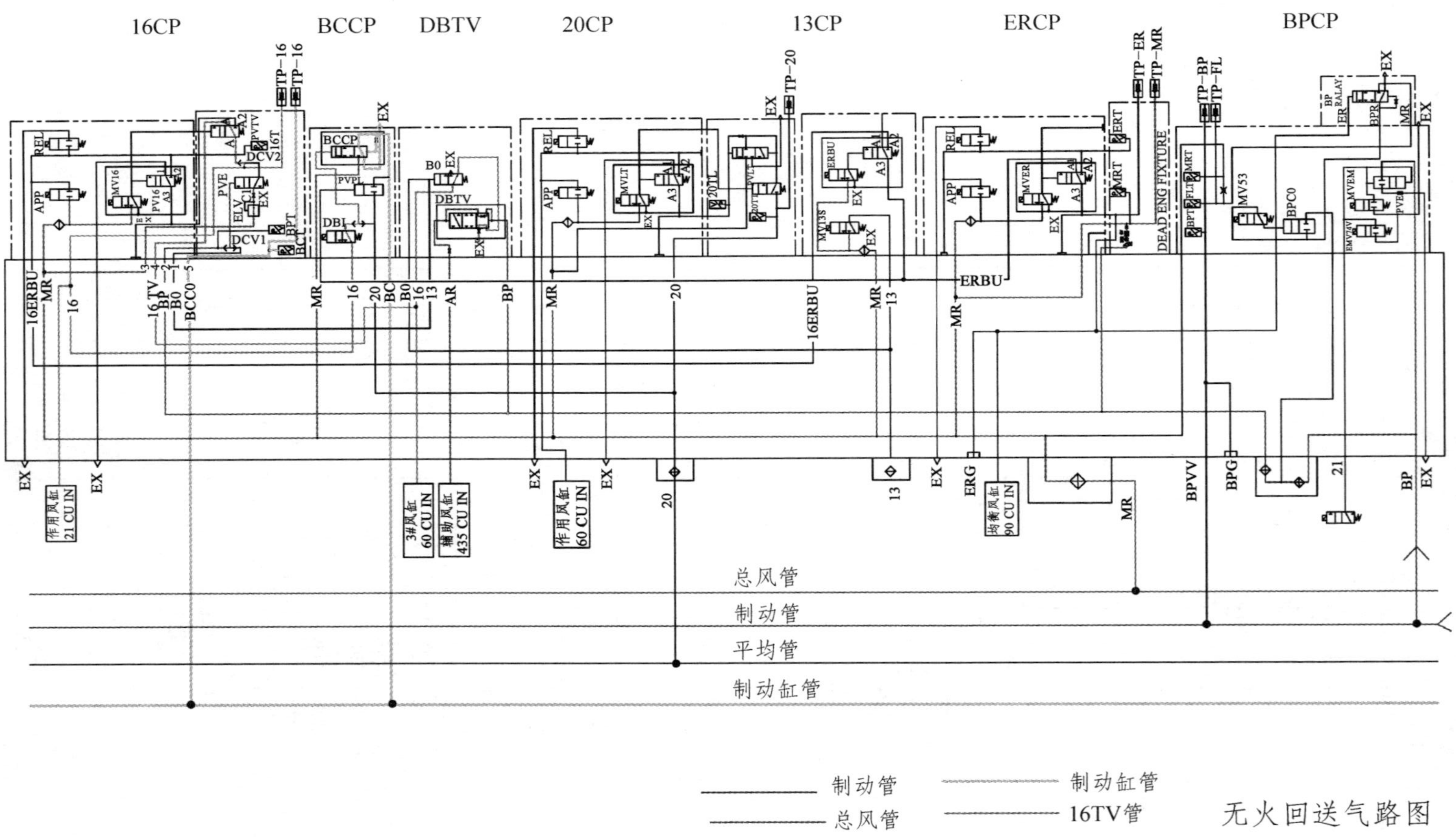

图 3-21　无火回送气路（缓解）

任务十六　CCBⅡ型制动机的备份与故障检测认知

任务描述

1. 学习 CCBⅡ型制动机系统的安全保护及主要部件备份时的控制流程。
2. 练习、掌握 CCBⅡ型制动机的故障检测方式。

知识储备

一、系统安全保护及主要部件的备份

（一）空气备用

空气备用模式是指系统采用纯机械三通阀（DBTV）来代替电子控制（16CP）产生制动缸管控制压力。其控制关系如下：

自动制动阀 → ERCP → BPCP → 制动管压力 → 车辆制动机
制动管压力 ↓ DBTV → BCCP → 机车制动缸

（二）ER 备用（ERCP 失效）

如果 ERCP 失效，它的功能由 16CP 和 13CP 实现。由软件控制自行进行切换，控制关系如下：

自动制动阀 → 16CP&13CP → BPCP → 制动管压力 → 车辆制动机
制动管压力 ↓ DBTV → BCCP → 机车制动缸

（三）单独制动备用（20CP 失效）

20CP 失效时，16CP 将响应单独制动手柄的指令，控制本务机车制动缸的压力。对于重联机车，将不存在平均管压力。控制关系如下：

单独制动阀 → 16CP → BCCP → 机车制动缸

（四）紧急制动的触发方式

（1）自动制动置“紧急位”。
（2）开放车长阀触发紧急制动。
（3）按下操纵台紧急按钮触发紧急制动。

（4）IPM 触发紧急制动。
（5）ATP 触发紧急制动。
（6）列车断钩分离触发紧急制动。
（7）机车警惕装置触发紧急制动。

（五）总风缸压力低保护

当总风缸压力低于 350 kPa 时，IPM 接到 MREP 压力开关信号，使机车实施制动，不允许机车加载牵引。

二、CCB Ⅱ 型制动机的故障检测方式

开机时，微处理器（IPM）进行自检。自检通过后对电子制动阀（EBV）、电控控制单元（EPCU）的各模块进行实时诊断，确认故障后，自动进入备用模式，并将 3 位故障代码的故障信息显示在制动显示屏（LCDM）上。

通过制动显示屏（LCDM）上的按键可以手动对电子制动阀（EBV）电控控制单元（EPCU）的各模块进行循环或单独自检，若发现故障，将 4 位故障代码的故障信息显示在制动显示屏（LCDM）上。

微处理器（IPM）及电控控制单元（EPCU）均有串口与外接 PC 机通信，传送各种信息供更新程序、检测或检修之用。

学习指导

CCB Ⅱ 型制动机可自动实现故障模块的在线更换，更换后通过备份模块继续完成相应的控制功能。

学习时应注意联系前面的综合作用过程来掌握备份时 CCB Ⅱ 型制动机的作用过程。

项目自检

1. 简述 CCB Ⅱ 型制动机的组成，叙述其控制关系。
2. 电子制动阀的作用是什么，如何激活？
3. 制动显示屏的作用是什么，如何激活？
4. 微处理器的作用是什么？
5. 继电器接口模块的作用是什么？
6. 电空控制单元的作用是什么？
7. ERCP 模块的作用是什么？
8. BPCP 模块的作用是什么？
9. 16CP 模块的作用是什么？
10. 13CP 模块的作用是什么？
11. 20CP 模块的作用是什么？
12. BCCP 模块的作用是什么？
13. DBTV 三通阀的作用是什么？

14. 简述 ERCP 模块的工作原理。
15. 简述 BPCP 模块的工作原理。
16. 简述 16CP 模块的工作原理。
17. 简述 13CP 模块的工作原理。
18. 简述 20CP 模块的工作原理。
19. 简述 BCCP 模块的工作原理。
20. 简述 CCBⅡ型制动机自动制动作用的综合作用及原理。
21. 简述 CCBⅡ型制动机单独制动作用的综合作用及原理。
22. CCBⅡ型制动机有哪些备用模式，简述其控制流程。
23. CCBⅡ型制动机紧急制动的触发方式有哪些？

项目四　法维莱 Eurotrol 制动机

项目描述

Eurotrol 制动系统是法维莱公司在 SAB WABCO 微机控制电空制动机基础上为满足中国铁路运营要求开发出来的，是符合 UIC 标准的新一代机车制动系统。在国内有一定程度的应用，通过本项目学习掌握 Eurotrol 制动系统的组成、工作原理、操纵试验等内容。

知识目标

1. 掌握 Eurotrol 制动机的组成。
2. 掌握 Eurotrol 制动机各部件的作用。

能力目标

1. 会分析 Eurotrol 各模块的工作原理。
2. 会分析 Eurotrol 制动机的综合作用。
3. 会分析 Eurotrol 制动机的备份作用。
4. 会对 Eurotrol 制动机进行性能实验。

思政目标

1. 培养“敬业爱岗、遵章守纪、乐于奉献”的职业精神。
2. 牢记“安全第一、以质量促安全”的职业规范。
3. 树立“因果”理念，弘扬“精益求精”工匠精神。

任务一　法维莱 Eurotrol 制动机的整体组成认知

任务描述

1. 学习、掌握法维莱 Eurotrol 制动机的技术特点。
2. 认知法维莱 Eurotrol 制动机的整体组成。

知识储备

HXD2 型电力机车制动系统是在 SAB WABCO 微机控制电空制动机基础上为满足中国铁路运营的要求开发出来的，是符合 UIC 标准的新一代机车制动系统。该系统在正常工况时，通过微机控制列车管和机车制动缸压力实现列车的制动控制，在出现严重故障时，将机车制动系统转换到备用制动进行列车制动控制。系统按其功能分为风源系统、控制系统管路、辅助系统管路、制动机系统。Eurotrol 是制动机系统中的一个关键部件，也是 HXD2 型电力机车制动系统有别于其他电力机车制动系统的标志性部件，因此，通常情况下，HXD2 型电力机车制动系统也被称作 Eurotrol 制动系统。由于该系统为法维莱公司技术，所以将 HXD2 型电力机车采用的制动机称为法维莱 Eurotrol 制动机。

HXD2 型电力机车制动系统具有以下功能：

（1）复合制动功能，以确保空气制动和电制动的协调配合，电制动优先，能充分利用强大的再生制动力，无冲动且减少了闸片的磨耗，节约电能，降低了机车的检修维护和运用成本。紧急制动时，只有空气制动作用。

（2）阶段制动、阶段缓解和一次缓解选择功能。

（3）紧急制动的功能。

（4）无动力回送功能。

（5）备用制动功能。

（6）重联控制功能。

（7）断钩保护功能。

为方便安装与维修，法维莱 Eurotrol 制动机采用阀类与电器部件集中安装的方式，主要部件集中在制动柜上，如图 4-1 所示。

在正常情况下车辆制动采用常用制动模式，无论载重大小，都能够安全、快速、有效地停车。如果需要，使用电制动时，可通过空气制动进行补偿。司机制动阀（Eurotrol）只控制空气制动，包括列车管减压及缓解、快速缓解、过充及其消除。

在紧急工况下采用紧急制动模式，确保无论载重大小都能获得该系统所能提供的最大减速度。紧急制动的特征是列车管快速排空，可由自动制动控制器（直接推到底）、紧急按钮或其他紧急装置所触发（例如行车安全系统、无线重联控制系统）。

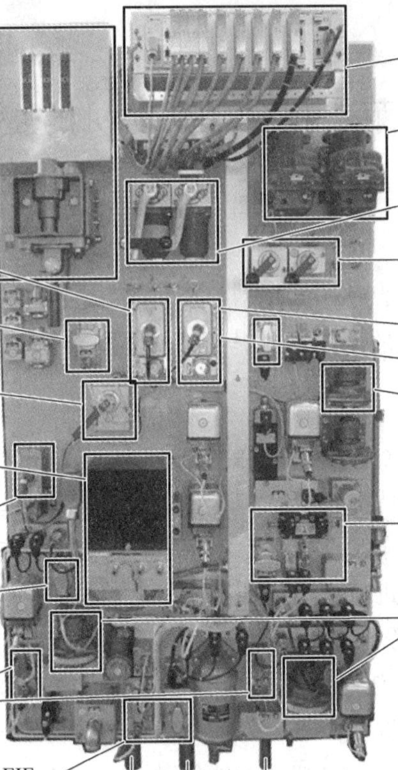

图 4-1　法维莱 Eurotrol 制动机的组成

需要注意的是，自动制动控制器和紧急按钮都是直接（机械地）在列车管上打开一个快速排气口，并通过微动开关反馈给 BCU（制动控制单元）应用上述装置触发了紧急制动。通过触发紧急制动，使列车管达到 0 Pa 的目标值，强制进行制动。紧急制动也可通过机车的逻辑控制实现，其基本前提是紧急制动必须确保其最大停车距离的要求。实际上，所有的安全装置均能触发紧急制动。

停放制动模式确保车辆在超载与最大坡度的情况下能够停车（停放）。

制动机主要包括司机制动控制器、制动显示屏、司机制动阀、作用阀模块、BCU（制动控制单元）、备用制动模块、直通制动模块、停放制动模块、隔离模块、流量计、分配阀、转向架中继阀等部件。

学习指导

法维莱 Eurotrol 制动机采用微处理器数字化控制，因此控制准确性高，反应迅速。

制动机具备阶段缓解和一次缓解选择功能，使得它即可以牵引货物列车，也可以牵引客运列车。

制动机紧急制动功能主要是通过机械地在列车管上开一个快速排风口来确保将列车管压力迅速下降至零。这样就能确保紧急制动的安全可靠。

机车上其他所有安全装置均能触发紧急制动。

任务二　法维莱 Eurotrol 制动机司机制动控制器认知

任务描述

1. 学习、掌握法维莱 Eurotrol 制动机司机制动控制器的结构及作用。
2. 掌握法维莱 Eurotrol 制动机司机制动控制器（DBV）的操纵。

知识储备

司机制动控制器（见图 4-2）包括自动制动控制器和直通制动控制器，是一个集成在一起的制动操纵装置，左侧是自动控制部分，俗称大闸，右侧是直通制动控制部分，俗称小闸，自动制动控制器（大闸）是基于位置控制，从前往后依次存在 6 个制动位置：

（1）运转位：在运转位时列车管缓解至定压。

（2）初制位：列车管减压 50 kPa 实施初始制动。

（3）全制位：列车管减压至 360 kPa（定压 500 kPa）或者 430 kPa（定压 600 kPa）实施最大常用全制动。

（4）抑制位：抑制位有两种用途：① 消除惩罚制动、紧急制动，即当惩罚制动清除后需要缓解时将大闸推至“抑制位”停留 1 s 然后缓解，当紧急制动之后需要缓解时将大闸推至“抑制位”停留 1 s 然后可以缓解；② 当启用备用制动的时候，需要将大闸推至“抑制位”并停留 60 s 以激活备用制动。

（5）重联位：大闸推至“重联位”可以以常用减压速率将列车管排空，此时可以通过显示屏或者操作制动控制柜切换制动模式。

（6）紧急制动位：大闸推到“紧急制动位”产生紧急制动同时将列车管通大气。

图 4-2　司机制动控制器

视频：法维莱 Eurotyol
制动机司机控制器

直通制动控制器（小闸）存在 3 个位置：

（1）运转位：小闸安全缓解。

（2）全制动位：小闸输出最大制动 300 kPa。

（3）单缓位：小闸侧压可以缓解大闸制动。

学习指导

制动控制器实际上是两个阀，一个为自动制动阀，一个为直接制动阀。

自动制动阀控制机车和车辆制动机实现自动制动作用。

直通制动阀控制机车单独制动与缓解。

任务三　法维莱 Eurotrol 制动机制动显示屏认知

任务描述

1. 学习、掌握法维莱 Eurotrol 制动机制动显示屏显示的信息内容。
2. 会与法维莱 Eurotrol 制动机制动显示屏进行人机交互操作。

知识储备

法维莱 Eurotrol 制动机制动显示屏（见图 4-3）的功能如下：

图 4-3　法维莱 Eurotrol 制动机制动显示屏

（1）实时显示与制动相关的压力及流量信息，压力包括均衡风缸、列车管、总风及制动缸的压力。

（2）可以进行制动机模式切换：

① 选择客/货车模式（阶段/一次缓解模式）：司机室激活后在紧急制动状态下按压 F3

【空气制动】进入下一级菜单，然后按压 F6 选择【货车位/客车位】，可以在其上方看到新设置的状态，确认后然后按压 F1【确定】即完成客货车模式选择设置。

② 切换定压：司机室激活后紧急制动状态下按 F3【空气制动】进入下一级菜单，然后继续选择 F3【更多】进入下一级操作界面，然后按压 F3【500 kPa/600 kPa】选择需要的定压模式，此时可以在状态栏里看到新设置的状态，确认之后按 F1【确定】即完成更改设置。

③ 中立及补风/不补风切换：司机室激活后按 F3【空气制动】进入下一级菜单，然后继续选择 F3【更多】进入下一级操作界面，然后按压 F7 选择需要的模式，此时可以在状态栏里看到新设置的状态，确认之后按 F1【确定】即完成更改设置。

可以通过显示器查看相应的信息，在激活端司机室按 F7【显示屏信息】可以查看相应信息，如 F6 查看软件版本，F3 设置机车号，F5 设置语言，进入维护界面可以查看制动机故障历史记录。

学习指导

制动显示屏一方面实时显示制动机各种状态信息，另一方面是制动机各种模式切换的人机交互界面。

本任务重点是学习掌握各种模式的切换方法。

任务四　法维莱 Eurotrol 制动机司机制动阀认知

任务描述

1. 学习、掌握法维莱 Eurotrol 制动机司机制动阀的作用与组成。
2. 能分析法维莱 Eurotrol 制动机司机制动阀的工作原理。

知识储备

法维莱 Eurotrol 制动机司机制动阀从 BCU（制动控制单元）接收输入信号，然后调整 BP（列车管）压力信号，进而控制机车的缓解及制动。其主要包括减压阀、缓解阀、中立阀、中继阀、压力传感器、快速缓解阀等部件。司机制动阀外形如图 4-4 所示。其工作原理为通过缓解电磁阀 VE(DG)和制动电磁阀 VE(SG)控制先导压力 RE，进而控制中继阀 Q(P)CG 的开闭从而达到对列车管压力的控制，通过列车管压力的变化，最终发出对机车实行制动和缓解的操作指令。其气动原理如图 4-5 所示。

图 4-4　司机制动阀

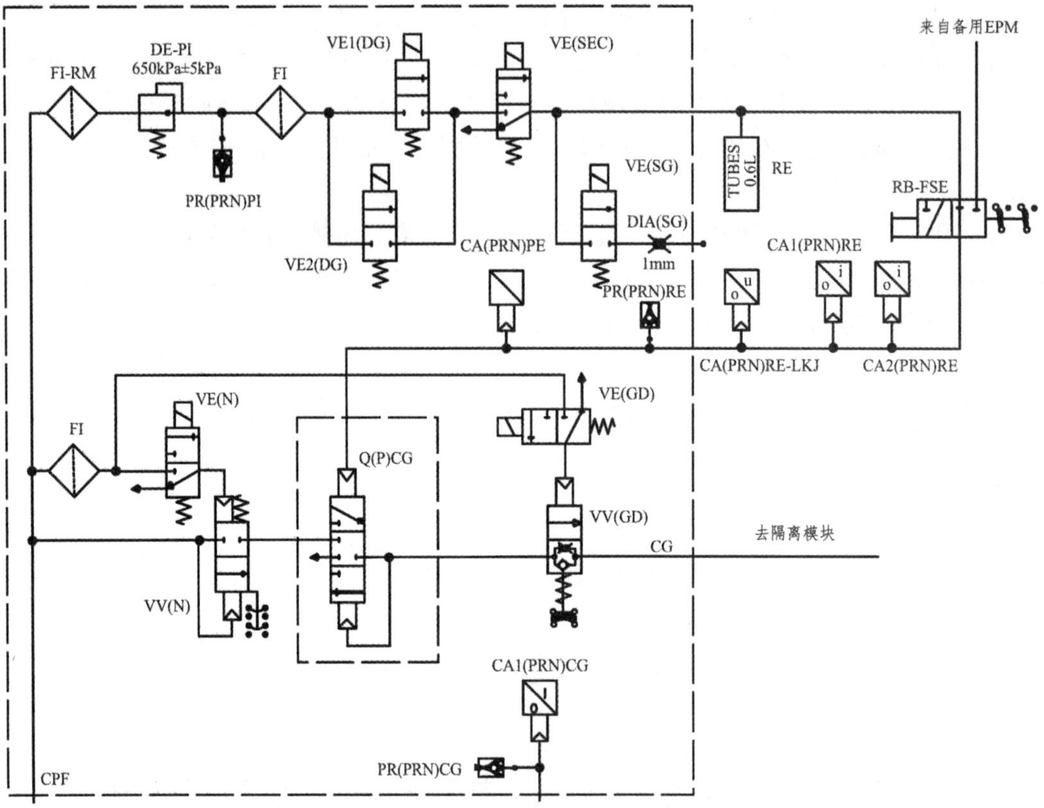

图 4-5　司机制动阀的气动原理

一、减压阀 DE-PI

司机制动阀通过 MP（总风管，法文中为 CP，图片中 CPF 为总风管经过总风过滤阀后为 CPF）与风源相连。其中附加的过滤器后装有减压阀 DE-PI，它将压力降至(0.65 ± 0.005) MPa 的范围内，以避免比过充还要高的压力作用于中继阀。

二、电磁阀 VE1(DG)、VE2(DG)、VE(SEC)和 VE(SG)

这些电磁阀用于控制先导室（均衡风缸）压力。它们均受 BCU 控制。

电磁阀 VE(SEC)常用制动和缓解时得电，使其他电磁阀能够顺利控制先导室（均衡风缸）的压力变化。当紧急制动或者电源发生故障时，该电磁阀将失电，从而使先导压力 RE 始终排向大气，并且 RE（先导室均衡风缸）不可能再充气。

当 VE(SG)故障时，电磁阀 VE(SEC)也可作为冗余。

VE1(DG)和 VE(SG)电磁阀确保对先导压力 RE 的控制：VE1(DG)电磁阀得电，先导压力 RE 增加（制动后缓解）；VE1(SG)电磁阀得电，先导压力 RE 降低（制动）。

当 VE1(DG)电磁阀发生故障时，VE2(DG)电磁阀作为冗余。

三、VV(N)中立阀

VV(N)中立阀集成于司机制动阀，它被电磁阀 VE(N)控制，用以切断向司机制动阀中继阀 Q(P)CG 的供风源。该指令由司机控制中立开关控制。VV(N)中立阀的状态通过 BCU 和司机室指示灯进行监控。

四、中继阀 Q(P)CG

通过中继阀 Q(P)CG 向 BP（列车管）供风与先导压力 RE 压力相同，但中继阀可起到流量放大的作用。

五、压力传感器 CA(PRN)RE 和 CA(PRN)CG

对应于 0 ~ 1 000 kPa 的压力范围，压力传感器输出 4 ~ 20 mA 的电流信号。BCU（制动控制单元）读取压力传感器的电信号。

BCU（制动控制单元）通过压力传感器 CA(PRN)RE 读取并调节先导压力 RE。

压力传感器 CA(PRN)CG 用以监控 BP（列车管）压力。

六、快速缓解阀 VV(GD)

电磁阀 VE(GD)控制快速缓解阀 VV(GD)，压缩空气通过自动绕过节流孔，快速给 BP（列车管）充气。BCU（制动控制单元）读取连接于快速缓解阀 VV(GD)的一微动开关的信息，进而诊断其位置状态。

学习指导

Eurotrol 是法维莱制动机最主要的模块，它主要完成均衡风缸压力控制、制动管压力控制，制动管补风与不补风控制，大流量快速缓解列车管控制。

由于它的重要性，在设计上不管是制动还是缓解均设置了冗余控制环节。缓解的冗余设置为电磁阀 VE2(DG)，制动的冗余电磁阀为 VE(SEC)。

Eurotrol 制动机主要分为以下几种工作情况：

1. 紧急制动

VE(SEC)失电，RE 快速通大气，均衡风缸压力为零。通过 Q(P)CG 中继阀，使 CG（制动管）压力也为零。实际上紧急制动时制动管压力都是在 Eurotrol 外部快速通大气，此时将均衡缸压力快速通大气也是对 Q(P)CG 中继阀的一种保护。

2. 缓　解

VE(SEC)得电，VE1(DG)得电，CPF（总风管）压缩空气经 FI-RM 过滤后，再通过 DE-PI 的限压后向 RE（均衡风缸）0.6 L 充风，根据 CA(PRN)RE 压力传感器返回的信号决定 VE1(DG)得电时间的长短，当 RE 被充风到规定压力值时，BCU 发出指令使 VE1(DG)失电，使均衡风缸得到规定的压力而保压。

Q(P)CG 中继阀根据均衡风缸的压力值，通过下述两种情况使制动管得到与均衡相等的压力：

（1）正常充风缓解。VE(GD)失电，VV(GD)不动作，总风缸通过充风节流孔向制动管充风。

（2）快速充风缓解。VE(GD)得电，VV(GD)动作，总风缸通过通过比较大的孔径直接快速向制动管充风。

3. 制　动

VE(SEC)得电，VE(SG)得电，RE 均衡风缸经过 DIA(SG)排向大气，根据 CA(PRN)RE 压力传感器返回的信号决定 VE(SG)得电时间的长短，当 RE 被充风到规定压力值时，BCU 发出指令使 VE(SG)失电，使均衡风缸得到规定的压力而保压。

在均衡风缸减压后保压时，根据制动机处于补风还是不补风状态，有如下两种方式：

（1）补风。VE(N)失电，VV(N)开通总风管向 Q(P)CG 中继阀的通路，使制动管有供风源，这样在制动管泄漏时，因为均衡风缸压力不变，可随时通过 Q(P)CG 中继阀向制动管充风，使制动管动态保压。

（2）不补风。当制动机要求制动后不补风时，BCU 使 VE(N)得电，VV(N)动作关闭总风管向 Q(P)CG 中继阀的通路，使制动管失去供风源，此时制动管泄漏时就不能再被充风。

4. 保　压

由上述 2、3 可知，当 VE(SEC)得电，VE1(DG)、VE(SG)失电时，均衡风缸既不通总风缸，也不通大气，均衡风缸压力保持不变。

在缓解状态下，VE(N)不会得电，制动管始终保持与均衡风缸压力相等。

在制动后保压时，根据制动机的要求，如上述 3（1）、（2）的分析，当制动机补风时，制动管的泄漏可以得到补充，制动管仍然始终保持与均衡风缸压力相等。当制动机不补风时，制动管的泄漏不能得到补充，制动管不能保持与均衡风缸压力相等（如果制动管没有发生泄漏，则制动管与均衡风缸的压力仍然相等）。

任务五　法维莱 Eurotrol 制动机作用阀模块认知

任务描述

1. 学习、掌握法维莱 Eurotrol 制动机作用阀模块的作用与组成。
2. 能分析法维莱 Eurotrol 制动机作用阀模块的工作原理。

知识储备

法维莱 Eurotrol 制动机作用阀模块由一个安全装置先导控制的电磁阀 VE-URG1、BCU 控制的 VE-URG2、一个紧急压力开关 MA-URG1、一个中继阀 Q(ECH)URG 和一个塞门 RB(IS)Q(ECH)URG 组成，用于紧急制动时快速排出 BP 压缩空气。RB(IS)Q(ECH)URG 塞门在故障情况下将模块隔离。作用阀模块的原理如图 4-6 所示。

图 4-6 中，CP 为总风缸管，CG 为列车管，原因为在法文中与英文中对总风缸和列车管的标注不一样，本书取与 HXD2C 原图中的标注。

作用阀模块的作用原理如下：

（1）当 BCU 控制作紧急制动时，电磁阀 VE-URG2 得电，CP 压缩空气到达中继阀 Q(ECH)URG 控制压力处，使其动作，将 CG（列车管）过来的压缩空气经动作的中继阀 Q(ECH)URG 迅速排出。

（2）当 BCU 控制没有作紧急制动时，电磁阀 VE-URG2 失电，此时如果安全装置先导控制电磁阀 VE-URG1 得电，则 CP（总风管）先经 VE-URG1 电磁阀，再经失电的 VE-URG2 电磁阀到达中继阀 Q(ECH)URG 控制压力处，使其动作，将 CG（列车管）过来的压缩空气经动作的中继阀 Q(ECH)URG 迅速排出。

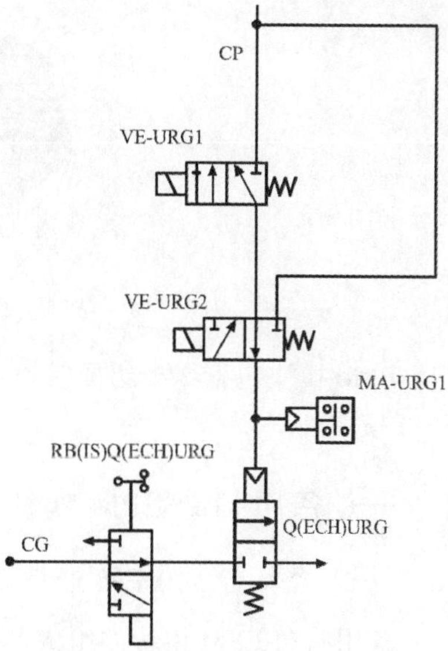

图 4-6 作用阀模块的原理

（3）如果处在正常控制的常用制动与缓解情况下，则电磁阀 VE-URG1、VE-URG2 均失电，中继阀 Q(ECH)URG 无控制压力，不动作，列车管压力在此不变化。

学习指导

制动管的压力控制分为两种情况，一种为正常控制，即常用制动和缓解控制，在 Eurotrol 中根据均衡风缸的压力变化完成；另一种为非常控制，即紧急制动时制动管的压力控制，主要通过作用阀模块完成。

作用阀模块在控制制动管压力迅速下降时分为两种情况，一种为 BCU 控制紧急制动，此时电磁阀 VE-URG2 得电动作，最终使制动管的压力快速下降；另一种是安全装置先导控制电磁阀 VE-URG1 得电，在电磁阀 VE-URG2 失电的情况下，最终使制动管的压力快速下降。

如果作用阀设备故障，可以通过 RB(IS)Q(ECH)URG 塞门将作用阀模块隔离。

任务六 法维莱 Eurotrol 制动机 EMP 模块认知

任务描述

1. 学习、掌握法维莱 Eurotrol 制动机 EMP 模块的作用与组成。
2. 能分析法维莱 Eurotrol 制动机 EMP 模块的工作原理。

知识储备

法维莱 Eurotrol 制动机 EPM 模块用于将从 BCU 接收的数字压力值转换为相应的气动压力，实现相应气动压力的数字化闭环控制。EPM 模块由 BCU 模块控制，其外形如图 4-7 所示。

图 4-7　EPM 模块

EPM 模块包括 3 个组成模块：备用制动 EPM 模块，直接制动 EPM 模块，转向架制动 EPM 模块。

一、备用制动 EPM 模块

（一）备用制动 EPM 模块的组成

备用制动 EPM 模块的组成及原理如图 4-8 所示。

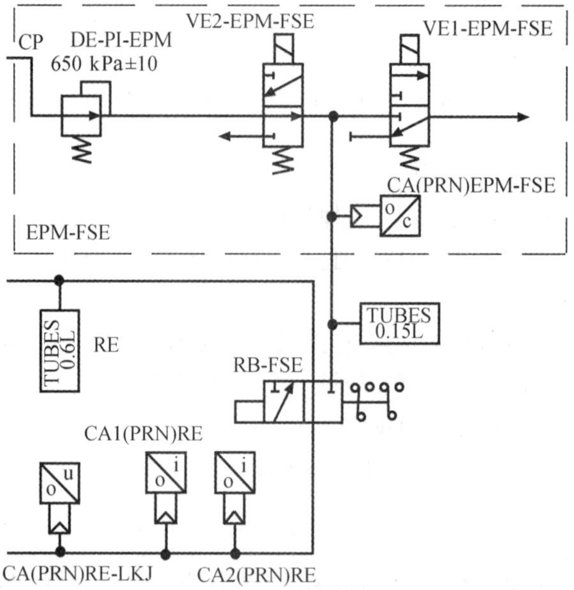

图 4-8　备用制动 EPM 模块的组成、原理

（1）减压阀 DE-PI-EPM。它将压力降至(650 ± 10) kPa 的范围内，以防止过高的均衡风缸压力。

（2）电磁阀 VE1-EPM-FSE、VE2-EPM-FSE。这两个电磁阀用于控制先导室（均衡风缸）压力，它们均受 BCU 控制。

（3）备用制动转换阀 RB-FSE。它有两个工作位置，正常位时将司机制动阀 Eurotrol 的输出送到中继阀 Q(P)CG，备用位时将备用制动 EPM 模块的输出送到中继阀 Q(P)CG。

（4）CA(PRN)EPM-FSE、CA(PRN)RE-LKJ、CA1(PRN)RE、CA2(PRN)RE 压力传感器。BCU（制动控制单元）通过压力传感器 CA1(PRN)RE、CA2(PRN)RE 读取并调节先导压力 RE。

LKJ 监控装置通过压力传感器 CA(PRN)RE-LKJ 获得 RE（均衡风缸）压力值。

CA(PRN)EPM-FSE 将备用制动 EPM 模块中的压缩空气压力传送至 BCU。

（二）备用制动 EPM 模块的作用原理

当制动系统发生重要故障时（BCU 或 Eurotrol 故障），制动系统的控制就转为备用制动模式，备用制动 EPM 模块作为冗余控制 RE（均衡风缸）。

1. 缓　解

VE1-EPM-FSE 常失电，VE2-EPM-FSE 得电，CP（总风缸）压缩空气经过减压阀 DE-PI-EPM 减压为 650 kPa，经 VE2-EPM-FSE 得电打开的通路再经备用制动转换阀 RB-FSE 进入中继阀 Q(P)CG，作为中继阀 Q(P)CG 的控制压力，当通过 CA(PRN)EPM-FSE、CA1(PRN)RE、CA2(PRN)RE 压力传感器检测到 RE 均衡风缸压力达到控制要求时，使 VE2-EPM-FSE 失电，RE 均衡风缸压力值保持在规定值。

2. 制　动

VE2-EPM-FSE 常失电，VE1-EPM-FSE 得电，中继阀 Q(P)CG 的控制压力（均衡风缸压缩空气）经过备用制动转换阀 RB-FSE，再经 VE1-EPM-FSE 得电打开的通路排向大气，当通过 CA(PRN)EPM-FSE、CA1(PRN)RE、CA2(PRN)RE 压力传感器检测到 RE 均衡风缸压力达到控制要求时，使 VE1-EPM-FSE 失电，均衡风缸通向大气的通路被切断，RE 均衡风缸压力值保持在规定值。

二、直通制动 EPM 模块

（一）直通制动 EPM 模块的组成

直通制动 EPM 模块的组成及原理如图 4-9 所示。

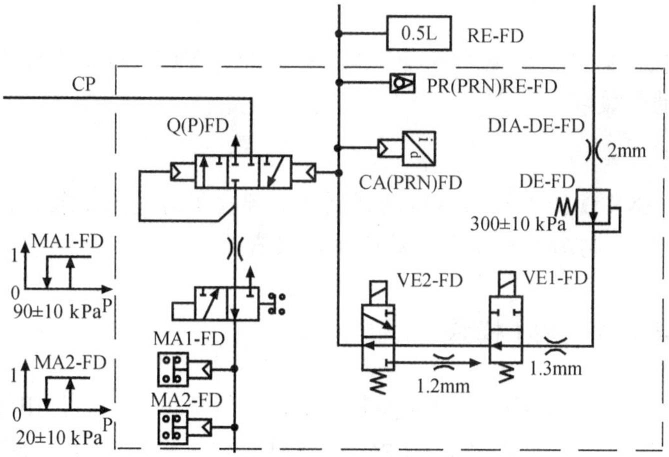

图 4-9　直通制动 EPM 模块的组成、原理

（1）减压阀 DE-FD。它将 CP（总风缸）来的压缩空气减压为 300 kPa，确保直通制动时最高制动缸压力为 300 kPa。

（2）电磁阀 VE1-FD、VE2-FD。这两个电磁阀用于控制制动缸先导压力（作用管），它们的得失电均受直通制动控制器控制。

（3）直通制动中继阀 Q(P)FD。它是大流量中继阀，通过它将电磁阀 VE1-FD、VE2-FD 所控制的制动缸先导压力（作用管）转换为制动缸压力。

（4）CA(PRN)FD 压力传感器。BCU（制动控制单元）通过压力传感器 CA(PRN)FD 读取并调节制动缸先导压力。

（5）MA1-FD、MA2-FD。MA1-FD 为制动缸先导压力上升时的压力开关，动作值为(90 ± 10) kPa。MA2-FD 为制动缸先导压力下降时的压力开关，动作值为(20 ± 10) kPa。

（6）直通制动隔离塞门 RB(IS)FD。通过直通制动隔离塞门 RB(IS)FD 打到隔离位隔离直通制动 EPM 的输出。

（二）直通制动 EPM 模块的作用原理

当机车单独驾驶时或调车时，通过直通制动 EPM 模块直接实现向转向架制动缸供风。

直通制动 EPM 模块的电磁阀由直通制动控制器直接控制，它的输出可由塞门 RB(IS)FD 进行隔离。

1. 制　动

VE1-FD 失电，VE2-FD 失电，CP（总风缸）压缩空气经过减压阀 DE-FD 减压为 300 kPa，经 VE1-FD 和 VE2-FD 因为失电而打开的通路再经塞门 RB(IS)FD 进入直通制动中继阀 Q(P)FD 的控制室，作为中继阀 Q(P)FD 的控制压力。

2. 制动后保压

当通过 CA(PRN)FD 压力传感器检测到制动缸预控压力达到要求时，使 VE1-FD 得电，VE2-FD 保持失电，制动缸预控压力保持在要求值。

3. 缓　解

VE2-FD 得电，VE1-FD 得电。制动缸预控压力经过 VE2-FD 得电而打开的通路排向大气，实现直通制动的缓解。

4. 缓解后的保压

当通过 CA(PRN)FD 压力传感器检测到制动缸预控压力达到要求时，使 VE1-FD 保持得电，VE2-FD 失电，制动缸预控压力保持在要求值。

三、转向架制动 EPM 模块

转向架制动就是制动缸预控压力的控制，即通常情况下所说的作用管压力控制。转向架制动由 EPM 模块或者分配阀控制，EPM 模块是数字化闭环控制；分配阀控制为模拟直接控制，其作用原理类似于项目一任务四中介绍的自动空气制动机中的三通阀的工作原理。通常情况下 VE-Q(P)FR 阀得电，转向架制动 EPM 模块的输出与制动缸预控压力（作用管）相通，制动缸的预控压力由 EPM 控制。当 EPM 或 BCU 故障时或者机车无火回送模式时，

VE-Q(P)FR 阀失电，SW4 分配阀输出与制动缸预控压力（作用管）相通，实现由分配阀控制制动缸预控压力（作用管）。

转向架制动 EPM 模块的原理、结构如图 4-10 所示，实现制动缸预控压力的数字化闭环控制。其具体结构作用原理与备用制动 EPM 作用原理类似。通过压力传感器 CA(PRN) EPM-DISTR 传送回来的压力值来判断与 BCU 的要求是否符合，进而控制 VE2-EPM-DISTR 与 VE1-EPM- DISTR 电磁阀的得电与失电。

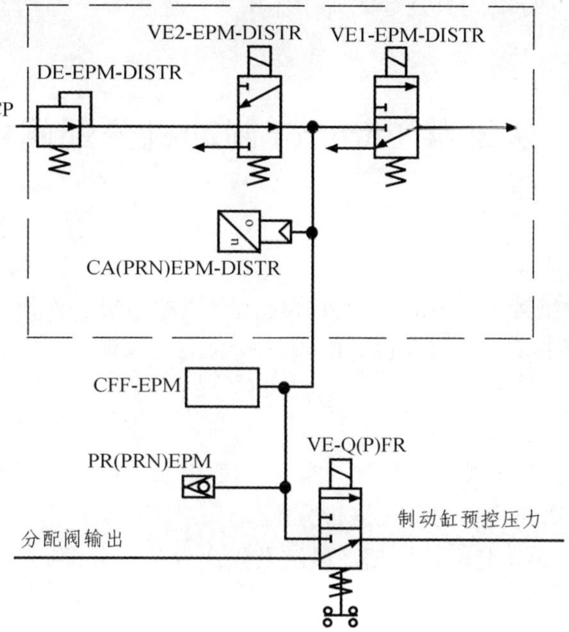

图 4-10　转向架制动 EPM 模块的组成、原理

1. 缓　解

当 VE2-EPMP-DISTR 得电，VE1-EPM-DISTR 得电，则 CFF-EPM（作用风缸）内的压缩空气直接通大气，最终使制动缸预控压力通向大气，机车缓解。

2. 制　动

当 VE2-EPMP-DISTR 失电，VE1-EPM-DISTR 失电，则 CP（总风缸）的压缩空气通过 DF-EPMPDISTR 减压后向 CFF-EPM（作用风缸）充气，最终使制动缸预控压力被充气，机车制动。

3. 保　压

当 VE2-EPMP-DISTR 得电，VE1-EPM-DISTR 失电，则 CFF-EPM（作用风缸）内的压缩空气既不通大气，也不通总风缸，压力保持不变。

学习指导

EPM 的三个模块的作用原理基本相同，都是首先通过减压阀将总风缸的压缩空气调整为一定压力后，通过 BCU 控制两个电磁阀的得/失电来控制相应的压力输出，而且在这个控制中，通过传感器将要控制的压力检测出来后转换为电信号传送到 BCU，实现对压力的闭环控制。

备用制动模块一般情况下不工作，只是在 Eurotrol 故障时工作。

直通制动模块是接受直通制动控制器的控制来单独控制机车的制动与缓解的。它只对机车起作用。

转向架 EPM 在正常情况下直接按比例生成制动缸预控压力，相较分配阀的模拟控制速度要快，更加准确；分配阀只是起到备用作用。

任务七　法维莱 Eurotrol 制动机分配阀组成认知

任务描述

1. 学习、掌握法维莱 Eurotrol 制动机分配阀组成的组成、作用。
2. 会分析法维莱 Eurotrol 制动机分配阀组成的工作原理。

知识储备

每节机车使用一套分配阀，该分配阀符合 UIC 标准的自动空气制动装置要求，并且必须对副风缸和停放制动气路里的空气进行分配。

分配阀组成包括 SW4 分配阀、辅助风缸及隔离设备、分配阀一次缓解模块。

一、SW4 分配阀

SW4 分配阀符合 UIC540 标准。该分配阀通过 RB(IS)CP 塞门可将总风管和分配阀隔离，并受 FI-RB(IS)CG 过滤器的保护。该分配阀通过 RB(IS)CG 塞门可将制动管和分配阀隔离，并受 FI-RB(IS)CG 过滤器的保护。

分配阀的作用模式控制杆（G 或 M = 货车位，P 或 V = 客车位）连接到一个微动开关，其触点能向控制系统发送信息。分配阀处于两种不同的模式时，机车制动缸充、排气时间对比如表 4-1 所示。

表 4-1　客/货位制动缸充、排气时间对比

参数	种类	
	货车模式	客车模式
制动缸充气时间（压力从 0 至最大压力的 95%）	（24±4）s	（7±1）s
制动缸排气时间（从压力最大至压力为 40 kPa）	45～60 s	（7±1）s

辅助风缸及隔离设备：通过总风管经由 FI-RB(IS)CP 过滤和 RB(IS)CP 塞门由总风为辅助风缸提供气源。

二、分配阀一次缓解模块

分配阀缓解有两种模式：阶段缓解和一次缓解。一次缓解模块的气动原理如图 4-11 所示。

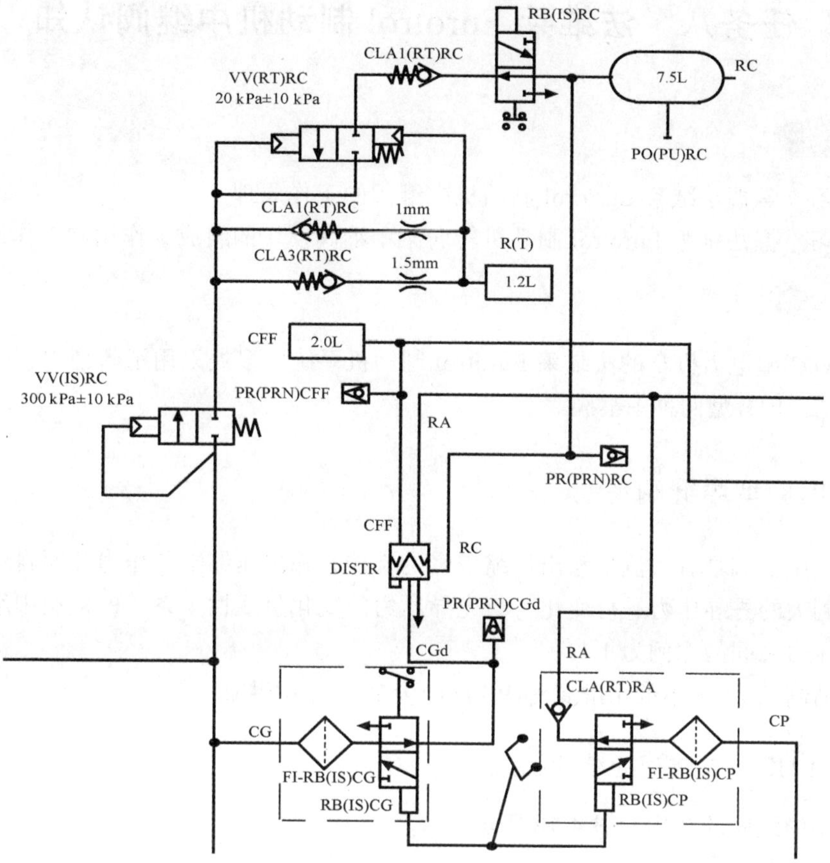

图 4-11　一次缓解模块的气动原理

通过隔离塞门 RB(IS)RC 向 BCU 提供以下两种模式：

（1）阶段缓解 = 开关打开（塞门隔离）。

（2）一次缓解 = 开关闭合（塞门导通）。

通过将制动控制器置于快速缓解（GD）位（一次缓解期间，BCU 不读取快速缓解位信号），以大流量实施一次缓解。一次缓解仅出现在列车管处于制动状态、压力超过 300 kPa 时，VV(IS)RC 气动阀确保该项功能。当 VV(RT)RC 气动阀检测到列车管和 R(T)风缸的压差超过 20 kPa，RC 控制风缸开始通过 VV(RT)RC 阀将其内部的压缩空气排入列车管。在这种方式下，分配阀能更快速地缓解。当列车管和 R(T)风缸的压差低于 20 kPa，VV(RT)RC 气动阀自动关闭。当制动缸完全缓解，列车管开始向控制风缸充气。

学习指导

分配阀根据列车管的压力变化，输出制动缸预控压力（作用管）的压力变化。这种变化是模拟的，学生可参照项目一任务四中介绍的自动空气制动机中的三通阀的工作原理来学习。应注意一次缓解和阶段缓解的区别。

任务八　法维莱 Eurotrol 制动机中继阀认知

任务描述

1. 学习、掌握法维莱 Eurotrol 制动机中继阀的工作原理。
2. 学习掌握法维莱 Eurotrol 制动机转向架中继阀模块的组成、作用和工作原理。

知识储备

在 HXD2 型电力机车的法维莱 Eurotrol 制动机系统中多处采用了新型中继阀，其中主要为 P1K 及 1P1E 型两种中继阀。

一、P1K 型中继阀

P1K 型中继阀具有大流量输出压缩空气的性能，输出压缩空气压力按照自低流量控制单元由小到大的先导压力进行变化，与先导压力的变化呈线性关系。P1K 型中继阀输出压力与先导压力之间的比例为 1:1。

在直通制动 EPM 中的中继阀 Q(P)FD 即为 P1K 型中继阀。

（一）P1K 型中继阀的结构组成

P1K 型中继阀的结构如图 4-12 所示。

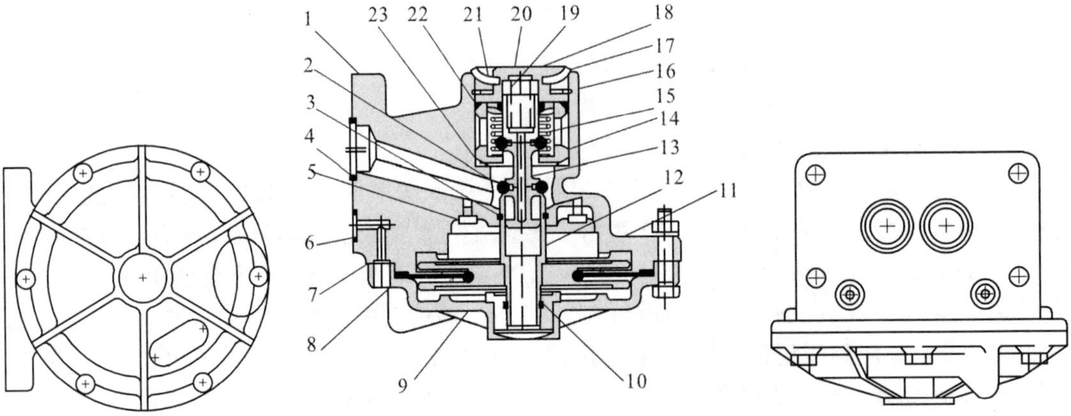

1—阀体；2、3、4、6、7、20、22、23—O 形圈；5—扼流圈；8—橡胶模板；9—下阀盖；10—支撑环；11—铭牌；12—活塞杆；13—阀杆；14—阀座；15、19—弹簧；16—卡簧；17—防尘垫；18—封盖；21—浮动盖。

图 4-12　PIK 型中继阀的结构

图中，阀杆（13）带 2 个大 O 形圈（2），将阀腔隔离为供气和输出 2 个腔室，与阀体（1）、橡胶模板（8）和下阀盖组件（9）、（10）共同组成供气室 1、输出腔室 3、反作用腔室 9、先导腔室 8 和排气孔 5。腔室 3 和 9 根据输出压力变量要求，有不同孔径的扼流圈（5）连接。所有接合面由相应 O 形圈密封。

（二）P1K 型中继阀的作用原理

腔室 1 由主风缸和辅助风缸提供压缩空气。P1K 型中继阀的作用原理如图 4-13 所示。

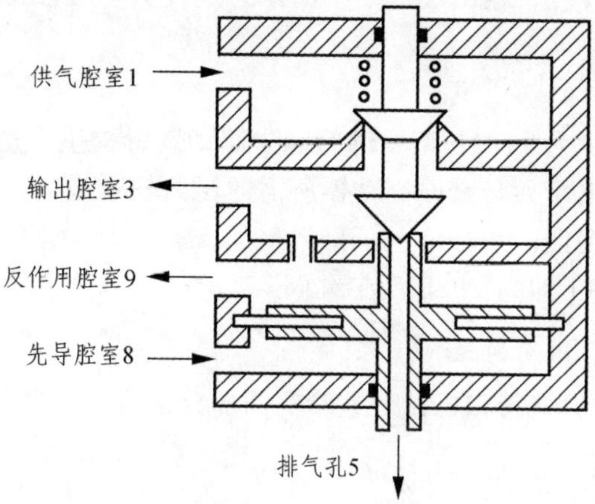

图 4-13　P1K 型中继阀的作用原理

视频：P1K 型中继阀的组成和作用原理

1. 初始压力控制

先导腔室 8 里的压力为零（大气压力），在小弹簧（19）的作用力下，阀杆（13）悬挂在进气口座上，阀杆上方大 O 形圈紧靠供气阀口，供气腔室 1 与输出腔室 3 隔离，此时中继阀关闭。在重力的作用下，活塞杆（12）与橡胶模板（8）到达较低位，阀杆（13）下方大 O 形圈与活塞杆（12）上部阀口分离，输出腔室 3 通大气，实现初始压力控制。

2. 充气压力控制

实现充气压力控制时，控制单元的压缩空气到达先导腔室 8。在压力作用下，活塞杆橡胶模板带动活塞杆向上移动，阀杆下方大 O 形圈紧靠活塞杆上方阀口将排气阀关闭，并推动阀杆（13）上升。阀杆上方大 O 形圈脱离阀座阀口，打开进气阀，主风缸和辅助风缸压力空气经由供气腔室 1 及阀门进入到输出腔室 3，并经由扼流圈（5）输出腔室 3 里的空气进入到反作用腔室 9，反作用与橡胶模板（8），向下推动活塞杆（12）。

3. 输出压力与先导压力控制

反作用腔室 9 中的压力与先导腔室 8 中的压力相等时，活塞杆下降，阀杆上方大 O 形圈紧靠阀口，将供气腔室与输出腔室隔离，在排气阀未被打开的情况下，关闭供气阀。

如果输出腔室 3 中的压力由于输出气路漏泄而下降，先导压力就会占优势，并且推动活塞杆上升，使阀口打开，输出腔室 3 会重新充气直至均衡为止。

4. 大流量压力控制

反作用腔室 9 与输出管路连通时，造成单元顺流充气损失。如果输出管路的充气容量大，压缩空气就会通过扼流圈（5）由输出腔室 3 向反作用腔室 9 流动。在压差的作用下，反作用腔室 9 中的空气压力会比先导腔室 8 中的压力低。压差推动活塞杆开始上升，阀杆上方大 O 形圈脱离阀口，供气阀被完全打开，直到反作用压力与相关输出管路达到规定的控制压力值为止，此时 P1K 型中继阀实现大流量压力控制。

5. 排气压力控制

当先导控制腔室 8 中的压力下降时，反作用腔室 9 中的压力就会推动活塞杆向下移动，阀杆上方大 O 形圈仍紧靠阀口，供气腔室与输出腔室仍保持隔离状态，而阀杆下方大 O 形圈脱离排气阀口，打开排气孔，输出腔室 3 中的压力空气从空心杆排出，直至均衡为止。

二、1P1E 型中继阀

根据供气管路的控制压力，1P1E 型中继阀能为制动装置提供合适的载荷压力。一般情况下机车空气分配阀的输出压力与踏面制动器所需的压力较难适应，使用 1 个 1P1E 型中继阀即可将压力调整到规定值。

转向架中继阀 Q(P)-FR1 即为 1P1E 型中继阀。

（一）1P1E 型中继阀的结构组成

1P1E 型中继阀由气动中继阀和机械调整装置两部分组成。其结构组成如图 4-14 所示。

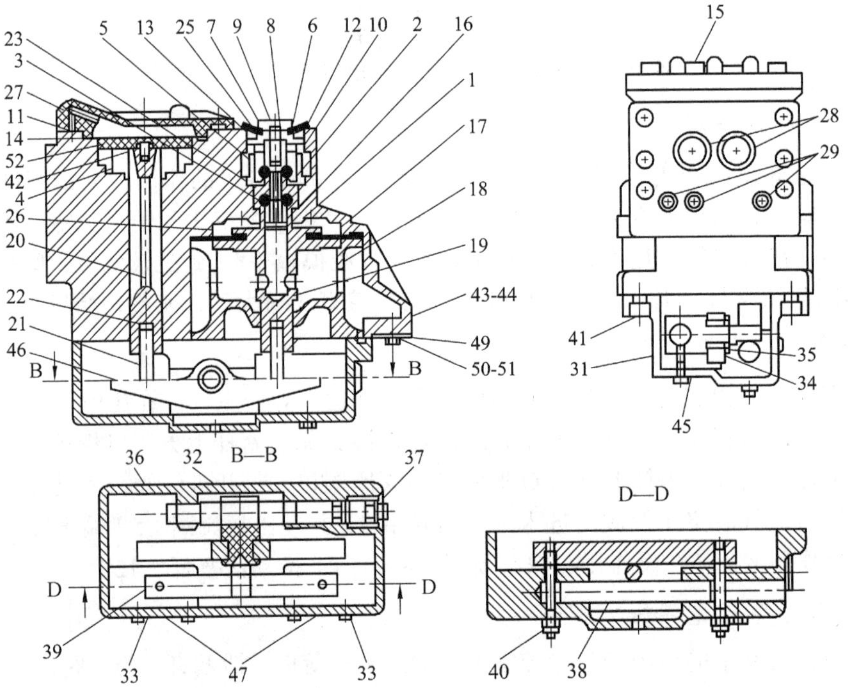

1—上阀体；2—阀座；3、6、10、11、16、23、28、29—O 形圈；4、8、12—弹簧；5—浮动盖；7—阀杆；9—封盖；13—卡簧；14—橡胶模板；15—螺栓；17—橡胶模板；18—活塞隔板；19—主活塞杠；20—副活塞杠；21—限位销；22、34、50—垫片；25—防尘垫；26—校准喷嘴；27—阀盖；31—下阀体；32—支撑轴；33—螺栓；35—轴向止挡；36—调整螺杆；37—防尘垫；38—导杆；39—限位挡条；40—螺母；41—螺栓；42—定位销；43—铭牌；44—销子；45—导向螺钉；46—平衡杆；47—大铭牌；49—滤尘网；51—螺栓；52—活塞头。

图 4-14　1P1E 型中继阀的结构组成

1. 气动中继阀的结构组成

1P1E 型中继阀中的气动中继阀的结构如下：2 个销子、校准喷嘴（26）和滤尘网（49）安装在阀体（1）上。活塞头（52）固定在副活塞杆（20）上。橡胶膜板（14）紧靠活塞头，在弹簧（4）的作用下能反向弹跳。组件封装在上主体和阀盖（27）中，由 2 个 O 形圈（11）和橡胶膜板（14）实现密封。

用来平衡主活塞（19）的空心杆由活塞隔板（18）固定在阀体（1）中。2 个活塞杆均安装限位销（21），并使用增减垫片（22）的数量调整与平衡杆（46）的安装位置。浮动盖（5）压紧弹簧（12），从而将阀座（2）压紧在阀体内，并使用 O 形圈（23）密封在底部位置。阀杆（7）带 2 个大 O 形圈（3）用来控制进气腔室和输出腔室的沟通或隔离，可借助弹簧（8）返回。所有接合面由相应 O 形圈密封。

2. 机械调整装置的结构组成

1P1E 型中继阀的机械调整装置由调整螺杆（36）、防尘垫（37）及导杆（38）等组成。调整螺杆的平移由导向螺钉（45）完成。

支撑轴（32）支撑平衡杆（46）和滚针轴承，用轴向止挡（35）和垫片（34）固定。需要调整输出压力时，旋转调整螺杆（36）完成轴的平移，而活塞杆不移动，实现平衡杆（46）上力矩的变化，从而实现输出压力的调整。调整完毕后，将调整螺杆用限位挡条（39）固定，并用 2 个双头螺栓紧固。

（二）1P1E 型中继阀的作用原理

1P1E 型中继阀的作用过程可分为初始压力控制及先导压力过程控制，其作用原理如图 4-15 所示。

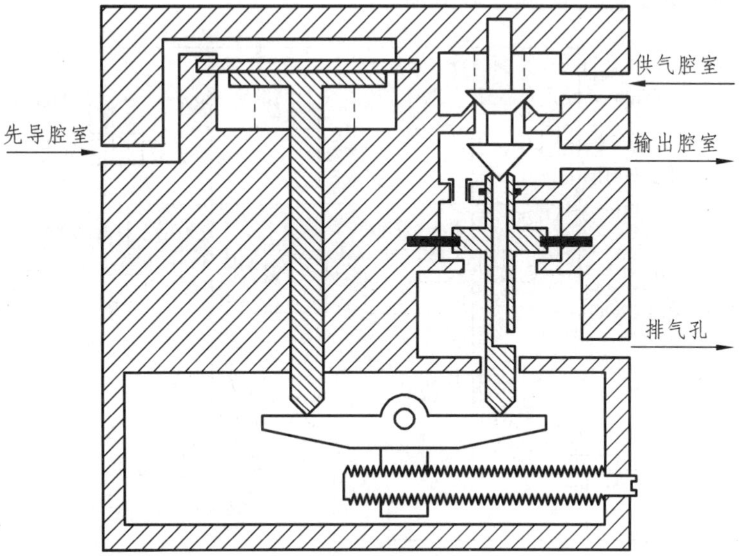

图 4-15　1P1E 型中继阀的作用原理

1. 初始压力控制

通过机车分配阀控制，先导腔室压力为零（大气压力）。在弹簧（4）的作用下，活塞头（52）上升到上部限制止挡。没有任何作用力作用在平衡杆（46）上，因此也没有力被传递到主活塞杆（19）上。主活塞杆由于重力作用，下降到下部限制止挡，阀杆（7）下部大 O 形圈不再紧靠主活塞杆上部阀口，输出腔室与排气孔沟通，踏面制动器气缸与大气沟通。辅助风缸向供气腔室提供的压力空气，不能通过弹簧（8）启动阀杆，供气腔室与输出腔室隔离。

2. 先导压力过程控制

根据列车管里形成的压力下降情况，机车空气分配阀使 1P1E 型中继阀先导腔室里活塞头（52）上方形成先导压力。先导压力作用在活塞头（52）上，推动副活塞杆下移，使活塞头的下部压紧弹簧（4），推动平衡杆，沿轴向旋转，使主活塞杆向上移动。主活塞杆上部阀口紧靠阀杆下方的大 O 形圈，将排气孔关闭。然后，阀杆（7）升起，阀杆上方大 O 形圈与阀座脱离，供气腔室里来自辅助风缸的压缩空气进入到输出腔室，对踏面制动器进行制动控制。

来自输出腔室的空气通过校准喷嘴（26）也进入到位于 2 个腔室之间的反馈腔室，并向下作用于主活塞杆的平衡活塞，直至使平衡杆回复至平衡。踏面制动器的压力调整根据来自列车管形成的合适压力设定，当列车管压力上升时，即可实施缓解。

三、转向架中继阀模块

转向架中继阀模块主要为两台转向架的基础制动装置的制动缸供风。

（一）转向架中继阀的结构组成

转向架中继阀的结构组成如图 4-16 所示。

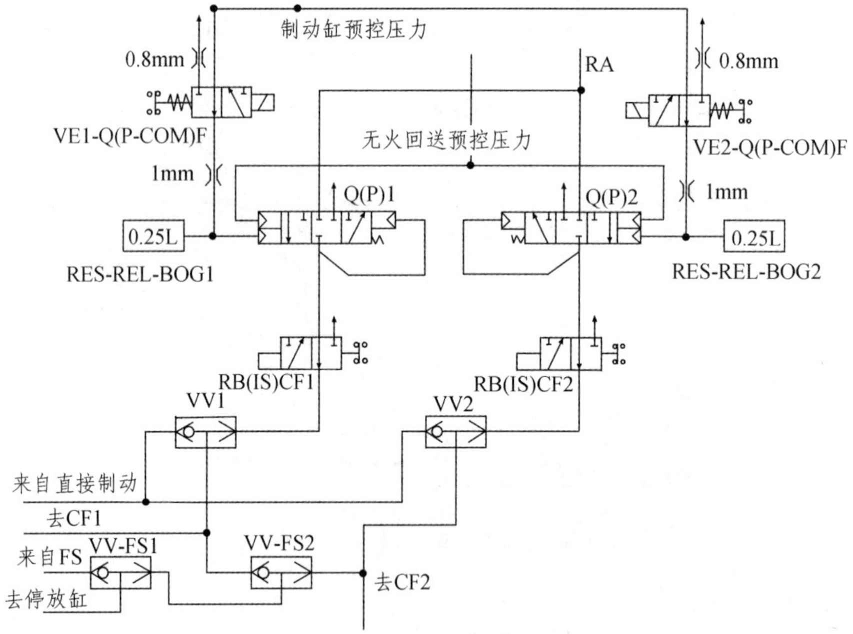

图 4-16　转向架控制模块的结构组成

（1）Q(P)1、2 转向架中继阀。它将预控压力转换成与之相等的制动缸压力。

（2）VE1-Q(P-COM)F、VE2-Q(P-COM)F 电磁阀。它由 MPU(TCU)控制，得电时排空 Q(P)1、2 转向架中继阀的先导压力，最终使机车缓解，从而实现空电联合制动时优先电制动、自动缓解机车空气制动的功能。这两个阀还可以执行 Bail off 功能，以实现小闸缓解大闸。

（3）RB(IS)CF1、2 制动缸隔离塞门。将它打至隔离位时，隔离相应的第一或第二转向架的制动缸。

（4）VV1、VV2 双向止回阀。它将 Q(P)1、2 转向架中继阀的输出压力与直接制动输出压力值在这两个止回阀进行比较后取大值输出。

（5）VV-FS1、VV-FS2 双向止回阀。VV-FS2 将两个转向架制动缸压力的较大值进行输出。VV-FS1 将停放制动模块的输出与 VV-FS2 的输出进行比较后取大值输出至停放制动缸，确保停放制动装置不会受到停放制动模块与制动缸两个压力。

（二）转向架中继阀的作用原理

正常情况下 VE1-Q(P-COM)F、VE2-Q(P-COM)F 电磁阀失电，制动缸预控压力进入 Q(P)1、2 先导压力室，Q(P)1、2 中继阀以先导压力室压力为标准，1∶1 输出制动缸压力，风源来自辅助风缸 RA。Q(P)1、2 中继阀输出的制动缸压力经过制动缸隔离塞门输出后与直通制动模块输出的制动缸压力进行比较后取大值输出到相应转向架制动缸。

学习指导

中继阀实现的以小流量的先导压力为基准，产生与之成比例的大流量的受控压力。

制动缸预控压力通过转向架中继阀变成大流量的制动缸压力，与直通制动的压力进行比较后取大值输出到制动缸。

任务九　法维莱 Eurotrol 制动机停放制动模块认知

任务描述

1. 学习、掌握法维莱 Eurotrol 制动机停放制动模块的组成、作用。
2. 学习、掌握法维莱 Eurotrol 制动机停放制动模块的工作原理。

知识储备

停放制动模块为弹簧施加/压力释放式，由双稳态阀 VE-FS 控制。此阀可以由来自司机室的电气信号驱动，或者通过对阀本身的手动操作驱动。停放制动模块的结构组成如图 4-17 所示。

停放制动模块主要包括停放制动减压阀 DE-FS、手动或电控施加停放制动的双稳态阀 VE-FS、停放制动隔离开关 RB(IS)FS、停放制动压力开关 MA-FS1/2 和双向止回阀 VV-FS1。

当施加停放制动时，停放制动气缸内的压力为 0 kPa。不能同时施加停放制动和常用制动：如果停放制动气缸内的压力为 0 kPa，而常用制动被施加，则停放制动气缸将通过双止回阀被充注至与常用制动相同的压力，与停放部分相关的制动力由此被减小，以避免损坏制动气缸的卡钳。

每一转向架的停放制动回路由压力开关 MA-FS1/2 进行检查。

从机车外面可通过停放制动指示器查看停放制动器状况。

如果停放制动模块故障，可通过塞门 RB(IS)FS 隔离。

学习指导

停放制动模块主要解决的是机车停车后的制动、防溜。

当制动缸有压力时，停放缸内也要充至与制动缸相同的压力，以防止两项相加损坏制动气缸的卡钳。

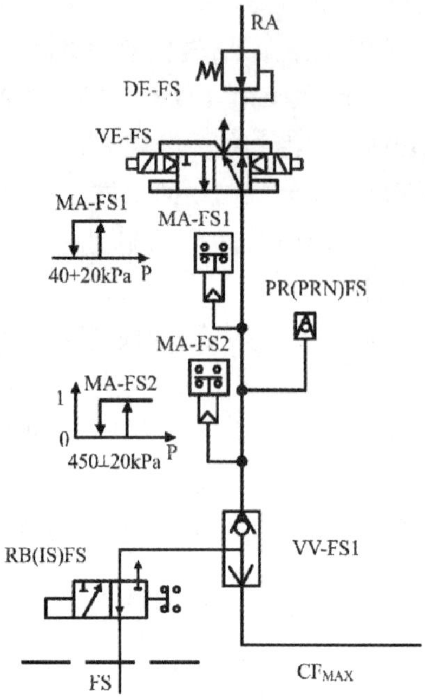

图 4-17　停放制动模块的结构组成

任务十　法维莱 Eurotrol 制动机隔离模块、流量计认知

任务描述

1. 学习、掌握法维莱 Eurotrol 制动机隔离模块的组成、作用和工作原理。
2. 学习、掌握法维莱 Eurotrol 制动机流量计的组成、作用和工作原理。

知识储备

一、隔离模块

该模块由一个 VV(IS)RM 电磁阀和一个 VV(IS)RM 气动阀组成，用于将司机制动阀和列车管隔离开。如果 VE(IS)RM 阀得电，司机制动阀和 BP 隔离；如果 VE(IS)RM 阀失电，司机制动阀和列车管不隔离。该模块由 BCU 控制。

微动开关把气动阀的状态发送给 BCU，当司机制动阀隔离，司机控制台上的指示灯亮。Z(IS)RM 开关对 VE(IS)RM 阀得失电进行控制。隔离模块的原理如图 4-18 所示。

当 RB-UM-FV 转到无火回送或者重联位时，将 VE(IS)RM 输入端的压力排空，自动将列车管隔离。

二、流量计

司机制动阀有一个流量计，用于测量列车管的空气流量。该流量值由 BCU 读取并发给 Locotrol。流量计由文氏管止回阀 I-DB 和差压传感器 CA(PRN)DEB 组成（见图 4-19）。

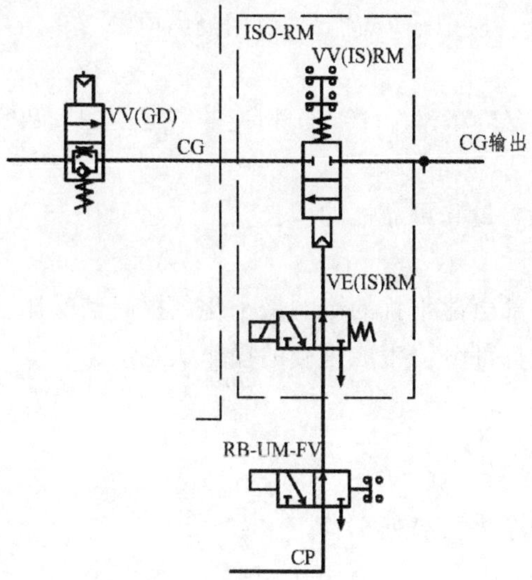

图 4-18　隔离模块的组成、原理

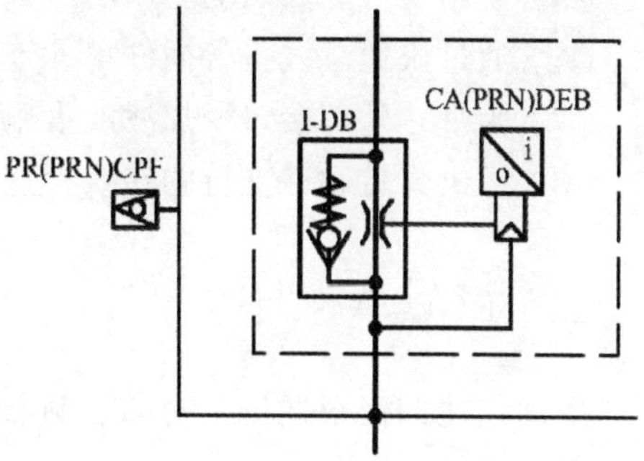

图 4-19　流量计的组成、原理

学习指导

隔离模块实际上完成的是制动机列车管压力控制输出的隔离。

流量计完成制动管充风能力检查。

任务十一　法维莱 Eurotrol 制动机制动控制单元认知

任务描述

1. 学习、掌握法维莱 Eurotrol 制动机制动控制单元的作用。
2. 学习、掌握法维莱 Eurotrol 制动机制动控制单元的工作原理。

知识储备

法维莱 Eurotrol 制动机制动控制单元（BCU）对司机制动阀进行控制。制动控制单元（BCU）通过 FIP 总线连接到列车计算机，通过 RS422 连接到 Locotrol。

BCU 根据自动制动控制器的指令或来自 Locotrol 系统的制动指令计算先导室压力 RE，然后通过控制阀闭环控制得到需求的先导室压力 RE。

一、BCU 硬件描述

BCU 是一个被称作 Gemini Ⅱ 的通用软硬件平台，可成为整列车或单台车的控制装置。该系统设计成最优化的功能配置，本身具有安全防护措施和自诊断功能。通过以下措施实现上述目标：

（1）在单个插件式单元中，分配所有的系统资源（比如 RAM、ROM、E2PROM 存储器，看门狗功能）。

（2）CPU 不同功能的插件单元（如数字部分、模拟输入输出）使用隔离电源。

（3）电气隔离不同功能的设备。

（4）使用能与所有电池电压制式（24 V，48 V，76 V，110 V）相连的“宽范围”数字接口，而不需要任何的适配器插件。

（5）使用复合和表贴的生产制造技术，保证质量和可靠性的增长。

（6）通过快速总线将各插件单元连接起来。

（7）为每一外部接口增加滤波设施，以使外部电磁干扰的影响最小化，提高信噪比。

（8）提供具备软件支持的在线检查措施的硬件部分，生成正确的操作状态信息。

二、BCU 软件描述

下面描述如何根据机车制动控制器的制动指令来操纵列车管。

（一）预备阶段

当 BCU 通电，而驾驶室没有激活时，所有电磁阀都不得电。由于 VE(SEC)阀通大气，使先导室压力 RE 为 0 kPa。

只有当下列所有条件被确认时，司机制动阀的操纵才能启动。

（1）司机室运行（CAB1 或 CAB2）= 1。

（2）无紧急制动需要。

（3）非中立需要。

（4）UM 模式非禁止。

（5）VE(SEC)阀工作正常

（6）总风压力：如果列车管定压 500 kPa 则高于 600 kPa，如果列车管定压 600 kPa 则高于 700 kPa。

（7）BCU 将先导室压力 RE 调整到：使用阶段缓解则为(300 ± 5) kPa；使用一次缓解则为(0 ± 5) kPa。

在上述条件下，操纵制动控制器来控制列车管。如果上述其中一个条件没有得到确认，则压力保持为零，不可能控制列车管；只能激活一个司机室，一旦同时激活两个司机室，则显示相应的故障代码。一旦司机室被锁闭，RE 压力被设定为 0 kPa，BP 自动排气。

（二）先导室控制

通过 BCU 驱动司机制动阀的电磁阀来控制先导室。先导室压力按照闭环控制，如图 4-20 所示。

司机制动阀先导室压力应稳定在定压，这是通过 BCU 根据 C(M/V)转换杆的位置来控制的；根据所选定的压力，先导气路的压力应等于(500 ± 5) kPa 或者(600 ± 5) kPa。

BCU 接收到制动指令，通过司机制动阀的电控阀将其转换成气动压力。压力传感器 CA(PRN)RE 读取先导压力，以模拟量信号的形式发送给 BCU。BCU 根据该信号，使制动和缓解阀得电或失电。

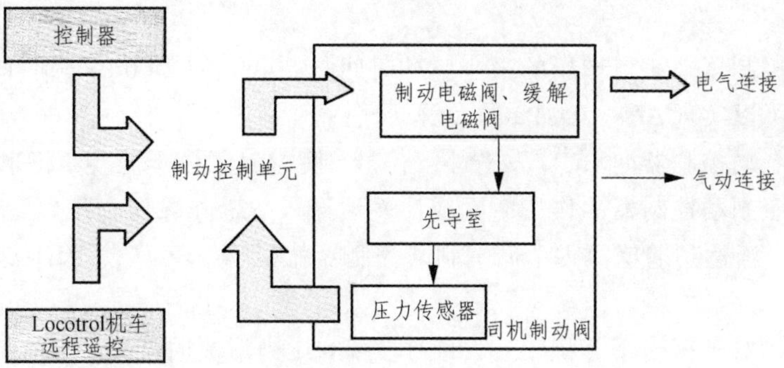

图 4-20　BCU 闭环控制

1. 阶段缓解模式

1）初制动

初始压降，通过自动制动控制器的一个 70 ms 制动脉冲来实现。只有从缓解状态（列车管再充气）开始才能实现。

初制动用时间和压力大小（BP = 25 L 储气缸）来表示，这个过程的主要特征是：在 $T \leqslant 2$ s 的时间内，$\Delta P = (50 \pm 5)$ kPa。为满足上述参数，通过 VE(SG)阀和 VE(SEC)阀的作用来实现初始压降。

2）制动

在初始制动后，可以利用由自动制动控制器产生的 $T > 70$ ms 的制动脉冲来实现 $\Delta P = 5$ kPa 的制动级。

连续操纵制动控制器向 BCU 发送制动信号，使 VE(SG)阀得电，RE 先导压力按照自动制动控制器的作用时间成比例排大气，中继阀排出列车管的压力。当达到期望压力值时，自动制动控制器就缓解，BCU 使 VE(SG)失电，停止排先导压力。

在常用全制动时，在 $T = (6 \pm 1)$ s 内压力从定压（500 kPa）下降，$\Delta P = 140$ kPa。

如果列车管定压为 600 kPa：在常用全制动时，在 $T = (7 \pm 1)$ s 内压力从定压（600 kPa）下降，$\Delta P = 170$ kPa。

在常用全制动时，通过在不到 10 s 内将相当于列车管容积的 400 L 风缸内的压力排至 120 kPa，来确定司机制动阀 Eurotrol 的排气能力。

持续操纵自动制动控制器，使 RE 先导压力完全排空。当自动制动控制器回到“运转位”，BCU 将自动设定 RE 压力为 300 kPa。

3）来自 BP 的指令

如果 BP 压力 5 s 内下降大于 150 kPa，并且不是由 RE 先导压力下降引起的，则 RE 先导压力应降低 80 kPa。当制动管压力下降消失，没有缓解需求时 RE 压力不应增加。

在中立和隔离模式下此功能应有效。

4）来自 LKJ2000 系统的指令

通过驱动 VE-URG 作用阀或 RE 减压要求的制动作用，LKJ2000 安全装置能实施紧急制动。当 BCU 从 LKJ2000 系统接收到制动指令，RE 先导压力下降 110 kPa。LKJ2000 制动指令持续 6 s 而压降跟随 DBV 压力下降，制动命令被重复执行直到到达最大的制动压力（300 kPa）。

5）缓解

通过制动控制器来获得增压的最小脉冲时间是 70 ms。从 300 kPa 到自动恢复到定压的压力范围内，可以实现 $\Delta P = 10$ kPa 的缓解级。

持续操纵制动控制器向 BCU 发送缓解信号，使 VE1(DG)阀得电，将来自减压阀 DE-PI 的压缩空气按照制动控制器的作用时间成比例地充入 RE 先导压力气路，中继阀再次将总风充至列车管。当达到期望压力值时，制动控制器就缓解，BCU 使 VE1(DG)失电，停止给先导压力充气。

全缓解时，对于相当于容积 25 L 的列车管的压力形成时间是：从（定压 – 150 kPa）到（定压 – 10 kPa）为（5 ± 1）s；从（定压 – 10 kPa）到定压至少 5 s。在一个相当于 BP 容积的 400 L 风缸内，从比定压低于 150 kPa 充至比定压低 10 kPa，BP 的再充气时间低于 20 s。

在全缓解之前的上一个缓解级，再充气压力限制在比定压低 25 kPa，因此不能达到“比定压低 25 kPa 至定压”这个范围的值，一次缓解的需要值高于定压 25 kPa，就会被 BCU 转换成为升至定压的全缓解。

定压为 500 kPa 时，当 MP 压力低于 600^{+0}_{-20} kPa，不能进行制动缓解操作；定压为 600 kPa 时，当 MP 压力低于 700^{+0}_{-20} kPa，不能进行制动缓解操作。

6）制动或缓解后的保压

当自动制动控制器置于缓解位时，BCU 从压力传感器 CA(PRN)RE 获得先导压力值 RE，同时控制制动及缓解阀 VE(SG)和 VE1(DG)，以将先导压力维持在同一值。

7）快速缓解

只有在司机要求（通过将自动制动控制器置于快速缓解位置）并且 RE 先导压力处于常用制动和再充气压力之间，才由 BCU 实施快速缓解。

如果 MP 压力高于 600 kPa 或 700 kPa，快速缓解指令才能被接受。根据定压不同，如果 MP 压力降至 550 kPa 或 650 kPa 以下，快速缓解指令将被终止，继续以小流量进行缓解。快速缓解可以使相当于 BP 容积的 400 L 风缸，在 T<10 s 时间内，从（定压 – 150 kPa）充到（定压 – 10 kPa）。在确认指令之后，指令作用期间和 BP 容积无关，一旦 VE(GD)阀带电(60 ± 2) s，RE 先导压力开始达到定压，60 s 之后 VE(GD)阀失电。快速缓解需求应长于 150 ms；如果短于 150 ms 将被拒绝。如果快速缓解需求持续 60 s 以上，会被 BCU 自动清除。VV(GD)阀上的微动开关触点使得 BCU 可诊断该阀的功能。假如两个状态之间有差异，将产生一个故障代码。

假如有常用制动或紧急制动要求，中立或隔离要求和来自 BP 的制动需要指令，VE(GD)阀失电，相应的过程中断。

8）过充及其消除过程

一经接收到司机的请求（操纵台上专门的按钮），BCU 被启动过充过程。只有当完全缓解且无中立需要或重联时，这一请求才被接受。在过充过程中，先导容积室的压力以 2 kPa/s 的斜率增加（15 ~ 25 s 内 $\Delta P = (40 \pm 5)$ kPa，根据选定的压力最大可达到 540 kPa 或 640 kPa）。操纵台上的指示灯在整个过充过程中保持打开（过充请求激活）。过充期间，VE(GD)阀保持失电状态。

如果在制动没有完全被缓解时（RE 压力<再充气压力），发出过充请求，过充不会被启动，制动也不会被缓解。

由司机再次按动过充按钮，过充过程被中断。从而启动过充消除，指示灯关闭。过充的消除遵循 UIC541-03 所给出的时间参数，在 60 s 和 75 s 内 ΔP 为 15 kPa（由 540 kPa 到 500 kPa 或 640 kPa 到 600 kPa 的总消除时间在 160 ~ 200 s 范围内）

如果在过充过程期间出现一个制动请求或紧急制动请求，过充将停止，并且信号灯关闭。所降低的压力与选定的定压 500 kPa 或 600 kPa 有关（例如初始制动时，BP 从最大压力 540 kPa 降到 450 kPa 而不是 490 kPa）。由于事实上没有过充的记忆，下一次全缓解 BP 压力仍升至定压。当制动完全被缓解并且如果过充命令被禁止，工作台上的过充信号灯开始闪烁，直到司机将工作台上的过充按钮按下。如果过充指令仍然存在，当制动全缓解时，自动重新开始过充。

如果在过充消除过程中出现一个隔离请求，则消除过程立刻终止，压力值被设定为 500 kPa 或 600 kPa 并且过充指示灯关闭。

如果在过充消除过程中出现一个中立请求，则过充立刻终止且压力值保持在当前值。当中立指令消除时，中继阀使 BP 压力恢复到适当值，随着漏泄而降低，并从当前值重新开始过充消除。

9）中立状态

该功能用于完成列车管的密封性试验以及在紧急制动期间避免不适当地向列车管再充气。BCU 接收到电磁阀 VE(N)的状态（由机车控制单元控制）。当该阀得电［VE(N)信号等于 1］，任何缓解会被禁止，而仍然可以制动。当再次将中立请求设置为零时，RE 压力保持达到的值。两个微动开关监控 VV(N)中立阀。第一个触点阀控制司机室的一个指示灯，而第二个阀允许 BCU 诊断该功能（阀的状态和反馈信号之间的不一致）。一旦中立阀失效，将会显示专门的故障代码。

10）紧急制动

操纵司机室的紧急制动设备（按钮）之后，制动管通过一个 $\phi25$ 的大孔迅速排向大气，另外，通过使 VE(SEC)阀失电，排出 RE 先导压力，从而使得列车管排大气，同时，中立阀 VE(N)得电，防止列车管再充气。

通过在 $T \leqslant 4$ s 时间内，使相当于列车管容积的 400 L 风缸排气后压力降低 $\Delta P \geqslant 150$ kPa，来测定每个独立的执行装置的排气能力。在小于 3 s 时间内，使压力从定压排至 0 kPa 来测定 25 L 风缸的排气能力。当紧急制动需要被取消，中立位失去作用，RE 先导压力增至 300 kPa（达到常用制动后的压力）。

安全装置也能产生紧急制动。安全装置系统通过控制电路来控制先导阀 VE-URG1，以便使 BP 通过 Q(ECH)URG 阀迅速排气。

11）总风压力过低

如果定压是 500 kPa，总风≤600 kPa 时，快速缓解期间，总风管压力低于 550 kPa，则 VE(GD)阀失电，继续以小流量进行缓解；当总风管的压力高于 600 kPa，则 VE(GD)阀再次得电，并维持阀的作用时间，重新开始大流量的快速缓解；总风管的压力低于 500 kPa，则 BCU 通过使 RE 先导阀降低(50 ± 10) kPa 来产生制动作用。

如果定压是 600 kPa，总风≤700 kPa 时，快速缓解期间，总风管压力低于 650 kPa，则 VE(GD)阀失电，继续以小流量进行缓解；当总风管的压力高于 700 kPa，则 VE(GD)阀再次得电，并维持阀的作用时间，重新开始大流量的快速缓解；总风管的压力低于 600 kPa，则 BCU 通过使 RE 先导阀降低(50 ± 10) kPa 来产生制动作用。

2. 一次缓解模式

1）初始压降

初始压降，通过自动制动控制器的一个 70 ms 制动脉冲来体现。只有从缓解状态（列车管再充气）开始才能实现。

用时间和压力大小（BP = 25 L 储气缸）来表示，这个过程的主要特征是：在 $T \leqslant 2$ s 的时间内，$\Delta P = (50 \pm 5)$ kPa。为满足上述参数，通过 VE(SG)和 VE(SEC)阀的作用来实现初始压降。

2）制动作用

在初始制动之后，可以利用由自动制动控制器气产生的 $T > 70$ ms 的制动脉冲来实现 $\Delta P = 5$ kPa 的制动级。

连续操纵制动控制器向 BCU 发送制动信号，使 VE(SG)阀得电，RE 先导压力按照制动控制器的作用时间成比例排大气，中继阀排出列车管的压力。当达到期望压力值时，制动控制器就缓解，BCU 使 VE(SG)失电，停止排先导压力。

在常用全制动时，在 $T = (6 \pm 1)$ s 内压力从定压（500 kPa）下降，$\Delta P = 140$ kPa。

如果列车管定压为 600 kPa：在常用全制动时，在 $T = (7 \pm 1)$ s 内压力从定压（600 kPa）下降，$\Delta P = 170$ kPa。

在常用全制动时，通过在不到 10 s 内将相当于列车管容积的 400 L 风缸内的压力排至 120 kPa，来确定司机制动阀 Eurotrol 的排气能力。持续操纵制动控制器，使 RE 先导压力完全排空。当制动控制器回到运转位，BCU 将自动设定 RE 压力为 3 000 kPa。

3）来自 BP 的制动指令

如果 BP 压力 5 s 内下降 ≥ 150 kPa，并且不是由 RE 先导压力下降引起的，则 RE 先导压力应降至 0 kPa。当引起制动管压力下降的原因消失，没有制动缓解需求，RE 压力不应增加。

4）来自 LKJ2000 系统的指令

通过驱动 VE-URG1 作用阀或 RE 减压要求的制动作用，LKJ2000 安全装置能实施紧急制动。当 BCU 从 LKJ2000 系统接收到制动指令，RE 先导压力下降 110 kPa。LKJ2000 制动指令持续 6 s 而压降跟随 Eurotrol 压力下降斜率，制动命令被重复执行直到到达最大的制动压力（300 kPa）。

5）制动后缓解

如果 RB(IS)RC 塞门打开，则一次缓解被激活。通过将自动制动控制器置于快速缓解位 60 s（在一次缓解模式下，BCU 不读取快速缓解位信号），以大流量完成一次缓解。制动控制器向 BCU 发送快速缓解信号，使 VE(GD)阀得电 (60 ± 2) s，RE 先导压力达到定压。

当该模式激活缓解时，在相同容积的风缸上，按下列方法检查：

（1）定压是 500 kPa 时；从 0 kPa 升至 480 kPa 的时间少于 9 s；定压是 600 kPa 时，从 0 kPa 升至 580 kPa 的时间少于 11 s。

（2）定压是 500 kPa 时，当 MP 压力低于 600 kPa，不能进行制动缓解操作；定压是 600 kPa 时，当 MP 压力低于 700 kPa，不能进行制动缓解操作。

6）制动或缓解后的保压

当自动制动控制器置于缓解位时，BCU 从压力传感器 CA(PRN)RE 获得先导压力值 RE，同时控制制动及缓解阀 VE(SG)和 VE1(DG)，以将先导压力维持在同一值。

7）过充及其消除过程

一旦接收到司机的请求（操纵台上专门的按钮），BCU 启动过充过程。只有当完全缓解且无中立需求或重联时，这一请求才被接受。在过充过程中，先导容积室的压力以 2 kPa/s 的斜率增加（15 ~ 25 s 内 $\Delta P = (40 \pm 5)$ kPa，根据选定的压力最大可达到 540 kPa 或 640 kPa）。操纵台上的指示灯在整个过充过程中保持打开（过充请求激活）。过充期间，VE(GD)阀保持失电状态。

如果在制动没有完全被缓解时（RE 压力<再充气压力），发出过充请求，过充不会被启动，制动也不会被缓解。

由司机再次按动过充按钮，过充过程被中断。从而启动过充消除，指示灯关闭。过充的消除遵循 UIC541-03 所给出的时间参数，在 60 s 和 75 s 内 ΔP 为 15 kPa（由 540 kPa 到 500 kPa 或 640 kPa 到 600 kPa 的总消除时间在 160 ~ 200 s 范围内）

如果在过充过程期间出现一个制动请求或紧急制动请示，过充将停止，并且信号灯关闭。所降低的压力与选定的定压 500 kPa 或 600 kPa 有关（例如初始制动时，BP 从最大压力 540 kPa 降到 450 kPa 而不是 490 kPa）。由于事实上没有过充的记忆，下一次全缓解 BP 压力仍升至定压。当制动完全被缓解并且如果过充命令被禁止，工作台上的过充信号灯开始闪烁，直到司机将工作台上的过充按钮按下。如果过充指令仍然存在，当制动全缓解时，自动重新开始过充。

如果在过充消除过程中出现一个隔离请求，则消除过程立刻终止，压力值被设定为 500 kPa 或 600 kPa 并且过充指示灯关闭。

如果在过充消除过程中出现一个中立请求，则过充立刻终止且压力值保持在当前值。当中立指令消除时，中继阀使 BP 压力恢复到适当值，随着漏泄而降低，并从当前值重新开始过充消除。

8）中立位

该功能用于完成列车管的密封性试验以及在紧急制动期间避免不适当地向列车管再充气。BCU 接收到电磁阀 VE(N)的状态（由机车控制单元控制）。当该阀得电［VE(N)信号等于 1］，任何缓解会被禁止，而仍然可以制动。当再次将中立请求设置为零时，RE 压力保持达到的值。两个微动开关监控 VV(N)中立阀。第一个触点阀控制司机室的一个指示灯，而第二个阀允许 BCU 诊断该功能（阀的状态和反馈信号之间的不一致）。一旦中立阀失效，将会显示专门的故障代码。

9）紧急制动

操纵司机室的紧急制动设备（按钮）这后，制动管通过一个 $\phi 25$ 的大孔迅速排向大气，另外，通过使 VE(SEC)阀失电，排出 RE 先导压力，从而使得列车管排大气，同时，中立阀 VE(N)得电，防止列车管再充气。通过在 $T \leqslant 4$ s 时间内使相当于列车管容积的 400 L 风缸排气后压力降低 $\Delta P \geqslant 150$ kPa，来测定每个独立的执行装置的排气能力。在小于 3 s 时间内，使压力从定压排至 0 kPa 来测定 25 L 风缸的排气能力。当紧急制动需要被取消，中立位失去作用，RE 先导压力增至 300 kPa（达到常用制动后的压力）。

安全装置也能产生紧急制动。安全装置系统通过控制电路来控制先导阀 VE-URG1，以便使 BP 通过 Q(ECH)URG 阀排气。

10）MP（总风）压力过低

如果定压是 500 kPa，总风≤600 kPa 时，快速缓解期间，总风管压力低于 550 kPa，则 VE(GD)阀失电，继续以小流量进行缓解；当总风管的压力高于 600 kPa，则 VE(GD)阀再次得电，并维持阀的作用时间，重新开始大流量的快速缓解；总风管的压力低于 500 kPa，则 BCU 通过使 RE 先导阀降低 (50±10) kPa 来产生制动作用。

如果定压是 600 kPa，总风≤700 kPa 时，快速缓解期间，总风管压力低于 650 kPa，则 VE(GD)阀失电，继续以小流量进行缓解；当总风管的压力高于 700 kPa，则 VE(GD)阀再次得电，并维持阀的作用时间，重新开始大流量的快速缓解；总风管的压力低于 600 kPa，则 BCU 通过使 RE 先导阀降低 (50±10) kPa 来产生制动作用。

（三）列车管隔离

司机操纵选择开关 Z(IS)RM，请求重联模式。该信号被传送至 BCU，BCU 使 VE(IS)RM 阀得电。隔离时，所有的制动请求都被执行，BCU 使 VE(IS)RM 阀失电来施加制动，然后再次将司机制动阀隔离，无法实现缓解。

两个位置开关监控隔离阀 VE(IS)RM。第一个带触点的阀控制司机室的一个指示灯，而第二个允许 BCU 诊断该功能（阀的状态和反馈信号之间的不一致）。一旦隔离阀出现故障，将会显示专门的故障代码。

（四）分布式车组中的机车

在分布式车组中，在运行方向上每一台机车第一单元的司机制动阀处于运用状态。

1. 通信系统

BCU 通过 RS422 与 Locotrol 系统通信。

BCU 通过 FIP 网络与车辆控制计算机通信。

2. 流量计

如果无线电通信失效且产生制动作用时，差压传感器能识别出止回阀上不断增加的压降。流量计将压降信息传送 BCU，BCU 将该信息送给 Locotrol，Locotrol 命令 BCU 操纵 VE(IS)RM 来隔离 DBV。

（五）CPU 显示管理

CPU 显示允许用户进入 CPU 内部信息区，例如软件版本和故障代码，从而执行特殊操作，如重置故障和压力传感器的设置。此功能只有 BCU 在调试状态下才能运行。正常状态下显示信息为 9999（无故障发生）或 89××（一个或多个故障出现），××指明故障类型（83 = 重大故障；84 = 次要故障；87 = 一般故障）。CPU 显示按钮如图 4-21 所示。

CPU 的用户接口编码成 4 个数字显示和 2 级处理，通过 P1、P2、P3 和 P4 左边或者右边的动作指明级别的位置。进入调试状态的通道是使用 P3，通过按这个按钮，屏幕显示 Cxyy，xyy 指明 BCU 的软件版本（x = 版本，y = 升级版本）。按钮的另一个动作是使系统返回正常功能模式。

在调试状态下，按下 P1，显示的数字是 0001，这个数字可以通过使用 P1 和 P2 来修改。

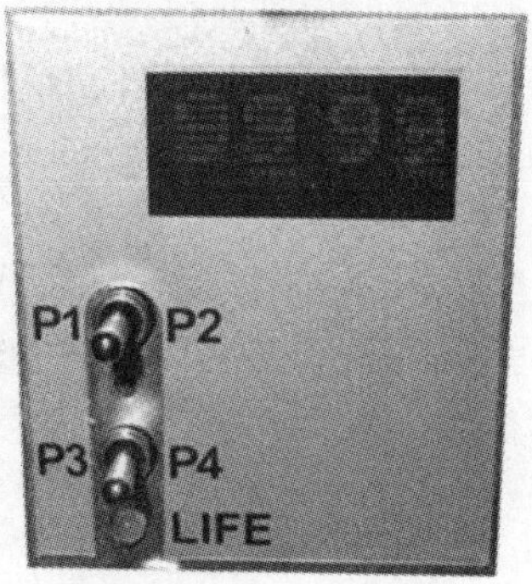

图 4-21　CPU 显示按钮

学习指导

BCU 根据输入的各种制动指令及反馈信号进行计算分析和判断，进而输出不同的控制信号，实现对数字化闭环控制制动系统的各先导压力的控制。

任务十二　法维莱 Eurotrol 制动机综合作用分析

任务描述

分析并掌握法维莱 Eurotrol 制动机在不同工况下的综合作用过程。

知识储备

法维莱 Eurotrol 制动系统综合作用大致可分为自动制动、直通制动、停放制动、无火回送、故障处理、Locotrol 控制的集成式制动。

视频：法维莱 Eurotrol 制动机综合作用——大闸运转位

视频：法维莱 Eurotrol 制动机综合作用——大闸常用制动

视频：法维莱 Eurotrol 制动机综合作用——大闸紧急制动

视频：法维莱 Eurotrol 制动机综合作用——小闸制动

视频：法维莱 Eurotrol 制动机综合作用——小闸缓解

视频：法维莱 Eurotrol 制动机综合作用——小闸侧压缓解

一、自动制动

列车管（BP）压力是用来控制机车及列车制动指令的。自动制动控制器的电气部件发出必要的信号通过 BCU（制动控制单元）来控制司机制动阀。BCU 接收到来自制动控制器接触器的控制信号，根据相关时间改变先导室的压力。其控制原理如图 4-22 所示。

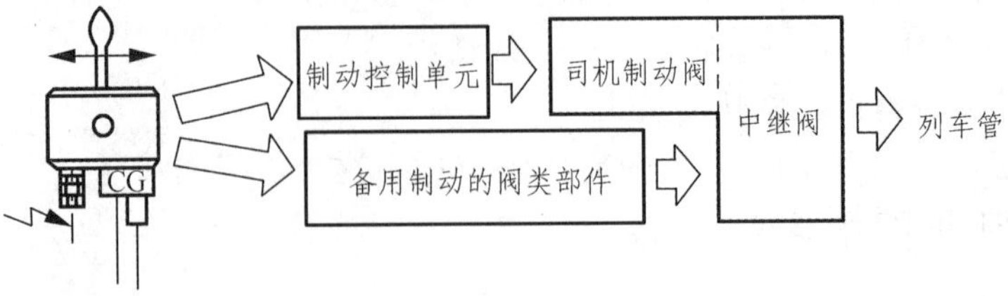

图 4-22　BCU 的控制原理

列车管（BP）压力通过司机制动阀，利用来自 MP（总风管）的压缩空气进行调节。这些装置主要包括自动制动控制器、司机自动制动阀、电子控制单元 BCU。根据分配阀的位置，BP 压力可设定在 500 kPa 或 600 kPa。根据货车位/客车位的转换位置，BCU 设定司机制动阀中继阀先导室达到的定压。

列车管的压力可以通过分配阀的 M/V 位转换杆位置选择。

二、直通制动

直通制动是一种直接向转向架制动缸供风的制动方式。主要用于机车单独驾驶时（如调车时）使用。其气动原理参见图 4-9。

由于有 VV1/1 双向止回阀，直通和自动制动装置不会相互干扰。两者信号按照取大值原则进行制动。

在远程重联机车上，直通制动装置由 BCU 根据 Locotrol 系统的要求进行控制。

三、停放制动

视频：法维莱 Eurotrol 制动机综合作用——停放制动

弹簧停放制动的施加和缓解由副风缸压力控制。机车停车时，通过列车管排气来实施自动空气制动。制动缸内的压力在分配阀的控制下由副风缸供风。

经过长时间停放后，副风缸的压力也会因为泄漏而降低。此情况下弹簧制动逐步起作用以保证制动作用。一旦副风缸内的压力以低于 250 kPa/min 的速度降到 300 kPa 以下，停放制动开始起作用；如果停放制动装置充气通路中的压降速度高于 100 kPa/s，停放制动不会起作用。

此外，通过 RB(IS)FS1/2 隔离塞门或 RB(PU)RA1/2 副风缸上的排水阀来排空停放制动装置，会使停放制动装置失去作用。

四、无火回送

视频：法维莱 Eurotrol 制动机综合作用——无火回送

切除驱动电源时，机车可作为单一的货车进行无火回送，回送时 RB-MV 塞门必须人工关闭，且下列作用自动隔离：司机制动阀（通过排空 RB-MV 阀的先导压力）、紧急排风、直通制动。

五、Locotrol 控制的集成式制动

在长大列车中，几辆机车可以连挂起来，并且都由头台本务机车根据牵引力和制动力以及其他各种指令进行控制。这些功能可以通过接口到车组控制系统来实现。车组控制的作用原理如图 4-23 所示。

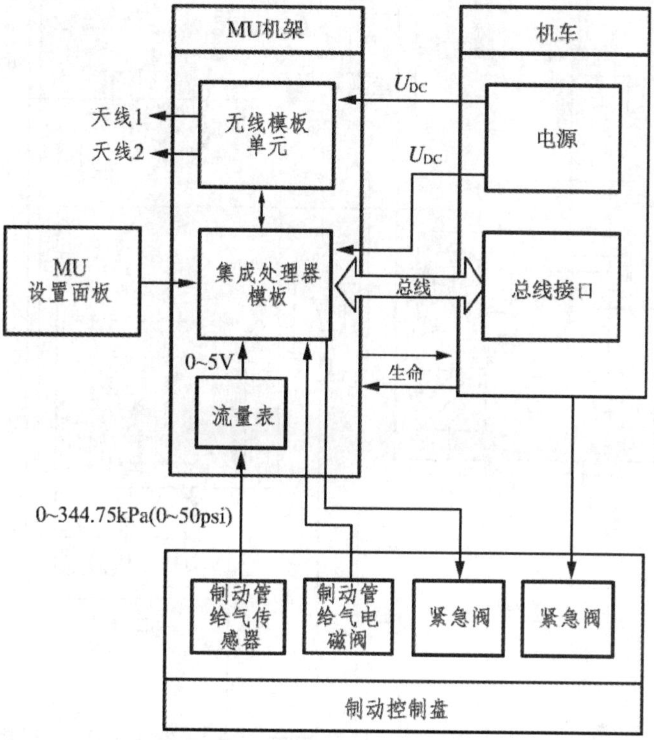

图 4-23　车组控制的作用原理

Locotrol 系统安装在所有机车上（头台及遥控机车）。几个 Locotrol 单元采用无线通信，它们采用一个 RS-422 总线接口，以便机车控制系统和 BCU 进行数据交换。

Locotrol 系统经由 RS-422 串行通信通道与 BCU 通信，该通信通道是一个点对点的通信通道。如果其中一个单元出现故障，作为冗余，A 单元和 B 单元的 Locotrol 系统将连接到 A 单元和 B 单元的 BCU 系统，作为操纵目标，在某一时刻，只有一台 Locotrol 系统或一台 BCU 将被激活。在故障情况下，故障部件会设置成非激活状态，而其他单元激活。

学习指导

HXD2 型电力机车制动系统的综合作用主要是正常情况下的自动制动作用，控制全列车的制动与缓解。法维莱 Eurotrol 制动机的总气路如图 4-24 所示。

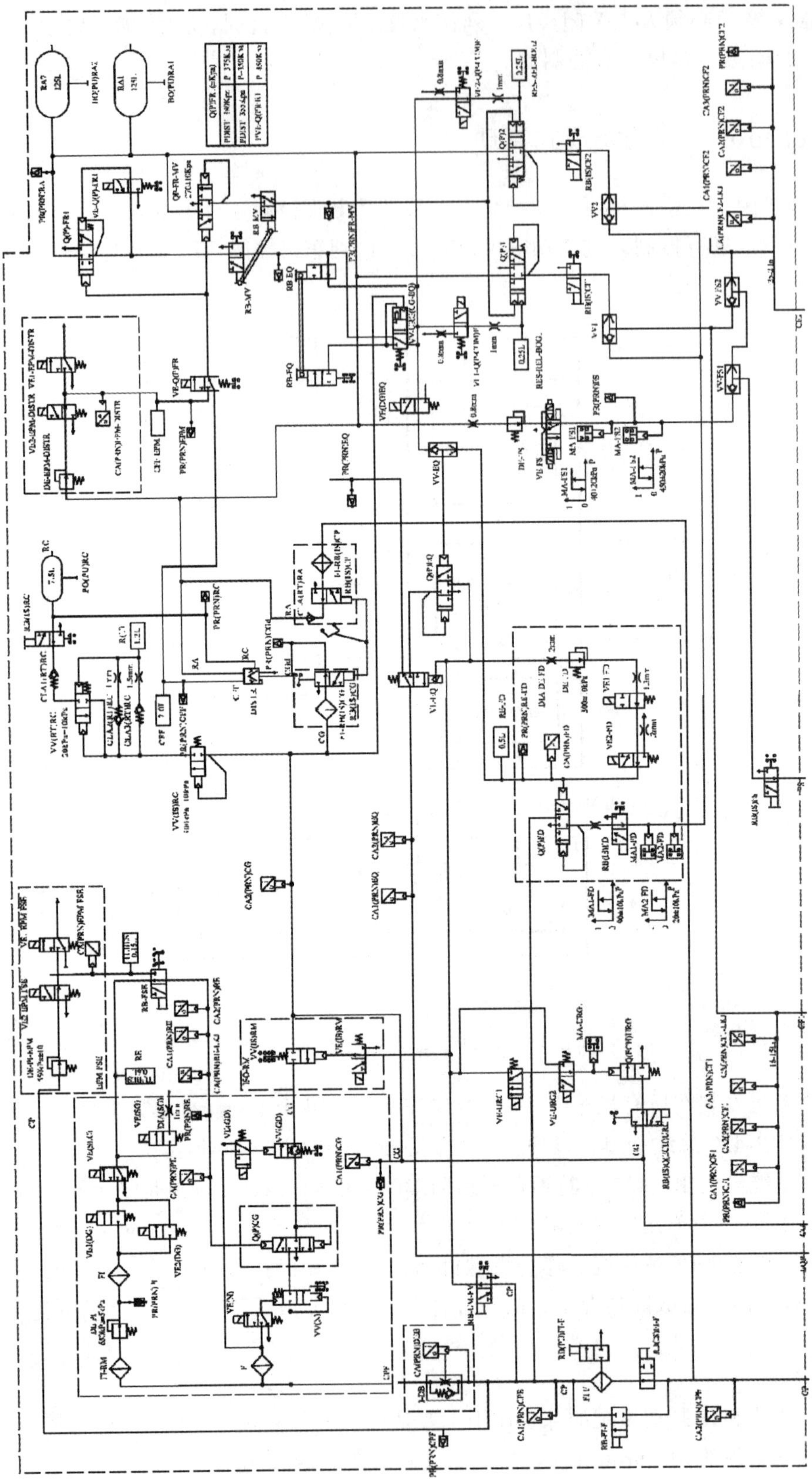

图 4-24　法维莱 Eurotrol 制动机的总气路

项目自检

1. 简述法维莱 Eurotrol 制动机的主要部件组成。
2. 法维莱 Eurotrol 制动机制动系统具有哪些特点?
3. 简述法维莱 Eurotrol 制动机司机制动控制器的结构及作用。
4. 制动显示屏显示信息内容有哪些?
5. 如何通过制动显示屏进行制动机模式切换?
6. 司机制动阀的作用是什么?
7. 作用阀模块的作用是什么?
8. 作用阀模块的工作原理是什么?
9. EMP 模块的作用是什么?
10. 简述备用制动 EPM 模块的组成及作用原理。
11. 简述直通制动 EPM 模块的组成及作用原理。
12. 简述转向架制动 EPM 模块的组成及作用原理。
13. 简述分配阀一次缓解的工作原理。
14. 简述 P1K 型中继阀的结构。
15. 简述 P1K 型中继阀的作用原理。
16. 简述 1P1E 型中继阀的作用原理。
18. 简述停放制动模块的组成及工作原理。
19. 简述隔离模块的组成及工作原理。
20. 简述 BCU 闭环控制逻辑。
21. 简述法维莱 Eurotrol 制动机综合作用分析。

项目五　DK-2 型机车制动机

项目描述

DK-2 型机车制动机是我国自主研发、具有完全知识产权的一种新型制动系统，具有造价低、性能稳定可靠等诸多特点，满足国内各种客、货运输的需求，使用也越来越普及。国货当自强，国人更应自强，青年人尤甚。本项目主要介绍 DK-2 型机车制动机的组成、工作原理、操纵试验等内容。

知识目标

1. 掌握 DK-2 型机车制动机的组成。
2. 掌握 DK-2 型机车制动机各部件的作用。

能力目标

1. 会分析 DK-2 型机车制动机各模块的工作原理。
2. 会分析 DK-2 型机车制动机的综合作用。
3. 会分析 DK-2 型机车制动机的备份作用。
4. 会对 DK-2 型机车制动机进行性能实验。
5. 会对 DK-2 型机车制动机进行操作和故障处理。

思政目标

1. 培养“敬业爱岗、遵章守纪、乐于奉献”的职业精神。
2. 牢记“安全第一、以质量促安全”的职业规范。
3. 树立“因果”理念，弘扬“精益求精”工匠精神。

任务一　DK-2 型机车制动机整体认知

任务描述

1. 学习、掌握 DK-2 型机车制动机的技术特点。
2. 认知 DK-2 型机车制动机的整体组成及控制策略。

知识储备

DK-2 型机车制动系统主要由 DK-2 型机车制动机（包括司机室制动操作部件、制动柜）和基础制动装置两部分组成，其在机车上的布置见图 5-1。

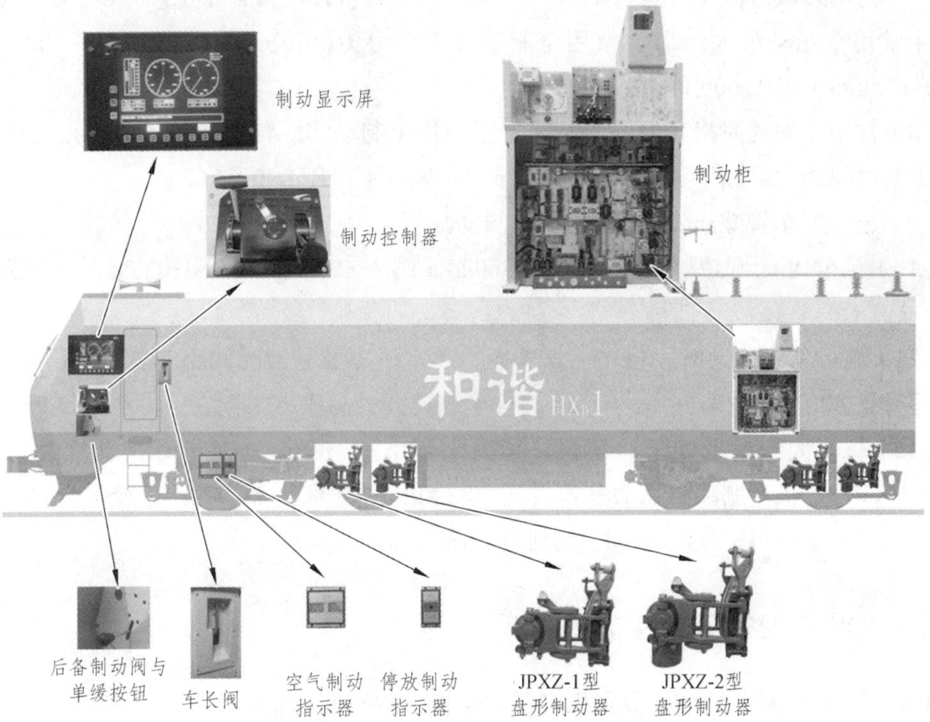

图 5-1　DK-2 型机车制动系统的主要部件在机车上的布置

一、DK-2 型机车制动机的功能及技术特点

DK-2 型机车制动机采用微机模拟控制技术，能实现列车自动制动与机车单独制动、空气制动与电气制动的混合（空电联合制动）、断钩保护、列车充风流量检测、无动力回送、制动重联、列车速度监控配合等制动基本功能。具备单机自检、故障诊断、数据记录与存储等智能化、信息化功能，具备 MVB、CAN 等网络通信接口，适应现代机车制动系统信息化以及网络控制的发展要求。

DK-2 型机车制动机的主要技术性能指标如下：

（1）制动机在列车管定压 500 kPa 或 600 kPa 时均能正常工作。

（2）制动机具有制动稳定性：当列车管压力从定压以每分钟小于 40 kPa 的速度下降时，机车制动缸不起制动作用。

（3）制动机具有常用制动灵敏度：当列车管压力从定压以每秒钟下降 10 kPa ~ 40 kPa 时，在列车管减压 35 kPa 前机车制动缸产生制动作用。

（4）制动机具有紧急制动灵敏度：当列车管减压速度大于每秒 80 kPa 时，机车制动机产生紧急制动。

（5）制动机在常用全制动后使用运转位充气缓解时，机车制动缸压力从常用全制动最高压力降至 40 kPa 的时间小于 7 s（定压 500 kPa）或 8.5 s（定压 600 kPa）。

（6）列车管最小减压量为(50 ± 5) kPa，机车制动缸压力为(100 ± 10) kPa。

（7）列车管减压(140 ± 5) kPa（定压 500 kPa）或(170 ± 5) kPa（定压 600 kPa）时，机车产生常用全制动最大压力。常用全制动最大压力为(360 ± 15) kPa（定压 500 kPa）或(420 ± 15) kPa（定压 600 kPa）。

（8）常用全制动时机车制动缸从零升至常用全制动实际最大压力（符合最大压力规定范围）的时间为 6 ~ 8 s（定压 500 kPa）或 7 ~ 9.5 s（定压 600 kPa）。

（9）施行列车管减压 100 kPa，机车制动缸压力为 240 ~ 270 kPa。

（10）机车均衡风缸从 500 kPa 降至 360 kPa 或从 600 kPa 降至 430 kPa 的时间为 5 ~ 7 s 或 6 ~ 8 s。

（11）施行紧急制动时，机车列车管压力从定压降至零的时间小于 3 s，机车制动缸压力从零升至 400 kPa 的时间不大于 5 s，机车制动缸最高压力限制在 440 ~ 460 kPa。

（12）机车大闸手把处于运转位，操纵小闸手把，全制动时机车制动缸最高压力为(300 ± 10) kPa，机车制动缸压力从零升至 285 kPa 的时间为 2 ~ 4 s，运转位缓解时，机车制动缸压力从 300 kPa 降至 40 kPa 的时间为 3 ~ 5 s。

二、DK-2 型机车制动机的组成

DK-2 型机车制动机主要由司机室制动操作部件和制动柜组成，如图 5-2 所示，主要组件有制动控制器、后备制动阀、制动显示屏等操纵显示部件，以及制动柜内的制动控制单元 BCU、分配阀、紧急阀、中继阀、重联阀、放风阀、电空阀、传感器等。

（一）司机室制动操作显示部件

司机室安装了制动系统的各操作显示部件，包括制动控制器、制动显示屏、后备制动阀、单缓按钮、风压表、紧急制动按钮、停放制动施加/缓解按钮、车长阀，其在司机室的布置如图 5-3 所示。

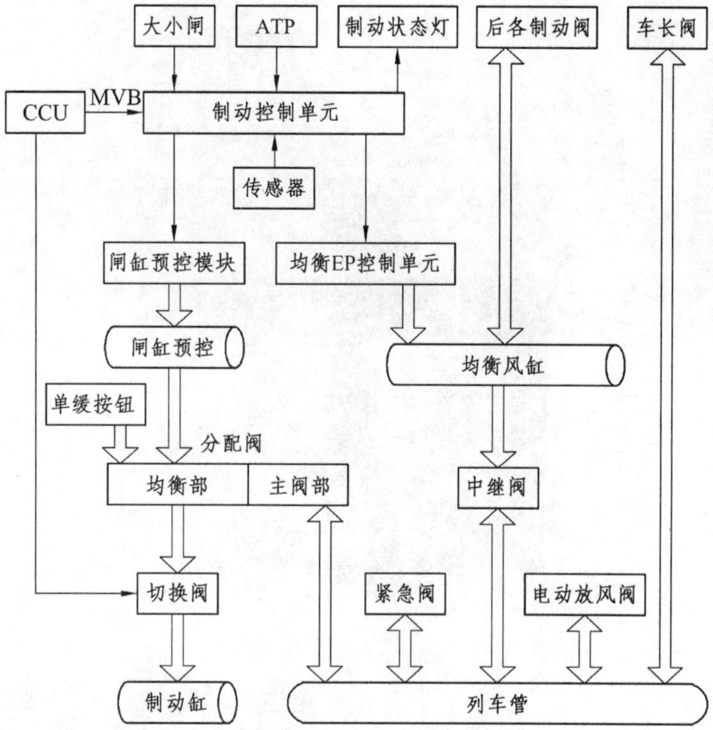

图 5-2　DK-2 型机车制动机的结构组成

1—后备制动阀；2—单缓按钮；3—制动控制器；4—制动显示屏；5—风压表；6—停放制动施加/缓解按钮；7—紧急制动按钮；8—车长阀。

图 5-3　司机室操纵台

（二）制动柜

制动柜是制动系统的重要部分，它主要由骨架、主压缩机启/停控制模块、停放制动控制模块、列车/均衡控制模块、制动缸控制模块、升弓控制模块、撒砂控制模块、制动控制单元 BCU 等部件组成。制动系统通过它来实现列车管、制动缸、停放制动的压力控制，同时还能为主压缩机的自动启/停控制、撒砂控制提供辅助帮助，为受电弓、主断提供压缩空气等功能，制动柜的外形及结构如图 5-4 所示。

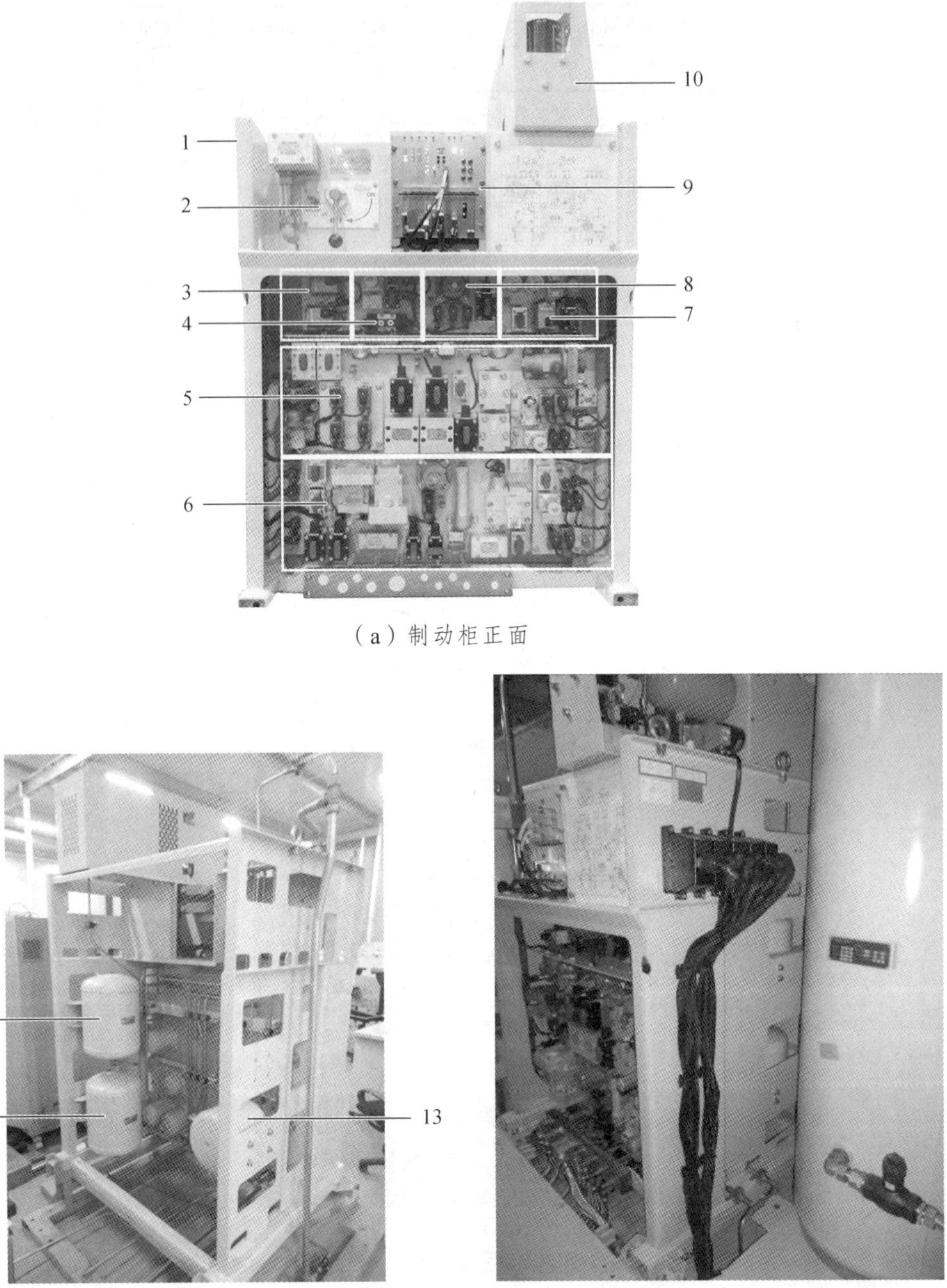

（a）制动柜正面

（b）制动柜背面

（c）制动柜侧面

1—骨架；2—安全联锁箱；3—主压缩机启/停控制模块；4—停放制动控制模块；5—列车/均衡控制模块；6—制动缸控制模块；7—升弓控制模块；8—撒砂控制模块；9—制动控制单元 BCU；10—辅助压缩机；11—停放制动风缸；12—升弓风缸；13—工作风缸。

图 5-4　DK-2 制动柜的外形及结构

另外，制动柜上有两个排水球阀，其外形如图 5-5 所示，其中升弓风缸排水球阀（代号 168）用于升弓风缸的排风和排去凝结水，将手柄旋转 90° 即“打开”；停放制动风缸排水球阀（代号 169）用于用于停放制动风缸的排风和排去凝结水，将手柄旋转 90° 即“打开”。

制动柜骨架（见图 5-6）的功能是支撑和固定制动柜上的各部件和模块。

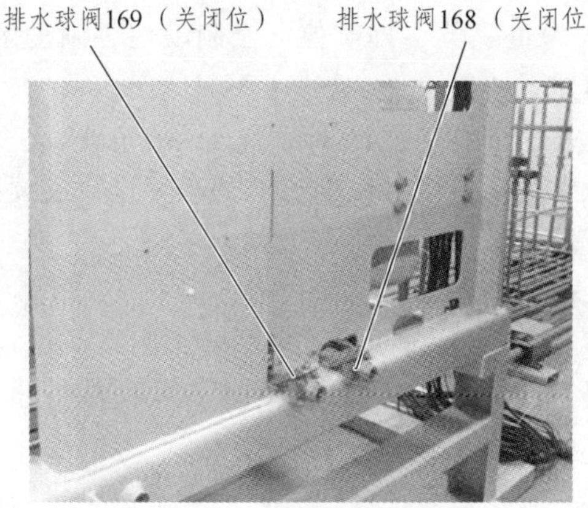

图 5-5　排水球阀

图 5-6　制动柜骨架

学习指导

DK-2 型制动机是在 DK-I 制动机的基础上改进而来，其总体控制策略基本一致。DK-2 型制动机和 DK-I 制动机相比采用了电子化闭环控制，控制精度高，操作简单。

任务二　DK-2 型机车制动控制器认知

任务描述

1. 学习、掌握 DK-2 型机车制动控制器的结构和作用。
2. 掌握 DK-2 型机车制动控制器的操作。

知识储备

制动控制器是空气制动的主要操作部件，它的主要功能是：发送电信号指令到制动控制单元 BCU，为机车制动机提供自动制动和单独制动等指令，同时还具备紧急位机械排风功能，如图 5-7 所示。

视频：DK-2 型机车
制动控制器简介

图 5-7　DK-2 型机车制动控制器

制动控制器具有两个操作手柄：自动制动控制手柄（以下简称大闸手柄）和单独制动控制手柄（以下简称小闸手柄）。

大闸手柄前推最前位为紧急位，往后拉依次为重联位、抑制位、全制动位、制动区、初制动位、运转位，大闸手柄在各位置功能分别如下：

（1）运转位：列车管按定压进行充风控制，是列车制动进行缓解和充风的位置。

（2）制动区：控制列车管压力降低，列车产生制动作用，制动区对列车管进行连续的压力下降控制，该值随手柄在这个区域的位置而变。

（3）抑制位：该位置是制动机开机解锁和惩罚制动解锁的工作位置。

（4）重联位：该位置应是机车制动机非操纵端以及无火回送、重联时大闸所放位置。

（5）紧急位：大闸此位置设有列车管排风阀，能对机车制动机或列车制动机施行紧急制动，手柄置于该位置，列车管压力以紧急速度放风到 0。

小闸手柄前推最前位为全制动位，往后依次为制动区、运转位，侧压缓解位（将小闸向右侧旁推，自动复位）无论小闸在哪个位置都可投入。小闸手柄在各位置功能分别如下：

（1）侧压缓解位：此位置用来单独缓解大闸产生的机车制动缸压力。

（2）运转位：此位置是机车正常运行时所放位置，用来缓解小闸产生的机车制动缸压力。

（3）制动区：机车单独制动压力随着手柄在这个区域的位置而变。

（4）全制动位：机车最大单独制动，机车制动缸完全充风到(300 ± 10) kPa。

机车运行时，插入钥匙并逆时针转动处于“开”位，大闸手柄、小闸手柄可在各个位置间进行操作，从而控制机车的运行状态，这时钥匙被锁在“开”位。

大闸手柄在重联位及小闸手柄在运转位时，钥匙可转到“关”位并可取出。

学习指导

制动控制器实际上是两个阀，一个为自动制动阀，一个为单独制动阀。自动制动阀控制机车和车辆制动机实现自动制动作用，单独制动阀控制机车单独制动与缓解。制动控制器是制动系统最重要的人机交互界面，通过两个手柄位置的切换实现机车、车辆的制动与缓解。

除了紧急制动时自动制动阀输出一个机械信号外，其他情况电子制动阀输出的均为电信号。

任务三　DK-2 型机车制动机显示屏认知

任务描述

1. 学习、掌握 DK-2 型机车制动机显示屏显示的内容信息。
2. 会通过 DK-2 型机车制动机显示屏进行相关人机交互操作。

知识储备

DK-2 型机车制动机显示屏（见图 5-8）的主要功能是：

（1）实时显示 BCU 钮子开关状态信息。

（2）以风表和数值的形式显示总风压力、列车管压力、均衡风缸压力、前后制动缸压力。

（3）以流量计的形式动态显示列车管的充风流量。

（4）显示制动机操作的提示信息和故障信息。

（5）提供机车号、时间日期、软件版本号的显示及设置功能。

（6）提供单机自检、事件记录和传感器校准等诊断功能。

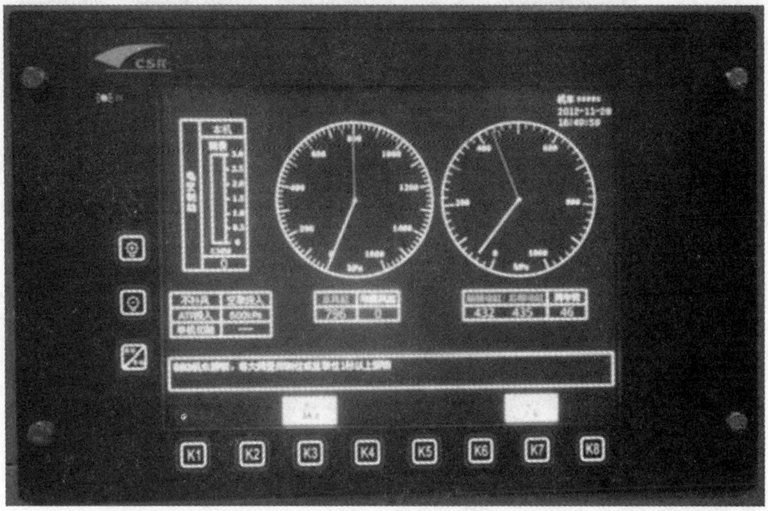

图 5-8　DK-2 型机车制动机显示屏

显示屏界面主要由主界面、电空制动设置界面、维护界面、显示信息界面等组成，通过触发主界面和子界面按键可进入各级子界面，各级子界面均设有返回、主界面按键，通过触发返回按键可返回上一级界面，通过触发主界面按键可返回显示屏主界面。

下面对 DK-2 制动机显示屏的主要操作使用做如下说明：

1. 欢迎界面

显示屏启动时即进入欢迎提示入口界面，如图 5-9 所示。当欢迎界面启动一段时间后，自动关闭欢迎界面进入主界面。

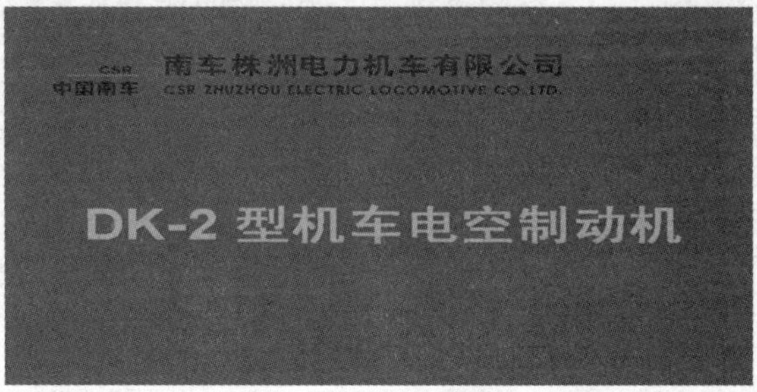

图 5-9　欢迎界面

2. 主界面

显示屏正常启动时进入主界面。主界面的主要功能是实现均衡风缸、总风缸、列车管、前制动缸、后制动缸等压力和流量参数的显示，制动机钮子开关状态信息、操作提示信息和故障提示信息显示及时间日期和机车编号信息显示。主界面上设置有“电空制动”按键和“显示信息”按键，可通过触发按键进入相应的子界面，如图 5-10 所示。

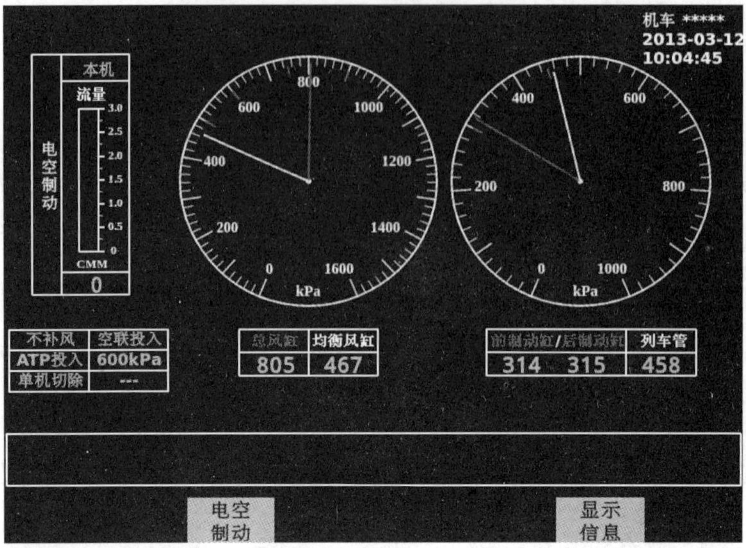

图 5-10　显示屏主界面

3. 电空制动设置界面

电空制动设置界面的主要功能是提示 BCU 面板钮子开关设置信息，界面上设有“确定”按键或“维护”按键和“主界面”按键。电空制动设置界面为两种方式触发：

（1）通过主界面电空制动按钮进入该界面，如图 5-11（a）所示。

（2）当 BCU 面板钮子开关状态发生变化时，显示屏自动跳转到该界面，而该界面只出现“确定”键，只有按下“确定”键才能进行其他操作，如图 5-11（b）所示。

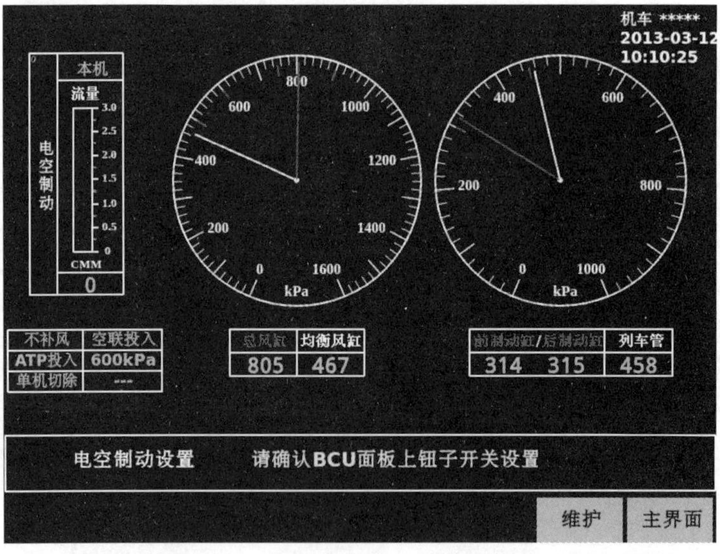

（a）

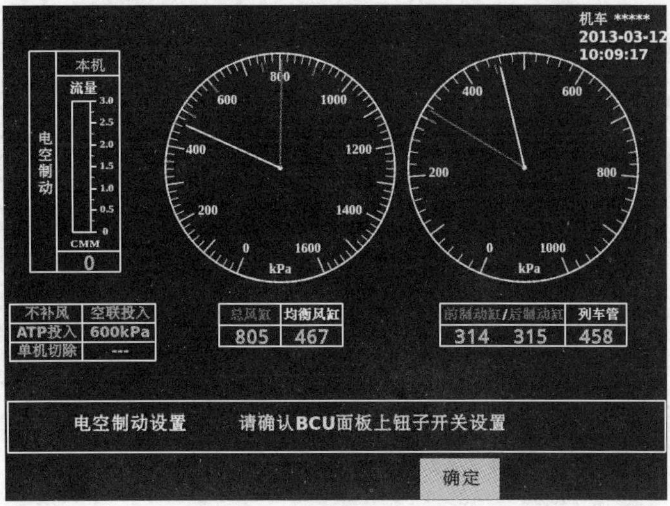

（b）

图 5-11　电空制动设置界面

4. 维护界面

在电空制动设置界面触发“维护”按键进入维护功能界面。维护界面的主要功能是显示维护菜单，说明各维护模块的功能，实现单机自检、事件记录、传感器校准功能子界面的连接功能，如图 5-12 所示。

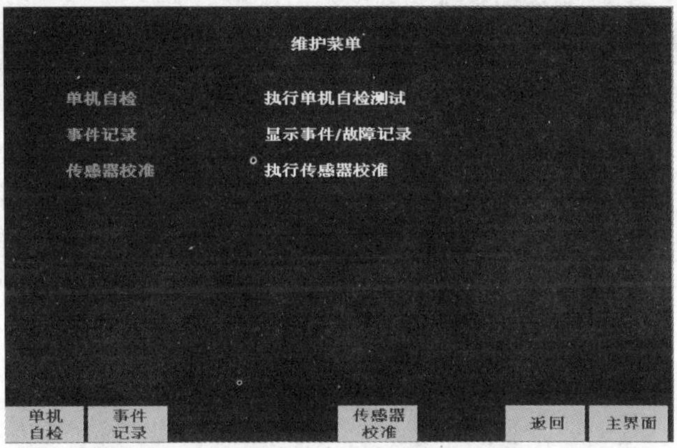

图 5-12　维护界面

5. 事件记录

按下维护界面的“事件记录”按键，进入事件记录界面。该界面显示机车事件/故障发生的日期和时间、事件/故障类型、事件/故障描述，如图 5-13 所示。

事件记录可翻页查询，每页显示 20 条记录，也可以通过设置时间，显示固定时间以后的所有事件/故障。当按下“查询”键，进入“查询条件设置”界面，如图 5-14 所示，通过左移、右移、递增、递减设置查询的时间，按下“确定”键，显示查询结果。

6. 显示信息设置

在主界面按下“显示信息”按键，进入显示信息界面，如图 5-15 所示，该界面作为机车编号、时间日期、语言、软件版本功能界面的入口界面。

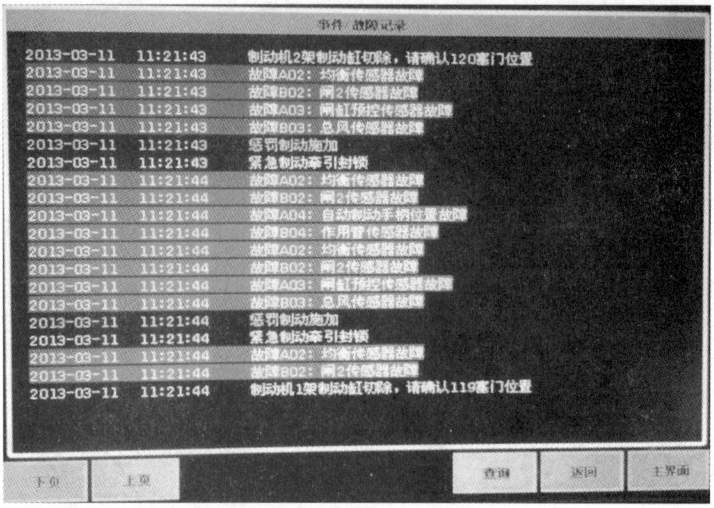

图 5-13　事件记录界面

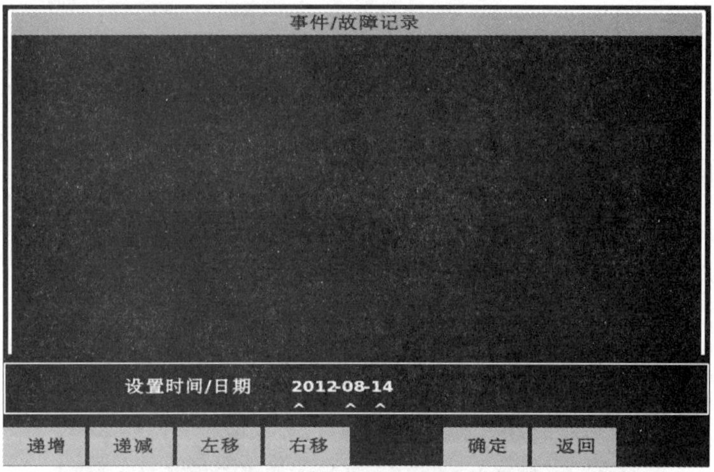

图 5-14　查询条件设置界面

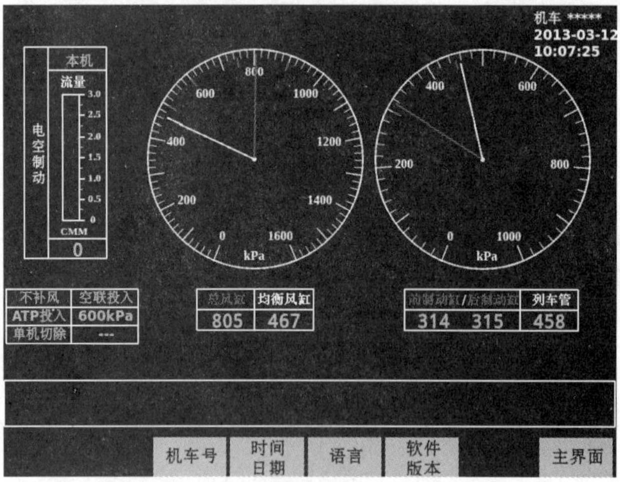

图 5-15　显示信息界面

7. 机车编号设置

按下显示信息界面的“机车编号”按键，进入机车编号设置界面。设置机车的编号，通过左移、右移、递增、递减按键设置，按下“确定”键，将设置的机车编号显示在主界面的右上方，如图 5-16 所示。

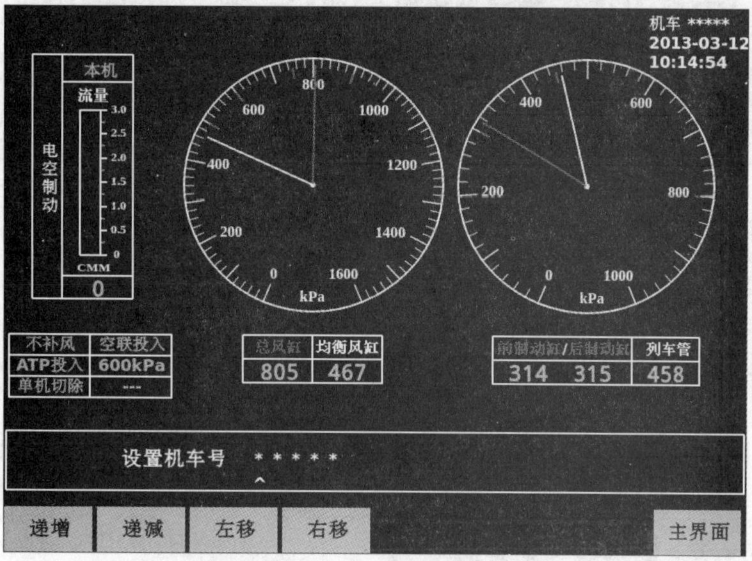

图 5-16 机车编号设置界面

8. 时间日期设置

按下显示信息界面的“时间日期”按键，进入时间日期设置界面。设置时间日期，同样通过左移、右移、递增、递减按键设置，按下“确定”键，将设置的时间日期显示在主界面的右上角，如图 5-17 所示。

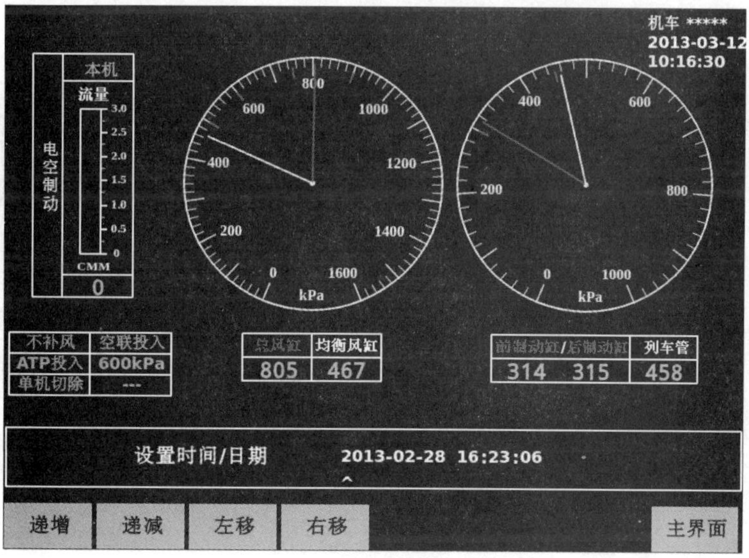

图 5-17 时间日期设置界面

9. 软件版本号显示

按下“显示信息”界面的“软件版本”按键，进入软件版本界面。界面上可查看 BCU 和显示屏软件的版本号信息，如图 5-18 所示。

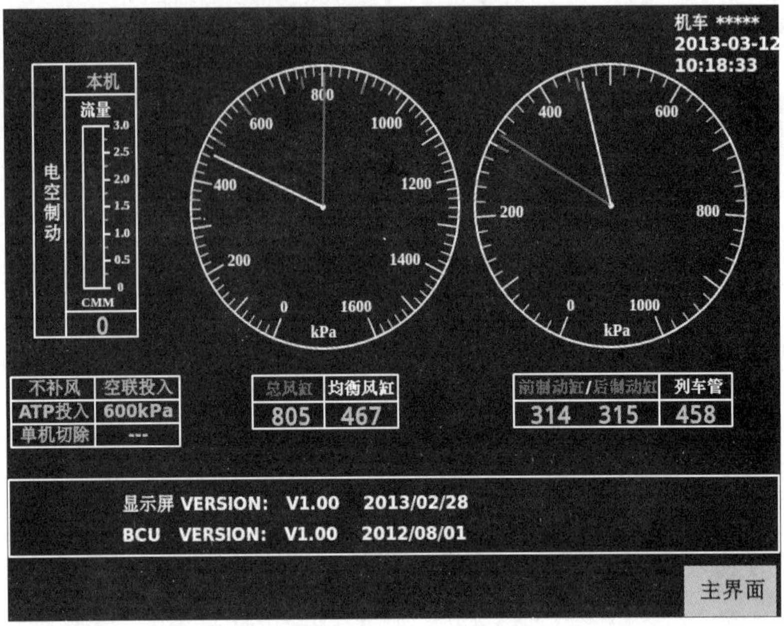

图 5-18 软件版本界面

10. 亮度调节

制动显示屏支持屏幕亮度手动和自动调节，通过显示屏面板左侧的三个按键实现（见图 5-19），即“+”“-”“A”键。当手动调节时，触发“+”“-”按键；当自动调节时，触发“A”按键。

图 5-19 制动显示屏亮度调节

学习指导

制动显示屏除了能够显示制动机的工作信息，还是司机与制动机系统进行工况设定的人机交互界面。

任务四　DK-2 型机车制动机中继阀认知

任务描述

1. 认知 DK-2 型机车制动机中继阀的构造。
2. 掌握 DK-2 型机车制动机中继阀的作用。
3. 理解 DK-2 型机车制动机中继阀的工作原理。

知识储备

一、DK-2 型机车制动机中继阀的构造

DK-2 型机车制动机中继阀是双阀口式中继阀，如图 5-20 所示。它主要由以下零部件组成：

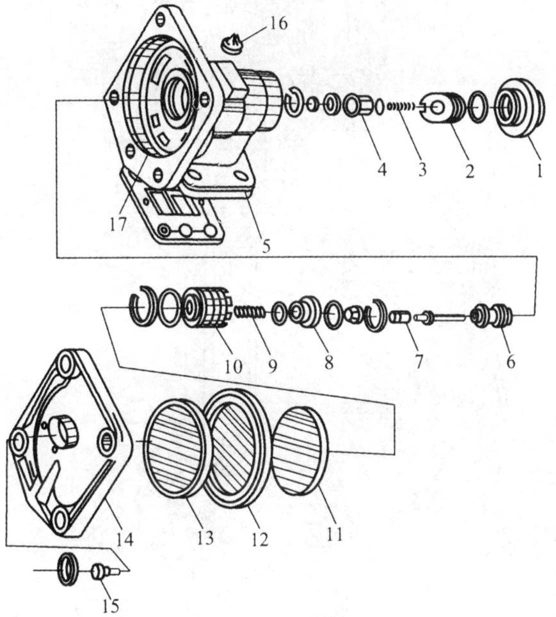

视频：DK-2 型机车制动机中继阀的组成

1—螺盖；2—供气阀套；3—供气阀弹簧；4—供气阀；5—阀体；6—阀座；7—顶杆；8—排气阀；9—排气阀弹簧；10—排气阀套；11—内活塞；12—膜板；13—外活塞；14—过充盖；15—过充柱塞；16—排气堵；17—缩堵。

图 5-20　双阀口式中继阀的结构

（1）主活塞：传感部件，用于感应不同压力空气间的压力变化，从而带动顶杆左、右移动，以开启或关闭排风阀口或供气阀口，最终实现连通或切断排气、供气气路。它主要由内、外活塞和橡胶膜板等组装而成。

（2）供气阀机构：连通或切断供气气路的执行部件，主要由供气阀、供气阀套、供气阀弹簧及O形橡胶密封圈（简称O形圈）等组成。

（3）排气阀结构：连通或切断排风气路的执行部件，主要由排气阀、排气阀套、排气阀弹簧及O形圈等组成。

（4）顶杆：跟随主活塞移动并顶开供气阀口或排气阀口。

（5）阀座：为双向阀座结构，分别与供、排气阀形成供、排气阀口。

（6）过充柱塞："过充位"快速充风时，产生附加作用力并作用在活塞膜板上，以实现制动管的快速充风，并使制动管得到过充压力。

（7）其他零部件：包括阀体、端盖、缩堵、排风堵及橡胶密封件等。

如图5-21所示，双阀口式中继阀各内部空间分别与5条气路（即管路）连通：

（1）过充柱塞左侧空间与过充风缸管连通。

（2）活塞膜板左侧空间（称为中均室）与均衡风缸管连通。

（3）活塞膜板右侧及阀座中间的空间与制动管连通。

（4）排气室与大气连通。

（5）供气室与经总风遮断阀过来的总风缸管连通。

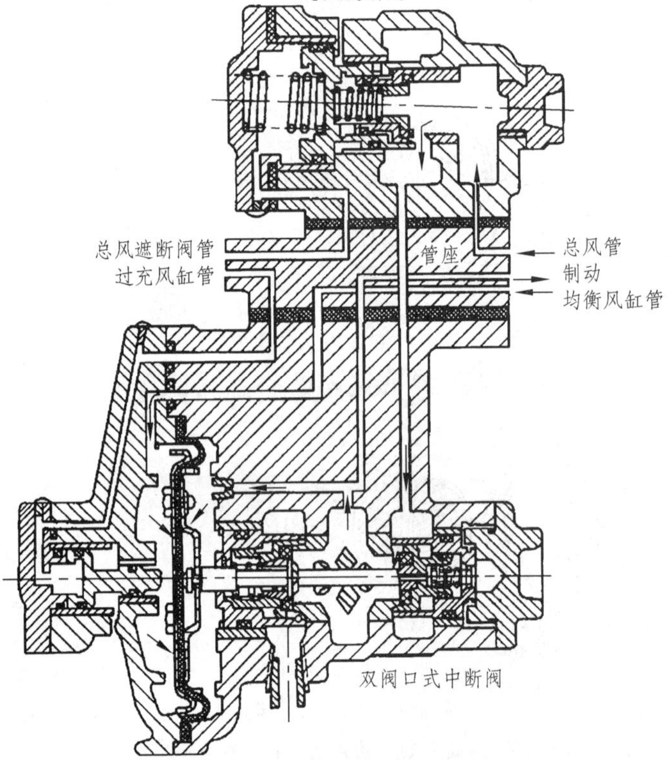

图5-21　中继阀充气缓解位

二、DK-2型机车制动机中继阀的作用原理

双阀口式中继阀的基本作用原理为：根据均衡风缸压力变化使作用在活塞膜板两侧的作用力之差发生变化，从而使活塞膜板带动顶杆左、右移动，顶开供气阀口或排气阀口，以连通或

切断制动管的排风或供风气路，实现制动管的充、排气。双阀口式中继阀有 4 个作用位置。

（一）充气缓解位

如图 5-21 所示，当均衡风缸压力增加时，活塞膜板左侧的压力升高，使其产生向右的作用力，因此，活塞膜板带动顶杆右移，并压缩供气阀弹簧推动供气阀右移，从而顶开供气阀口，则由总风遮断阀过来的总风缸压力空气（以下简称总风，其压力为 700 ~ 900 kPa）经开启的供气阀口向制动管充风，同时总风经缩堵（$\phi 1.0$）向活塞膜板右侧充风。

（二）缓解后保压位

随着活塞膜板右侧和制动管压力的增加，逐渐平衡活塞膜板左侧压力，在供气阀弹簧作用下，使供气阀推动顶杆、活塞膜板左移逐渐缩小供风阀口，直至关闭；同时，顶杆、活塞膜板停止左移，不能打开排风阀口，使其处于供、排气阀口均不开启的保压状态。

当制动管发生泄漏时，双阀口式中继阀活塞膜板右侧的压力随之降低，在活塞膜板上产生向右的作用力，所以活塞膜板带动顶杆右移，顶开供气阀口，使总风向制动管内补风，同时活塞膜板右侧也得到补风；当活塞膜板右侧及制动管压力补充到与活塞膜板左侧压力平衡时，在供气阀弹簧作用下，关闭供气阀口，完成补风过程。可见，补风作用是随着制动管的泄漏而自动进行的。

（三）制动位

如图 5-22 所示，当均衡风缸压力减小时，活塞膜板左侧的压力下降，使其产生向左的作用力，因此活塞膜板带动顶杆左移，并压缩排气阀弹簧推动排气阀左移，从而打开排风阀口，制动管向大气排风，同时，膜板右侧的压力空气经缩堵、排风阀口也向大气排风。

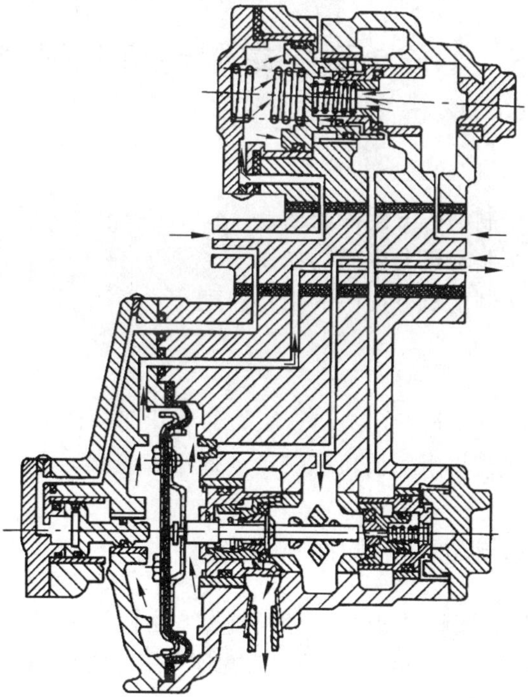

图 5-22　中继阀制动位

（四）制动后保压位

随着活塞膜板右侧和制动管压力的降低，逐渐平衡活塞膜板左侧压力，在排气弹簧作用下，使排气阀推动顶杆、活塞膜板右移；直到活塞膜板两侧压力平衡时，关闭排气阀口，从而切断制动管的排风气路；同时，顶杆、活塞膜板停止右移，不能打开供气阀口，使其处于排、供气阀口均不开启的保压状态。

同样，当制动管发生泄漏时，双阀口式中继阀也将进行自动补风作用。由于目前我国绝大多数车辆制动机采用二压力机构分配阀，只具有一次缓解性能，故实际运行中，通过转换装置将自动补风作用切除，以避免发生自然缓解而危及行车安全。

由上可知，制动管压力随着均衡风缸压力变化而变化。为什么司机不直接控制制动管的充、排风，而是通过控制均衡风缸压力变化来控制制动管的压力呢？因为贯穿列车首尾又细又长的制动管，存在压力差，不便于操纵。因此，为达到准确控制制动管减压量，以控制列车制动力大小的目的，设置了均衡风缸（容积 4 L）压力为标准参量，依此准确地控制制动管减压量。

进一步分析发现：若使双阀口式中继阀活塞膜板左、右两侧沟通，即均衡风缸与制动管沟通，则无法在活塞膜板上形成有效作用力之差，从而不能打开其供、排气阀口，人们习惯地称双阀口式中继阀此时处于自锁状态。显然。使双阀口式中继阀呈自锁状态的条件是使制动管与均衡风缸沟通。

学习指导

中继阀是一个气动阀，其作用是让列车管压力跟随均衡风缸压力的变化。

任务五　DK-2 型机车制动机分配阀认知

任务描述

1. 认知 DK-2 型机车制动机分配阀的构造。
2. 掌握 DK-2 型机车制动机分配阀的作用。
3. 理解 DK-2 型机车制动机分配阀的工作原理。

知识储备

DK-2 型机车制动机分配阀根据制动管压力的变化而动作，并接受机车制动控制器的控制，向机车制动缸充风或排风，使机车制动、保压和缓解。

一、DK-2 型机车制动机分配阀的构造

视频：DK-2 型机车制动机分配阀的组成

DK-2 型机车制动机分配阀是 109 型分配阀，它由阀体、安装座及安全阀 3 部分组成。阀体由 M16 的双头螺栓和螺母安装在安装座的垂直面上，如图 5-23 所示。

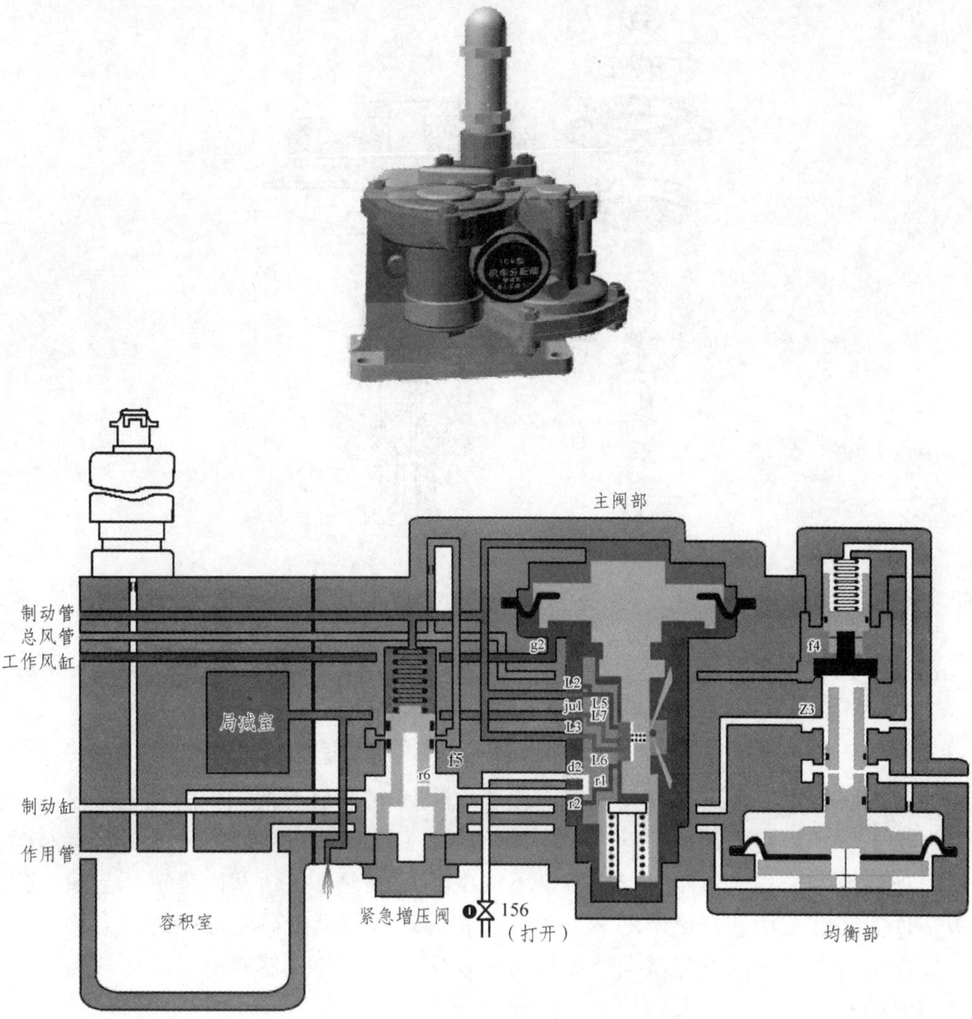

图 5-23　109 型分配阀的外形及结构

（一）安装座

安装座用灰铁铸成，座内铸有一个局减室（0.6 L）和一个容积室（1.85 L，并与作用管连通）；又是分配阀与制动管、总风缸管、制动缸管、工作风缸管及作用管等 5 条空气管路的连接基座。

（二）阀　体

阀体控制着不同压缩空气通路的充风、减压和保压作用，是分配阀的主要部分。它由主阀部、均衡部、紧急增压阀 3 部分组成。

1. 主阀部

主阀部用于根据制动管的压力变化来控制容积室和作用管的充、排风，由主活塞、橡胶膜板、滑阀、滑阀座、滑阀弹簧、节制阀、稳定杆、稳定弹簧及挡圈等组成，如图 5-28 所示。

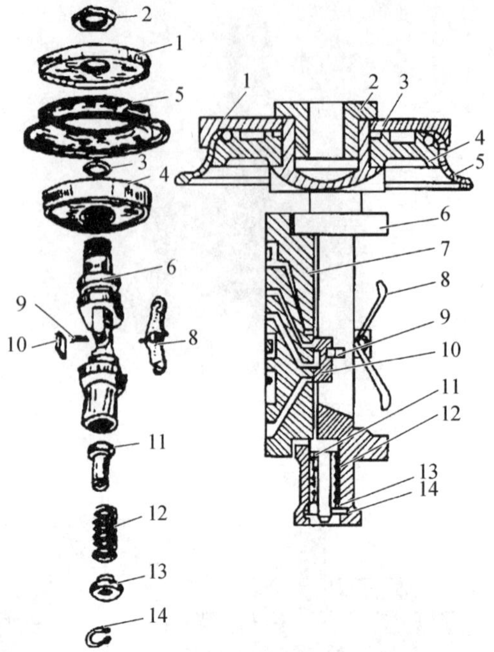

1—上活塞；2—活塞压帽；3—密封阀；4—下活塞；5—膜板；6—活塞杆；7—滑阀；8—滑阀弹簧；9—节制阀弹簧；10—节制阀；11—稳定杆；12—稳定弹簧；13—稳定弹簧座；14—挡圈。

图 5-24　109 型分配阀的主阀部结构

主活塞的膜板上、下两侧互相密封，膜板上侧通列车制动管，下侧通工作风缸。主阀部就是利用上下压力差，即制动管与工作风缸的压力差，使主活塞带动滑阀、节制阀上下移动，以连通或切断相应气路，形成各个不同的作用位置。主活塞由稳定杆、稳定弹簧及挡圈等零件安装在主活塞杆尾部的套筒内，它在一定程度上阻碍主活塞的向上移动，用以防止列车在运行中因制动管轻微漏泄或压力波动而引起意外自然制动，从而加强制动机在缓解状态时的稳定性。

节制阀、滑阀和滑阀座上设置相应的气路孔、槽，布置如图 5-25 所示。

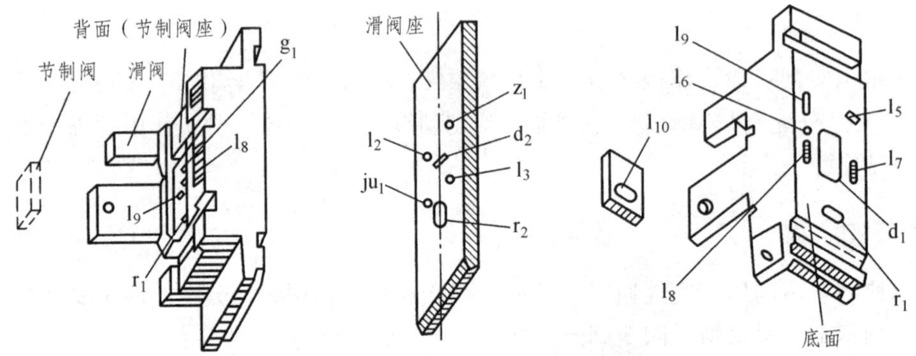

图 5-25　节制阀、滑阀和滑阀座孔槽布置

节制阀、滑阀和滑阀座上的孔、槽作用如下：

l_{10}——局减联络槽，用于制动开始阶段沟通局减通路，将列车制动管压力空气引入局减室。

l_5——充气孔，列车制动管向工作风缸充气时压力空气所必经的孔。

l_6、l_7——分别为局减孔和局减室入孔，为上下贯通孔。制动开始阶段，这两个孔通过节制阀上局减联络槽 l_{10} 连通，形成局减通路，将列车制动管压力空气引入局减室。

l_8、l_9——无作用孔。

g_1——充气限制孔，位于滑阀背面，与滑阀面上的 l_5 孔在滑阀内部有暗孔相通，为列车制动管向工作风缸充气所必经的孔。

r_1——制动孔，上下贯通，制动时将工作风缸压力空气引入容积室。

d_1——缓解联络槽，用于沟通容积室压力空气向大气排出的缓解通路。

l_2、l_3——均由列车制动管处引来，分别为列车制动管向工作风缸进行充气和向局减室进行局减的孔。

r_2——通向容积室。

ju_1——通向局减室。

z_1——无作用孔。

d_2——通大气。

当制动管压力变化在主活塞上产生作用力之差时，主活塞通过主活塞杆带动节制阀或滑阀上、下移动，连通或切断相应气路，从而产生充风、缓解、局减、制动和保压。

2. 均衡部

均衡部用于根据容积室和作用管压力的增、减来控制机车制动缸的充、排风。它由均衡活塞、空心阀杆、供气阀、供气阀弹簧、供气阀导向杆、阀座、缩堵、均衡上盖及均衡下盖组成（见图 5-26）。橡胶膜板上侧通制动缸，下侧通容积室。供气阀上侧通总风管，下侧通制动缸。

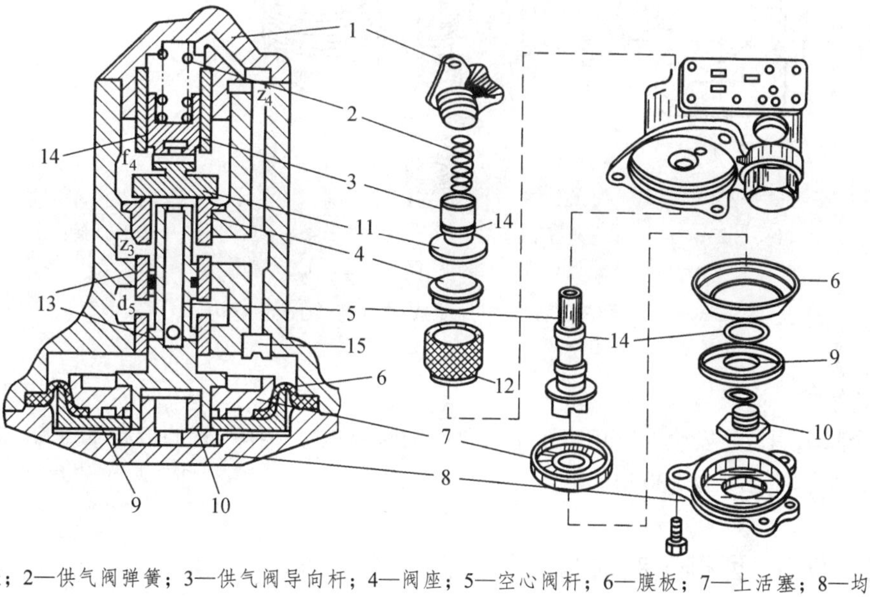

1—均衡上盖；2—供气阀弹簧；3—供气阀导向杆；4—阀座；5—空心阀杆；6—膜板；7—上活塞；8—均衡下盖；9—下活塞；10—均衡活塞压帽；11—供气阀；12—滤网；13—阀杆套；14—密封圈；15—缩堵；z_3，z_4—通制动缸；f_4—通供气阀上方的供气阀室；d_5—大气孔。

图 5-26　109 型分配阀的均衡部结构

3. 紧急增压阀

紧急增压阀用于紧急制动时，使总风向容积室迅速充风增压，从而使机车制动缸压力迅速升高，以实现紧急制动。紧急增压阀主要由增压阀柱塞（简称增压阀）、增压阀柱塞套（又称增压阀套）、增压阀弹簧及密封圈等组成，如图 5-27 所示。

紧急增压阀内部各空间分别与 3 条空气管路连通：

（1）增压阀上侧与制动管连通。

（2）增压阀下侧及内侧与容积室连通。

（3）增压阀套上孔 f_5 与总风连通。

在机车运转及常用制动位时，增压阀在增压阀弹簧和列车制动管压力的作用下处于关闭状态，此时总风缸与容积室不通。只有在紧急制动时，制动管急剧减压至零，增压阀下部容积室压力快速增长，推动增压阀上移至上端，处于开放状态，由柱塞凹槽连通总风（750 ~ 900 kPa）向容积室迅速充风的气路，经低压安全阀工作将容积室压力限定在（450 ± 10）kPa。

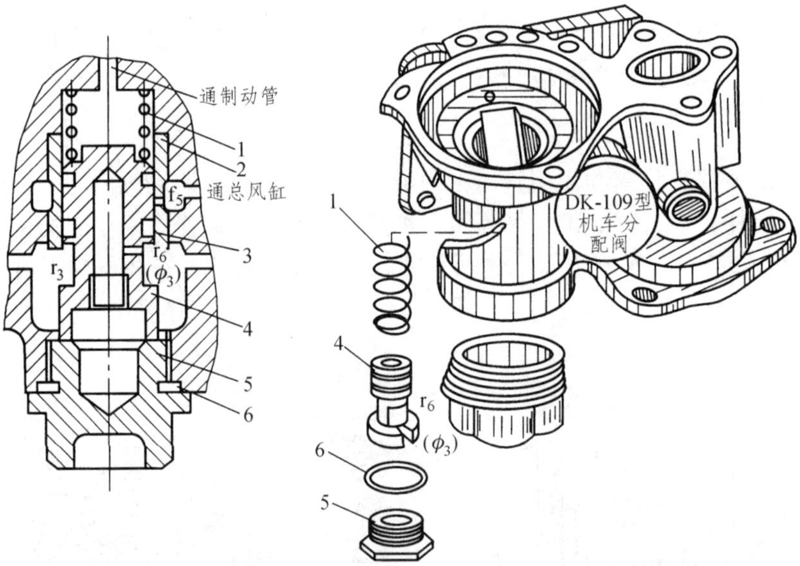

1—增压阀弹簧；2—增压阀套；3、6—密封圈；4—增压阀；5—增压阀盖；
r_3—增压阀外周；f_5—增压阀套径向孔；r_6—增压阀径向孔。

图 5-27　109 分配阀的紧急增压阀结构

（三）安全阀

安全阀采用低压安全阀，用来限定紧急制动时容积室和作用管的最高压力为(450 ± 10) kPa（机车无动力回送时为 200 kPa）。

二、DK-2 型机车制动机分配阀的工作原理

109 型机车分配阀具有充风缓解位、常用制动位、保压位和紧急制动位 4 个作用位置。

（一）充风缓解位

充风缓解位分初充风缓解位和再充风缓解位两种工况。前者为机车运行前的初始状态，列车制动管压力为零时由总风向列车制动管充至定压；后者为列车制动管已减压产生了制动作用后需要缓解时，总风向列车制动管再充至定压，使制动缸缓解，如图5-28 所示。

视频：DK-2 型机车制动机分配阀故障备份

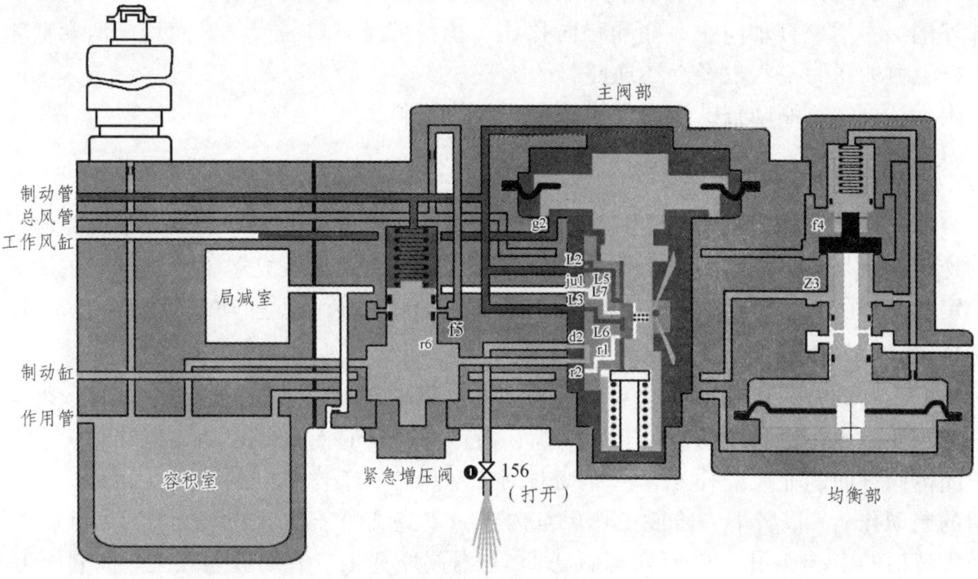

图 5-28　分配阀充风缓解

1. 初充风

当列车制动管充风时，压缩空气经安装座进入主阀，经主阀体内暗道及通路 11 到主阀部主活塞上方，将主活塞推向下方，主活塞杆通过其上肩推动滑阀一起向下移，直至主活塞下底面碰到主阀体时为止，此时主活塞及滑阀处于充气缓解位，列车制动管压缩空气经以下通路充入工作风缸直到定压。

1）工作风缸充风

列车制动管压力空气经主阀→滑阀座充风孔 l_2→滑阀充风孔 l_5→滑阀充风限制孔 g_1→滑阀室孔 g_2→经主阀体暗道至安装座→工作风缸。

2）增压阀处于关闭位

列车制动管的压缩空气经主阀体内的暗道进入增压阀杆上方的 l_{12}，与增压弹簧共同作用下，使增压阀处于下部关闭位。

由上述可见，工作风缸的充风由列车制动管通过滑阀及 g_1 来控制。

2. 再充风缓解

当列车制动管减压制动后再充风时，由于列车制动管增压，破坏了主活塞在制动保压位时的平衡，所以当主活塞两侧压力差及重量之和超过滑阀与节制阀的摩擦阻力时，主活塞便带动滑阀下移到充气缓解位，此时，工作风缸再充气，容积室与制动缸排气缓解，其充气通路与初充风完全相同。

1）容积室缓解

容积室（包括作用管）的压缩空气经主阀安装面→增压阀杆下部→滑阀座孔 r_2→滑阀底部的缓解联络槽 d_1→滑阀座孔 d_2→主阀部排气口 d_2→大气。而均衡活塞下方的压缩空气经主阀体内暗道 r_4→主阀体安装面上的 r_5 孔→容积室，再经上述通路排入大气。

2）制动缸缓解

由于容积室的缓解，均衡活塞上下失去了平衡，在制动缸压力作用下，活塞下移，使活塞杆的顶面离开供气阀，制动缸压缩空气经安装座→主阀安装面上的 z 孔→均衡活塞杆上部外围 z_3→活塞杆轴向中心孔和径向孔 d_5→均衡部排气口→大气。而均衡活塞上侧及均衡阀杆上侧的压力空气也经上述通路排入大气。

由上述可知，制动缸的压力受容积室压力的控制。

（二）常用制动位

当列车制动管进行常用制动减压时，因工作风缸压力空气来不及经充气通路向列车制动管逆流，于是在主活塞两侧产生了一定的压力差，此压力差克服了节制阀、主活塞膜板和稳定弹簧等阻力，使主活塞先带动节制阀，然后带动滑阀向上移动，产生常用制动作用。

1. 初制动位

当列车制动管减压后，主活塞两侧形成一定的压差，主活塞压缩稳定弹簧，带动节制阀上移。此时由于滑阀与活塞杆有一间隙，故活塞上移时而滑阀未动。当节制阀上移时，先关闭滑阀背面的充风缩孔 g_1，从而切断列车制动管与工作风缸的通路。同时又开放滑阀背面的制动孔 r_1，以备下一阶段工作风缸向容积室充气的准备。节制阀上的局减联络槽 l_{10} 通滑阀背面的 l_6 与 l_7 孔，就使列车制动管 l→滑阀座孔 l_3→滑阀贯通孔 l_6→节制阀 l_{10}→滑阀贯通孔 l_7 滑阀座局减室孔 ju_1→局减室 J，同时经主阀安装面孔排入大气。这就形成了分配阀的初制动位。

在初制动位，主活塞仅上移 4 mm（滑阀与主活塞杆的上、下两肩之间的间隙），使该间隙处于滑阀上方，列车制动管产生局减作用，如图 5-29 所示。

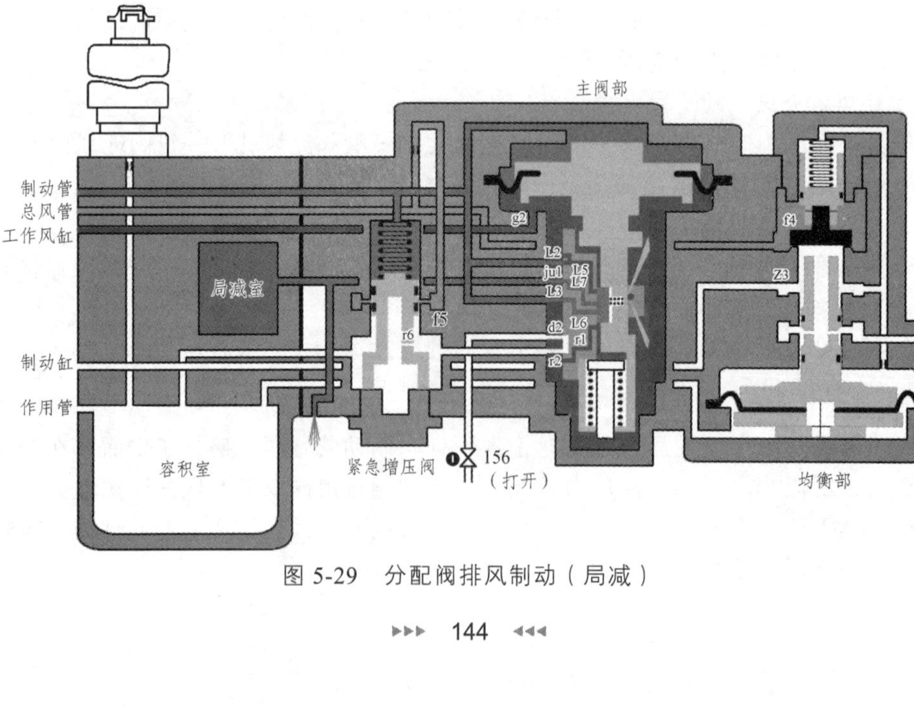

图 5-29　分配阀排风制动（局减）

2. 制动位

由于列车制动管的局减作用及列车制动管减压量的加大，增加了主活塞两侧的压力差，于是主活塞带动滑阀克服滑阀与滑阀座之间的摩擦阻力进一步上移到制动位。滑阀与滑阀座的相对位置发生了变化，滑阀底面上的 l_6 孔与滑阀座上的 l_3 孔错开，因而切断了列车制动管与局减室的通路，第一阶段局减作用结束；同时，滑阀底面上的 l_8、l_9 和 r_1 孔分别与滑阀座上的 l_3、z_3 和 r_2 孔对准，形成了容积室与制动缸充风通路，进一步产生制动作用。

1）容积室充风

工作风缸压力空气→滑阀室→滑阀上的制动孔 r_1→滑阀座上的容积室孔 r_2→增压阀杆的下部通路→主阀安装面上的孔→容积室 R，容积室压力上升。

2）制动缸充风

如图 5-30 所示，容积室压力空气→主阀安装面上的 r_5 孔→主阀体暗道和主阀体底面孔 r_4→均衡活塞下侧，推动均衡活塞上移顶开供气阀；同时总风经体内暗道至供气阀气室上方 f_4→开放的供气阀口→均衡活塞杆上端外围空间 z_3→安装座→制动缸，制动缸压力增加；另一路经 z_3 至供气阀杆上方，使供气阀与阀座密贴；再一路经缩孔（Ⅱ）进入均衡活塞上侧。另外，由于增压阀杆上部的列车制动管剩余压力与弹簧力之和仍大于其容积室的压力，增压阀杆仍处于下部，不参与作用。

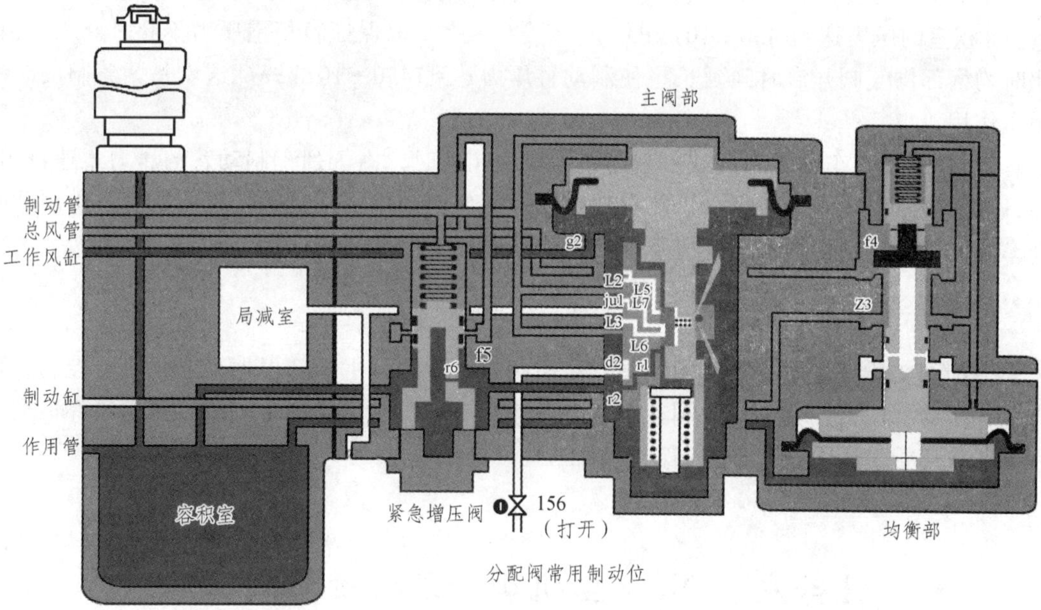

图 5-30　分配阀排风制动

（三）制动保压位

列车制动管停止减压，使分配阀处于保压位置，制动缸压力也保持不变。

1. 主阀部

在列车制动管刚停止减压时，由于主活塞和滑阀、节制阀都还在制动位，工作风缸仍在向容积室充风，因而工作风缸压力继续下降，直到主活塞两侧的列车制动管与工作风缸压力相接近时，在主活塞尾部原被压缩的稳定弹簧的反力及主活塞自重的作用下，使主活塞仅带动节制阀向下移动，节制阀遮盖住滑阀的背面的制动孔，切断工作风缸与容积室的通路，工作风缸停止向容积室充风，此时的主阀部处于保压位。

2. 分配阀均衡部

当容积室压力停止上升时，由于供气阀仍在开放状态，总风仍在向制动缸充风，当通过缩孔（Ⅱ）流到均衡活塞上侧的制动缸压缩空气，其压力增大到与均衡活塞下部的容积室压力相接近，在均衡阀、均衡活塞的自重及供气阀弹簧的作用下，停止制动缸充风，制动缸压力停止上升，使分配阀处于制动保压位。

（四）紧急制动位

当列车制动管由于种种原因而引起急速排风时，分配阀产生紧急制动作用。紧急制动时，主阀各部分的作用，除增压阀外，均与常用制动位相同，只是动作更加迅速，通路变大。

由于列车制动管压力急速排出，所以在增压阀上部的列车制动管压力快速下降，而同时其下部容积室压力迅速上升。当容积室的压力达到能克服增压阀弹簧的反力和列车制动管较小的剩余压力时，增压阀上移，增压阀处于开放位，这时，总风经凹槽迅速流向容积室。容积室的压力达到(450 ± 10) kPa 时，安全阀动作，以保证容积室压力不超过此规定值，此时均衡部供气阀开启时间延长，使制动缸压力达到(450 ± 10) kPa，这就是紧急制动时的增压作用。

当 109 型机车分配阀由常用制动转为紧急制动时，由于列车制动管的压力急速排出，并且由于紧急增压阀的作用，仍能有效地发挥紧急制动作用。当然，其效果随常用制动时列车制动管减压量的增大而有所下降。

学习指导

分配阀实质是主阀、紧急增压阀、均衡阀的组合阀，主阀部根据列车管压力控制容积室（作用管）压力，紧急增压阀在紧急时迅速提高容积室（作用管）压力，均衡部根据容积室（作用管）压力进一步控制制动管压力。

任务六　DK-2 型机车制动机紧急阀认知

任务描述

1. 认知 DK-2 型机车制动机紧急阀的构造。
2. 掌握 DK-2 型机车制动机紧急阀的作用。
3. 理解 DK-2 型机车制动机紧急阀的工作原理。

知识储备

一、DK-2 型机车制动机紧急阀的构造

视频：DK-2 型机车制动机紧急阀的组成

DK-2 型机车制动机紧急阀由紧急阀阀体与阀座两部分组成，如图 5-31 所示。阀座又称管座，其内部设一个空腔——紧急室（1.5 L）。

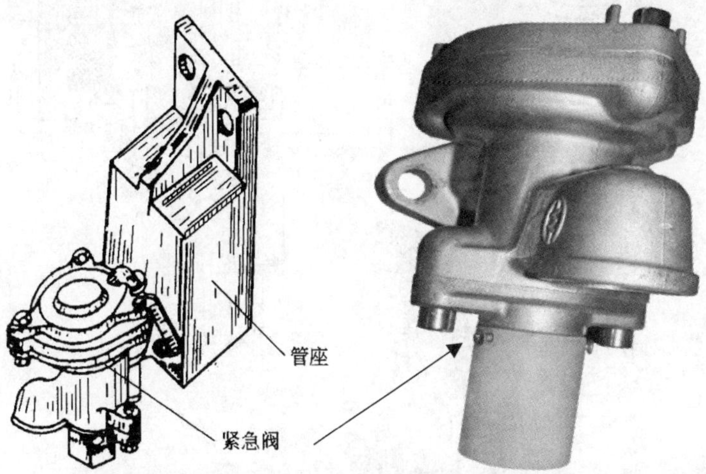

图 5-31　紧急阀的外形及结构

如图 5-32 所示，紧急阀主要由以下零部件组成：

（1）活塞膜板：传感部件，用于感应作用在橡胶膜板上、下两侧的作用力之差，从而带动活塞杆上、下移动，以关闭或开启放风阀口，切断或连通制动管的放风气路；同时，微动开关反馈其状态信号。活塞膜板主要由上活塞、下活塞、橡胶膜板等组成。

（2）活塞杆：随活塞膜板上、下移动，关闭或顶开放风阀口。活塞杆轴向中心开一通孔，并设 3 个缩孔——缩孔Ⅰ（ϕ1.8 mm）、缩孔Ⅱ（ϕ0.5 mm）、缩孔Ⅲ（ϕ1.2 mm），用来限制紧急室的充、排风速度。缩孔Ⅰ是在常用制动时，控制紧急室向制动管的逆流速度；缩孔Ⅱ是在充气缓解时，用以控制制动管向紧急室的充风速度；缩孔Ⅲ是在紧急制动时，控制紧急室压力空气排入大气的时间。

（3）放风阀机构：连通或切断制动管放风气路并联动微动开关的执行部件，主要由放风阀、放风阀座、放风阀导向杆、放风阀套、放风阀弹簧、顶杆等组成。

（4）微动开关：双断点微动开关，反馈阀门的真实状态。

（5）其他零部件：包括安定弹簧、滤尘罩、排风口罩、密封圈等。

紧急阀内部空间分别连通 3 条气路：

（1）活塞膜板上侧空间与紧急室连通。

（2）活塞膜板下侧及放风阀弹簧侧的空间与制动管连通。

（3）放风阀下侧空间经排气口与大气连通。

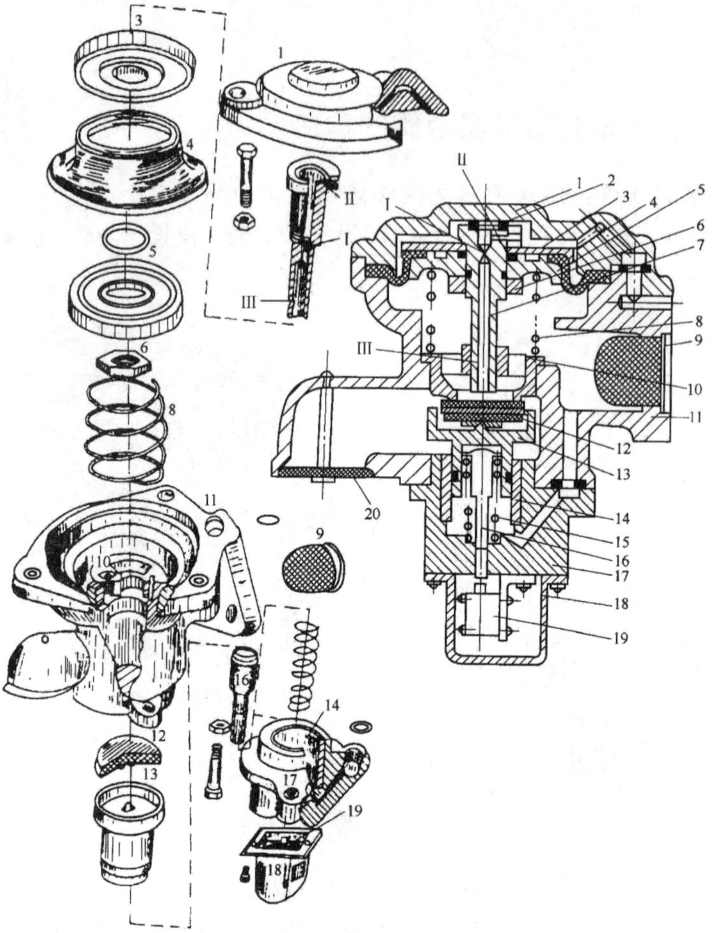

Ⅰ—缩孔ϕ1.8 mm；Ⅱ—缩孔ϕ0.5 mm；Ⅲ—缩孔ϕ1.2 mm；
1—阀盖；2—密封圈；3—上活塞；4—膜板；5—下活塞；6—螺母；7—活塞杆；8—安定弹簧；
9—滤尘罩；10—放风阀座；11—阀上体；12—放风阀；13—放风阀导向杆；
14—放风阀套；15—放风阀弹簧；16—顶杆；17—阀下体；
18—罩；19—双断点微动开关；20—排风口罩。

图 5-32　紧急阀的内部结构

二、DK-2 型机车制动机紧急阀的作用原理

DK-2 型机车制动机紧急阀有三个工作位置：充气缓解状态、常用制动状态和紧急制动状态。

视频：DK-2 型机车制动机紧急阀的工作原理

（一）充气缓解状态

如图 5-33 所示，当机车制动机充气缓解时，紧急阀处于充气位，即列车制动管充风，制动管压力升高，活塞膜板下侧压力上升的速度大于上侧压力上升的速度，所以活塞膜板产生向上的作用力之差，带动活塞杆上移至上端，关闭放风阀口，从而切断制动管的放风气路。与此同时，制动管经缩孔Ⅰ、Ⅱ向紧急室缓慢充风，直至两者压力相等为止，此时，紧急活塞在安定弹簧作用下，仍保持极上端位置。

（二）常用制动状态

如图 5-34 所示，当制动管正常减压时，活塞膜板下侧压力下降的速度大于上侧压力下降的速度，所以活塞膜板带动活塞杆下移，打开活塞顶部上端口，紧急室的压缩空气经缩孔 I 向制动管逆流，使活塞上下压力差减小，紧急阀不动作，当两者压力相等，在安定弹簧作用下，使活塞膜板带动活塞杆重新上移至上端。

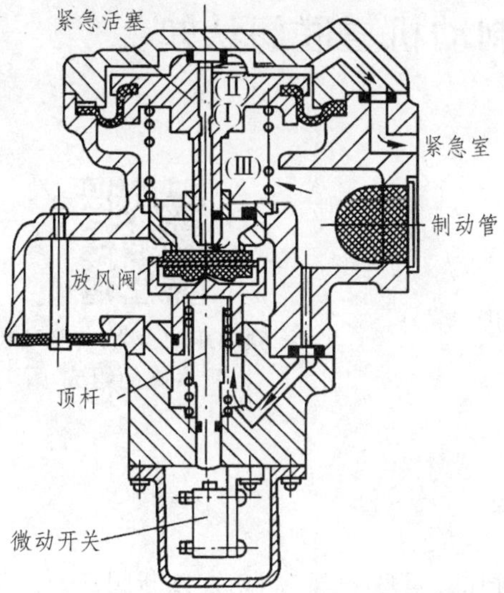

图 5-33　紧急阀缓解状态

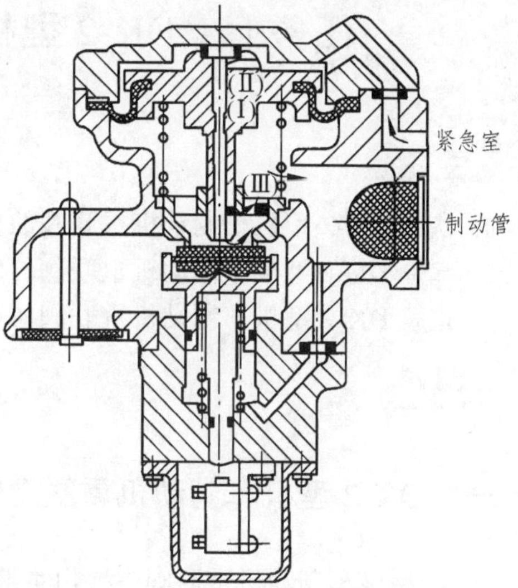

图 5-34　紧急阀常用制动状态

（三）紧急制动状态

如图 5-35 所示，当制动管急速减压时，活塞膜板下侧压力下降的速度远远大于上侧，即紧急室压力来不及从缩孔逆流，所以活塞膜板带动活塞杆下移，压缩放风阀弹簧而顶开放风阀口，从而连通制动管的放风气路，与此同时，紧急室的压缩空气经缩孔 I 、Ⅲ排向大气，当紧急室压力降到某一压力值时，在安定弹簧、放风阀弹簧作用下，使活塞膜板、活塞杆重新上移至上端，并且放风阀、顶杆也一起上移，关闭放风阀口，切断制动管的放风气路。

此外，紧急制动后 15 s 内，若司机进行缓解操纵，不能可靠实现缓解。这是因为紧急制动后 15 s 内，紧急阀放风阀口一直处于开启状态，充入的制动管压力空气还会经开启的放风阀口排入大气，列车制动管充气无效。所以，若此时进行缓解操纵，制动系统不能实现可靠缓解。

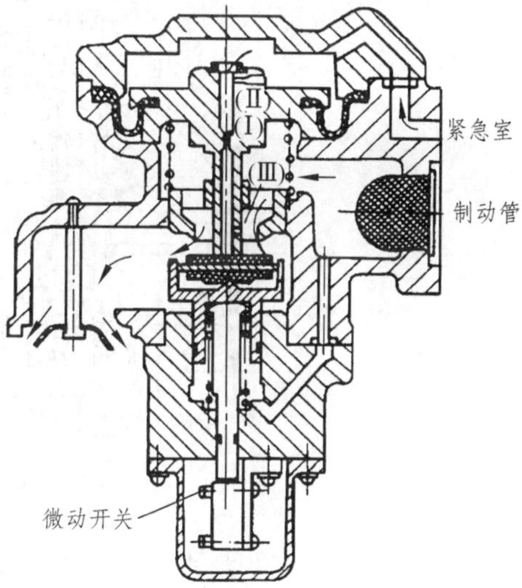

图 5-35　紧急阀紧急制动状态

学习指导

紧急阀可以根据列车管压力变化速度自动控制其阀芯状态，缓解和常用制动状态下切断列车管的排风通路，紧急时迅速打开列车管向外排风的通路。

任务七　DK-2 型机车制动机重联阀认知

任务描述

1. 认知 DK-2 型机车制动机重联阀的构造。
2. 掌握 DK-2 型机车制动机重联阀的作用。
3. 理解 DK-2 型机车制动机重联阀的工作原理。

视频：DK-2 型机车制动机重联阀的组成

知识储备

一、DK-2 型机车制动机重联阀的构造

DK-2 型机车制动机重联阀主要由本-补转换阀部、重联阀部、制动缸遮断阀部及阀体、管座等组成，其连接管路包括作用管、平均管、总风联管及制动缸管，如图 5-36 所示。

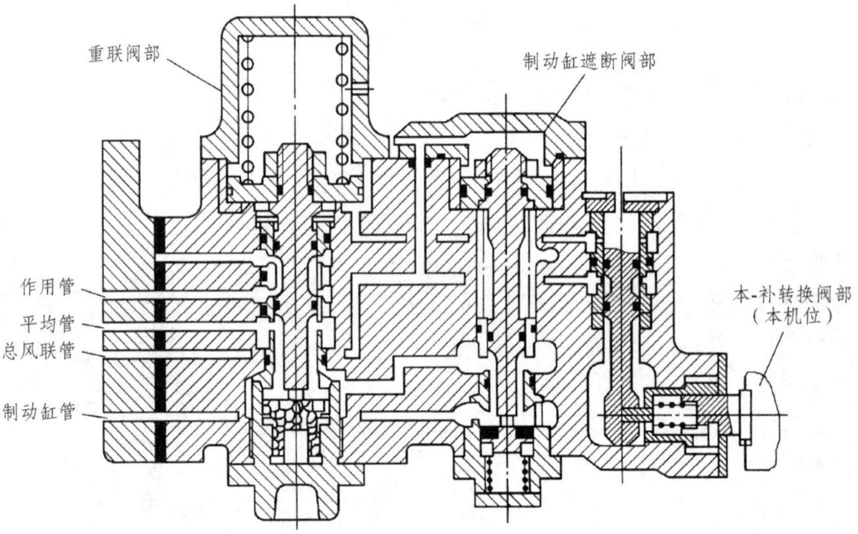

图 5-36　重联阀的结构（本机位）

（一）本-补转换阀部

本-补转换阀为手动操纵阀，主要由转换按钮、偏心杆、弹簧、阀套、柱塞、O 形圈、标示牌和弹性挡圈、挡盖、定位销等组成，如图 5-37 所示。

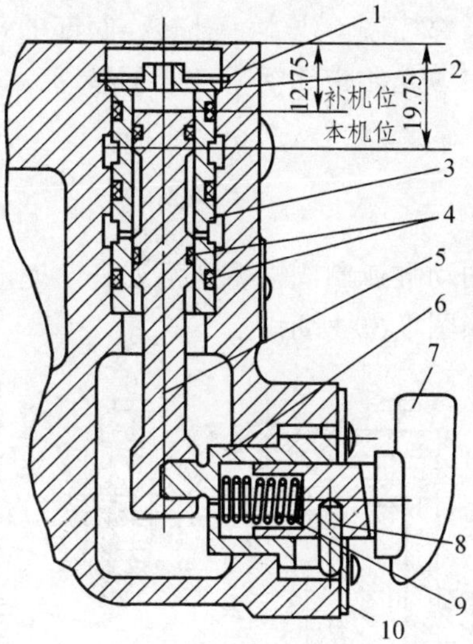

1—弹性挡圈；2—挡盖；3—阀套；4—O 形圈；5—柱塞；6—偏心杆；
7—转换按钮；8—定位销；9—弹簧；10—标示牌。

图 5-37 本-补转换阀的结构（补机位）

本-补转换阀部设“本机位”和“补机位”两个工作位置。转换按钮在弹簧和定位销的作用下，保持在某一固定位置上，若需转换位置，须先将转换按钮向里推，然后再转动 180°至所需的位置，然后松开。转换按钮带动偏心杆转动，从而带动柱塞在阀套内上下移动，以连通或切断相应气路。其中，本机位切断总风联管与重联阀活塞下侧之间的气路，而连通重联阀活塞下侧与大气之间的气路；补机位连通总风联管与重联阀活塞下侧之间的气路。

（二）重联阀部

重联阀部主要由重联阀活塞、活塞杆、重联阀弹簧、阀套、O 形圈及止回阀、止回阀弹簧等组成，如图 5-38 所示。

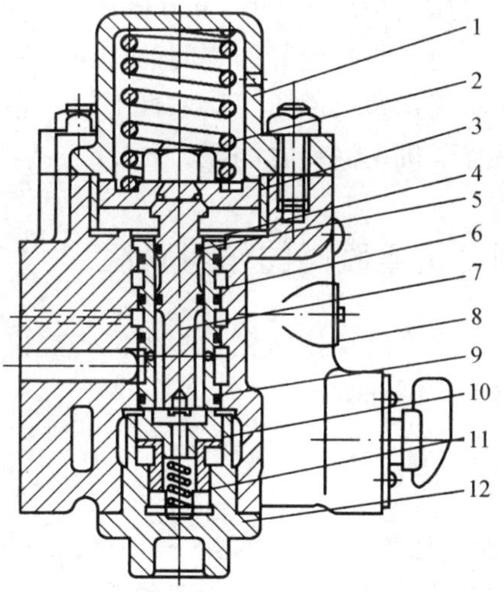

1—重联阀上盖；2—重联阀弹簧；3—重联阀活塞；4—弹性挡圈；5—O 形圈；6—重联阀阀套；
7—活塞杆；8—厂铭牌；9—O 形圈；10—止回阀；11—止回阀弹簧；12—下盖。

图 5-38 重联阀部的结构（补机位）

重联阀部的工作受转换阀部控制。当本—补转换阀部的转换按钮置于不同位置时，根据重联阀活塞上下两侧的作用力之差带动活塞杆上下移动，关闭或顶开止回阀，并由活塞杆连通或切断相应气路。

（三）制动缸遮断阀部

制动缸遮断阀部主要由制动缸遮断阀活塞、活塞杆、遮断阀弹簧、阀套、O 形圈及止回阀、止回阀弹簧等组成，如图 5-39 所示。

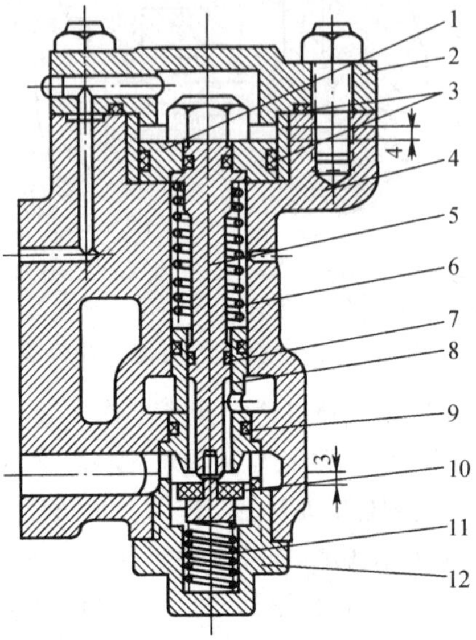

1—制动缸遮断阀活塞；2—遮断阀上盖；3—O 形圈；4—重联阀体；5—活塞杆；6—遮断阀弹簧；7—O 形圈；8—遮断阀阀套；9—O 形圈；10—止回阀；11—止回阀弹簧；12—遮断阀下盖。

图 5-39　制动缸遮断阀部的结构（补机位）

正常运行时，在总风联管压力空气（750 ~ 900 kPa）作用下，制动缸遮断阀活塞和活塞杆下移顶开止回阀，连通制动缸与相应管路之间的气路。一旦发生机车间断钩分离，由于总风联管压力很低，在遮断阀弹簧作用下，活塞杆上移，止回阀关闭，切断了制动缸与其他管路之间的气路，并保持了机车制动缸的压力。

二、DK-2 型机车制动机重联阀的作用原理

当机车作为本务机车时，须将转换按钮置于本机位；当机车作为重联机车时，须将转换按钮置于补机位。空气位下，同样如此。

（一）本机位

如图 5-36 所示，当转换按钮置于本机位时，本-补转换阀连通重联阀活塞下侧与大气之间的气路；重联阀活塞在重联阀弹簧作用下，带动活塞杆下移，顶开止回阀口，从而连通平均管与制动缸遮断阀部止回阀上侧之间的气路，同时总风联管压力空气（750 ~ 900 kPa）通往制动缸遮断阀部活塞上侧，使活塞带动其活塞杆压缩弹簧而下移，顶开止回

阀口，从而连通制动缸与制动缸遮断阀部止回阀上侧之间的气路。因此，本机位时，连通制动缸与平均管之间的气路，为实现重联机车制动缸压力变化与本务机车制动缸压力变化协调一致做准备。

本务机车制动机进行制动、缓解时，本务机车制动缸的压力变化经平均管和机车间的平均塞门、平均软管传入重联机车的平均管。

运行中一旦机车间发生断钩分离，制动管、总风联管、平均管等连接软管均被拉断，本务机车产生紧急制动，同时，由于总风联管内压力迅速下降，制动缸遮断阀活塞在其弹簧作用下，带动活塞杆上移，关闭止回阀口，从而切断了制动缸管与重联阀止回阀处的制动缸通路，以防止制动缸压力空气经重联阀部止回阀、平均管向大气排风，保证本务机车紧急制动的可靠实施。

（二）补机位

如图 5-39 所示，当转换按钮置于补机位时，本-补转换阀部连通总风联管与重联阀活塞下侧之间的气路，使重联阀部活塞带动其活塞杆压缩弹簧而上移，关闭止回阀口，并连通作用管与平均管之间的气路；遮断阀部在总风联管压力空气（750 ~ 900 kPa）作用下，使活塞带动其活塞杆压缩弹簧而下移，顶开止回阀口，使制动缸与制动缸遮断阀部止回阀上侧的气路连通，但由于重联阀部止回阀口关闭，所以该气路被重联阀部止回阀遮断。因此，补机位时，作用管与平均管气路的沟通，使本务机车制动缸的压力变化将通过平均管传入重联机车的作用管，经重联机车分配阀均衡部动作后，确保重联机车制动缸压力变化与本务机车制动缸压力变化协调一致。

运行中一旦机车间发生断钩分离，制动管、总风联管、平均管等连接软管均被拉断，本务机车产生紧急制动。由于总风联管内压力迅速下降，重联机车制动缸遮断阀部活塞在其弹簧作用下，带动活塞杆上移，关闭止回阀口，切断了制动缸管与平均管的通路，并且由于制动管压力空气迅速排入大气，重联机车分配阀也将自动产生紧急制动。

学习指导

重联阀的作用是使重联机车的制动、缓解作用与本务机车一致。本机位时将制动缸压力转换为平均管压力；补机位时将平均管压力转化为作用管压力。

任务八　后备制动阀、风压表、单缓等按钮认知

任务描述

掌握 DK-2 型机车制动机后备制动阀及单缓按钮、风压表、紧急制动按钮和停放制动按钮的功能和操作。

知识储备

一、后备制动阀及单缓按钮

后备制动作用是通过操作司机台面上的后备制动阀来实现的。后备制动阀有三个作用

位置：制动位、中立位、缓解位，其对外接有总风调压阀管、均衡风缸管以及一个排大气缩孔。操纵后备制动阀能实现均衡风缸充风缓解和排风减压制动。单缓按钮用于后备制动作用时单缓机车制动缸压力，如图 5-40 所示。

二、风压表

风压表的主要功能是实时显示总风压力、制动缸压力、列车管压力，如图 5-41 所示。

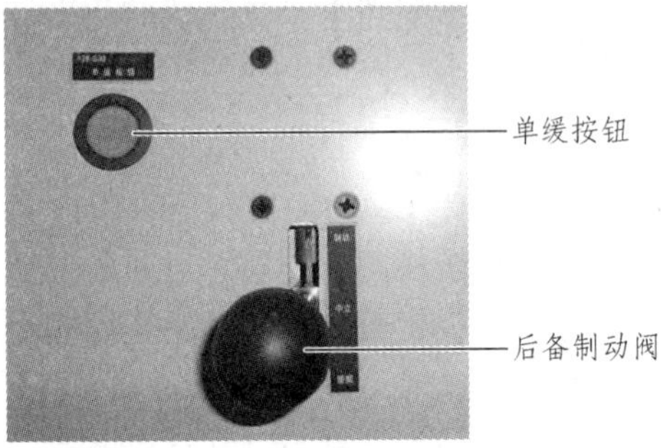

图 5-40　后备制动阀与单缓按钮

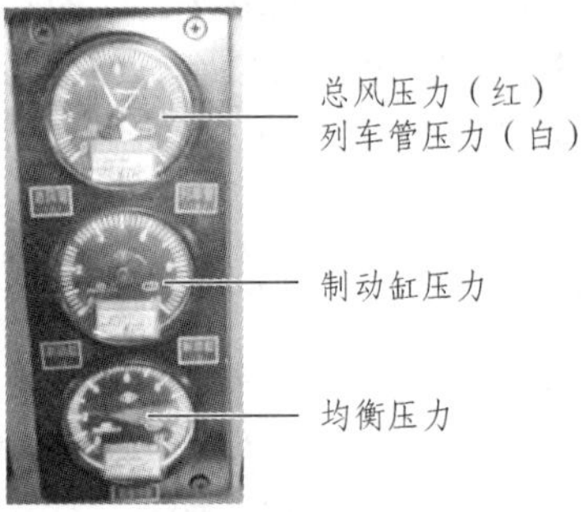

图 5-41　风压表

三、紧急制动按钮

当出现紧急情况时，司机可按下紧急制动按钮，触发列车或机车紧急制动，该按钮需经旋转才能复位，如图 5-42 所示。

四、停放制动施加/缓解按钮

停放制动的主要作用是当机车停车后防止机车意外溜放，停放制动采用弹簧蓄能制动来实现。当按下停放制动按钮（红色）时，该按钮发出红光，表明机车停放制动已施加；当按下停放缓解按钮（绿色）时，停放制动按钮红光熄灭，表明机车停放制动已经缓解，如图 5-43 所示。

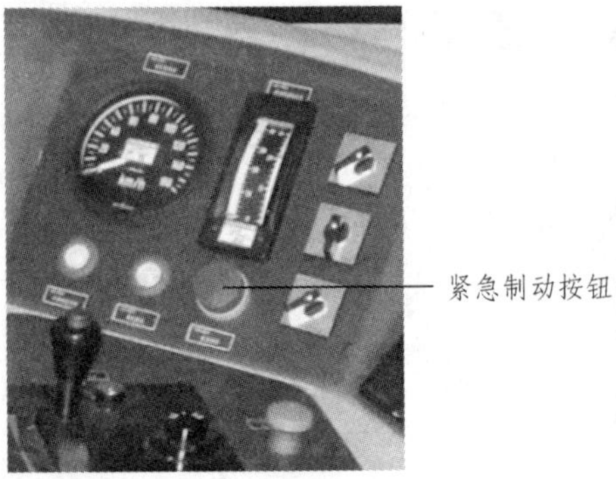

图 5-42　紧急制动按钮

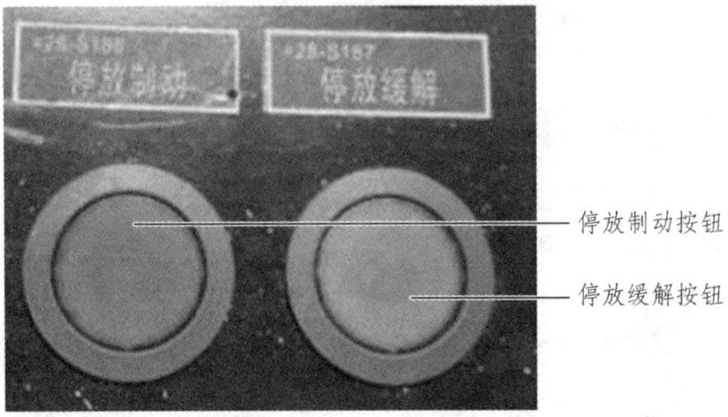

图 5-43　停放制动/缓解按钮

五、车长阀

图 5-44　车长阀

当出现紧急情况时，司机快速拉下车长阀，使机车或列车紧急制动，如图 5-44 所示。

学习指导

重联阀的作用是使重联机车的制动、缓解作用与本务机车一致。本机位时将制动缸压力转换为平均管压力；补机位时将平均管压力转化为作用管压力。

任务九　主压缩机启/停控制模块认知

任务描述

1. 学习、掌握主压缩机启/停控制模块的功能、组成。
2. 学习、掌握主压缩机启/停控制模块的工作原理。

知识储备

主压缩机启/停控制模块的主要功能是为主压缩机启/停状态控制提供信号，如图 5-45 所示，该模块的主要零部件见表 5-1。

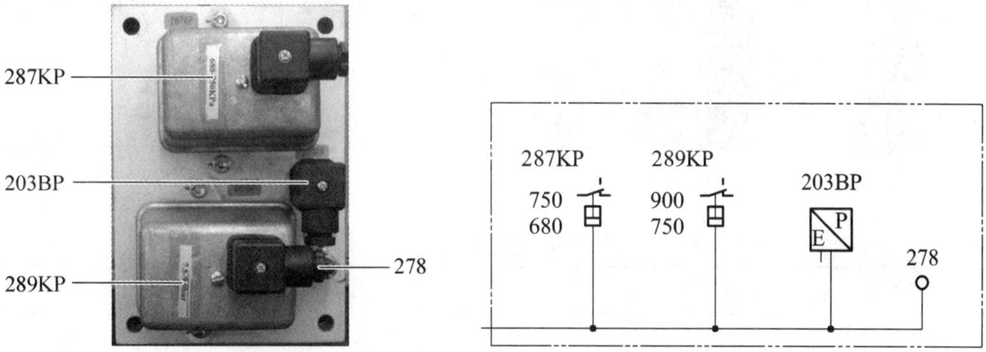

图 5-45　主压缩机启/停控制模块和气路原理

表 5-1　主压缩机启/停模块上的主要零部件

代号	部件	功能
287KP	主压缩机压力控制器（整定值为 680 kPa）	当总风压力低于 680 kPa，输出高电平，两台压缩机同时工作
289KP	主压缩机压力控制器（整定值为 750 kPa）	当总风压力低于 750 kPa，输出高电平，一台压缩机工作；当总风压力高于 900 kPa 输出低电平
203BP	总风压力传感器	采集总风压力值
278	总风联管压力检测口	用于检测总风联管压力

学习指导

主压缩机启/停控制模块的主要功能是为主压缩机启/停状态控制提供信号。

任务十　均衡压力控制模块认知

任务描述

1. 学习、掌握均衡压力控制模块的功能、组成。
2. 学习、掌握均衡压力控制模块的工作原理。

知识储备

均衡压力控制模块的主要功能是对均衡风缸压力进行闭环控制、制动系统失电时使均衡风缸排风，如图 5-46 所示，均衡压力控制模块的主要零部件见表 5-2。

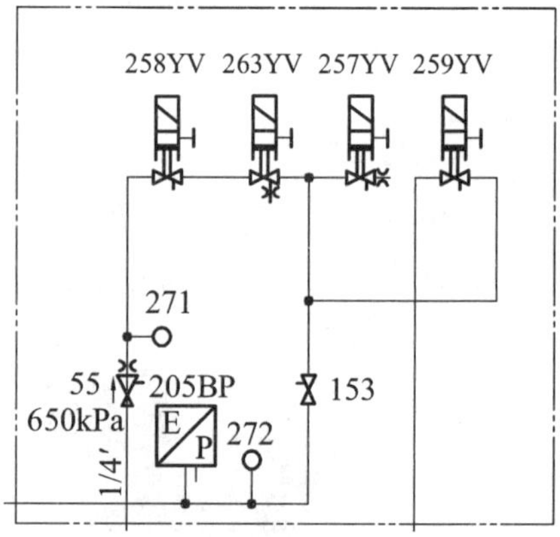

图 5-46　均衡压力控制模块和气路原理

表 5-2　均衡压力控制模块上的零部件

代号	部件	功能
257YV	制动电空阀	控制均衡风缸的排风
258YV	缓解电空阀	控制均衡风缸的充风
263YV	保护电空阀	制动系统失电时排均衡风缸的风
259YV	重联电空阀	得电时沟通列车管和均衡管使中继阀失去控制列车管压力的能力
55	均衡风缸调压阀	调节进入均衡模块的总风的压力值（整定值为 650 kPa）
271	压力检测口	用于检测经调压阀 55 调压后的总风压力值
153	电空转换阀	实现电空位和空气位的转换
272	压力检测口	用于检测均衡风缸压力值
205BP	压力传感器	采集均衡风缸压力值

采用高速电空阀、压力传感器以及 PWM 脉宽调制方式实现对压力精确控制的 EP 闭环模拟控制模式，均衡风缸升压、减压速度都符合 TB/T 2056 的相关规定。

在 EP 闭环模拟控制模式下，制动控制单元接收大闸发出的均衡风缸目标值命令，比较目标值与压力传感器反馈的均衡风缸实时压力值，通过对进、排气高速电空阀的 PWM 控制，达到精确控制均衡风缸压力的目的。

保护电空阀可以确保系统失电时均衡风缸的自动减压排风，实现失电常用制动。

学习指导

均衡压力控制模块的主要功能是对均衡风缸压力进行闭环控制、制动系统失电时使均衡风缸排风。

缓解时，缓解电空阀 258YV、保护电空阀 263YV 得电导通，制动电空阀 257YV、重联电空阀 259YV 失电断开。总风→均衡风缸调压阀 55（压力整定为 650 kPa）→经缓解电空阀 258YV→保护电空阀 263YV→电空转换阀 153→均衡风缸，压力传感器 205BP 采集均衡风缸压力值并将之反馈给 BCU，当均衡风缸压力达到目标值时，BCU 发出进一步指令，缓解电空阀 258YV 失电断开，切断充风通路，均衡风缸保压。

制动时，制动电空阀 257YV、保护电空阀 263YV 得电导通，缓解电空阀 258YV、重联电空阀 259YV 失电断开。均衡风缸压力空气→电空转换阀 153→制动电空阀 257YV→大气，压力传感器 205BP 采集均衡风缸压力值并将之反馈给 BCU，当均衡风缸压力达到目标值时，BCU 发出进一步指令，制动电空阀 257YV 失电断开，切断排风通路，均衡风缸保压。

系统失电时，所有电空阀均失电，均衡风缸压力空气→电空转换阀 153→保护电空阀 263YV→大气，实现失电常用制动。

任务十一　列车管压力控制模块认知

任务描述

1. 学习、掌握列车管压力控制模块的功能、组成。
2. 学习、掌握列车管压力控制模块的工作原理。

视频：DK-2 型机车制动机调压阀的组成

视频：DK-2 型机车制动机调压阀的工作原理

知识储备

列车/均衡控制模块的主要功能是控制均衡风缸和列车管的压力。列车/均衡控制模块由中继阀、紧急阀、遮断阀、流量计、转换阀、调压阀、电空阀、传感器、塞门及气路板等部件组成，该模块中还包含两个小模块，即电空阀集成模块和均衡控制模块，如图 5-47 所示。

列车管压力控制模块的主要功能是控制列车管的初充风和再充风、常用制动排风和紧急制动排风、列车管前后遮断等功能，列车管压力控制模块的主要零部件见表 5-3。

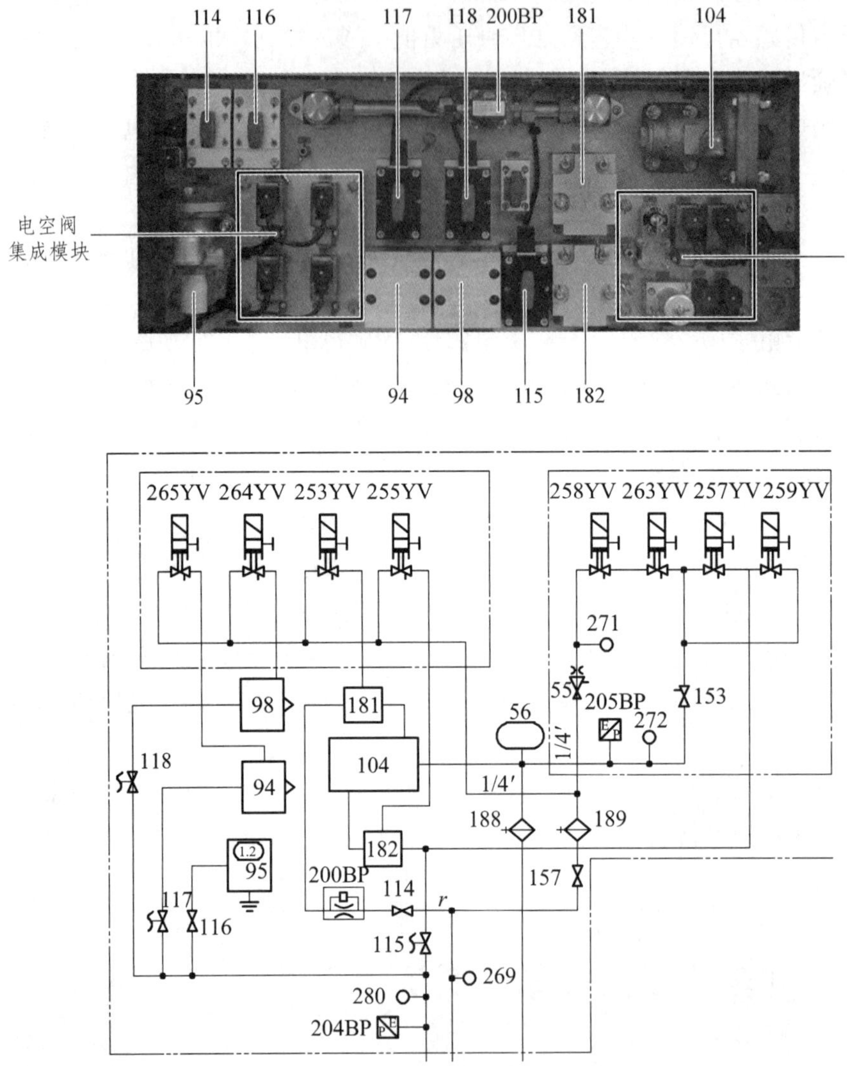

图 5-47　列车/均衡控制模块和气路原理

表 5-3　列车管压力控制模块上的零部件

代号	部件	功能
200BP	列车管充风流量计	监测列车管充风流量值
204BP	列车管压力传感器	采集列车管压力
116	紧急阀列车管塞门	控制进入紧急阀列车管的通断
95	紧急阀	在紧急制动时加快列车管的排风，提高紧急制动灵敏度和紧急制动波速，同时接通列车分离保护电路，使列车紧急制动作用更加可靠

代号	部件	功能
253YV	中立电空阀	得电时控制总风遮断阀切断列车管补风
265YV	紧急电空阀	紧急制动时控制放风阀 94 的排风
264YV	紧急电空阀	紧急制动时控制放风阀 98 的排风
255YV	遮断电空阀	控制列车管遮断阀动作
94/98	放风阀	紧急制动时，开通列车管与大气通路，使列车管压力急剧下降，全列车产生紧急制动作用
117/118	放风阀 94/98 列车管塞门	控制放风阀 94/98 列车管的通断
181	总风遮断阀	控制总风向列车管充风的一道关口，一般情况下，该阀的动作与均衡风缸的减压动作同步，即均衡风缸减压，该阀关闭遮断阀口，以确保一次缓解型制动系统的制动作用可靠
104	中继阀	中继阀依据均衡风缸的压力变化来控制列车管的压力变化，从而完成列车的制动、保压和缓解
182	列车管遮断阀	用于制动系统重联工况下切断中继阀与列车管的通路
114	中继阀总风塞门	控制进入中继阀总风管的通断
115	中继阀列车管塞门	控制进入中继阀列车管的通断
157	电空制动总风塞门	控制进入均衡控制模块总风管的通断
189	滤尘器	过滤进入均衡控制模块总风管的压缩空气
56	均衡风缸	存储均衡压力空气
188	滤尘器	过滤进入均衡风缸的均衡管压缩空气
269	总风压力检测口	用于检测总风压力值
280	列车管压力检测口	用于检测列车管压力值

列车管的充气与排气由中继阀根据均衡风缸压力控制，中继阀能保证列车管压力在均衡风缸压力 ± 10 kPa 范围内。流量计用于检测列车管充风流量。总风遮断阀受中立电空阀控制，用来切断常用制动与紧急制动工况下的列车管补风通路。列车管遮断阀受遮断电空阀控制，用于制动机重联工况下切断中继阀与列车管的通路。

当大闸、ATP、列车分离保护作用等产生紧急电信号，紧急制动电空阀得电，驱动电动放风阀直接将列车管压力排向大气，列车管压力迅速降为 0。

当紧急阀检测到列车分离时的列车管快速减压信号，立刻通过电联锁向制动控制单元发出断钩信号，同时自动打开列车管排风阀口加快列车管排风并锁定紧急制动信号约 15 s。

学习指导

列车管压力控制模块的主要功能是控制列车管的初充风和再充风、常用制动排风和紧急制动排风、列车管前后遮断等功能。

缓解时，总风→塞门 114→列车管充风流量计 200BP→总风遮断阀 181→中继阀 104→列车管遮断阀 182→列车管，直至列车管压力与均衡风缸相等。列车管压力传感器 204BP 采集列车管压力并将之反馈给 BCU。

常用制动时，中立电空阀 253YV 得电。列车管压力空气→列车管遮断阀 182→中继阀 104→大气，直至其压力与均衡风缸相等。列车管压力传感器 204BP 采集列车管压力并将之反馈给 BCU。

紧急制动时，中立电空阀 253YV、重联电空阀 259YV、紧急电空阀 264YV、紧急电空阀 265YV 得电。

（1）总风→塞门 157→紧急电空阀 264YV→板式放风阀 98 膜板下方（沟通列车管排大气通路）。

（2）总风→塞门 157→紧急电空阀 265YV→板式放风阀 94 膜板下方（沟通列车管排大气通路）。

（3）由于列车管压力急剧下降，紧急室压力来不及通过缩孔逆流到列车管，紧急鞲鞴失去平衡下移并压下夹心阀，开放列车管排风阀口，进一步加速列车管的排风，同时带动下部电联锁改变电路。

（4）总风→塞门 157→中立电空阀 253YV→总风遮断阀 181 左侧，切断总风进入中继阀的通路。

（5）均衡风缸→转换阀 153→重联电空阀 259YV→列车管（随列车管排入大气）。

任务十二　制动缸控制模块认知

任务描述

1. 学习、掌握制动缸控制模块的功能、组成。
2. 学习、掌握制动缸控制模块的工作原理。

知识储备

制动缸控制模块的主要功能是根据系统指令输出制动缸压力，实现预控风缸闭环控制、电子分配阀和空气分配阀切换、机车单缓等功能，它还包含一个小模块即闸缸预控模块，如图 5-48 所示，制动缸控制模块的主要零部件见表 5-4。

电子分配阀包括分配阀均衡部、切换电空阀、制动缸预控压力的 EP 闭环模拟控制部件（高速电空阀、压力传感器）。电子分配阀中的制动缸预控压力的 EP 闭环模拟控制方式与均衡风缸 EP 闭环模拟控制方式相同，制动控制单元接收大闸、小闸、发出的指令，再根据列车管减压量计算出制动缸预控压力的目标值，比较目标值与制动缸预控压力传感器反馈的制动缸预控压力实时值，通过对进、排气高速电空阀的 PWM 控制，达到精确控制制动缸预控压力的目的。分配阀均衡部根据制动缸预控压力变化，实现制动缸的充气与排气。

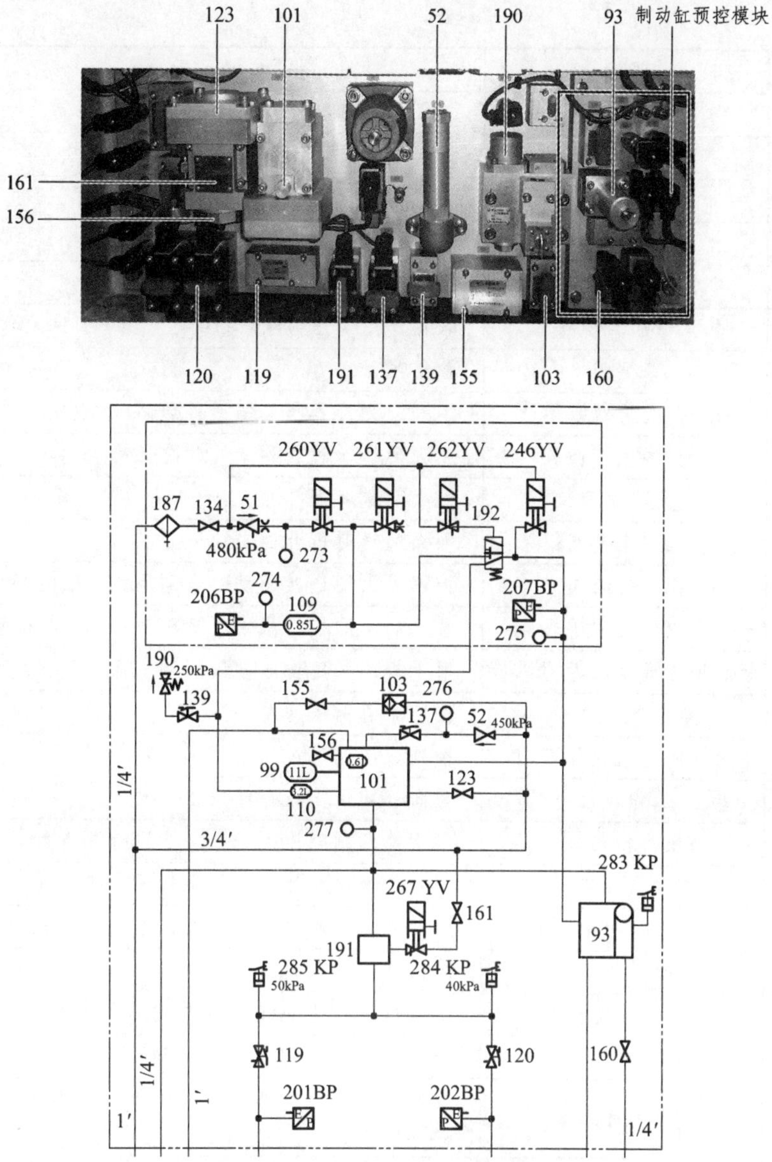

图 5-48　制动缸控制模块和气路原理

表 5-4　制动缸控制模块上的零部件

代号	部件	功能
187	滤尘器	过滤进入闸缸预控模块总风管的压缩空气
134	单制总风塞门	控制进入闸缸预控模块的总风管通断
51	单制调压阀	调节进入闸缸预控模块的总风压力，整定压力值 480 kPa
260YV	单制电空阀	控制制动缸预控风缸的充风
261YV	单缓电空阀	控制制动缸预控风缸的排风
206BP	压力传感器	采集制动缸预控风缸压力值

续表

代号	部件	功能
274TP	压力检测口	用于检测预控风缸压力
262YV	切换电空阀	控制电子分配阀和空气分配阀的切换
192	切换阀	接受切换电空阀控制，切换电子分配阀和空气分配阀
275	作用管压力测试口	用于检测作用管压力值
246YV	强缓电空阀	紧急制动后单缓机车
207BP	作用管压力传感器	采集作用管压力值
101	分配阀	输出闸缸压力
156	分配阀缓解塞门	控制分配阀容积室排大气通路
103	无火滤尘止回阀	无火回送时过滤列车管到总风管去的风，并有止回作用
155	无火塞门	无火回送时需开通
139	无火安全阀塞门	无火回送时需开通
190	无火安全阀	控制无火回送时制动缸最高压力，整定值 250 kPa
52	紧急增压调压阀	紧急制动时控制最大闸缸压力在 450 kPa，整定值 450 kPa
276	紧急增压通路压力测试口	用于检测紧急增压调压阀调压后总风压力值
137	紧急增压塞门	控制紧急增压通路
123	分配阀总风供给塞门	控制分配阀总风通路
99	工作风缸	为向容积室充风存储风压
277	压力检测口	用于检测闸缸压力
191	制动缸切换阀	闸缸切换命令产生时使闸缸压力排大气
267YV	制动缸切换电空阀	得电时使总风进入切换阀，控制制动缸切换阀动作
161	制动缸切换阀总风塞门	控制切换阀总风通路
285KP	制动缸压力开关	制动缸压力达 90 kPa 时传输信号到 CCU 切除电制动
284KP	制动缸压力开关	制动缸压力达 40 kPa 时传输信号到 CCU 切除牵引
119	制动缸Ⅰ塞门	控制制动缸Ⅰ的通路，关闭此塞门Ⅰ路制动缸压力空气排大气
120	制动缸Ⅱ塞门	控制制动缸Ⅱ的通路，关闭此塞门Ⅱ路制动缸压力空气排大气
201BP	制动缸Ⅰ压力传感器	采集制动缸Ⅰ压力值
202BP	制动缸Ⅱ压力传感器	采集制动缸Ⅱ压力值
93	重联阀	保证重联机车的制动和缓解作用与本务机车协调一致
283KP	压力开关	判断重联阀的工作状态，给 BCU 信号
160	总风联管塞门	控制进入重联阀的总风通路

空气分配阀为 109 型分配阀，当切换电空阀失电，制动缸预控切换至空气分配阀的通路，由空气分配阀控制机车制动缸的充气与排气，空气分配阀根据列车管压力变化产生相应制动缓解作用，为电子分配阀常用制动时的热备冗余。

为确保紧急制动的可靠，机车紧急制动时，优先采用空气分配阀来控制制动缸压力，当发生紧急制动时，109 分配阀增压阀打开，实现对容积室的快速充气，控制制动缸压力快速上升至最高压力 450 kPa。为解决 109 分配阀紧急制动安全阀惯性故障，DK-2 制动机对紧急制动限压从原理上进行了设计改进：正常情况下，关闭塞门 139 隔离安全阀，利用调压阀 52 来限制紧急制动时制动缸最高压力；只有在机车无火回送的情况下，才打开塞门 139，安全阀投入使用，用来限制无火回送机车制动缸压力不超过 250 kPa。

DK-2 制动机通过重联阀、平均管、列车管实现本机与制动、缓解的同步。当重联阀置于本机位时，机车制动缸与平均管沟通，平均管压力跟随制动缸压力变化而变化；当重联阀置于补机位时，机车平均管与作用管沟通，作用管压力跟随平均管压力变化而变化，从而实现本机通过平均管控制补机制动缸压力的功能。

此外，重联阀压力开关 283KP 可检测重联阀转换手柄处于本机位或补机位，并将检测到的压力信号传送给制动控制单元 BCU，BCU 将根据该信息实施不同的控制作用，并通过制动显示屏将重联阀位置信息反馈给司乘人员。

学习指导

制动缸控制模块的主要功能是根据系统指令输出制动缸压力，实现预控风缸闭环控制、电子分配阀和空气分配阀切换、机车单缓等功能。

缓解时，单缓高速电空阀 261YV、转换电空阀 262YV 得电。

（1）总风→塞门 134→转换电空阀 262YV→切换阀 192（沟通预控风缸和分配阀均衡部的通路）。

（2）分配阀均衡部压力空气→作用管→切换阀 192→预控风缸→单缓高速电空阀 261→大气。

（3）制动缸压力空气→制动缸Ⅰ、Ⅱ塞门→制动缸切换阀 191→分配阀 101 均衡部→大气。

制动时，单制高速电空阀 260YV、转换电空阀 262YV 得电。

（1）总风→塞门 134→转换电空阀 262YV→切换阀 192（沟通预控风缸和分配阀均衡部的通路）。

（2）总风→塞门 134→调压阀 51（整定压力为 480 kPa）→单制高速电空阀 260YV→预控风缸→切换阀 192→作用管→分配阀均衡部。

（3）总风→分配阀总风供给塞门 123→分配阀 101 均衡部→制动缸切换阀 191→空气制动缸Ⅰ、Ⅱ塞门→制动缸。

任务十三　停放制动控制模块认知

任务描述

1. 学习、掌握停放制动控制模块的功能、组成。
2. 学习、掌握停放制动控制模块的工作原理。

知识储备

停放制动控制模块的主要功能是接收停放制动施加与缓解指令，实现停放制动缸排气与充气，同时可防止停放制动力和闸缸制动力叠加，如图 5-49 所示，该模块的主要零部件见表 5-5。

停放制动由停放制动调压阀、双脉冲电磁阀、停放制动压力开关、双向阀、停放制动塞门、压力测试接口等部件组成。根据停放制动缸的所需缓解压力，停放制动调压阀整定值为 550 kPa，停放制动压力开关整定值为 480 kPa。

当双脉冲电磁阀中停放施加电空阀得电时，停放制动缸的压缩空气通过双脉冲电磁阀排向大气，停放制动作用施加；当双脉冲电磁阀中停放缓解电空阀得电，总风通过调压阀、双脉冲电磁阀向停放制动缸充风，停放制动作用缓解。

双向阀的功能是取制动缸压力与停放制动缸压力两者之间的较大值，防止停放制动力与闸缸力同时施加，避免制动力叠加而造成制动力过大。

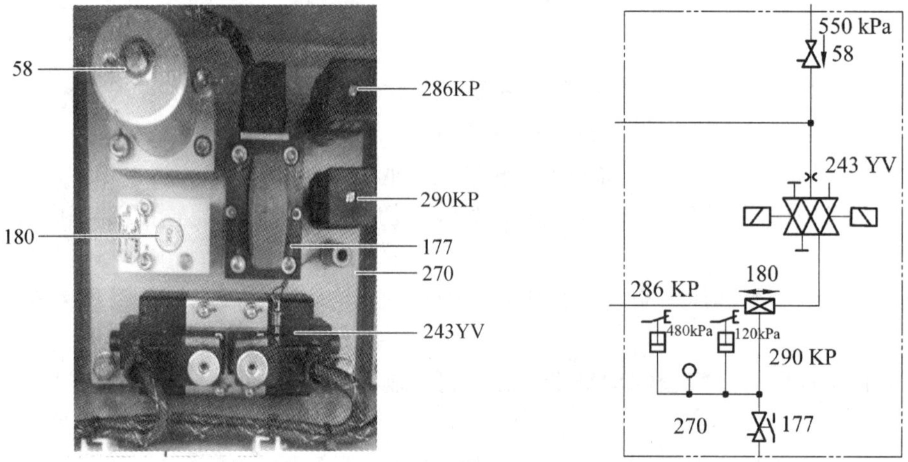

图 5-49　停放制动模块和气路原理图

表 5-5　停放制动模块上的主要零部件

代号	部件	功能
58	停放制动调压阀	调节进入停放制动模块的总风压力，整定压力值 550 kPa
243YV	停放制动双脉冲电磁阀	控制停放缸的充风和排风，按压右侧按钮（红色）施加停放制动，按压左侧按钮（绿色）缓解停放制动
180	双向阀	输出闸缸压力和停放制动压力中较大者至停放缸，防止停放制动力和空气制动力叠加
286KP	停放制动压力开关	停放制动管压力达到 480 kPa 后，输出高电平，传输停放完全缓解信号给 CCU
290KP	停放制动压力开关	停放制动管压力降到 120 kPa 以下，输出高电平，传输停放施加信号给 CCU
177	停放制动塞门	控制停放制动管的通断，当塞门处于关闭位时会将停放缸压力空气排入大气
270	停放制动管压力检测口	用于检测停放制动管压力

学习指导

停放制动控制模块的主要功能是接收停放制动施加与缓解指令，实现停放制动缸排气与充气，同时可防止停放制动力和闸缸制动力叠加。

任务十四　升弓控制模块认知

任务描述

1. 学习、掌握升弓控制模块的功能、组成。
2. 学习、掌握升弓控制模块的工作原理。

知识储备

升弓控制模块的主要功能是为受电弓和主断路器提供风源，实现升弓风源不同工况的转换，如图 5-50 所示，该模块的主要零部件见表 5-6。

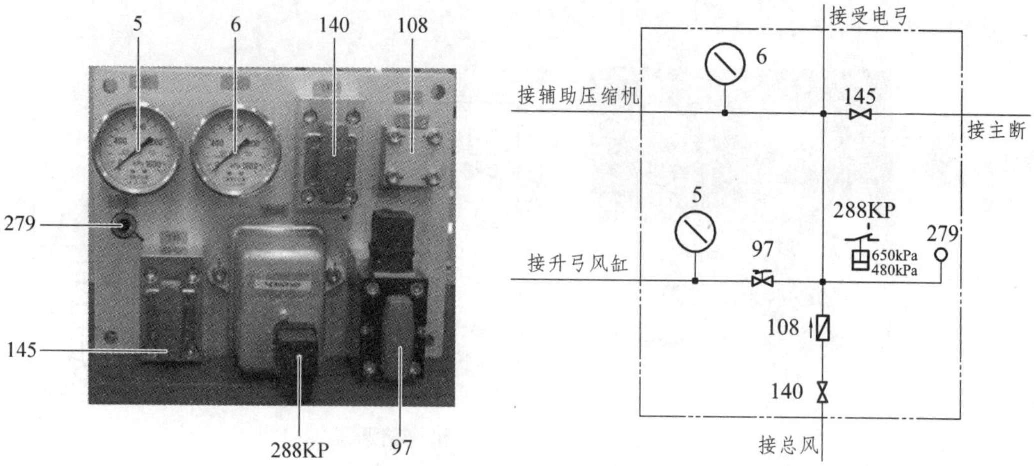

图 5-50　升弓控制模块和气路原理

表 5-6　升弓控制模块上的零部件

代号	部件	功能
140	升弓模块总风控制塞门	控制升弓模块总风路通断
108	控制管路总风止回阀	防止控制管路总风逆流
97	升弓风缸塞门	控制升弓风缸总风路通断
288KP	辅助压缩机压力控制器	为辅助压缩机的启停控制提供压力信号
279	升弓风缸压力测试口	用于检测升弓风缸压力
145	主断总风塞门	控制主断供风通路的通断
5	升弓风缸压力表	显示升弓风缸的实时压力
6	辅助压缩机压力表	显示辅助压缩机出风口实时压力
102	升弓风缸	储存升弓压缩空气

学习指导

升弓控制模块的主要功能是为受电弓和主断路器提供风源，实现升弓风源不同工况的转换。

任务十五　撒砂控制模块认知

任务描述

1. 学习、掌握撒砂控制模块的功能、组成。
2. 学习、掌握撒砂控制模块的工作原理。

知识储备

撒砂控制模块的主要功能是接收撒砂控制指令，控制撒砂器撒砂作用，如图 5-51 所示，该模块的主要零部件见表 5-7。

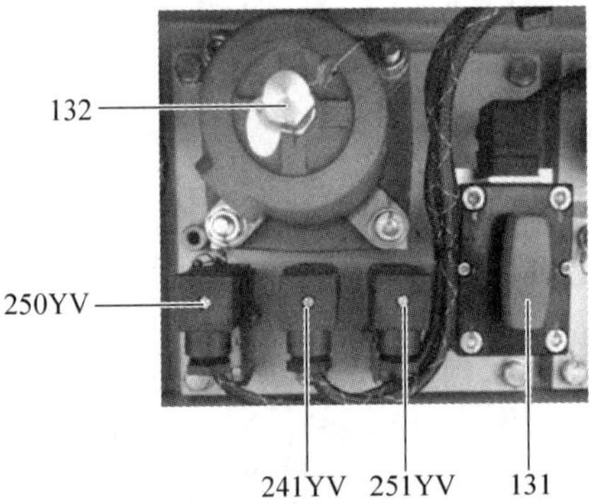

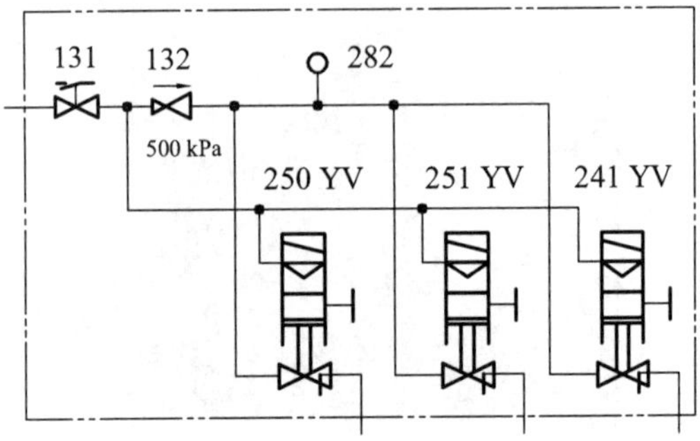

图 5-51　撒砂控制模块和气路原理

表 5-7　撒砂控制模块上的零部件

代号	部件	功能
131	撒砂总风塞门	控制进入撒砂控制模块的总风管的通断
132	撒砂调压阀	调整进入撒砂控制模块的总风压力大小，整定值为 500 kPa
282	压力检测口	用于检测经调压阀后的总风压力值
241YV	常供风电空阀	用于干燥砂箱
250YV	撒砂电空阀	用于牵引向前撒砂
251YV	撒砂电空阀	用于牵引向后撒砂

学习指导

掌握撒砂控制模块控制撒砂器的撒砂作用。

任务十六　制动控制单元 BCU 认知

任务描述

1. 学习、掌握制动控制单元 BCU 的功能、组成。
2. 学习、掌握制动控制单元 BCU 的工作原理。

知识储备

制动控制单元 BCU（见图 5-52）是制动机核心控制部件，用来实时、快速地处理制动机模拟量、网络通信数据以及制动机信息化数据，实现机车制动机控制、状态监控及故障诊断、显示、报警、数据记录存储、网络通信等功能。为了和 CCU 交换制动系统的信号，制动控制单元与 CCU 的接口通过 MVB 连接，部分制动信号由 CCU 进行控制（例如停放制动等）。

图 5-52　制动控制单元 BCU

制动控制单元 BCU 采用欧式 4U 标准结构框架，由七块 4U 标准插件组成：一块 PWM 板、一块输入板、两块输出板、一块控制板、一块模拟板、一块电源板。其插件通过其面板由带防脱的紧固件与机箱固定，母线板安装在机箱后部，母线板也与 BCU 后面的专用连接器相连，这些连接器用来实现与外部电路通信。

PWM 板主要提供 24 V 的 PWM 调制信号，用于驱动高速电磁阀。每块 PWM 板共设置 4 路 PWM 输出信号，每路信号都设置了对应的信号输出指示灯。

输入板用于制动控制单元开关量信号的采集，每路开关量信号都经过了电阻网络降压、稳压管限幅、电容滤波、光电隔离后再经过施密特触发器输入给控制板。输入板电路可靠性很高，抗干扰能力强，能适应机车上的恶劣工作环境。每块输入板设计为 32 路，每路都有指示灯指示该点的工作状态。

输出板用于制动控制单元 BCU 开关量信号的输出，每路开关量信号都经过了光电隔离耦合器、滤波电路单元、过流保护电路单元后送至制动机的电空阀。每块输出板设计为 8 路，每路都有指示灯指示该点的工作状态。

模拟板主要用来采集传感器送来的 4 ~ 20 mA 的电流信号，信号经过整形转换限幅、滤波等处理后送到 A/D 芯片进行模数转换。模拟板包含 14 路 4 ~ 20 mA 电流信号输入通道和 2 路 0 ~ 10 V 电压信号输入通道。

电源板用于提供制动控制单元 BCU 工作的 DC 5 V 内部工作电源和 DC 24 V 外供电源（用于驱动传感器、高速电控开关阀等），具有过热和过流过压、欠压保护功能，制动控制单元 BCU 输入电压为 DC 110 V。

电源板上有六个钮子开关，各钮子开关的功能如图 5-53 所示。

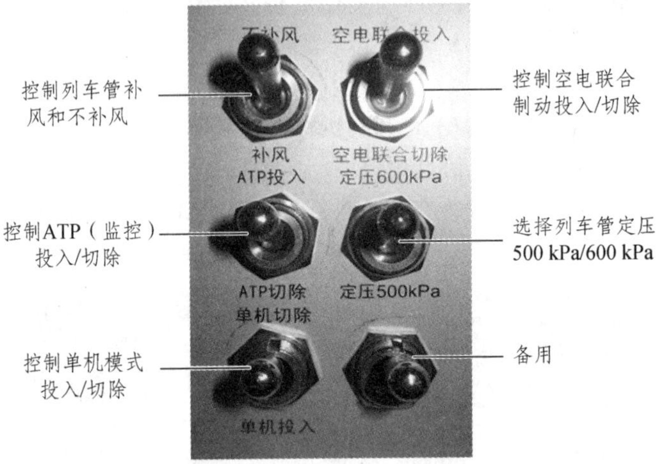

图 5-53　BCU 上的钮子开关

制动显示屏上对应的钮子开关信息栏的状态显示如图 5-54 所示。

图 5-54　制动显示屏上钮子开关信息栏

注意: 钮子开关的状态改变会引起机车惩罚制动(常用制动列车管最大减压量)。

注意：转换定压前，将大闸置紧急位后再转换钮子开关。

学习指导

制动控制单元 BCU 主要进行制动系统中各种参数的汇总、转换、分析、计算、输出，还可以通过纽子开关进行状态选择，通过指示灯进行状态指示。

任务十七　DK-2 型机车制动机的综合作用认知

任务描述

1. 学习、掌握 DK-2 型机车制动机气路的功能、组成。
2. 学习、掌握 DK-2 型机车制动机气路的综合作用。

知识储备

机车制动机的综合作用习惯上是根据大闸和小闸各手柄位置的变换（该变换是由操纵列车/机车实际运行情况而决定）而确定的机车制动机各主要部件之间的相互关系和作用规律。DK-2 型机车制动机的综合作用包括自动制动作用、单独制动作用和后备制动作用三方面。

一、自动制动作用

自动制动作用，即 DK-2 型机车制动机处于电空位、非操纵端大闸置重联位、小闸置运转位、操纵端小闸处于运转位、操纵大闸手柄在各位置时的综合作用。该作用用于操纵全列车的制动、保压与缓解。

自动制动通过操作自动制动手柄在不同位置，控制均衡风缸压力，再通过中继阀控制列车管压力，通过电子分配阀控制制动缸压力。

（一）大闸运转位，小闸运转位

该位置是列车运用中，大闸手把的常放位置，是向全列车初充风、再充风缓解列车制动以及列车正常运用时所采用的位置。

1. 电　路

◆主要输出：

（1）保护电空阀 263YV 得电。

（2）转换电空阀 262YV 得电。

（3）缓解高速电空阀 258YV 得电。

（4）单缓高速电空阀 261YV 得电。

2. 气　路

（1）总风→塞门 157→调压阀 55（整定压力为 650 kPa）→缓解高速电空阀 258YV→保护电空阀 263YV→转换阀 153→均衡风缸（压力上升至列车管定压）。

（2）总风遮断阀 181 左侧压力空气→中立电空阀 253YV→大气。

（3）列车管遮断阀 182 左侧压力空气→遮断电空阀→大气。

（4）总风→塞门 134→转换电空阀 262YV→切换阀 192（沟通预控风缸和分配阀均衡部的通路）。

（5）分配阀均衡部压力空气→作用管→切换阀 192→预控风缸→单缓高速电空阀 261→大气。

（二）大闸初制动位，小闸运转位

将大闸置于该位置，使列车管产生一个最小减压量 45 ~ 55 kPa，闸缸压力上升到 90 ~ 110 kPa。

1. 电　路

◆主要输出：

（1）保护电空阀 263YV 得电。

（2）转换电空阀 262YV 得电。

（3）中立电空阀 253YV 得电。

（4）制动高速电空阀 257YV 得电。

（5）单制高速电空阀 260YV 得电。

视频：DK-2 型机车制动机自动综合作用——大闸制动

视频：DK-2 型机车制动机自动综合作用——大闸缓解

2. 气　路

（1）由于缓解高速电空阀 258YV 失电，其充风阀口关闭，切断了均衡风缸的充风通路，而此时制动高速电空阀 257YV 得电，使得：均衡风缸压力空气→转换阀 153→制动高速电空阀 257YV→大气。

（2）总风→塞门 157→中立电空阀 253YV→总风遮断阀 181 左侧，切断总风进入中继阀的通路。

（3）列车管遮断阀 182 左侧压力空气→遮断电空阀→大气。

（4）总风→塞门 134→转换电空阀 262YV→切换阀 192（沟通预控风缸和分配阀均衡部的通路）。

（5）总风→塞门 134→调压阀 51（整定压力为 480 kPa）→单制高速电空阀 260YV→预控风缸→切换阀 192→作用管→分配阀均衡部。

（三）大闸制动区（包含全制动），小闸运转位

该区间是操纵列车进行常用制动的主要区间，大闸手柄在制动区移动可控制列车管减压量的大小，由后往前减压量由小到大，全制动时列车管达最大减压量（定压 600 kPa 时，最大减压量为 170 kPa；定压 500 kPa 时，最大减压量为 140 kPa）。

1. 电　路

◆主要输出：

（1）保护电空阀 263YV 得电。

（2）转换电空阀 262YV 得电。

（3）中立电空阀 253YV 得电。

（4）制动高速电空阀 257YV 得电。

（5）单制高速电空阀 260YV 得电。

2. 气　路

（1）由于缓解高速电空阀 258YV 失电，其充风阀口关闭，切断了均衡风缸的充风通路，而此时制动高速电空阀 257YV 得电，使得：均衡风缸压力空气→转换阀 153→制动高速电空阀 257YV→大气。

（2）总风→塞门 157→中立电空阀 253YV→总风遮断阀 181 左侧，切断总风进入中继阀的通路。

（3）列车管遮断阀 182 左侧压力空气→遮断电空阀→大气。

（4）总风→塞门 134→转换电空阀 262YV→切换阀 192（沟通预控风缸和分配阀均衡部的通路）。

（5）总风→塞门 134→调压阀 51（整定压力为 480 kPa）→单制高速电空阀 260YV→预控风缸→切换阀 192→作用管→分配阀均衡部。

（四）大闸抑制位，小闸运转位

该位置是制动机开机解锁和惩罚制动解锁的工作位置，同时会使列车管产生最大常用制动减压量。

1. 电　路

◆主要输出：

（1）保护电空阀 263YV 得电。

（2）转换电空阀 262YV 得电。

（3）中立电空阀 253YV 得电。

（4）制动高速电空阀 257YV 得电。

（5）单制高速电空阀 260YV 得电。

2. 气　路

（1）由于缓解高速电空阀 258YV 失电，其充风阀口关闭，切断了均衡风缸的充风通路，而此时制动高速电空阀 257YV 得电，使得：均衡风缸压力空气→转换阀 153→制动高速电空阀 257YV→大气。

（2）总风→塞门 157→中立电空阀 253YV→总风遮断阀 181 左侧，切断总风进入中继阀的通路。

（3）列车管遮断阀 182 左侧压力空气→遮断电空阀→大气。

（4）总风→塞门 134→转换电空阀 262YV→切换阀 192（沟通预控风缸和分配阀均衡部的通路）。

（5）总风→塞门 134→调压阀 51（整定压力为 480 kPa）→单制高速电空阀 260YV→预控风缸→切换阀 192→作用管→分配阀均衡部。

（五）大闸重联位，小闸运转位

该位置是重联机车的运行位，也是换端操作时钥匙取出位及非操纵端使用的位置，同时重联位还具有制动机开机解锁功能。制动机正常运用时，若将操纵端大闸长时间置于重联位，均衡风缸会以常用减压速率减压至 0 kPa，列车管压力减为 35～85 kPa。在减压过程中当列车管达常用制动最大减压量后，再将大闸置抑制位可保住列车管压力。当列车管压力减到 260 kPa 以下时，制动机视为紧急制动，制动缸压力上升到(450 ± 10) kPa。

1. 电　路

◆主要输出：

（1）保护电空阀 263YV 得电。

（2）转换电空阀 262YV 得电。

（3）中立电空阀 253YV 得电。
（4）制动高速电空阀 257YV 得电。
（5）单制高速电空阀 260YV 得电。
（6）当机车处于补机模式或单机模式，重联电空阀 259YV 得电。
（7）当机车处于补机模式或单机模式，遮断电空阀 255YV 得电。

2. 气　路

（1）由于缓解高速电空阀 258YV 失电，其充风阀口关闭，切断了均衡风缸的充风通路，而此时制动高速电空阀 257YV 得电，使得：均衡风缸压力空气→转换阀 153→制动高速电空阀 257YV→大气。

（2）总风→塞门 157→中立电空阀 253YV→总风遮断阀 181 左侧，切断总风进入中继阀的通路。

（3）总风→塞门 134→转换电空阀 262YV→切换阀 192（沟通预控风缸和分配阀均衡部的通路）。

（4）总风→塞门 134→调压阀 51（整定压力为 480 kPa）→单制高速电空阀 260YV→预控风缸→切换阀 192→作用管→分配阀均衡部。

（5）补机模式或单机模式：列车管→重联电空阀 259YV→转换阀 153→均衡风缸。

（6）补机模式或单机模式：总风→塞门 157→遮断电空阀 255YV→列车管遮断阀 182 左侧，切断列车管进入中继阀的通路。

（六）大闸紧急位，小闸运转位

该位置是列车运用中紧急停车所使用的位置。

1. 电　路

◆主要输出：
（1）保护电空阀 263YV 得电。
（2）中立电空阀 253YV 得电。
（3）重联电空阀 259YV 得电。
（4）紧急电空阀 264YV、265YV 得电。
（5）制动高速电空阀 257YV 得电。
（6）单制高速电空阀 260YV 得电。

视频：DK-2 型机车制动机自动综合作用——紧急制动

2. 气　路

（1）由于转换电空阀 262YV 失电，切断了预控风缸和分配阀均衡部的通路，同时使分配阀容积室和均衡部沟通，紧急制动时分配阀均衡部的压力空气来自容积室而非预控风缸。

（2）总风→塞门 157→紧急电空阀 264YV→板式放风阀 98 膜板下方（沟通列车管排大气通路）。

（3）总风→塞门 157→紧急电空阀 265YV→板式放风阀 94 膜板下方（沟通列车管排大气通路）。

（4）由于列车管压力急剧下降，紧急室压力来不及通过缩孔逆流到列车管，紧急鞴鞴失去平衡下移并压下夹心阀，开放列车管排风阀口，进一步加速列车管的排风。同时带动下部电联锁改变电路。

（5）总风→塞门 157→中立电空阀 253YV→总风遮断阀 181 左侧，切断总风进入中继阀的通路。

（6）均衡风缸压力空气→转换阀 153→制动高速电空阀 257YV→大气。

（7）均衡风缸→转换阀 153→重联电空阀 259YV→列车管（随列车管排入大气）。

（8）总风→塞门 134→调压阀 51（整定压力为 480 kPa）→单制高速电空阀 260YV→预控风缸。

注意：当 BCU 上空电联合钮子开关投入时，自动制动和电制动必须实现互锁，制动控制单元将通过 MVB 接口发送自动制动控制器的命令到机车主控制系统 CCU，此时 CCU 将判断是用空气制动还是用电制动来完成制动目标，当机车电制动投入时，制动缸压力将被缓解。

注意：如果电制动系统失效，电制动将被切除，自动制动与电制动互锁无效，根据大闸制动要求投入空气制动。

视频：DK-2 型机车制动机自动综合作用——小闸制动缓解

二、单独制动作用

单独制动作用，即型 DK-2 机车电空制动机处于电空位、非操纵端大闸置重联位、小闸置运转位、操纵端大闸处于运转位、操纵小闸手把在各位置时的综合作用，它还包括大闸处于制动区或紧急位、小闸手把置于侧压缓解位时的综合作用。该作用用于单独操纵机车的制动、保压与缓解。

单独制动以空气制动为基础来实现，由本务机车的司机专门操作，单独制动主要用于调车。

操作小闸仅会使机车产生单独制动而不会影响列车管压力。小闸手柄置于制动区时，将引起本务机车和被重联机车的制动；小闸手柄置于运转位时，将缓解本务机车和被重联机车。

单独制动具有阶段缓解和阶段制动功能。

（一）大闸运转位，小闸初制动位

该位置是小闸在制动区的起始位置，小闸位于该位置时，机车制动缸不会产生压力。

1. 电　路

◆主要输出：

和大闸运转位、小闸运转位一致。

2. 气　路

和大闸运转位、小闸运转位一致。

（二）大闸运转位，小闸制动区（包含全制动）

该区间是操纵机车进行单独制动的主要区间，小闸手柄在制动区移动可控制机车制动缸压力在 0～300 kPa 之间，全制动时机车制动缸压力达到最大 300 kPa，在此区间小闸能阶段缓解。

1. 电　路

◆主要输出：

（1）保护电空阀 263YV 得电。

（2）转换电空阀 262YV 得电。

（3）单制高速电空阀 260YV 得电。

2. 气　路

（1）总风→塞门 134→转换电空阀 262YV→切换阀 192（沟通预控风缸和分配阀均衡部的通路）。

（2）总风→塞门 134→调压阀 51（整定压力为 480 kPa）→单制高速电空阀 260YV→预控风缸→切换阀 192→作用管→分配阀均衡部。

（三）小闸侧压缓解位

将小闸手柄置于侧压缓解位可以实现单独缓解大闸产生的机车制动缸压力。常用制动的单独缓解不能被恢复，这就意味着机车制动缸缓解压力将不能随单独制动手柄返回而恢复；紧急制动后的单缓可以被恢复，即紧急制动后的制动缸压力被小闸侧压缓解后，随着小闸手柄复原制动缸压力又升至 450 kPa。

视频：DK-2 型机车制动机自动综合作用——小闸侧压缓解位

1. 电　路

◆主要输出：

（1）保护电空阀 263YV 得电。

（2）转换电空阀 262YV 得电。

（3）单缓高速电空阀 261YV 得电。

（4）紧急后的侧压缓解强缓电空阀 246YV 得电。

2. 气　路

◆常用制动侧压缓解：

（1）总风→塞门 134→转换电空阀 262YV→切换阀 192（沟通预控风缸和分配阀均衡部的通路）。

（2）分配阀均衡部压力空气→作用管→切换阀 192→预控风缸→单缓高速电空阀 261→大气。

◆紧急制动侧压缓解：

（1）总风→塞门 134→转换电空阀 262YV→切换阀 192（沟通预控风缸和分配阀均衡部的通路）。

（2）分配阀均衡部压力空气→作用管→切换阀 192→预控风缸→单缓高速电空阀 261→大气。

（3）分配阀均衡部压力空气→作用管→强缓电空阀 246YV→大气。

三、后备制动作用

为确保安全运行，特设置后备制动作用。后备制动作用只是作为电空位故障的一种应急补救操纵措施，以免在区间途停而影响线路的正常运行，它是一种纯空气的制动作用，如图 5-55 所示。正因为如此，在该位操纵时，不具备电空位操纵时那样齐全的功能，而只保证控制全列车的制动和缓解的基本功能。后备制动有 3 个操作位置：缓解位、中立位、制动位。

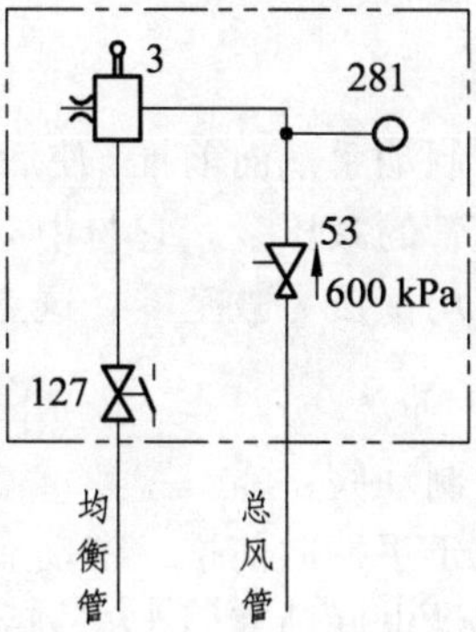

3—后备制动阀；53—后备制动调压阀；127—后备制动塞门；281—压力检测口。

图 5-55 后备制动作用气路原理

（一）缓解位

1. 作 用

将后备制动手柄往后拉，使后备制动阀处于缓解位，使均衡风缸充气增压，使全列车得到缓解。

2. 气 路

◆后备制动阀：

（1）由于手柄向后拉，带动后备制动阀内柱塞向后运动，使总风管压力空气→调压阀 53（调整压力为列车管定压）→后备制动阀→后备制动电联锁塞门 127→均衡管→均衡风缸。

（2）均衡风缸压力上升，直至列车管定压。

◆中继阀：

由于均衡风缸压力上升，使中继阀处于充风缓解位，列车管压力也开始上升，直至列车管定压。

◆分配阀：

（1）由于列车管压力上升，主阀部呈充风缓解位，工作风缸充风。

（2）均衡部压力空气经容积室再经 156 塞门排向大气，机车制动缸缓解。

（二）中立位

1. 作 用

全列车制动前的准备及制动后的保压。此位置调压阀管与均衡风缸管以及均衡风缸管与大气的通路均被切断，均衡风缸保压，但中继阀的总风遮断阀不关闭，即中继阀能对列车管补风，这点在使用操纵时应特别注意。

2. 气 路

◆后备制动阀：

所有气路均不通。

◆中继阀、分配阀：

中继阀和分配阀处于保压位。

（三）制动位

1. 作　用

将后备制动手柄向前推，使后备制动阀处于制动位，后备制动手柄在该位置停留时间，控制着列车管的减压量。它与中立位配合使用可实现列车管常用阶段减压。该位置长时间停留，可使均衡压力减至零，这点在使用操纵时也应特别注意。

2. 气　路

◆后备制动阀：

（1）由于手柄向前推，带动后备制动阀内柱塞向前运动，使均衡风缸压力空气→均衡管→后备制动电联锁塞门 127→后备制动阀排大气缩孔→大气。

（2）开放了均衡风缸与大气的通路，均衡风缸减压。

◆中继阀：

由于均衡风缸压力下降，使双阀口中继阀呈制动位，列车管压力也随之下降，但总风遮断阀仍处开放状况。

◆分配阀：

（1）由于列车管压力下降，主阀部处于制动位，工作风缸向容积室充风，容积室压力上升。

（2）均衡部处于制动位，开放总风与制动缸通路，机车制动缸增压。

学习指导

学习 DK-2 型机车制动机的综合作用，要在掌握各主要部件的控制关系、气路控制关系以及各气动阀结构和工作原理的基础上，按照不同的工作方式来学习。

项目自检

1. DK-2 型机车制动系统主要由哪些部件组成？
2. DK-2 型机车制动控制器有什么功能？
3. 制动显示屏都显示哪些制动信息？
4. 中继阀由哪些部件组成？简述其工作原理。
5. 分配阀由哪些部件组成？简述其工作原理。
6. 紧急阀由哪些部件组成？简述其工作原理。
7. 重联阀由哪些部件组成？简述其工作原理。
8. 后备制动阀、单缓按钮、紧急制动按钮和停放制动按钮如何操作？
9. 简述主压缩机启停控制模块的组成及工作原理。
10. 简述均衡压力控制模块的组成及工作原理。
11. 简述列车管压力控制模块的组成及工作原理。
12. 简述制动缸控制模块的组成及工作原理。
13. 简述停放制动控制模块的组成及工作原理。
14. 简述升弓控制模块的组成及工作原理。
15. 简述撒砂控制模块的组成及工作原理。
16. 简述制动控制单元 BCU 的作用。
17. 分析 DK-2 型机车制动机的综合作用。

项目六　基础制动装置

项目描述

制动机控制制动缸压力，但制动缸压力只有转化为制动力才能真正实施制动。制动基础制动装置的作用就是将制动缸压力经放大后转化为闸瓦压力，进而转化为闸瓦摩擦力，最终通过轮轨作用转化为制动力，实施制动。当闸瓦摩擦力突破轮轨摩擦力限制时，就会出现滑行，滑行不仅极大地降低了制动性能，还会对轮轨造成损伤，这就需要防滑系统能及时检测到此现象并消除滑行。本项目主要学习和谐型电力机车机车基础制动装置、防滑系统，并对制动力进行分析判断。

知识目标

1. 掌握 HXD 型电力机车基础制动装置的结构。
2. 掌握闸瓦间隙自动调整原理。
3. 掌握制动倍率、制动率、传动效率等概念。

能力目标

1. 会分析 HXD 型电力机车基础制动装置的工作原理。
2. 会对 HXD 型电力机车基础制动装置进行日常维护。
3. 会分析空气防滑器工作原理。
4. 会对制动力进行分析，判断是否会出现滑行。

思政目标

1. 培养“敬业爱岗、遵章守纪、乐于奉献”的职业精神。
2. 牢记“安全第一、以质量促安全”的职业规范。
3. 树立“因果”理念，弘扬“精益求精”工匠精神。

任务一　HXD1C 型电力机车基础制动装置认知

任务描述

1. 学习、掌握 HXD1C 型电力机车基础制动装置与停放制动装置的结构与工作原理。
2. 分析闸瓦间隙自动调整的过程及原理。
3. 会操作使用基础制动装置。

知识储备

一、HXD1C 型电力机车基础制动装置与停放制动装置概述

轮盘制动装置采用轮装式制动盘加盘形制动单元的制动方式，是适应高速机车及重载货运机车的基础制动装置，其优点是制动功率大、制动性能可靠、使用维护性好、产品互换性好、性能先进、对踏面无损伤。它除了最适合需要大功率制动的高速客运机车和重载货运机车使用外，如果对其结构做适当的改动，其使用范围还可以延伸至高速铁道客车、快速城市轨道车辆等领域。随着世界铁路技术的不断发展，追求高速和重载化的发展方向，轮盘制动装置也得到了日益广泛的运用。

HXD1C 型机车轮盘制动装置主要由 JPXZ-1 型盘形制动器、JPXZ-2 型盘形制动器、制动盘安装、合成闸片四部分组成。其中 JPXZ-1 型盘形制动器不带蓄能制动；JPXZ-2 型盘形制动器带蓄能制动，它可在空气制动时提供制动力，也可在停放制动时提供停放制动力。

二、HXD1C 型电力机车轮盘制动装置的主要技术参数

（1）制动器参数见表 6-1。

表 6-1　制动器参数

序号	项目	1 型盘形制动器	2 型盘形制动器
1	450 kPa 时盘形制动缸空气制动力/kN	12.4 ~ 13.4	12.4 ~ 13.4
2	盘形制动缸停放制动力/kN		25 ~ 33
3	闸片与制动盘双边正常间隙之和/mm	2 ~ 4	2 ~ 4
4	制动倍率	2.65	2.65

（2）制动盘安装参数见表 6-2。

表 6-2　制动盘安装参数

序号	名　称	参　数
1	制动盘内外圆规格	ϕ1 040 mm ~ ϕ740 mm
2	制动盘厚度	52.5 mm
3	制动盘安装重量	172 kg

三、HXD1C 型电力机车轮盘制动装置的结构及技术说明

（一）JPXZ-1 型盘形制动器的结构及技术说明

JPXZ-1 型盘形制动器主要由不带停放制动的盘形制动缸和夹钳机构（即为制动夹钳杠杆）组成，而不带停放制动的盘形制动缸主要分为制动缸部件、间隙调整机构、丝杆复位机构等（见图 6-1）。

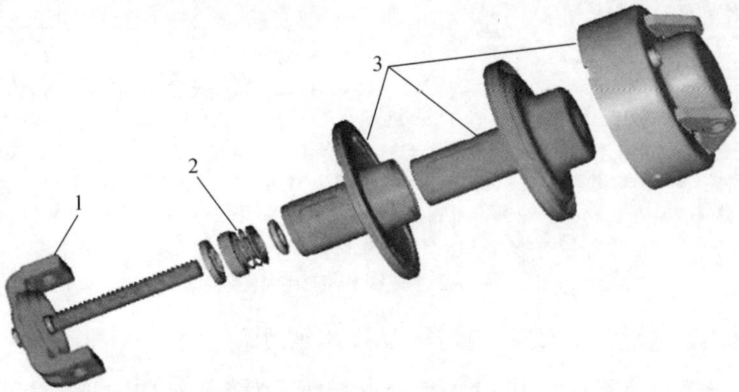

1—调整丝杆复位机构；2—非自锁螺纹间隙调整机构；3—制动缸部件。

图 6-1　不带停放制动的盘形制动缸装配分解图

1. 制动缸部件

制动开始以后，进入制动缸的压缩空气通过推动勾贝，将制动力通过套筒和锥形螺母传递到调整丝杆。当气缸体排气时，主压缩弹簧使勾贝组成返回到缓解的位置。

2. 非自锁螺纹间隙调整机构

非自锁螺纹间隙调整机构具有自动调整闸片与制动盘间隙的功能。它能补偿由于制动产生的磨耗所造成的过大的制动闸片间隙。JPXZ-1 型盘形制动器在更换制动闸片后，当间隙大于制动装置设定的工作行程时，非自锁螺纹间隙调整机构将过大的间隙识别为磨耗，并且在其后的间隙调节中对它进行补偿，就如同磨耗制动后它要进行的操作一样。

在制动过程中，这种机构能快速补偿由于磨耗或其他因素而引起的制动行程的增大，从而使制动缸勾贝移动行程保持不变。

3. 调整丝杆复位机构

调整丝杆复位机构通过旋转平面离合器的螺盖能使调整丝杆自由伸缩，保证更换闸片方便。在正常制动时，调整丝杆又能通过齿套以及波形弹垫而保持其不发生转动，从而可靠、有效地进行制动。

4. 夹钳机构

夹钳机构主要由横架体装配、纵架体装配、左右闸片托体装配、固定叉体装配、吊挂螺栓以及一些销、减磨垫等组成（见图 6-2）。

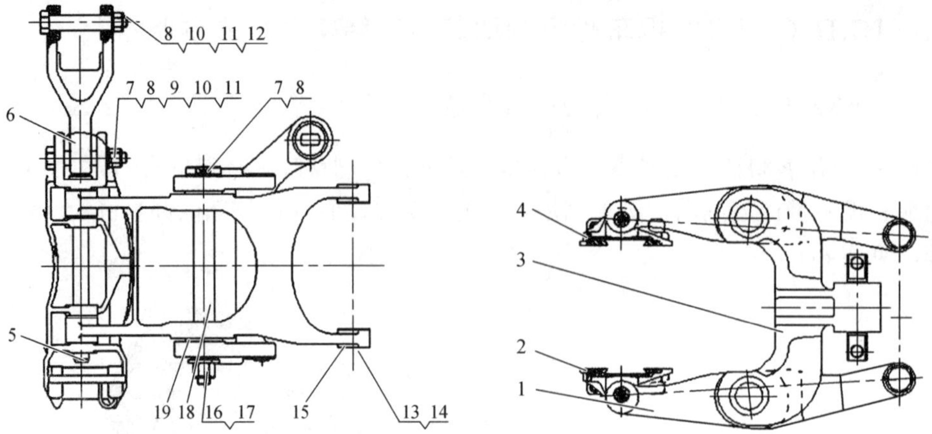

1—纵架体装配；2—左闸片托装配；3—横胶架装配；4—右闸片托装配；5—销；6—固定叉装配；7—螺套；8—润滑脂；9—安装螺栓 1、2；10—六角锁紧螺母 M16；11—平垫圈 16；12—吊挂螺栓；13—安装座；14—轻型弹簧垫圈；15—减磨垫 2；16—六角锁紧螺母 M20；17—垫圈；18—连接螺栓；19—减磨垫 1。

图 6-2　夹钳机构结构图

（二）JPXZ-2 型盘形制动器的结构及技术说明

JPXZ-2 型盘形制动器是以 JPXZ-1 型盘形制动器为基础结构，并在此基础增加了手柄组成（24）、连接座（20）、蓄能缸体缸（22）、楔块组成（21）等几部分组成（见图 6-3）。

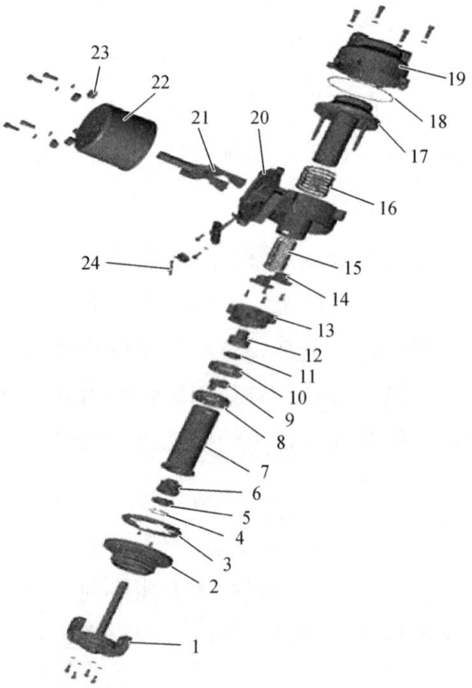

1—盖组成；2—防尘罩；3—罩；4—弹性卡环；5—伞齿螺母；6—调整机构；7—滑套；8—定位螺母；9—定位卡环；10—锁紧螺母；11—引导机构；12—弹簧座；13—滑动组成；14—支撑轴承组成；15—引导弹簧；16—压缩弹簧；17—勾贝组成；18—大 O 形圈；19—气缸体组成；20—连接座；21—楔块组成；22—蓄能制动缸；23—搭扣；24—手柄组成。

图 6-3　JPXZ-2 型盘形制动器部件装配分解图

（1）手柄组成（24）限制棘轮盘旋转，拉动时起缓解作用。

（2）连接座（20）连接蓄能缸体组成、气缸体组成，是各部件安装的基础。

（3）蓄能制动缸（22）（见图 6-4）：蓄能缸充气时，其内的蓄能活塞移动，推动楔块组成（21），起制动缓解作用。

（4）楔块组成（21）：气缸体充气时，其内的勾贝组成移动，起制动作用。

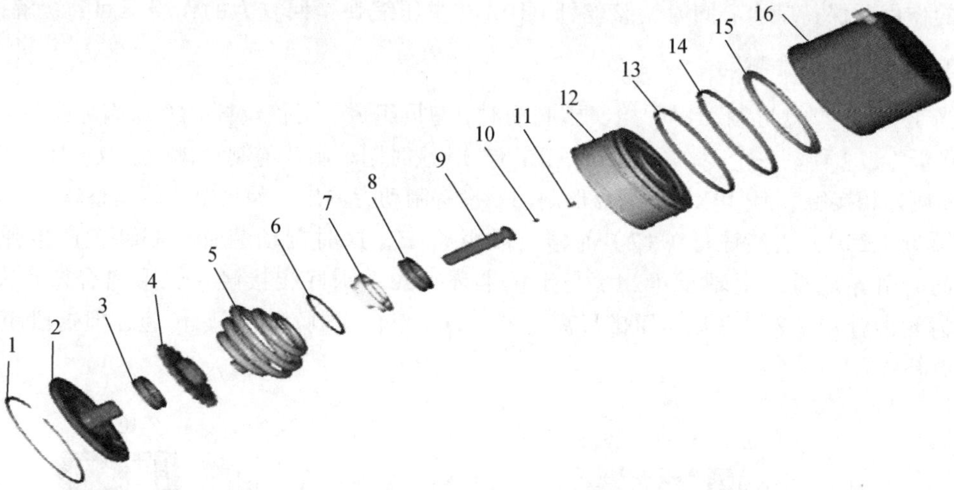

1—挡圈 2；2—托盘；3—轴承；4—棘轮盘；5—橄榄簧；6—挡圈 1；7—上弹簧座；8—轴承；9—三头丝杆；10—小弹簧；11—球头销；12—蓄能活塞；13、14—衬圈；15—皮碗；16—蓄能缸体。

图 6-4　蓄能制动缸分解图

（三）制动盘安装的结构及技术说明

制动盘安装主要由制动盘、销、螺栓、防松螺母、弹性套、橡胶弹垫六部分组成，其中 2 个制动盘通过 6 个销连接在车轮的幅板上，同时通过 18 个防松螺母与螺栓紧固（见图 6-5）。

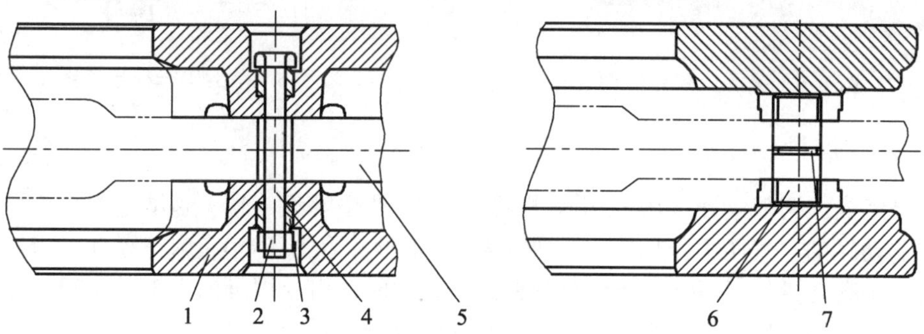

1—制动盘；2—防松螺母；3—弹性套；4—螺栓；5—幅板；6—销；7—橡胶弹垫。

图 6-5　制动盘安装结构图

四、HXD1C 型电力机车轮盘制动装置的工作原理

（一）JPXZ-1 型盘形制动器的工作原理

1. 缓解位置

如图 6-6 所示，JPXZ-1 型盘形制动器处于缓解状态时，制动缸与大气相通，勾贝（40）在主压缩弹簧（37）回复力的作用下回到缓解位置。齿轮离合器（Z）在引导弹簧（30）弹力的作用下保持啮合，同时调整丝杆（10）在主压缩弹簧回复力的作用下回到缓解位置。

2. 无磨耗间隙制动

当 JPXZ-1 型盘形制动器开始实施制动时，勾贝组成、调整丝杆（10）、引导螺母（25）、调整螺母（17）移动一个工作行程 *A*（见图 6-7），这时制动闸片与制动盘、定位卡环（22）与弹簧座刚好相接触，但 JPXZ-1 型盘形制动器没有制动力输出。勾贝组成、调整丝杆（10）、引导螺母（25）、调整螺母（17）前移一段距离 *E*，这时制动装置与制动盘产生弹性变形，此时引导螺母的上轴承（24）与定位卡环（22）刚好相接触，锥形离合器（N）脱开，齿轮离合器（Z）脱开，而锥形离合器（D）啮合，制动力开始传递，但这段距离 *E* 不会被补偿。

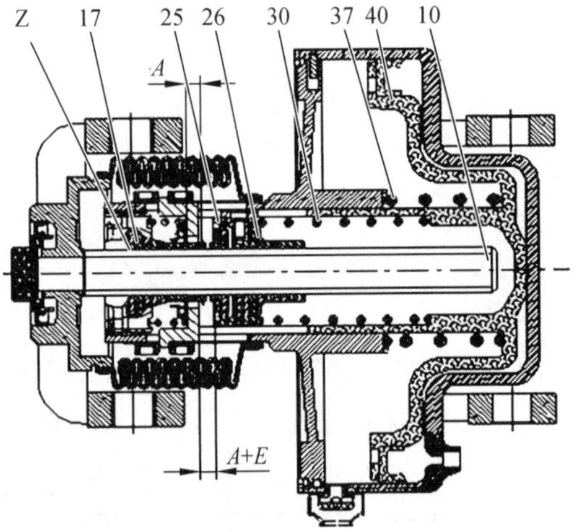

图 6-6　缓解位置示意图

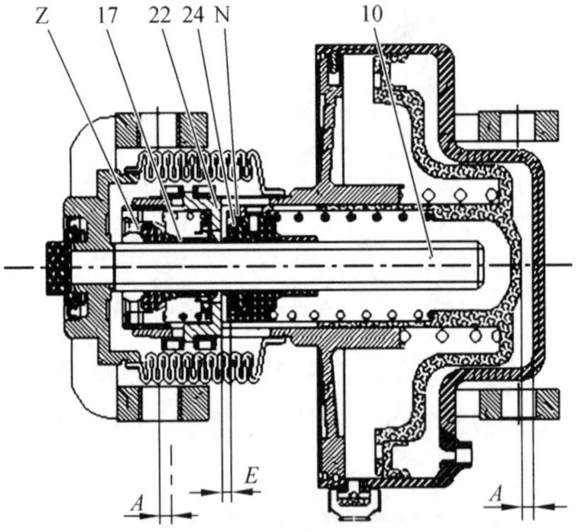

图 6-7　工作行程示意图

3. 有磨耗间隙制动

勾贝组成、调整丝杆（10）、引导螺母（25）、调整螺母（17）移动一段距离 $A+E$ 以后，在制动缸的空气压力作用下，勾贝（40）、锥形离合器（D）、调整螺母、调整丝杆向前运行一个磨耗量的行程 *V*。当调整丝杆向前运动时，引导螺母的上轴承（24）与定位卡环（22）相接触，导向螺母开始旋转，直到导向螺母相对于调整丝杆向后移动距离 *V*，如图 6-8 所示。

4. 正常间隙缓解

制动单元缓解时，作用在勾贝上的空气压力消失，从而制动闸片上的制动力也消失。

在主压缩弹簧（37）的作用下，勾贝组成、调整丝杆（10）、引导螺母（25）、调整螺母（17）开始向相反方向移动，移动过距离 E 以后，系统弹性变形消失（见图 6-9），此时，锥形离合器（D）脱开。由于调整丝杆的非自锁，调整弹簧（18）推动调整螺母在调整丝杆上移动直到推力轴承（19）与定位卡环（22）重新接触（见图 6-10），此时调整螺母相对调整丝杆正好向后运行一个磨耗量 V。由制动引起的磨耗由调整螺母在制动缓解过程中相对于调整丝杆的位置改变来补偿，并且到下一次实施制动时，工作行程 A 重新与制动装置的设置值相符。同时，在主压缩弹簧（37）的作用下，齿轮离合器（Z）锁紧，调整丝杆（10）、引导螺母（25）、调整螺母（17）继续向后移动一段距离 A 到达缓解位置。

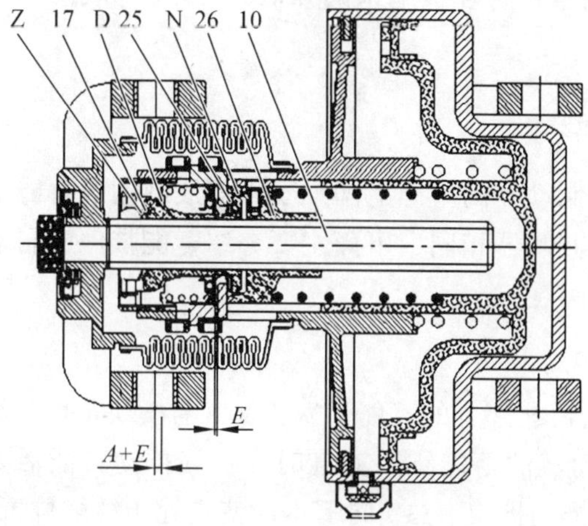

图 6-8　弹性性变示意图

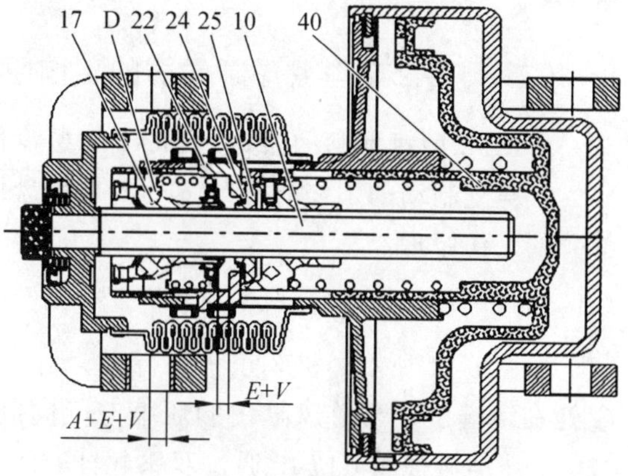

图 6-9　有磨耗间隙制动示意图

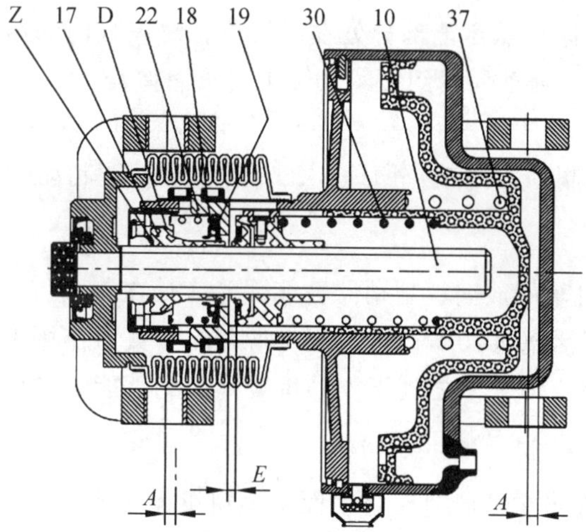

图 6-10　磨耗补偿示意图

5. 过量间隙制动

更换制动闸片后的间隙通常大于实际工作中所用的间隙，也就是说，间隙 × 制动装置的倍率与制动装置设定的工作行程不符。

当间隙 × 制动装置的倍率大于工作行程，但又小于勾贝的有效行程（勾贝的有效行程 = 勾贝总行程 – 离合器的间隙）时，在更换制动闸片后第一次实施制动时，制动闸片在经过工作行程后并不立即与制动盘接触。当制动闸片与制动盘接触前，勾贝（40）和调整丝杆（10）必须还要向前运动一段由非自锁螺纹间隙调整机构识别为磨耗，并在制动装置缓解时自动补偿的距离。制动装置缓解结束时，制动闸片的间隙与正常值相符。

当间隙 × 制动装置的倍率大于勾贝的有效行程时，制动装置的一次最大调整量等于勾贝行程减去制动装置的工作行程，对制动装置施加一次“制动”动作，制动闸片将不会与制动盘接触。同样，非自锁螺纹间隙调整机构将距离识别为磨耗，而在接下来的“缓解”过程中，进行最大的调节，并且剩下的调整量将在接下来的几次“制动”“缓解”中调整。

（二）JPXZ-2 型盘形制动器的工作原理

JPXZ-2 型盘形制动器是在 JPXZ-1 型盘形制动器的基础上增加了带停放制动的蓄能部分，其空气制动的工作原理与 JPXZ-1 型盘形制动器相同，下面主要介绍蓄能带停放制动部分的工作原理。

1. 运行蓄能缓解状态

如图 6-11 所示，机车正常运行时，制动器蓄能部分的蓄能活塞（20）与楔块（13）都应处在缓解位。当总风缸内的压缩空气向制动器的蓄能缸内充气时，空气推动蓄能活塞（20），压缩橄榄簧（17），通过双头丝杆（18）推动楔块（13）向下运动使之处于缓解位置，此时弹簧开始储存能量，蓄能制动处于缓解状态。

2. 运行制动状态

机车正常运行时，制动器蓄能部分处在缓解位，总风缸内的压缩空气向制动器气缸体组成（12）充气时，空气推动勾贝组成（10）压缩压缩弹簧（9）向左移动，与此同时调整机构组成（4）、四头丝杆（11）、盖组成（5）等向左移动，带动夹钳机构从而执行制动（参见“JPXZ-1 型盘形制动器的工作原理”），此时，对蓄能制动缸没有任何影响。

3. 停放制动状态

如图 6-12 所示，机车停放时，制动器蓄能部分应处在制动位。当制动器的蓄能缸内压缩空气被排出时，蓄能活塞（20）在橄榄簧（17）的弹簧力作用下向下移动，同时通过三头丝杆（18）拉动楔块（13）使之处于制动位置，起到蓄能制动作用。

4. 手缓解状态（停放缓解状态）

如图 6-13 所示，机车在停放时要移动而又无司机操纵或机车无风时，只能对停放制动施行手动缓解，只要拉动手柄组成（24）就可进行缓解。当拉动手柄组成（24）时，手柄离开棘轮盘（15）的棘爪，蓄能制动器上的橄榄簧（17）、上弹簧座（19）、棘轮盘（15）等组成的整体发生旋转，非自锁螺纹完全解锁，楔块（13）与蓄能活塞（20）分别向下和向上移动，直至许可极限位置，此时压缩弹簧（9）推动勾贝组成（10）回到缓解位置，从而达到缓解制动器的目的。

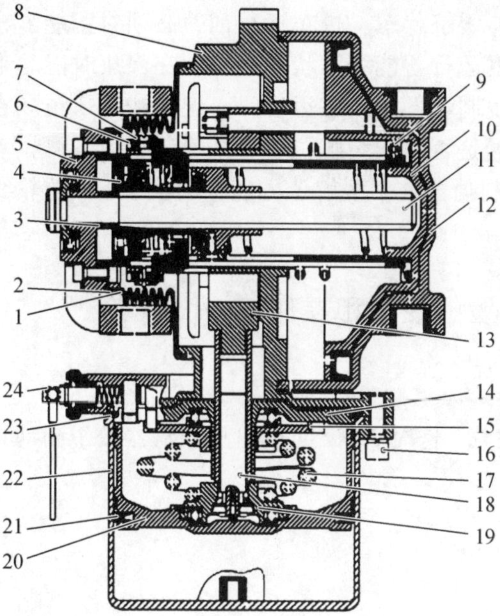

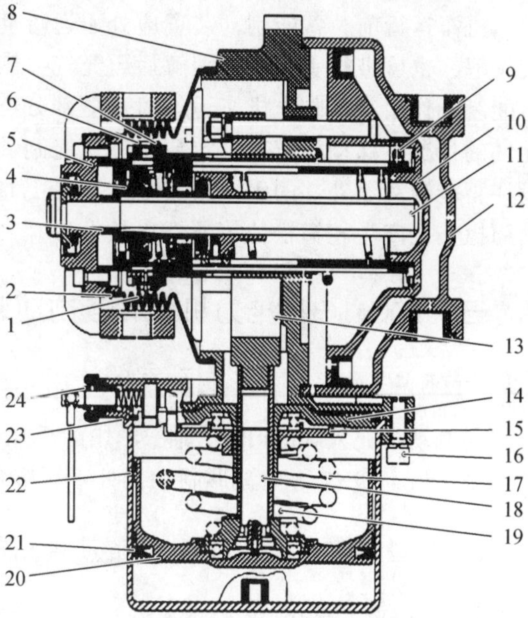

1—防尘罩；2—喷嘴；3—引导机构组成；4—调整机构组成；5—盖组成；6—定位螺母；7—锁紧螺母；8—连接座；9—压缩弹簧；10—勾贝组成；11—四头丝杆；12—气缸体组成；13—锲块；14—托盘；15—棘轮盘；16—螺钉；17—橄榄簧；18—丝杆；19—上弹簧座；20—蓄能活塞；21—皮碗；22—蓄能缸体；23—挡圈；24—手柄组成。

图 6-11　运行蓄能缓解状态工作示意图　　　图 6-12　停放制动状态工作示意图

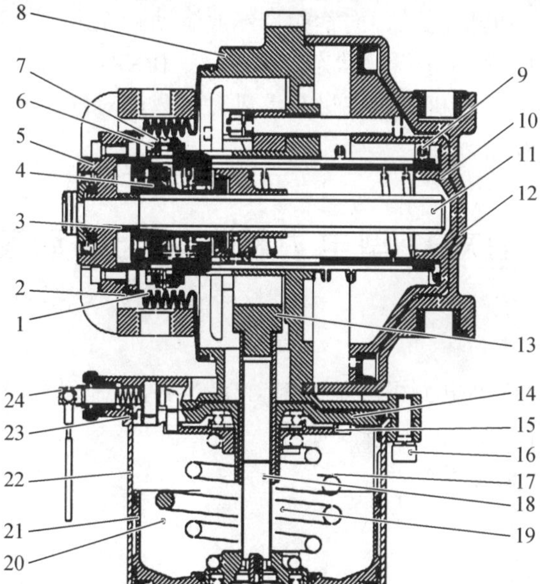

1—防尘罩；2—喷嘴；3—引导机构组成；4—调整机构组成；5—盖组成；6—定位螺母；7—锁紧螺母；8—连接座；9—压缩弹簧；10—勾贝组成；11—四头丝杆；12—气缸体组成；13—锲块；14—托盘；15—棘轮盘；16—螺钉；17—橄榄簧；18—丝杆；19—上弹簧座；20—蓄能活塞；21—皮碗；22—蓄能缸体；23—挡圈；24—手柄组成。

图 6-13　手缓解状态工作示意图

机车运行前，蓄能制动装置应处于运行蓄能缓解状态。机车运行前，必须对蓄能缸充气缓解，也可进行手动快速缓解后再充气，恢复运行蓄能缓解状态，以便在停放时能起到蓄能制动作用。为防止机车运行时蓄能部分产生制动，所以在运行时一定要注意风压。在无气的情况下移动机车，一定要检查蓄能制动器是否处于缓解位。若处于制动位，可拉动设在蓄能制动器外部的手柄组成（24），使蓄能制动器处于缓解位方能移动机车，以防轮缘踏面擦伤或产生轮箍松弛等恶性事故发生。

五、HXD1C 型电力机车轮盘制动装置的使用和操作

（一）JPXZ-1 型盘形制动器的使用和操作

向制动缸充入 450 kPa 清洁、干燥的压缩空气，这时 JPXZ-1 型盘形制动器处于制动状态，排风后，JPXZ-1 型盘形制动器处于缓解状态。

（二）JPXZ-2 型盘形制动器的使用和操作

1. 单元制动缸制动、缓解

向蓄能带停放制动缸充入 550 kPa 清洁、干燥的压缩空气，使蓄能缸缓解，再向单元制动缸充入 450 kPa 清洁、干燥的压缩空气，这时 JPXZ-2 型盘形制动器处于制动状态，单元制动缸排风后，JPXZ-2 型盘形制动器处于缓解状态。

2. 蓄能带停放制动缸制动、缓解

在单元制动缸无压力的情况下，向蓄能带停放制动缸充入 550 kPa 清洁、干燥的压缩空气，JPXZ-2 型盘形制动器处于缓解状态，排风后，JPXZ-2 型盘形制动器处于制动状态。机车在停放时要移动而又无司机操纵或机车无风时，只能对停放制动施行手动缓解，只要拉动手柄组成就可进行缓解。

任务二　HXD2 型电力机车基础制动装置认知

任务描述

1. 学习、掌握 HXD2 型电力机车基础制动装置与停放制动装置的结构与工作原理。
2. 分析闸瓦间隙自动调整的过程及原理。
3. 会操作使用基础制动装置。

知识储备

一、HXD2 型电力机车基础制动装置简介

BFC/BFCF 制动装置是一种小型的空气制动装置，其内部机械力能够将力放大 5.5 倍，而且它还设置了闸瓦间隙调节器。由于它体积小、质量轻，所以特别适合在有限的空间安装使用。而且内部机械力能够扩大，并设置了标准化的接口。

HXD2 型电力机车上装配的 BFC/BFCF 闸瓦和车轮之间的制动间隙是 8 mm。每个转向架装配 3 个 BFC 和 1 个 BFCF。

BFC 有 1 个进气口，接口尺寸为 1/2″。BFCF 有 2 个进气口，一个直接连常用制动缸，是 1/2″，另一个通过 X 阀进入停放缸，是 1/4″。

二、HXD2 型电力机车基础制动装置的组成与技术参数

（一）组　成

BFC/BFCF 制动装置主要包括铸造制动缸、楔形的力放大器、自动间隙调整器、闸瓦托等部件。BFCF 还包含停放缸（弹簧缸）和 X 阀。其外观如图 6-14 所示。

视频：闸瓦制动装置的结构组成

图 6-14　BFC 制动装置的外观

（二）技术参数

380 kPa 时，制动装置的输出力：46.9 kN。
楔子的角度：10.2°。
气缸允许最高压力：500 kPa。
最大允许输出力：50 kN。
试验的最高压力或紧急情况下允许的最高压力：800 kPa。
实施制动时，制动闸瓦的最大行程：14 mm。
最大的间隙调整距离：125 mm。
制动闸瓦与车轮的间隙：8 mm。
油漆：粉末涂料。
颜色：黑色。

（三）工作原理

压力（不一定是气压，也可能是活塞推杆）施加到制动气缸上时，推动带楔形块的活塞向下移动，此时楔形块推动间隙调整器向前移动，将纵向运动变为横向运动，从而推动制动闸进行制动。

1. 楔子的主要原理

BFC/BFCF 的放大制动力是以楔子的工作原理为依据。固定在制动缸上的两个楔形块纵向插入间隙调整器机构的轴承之间，所以装置特别紧凑，表面的淬火楔子会将力放大。当压力作用在活塞头上时，向下推动楔形块，楔形块向前挤压轴承，借助间隙调整器机构将输出力传递到制动闸瓦。在这个过程中楔形块将力放大。由于制动力要求不同，选用的楔子角度也会不同。常用制动的最大输出力为 13 ~ 70 kN。HXD2 型电力机车配置的踏面制动单元的最大制动力，常用制动是 45.08 ~ 48.35 kN，停放制动是 34.58 ~ 39.65 kN。楔子的结构、原理如图 6-15 所示。

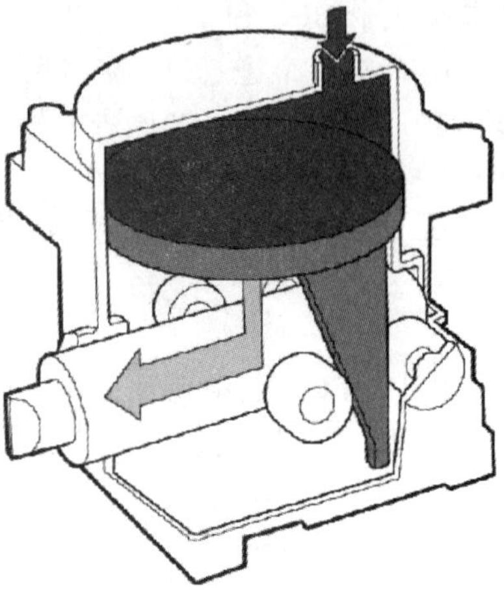

图 6-15 楔子的结构、原理

2. 间隙调整器的工作原理

1）缓解位

缓解位如图 6-16 所示。

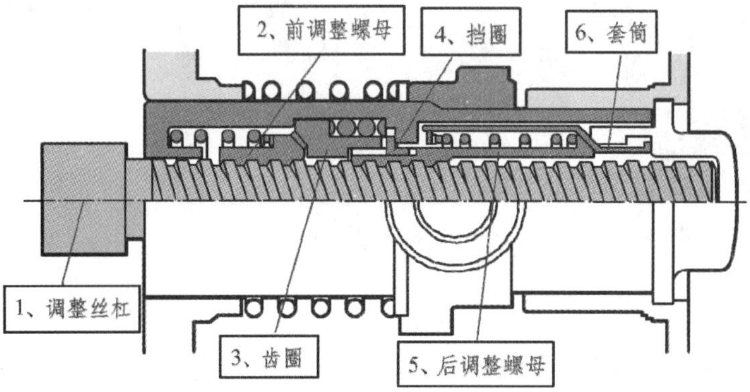

图 6-16 闸瓦间隙调整器的结构示意图（缓解位）

视频：闸瓦间隙调整器的工作原理

闸瓦调整装置组件如图 6-17 所示。

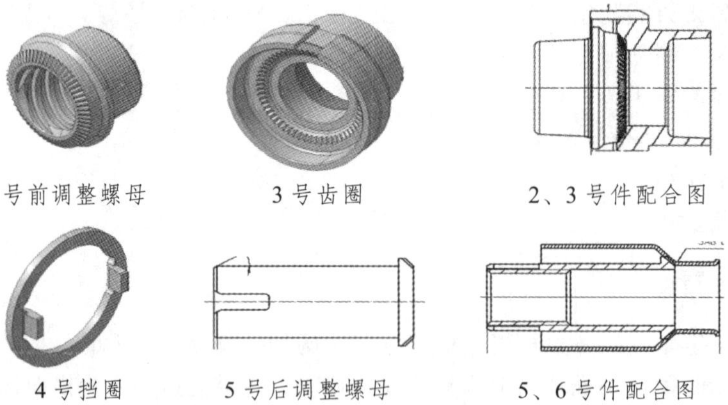

图 6-17 闸瓦调整装置组件图

2）准备制动（临界状态）

准备制动临界状态如图 6-18 所示。

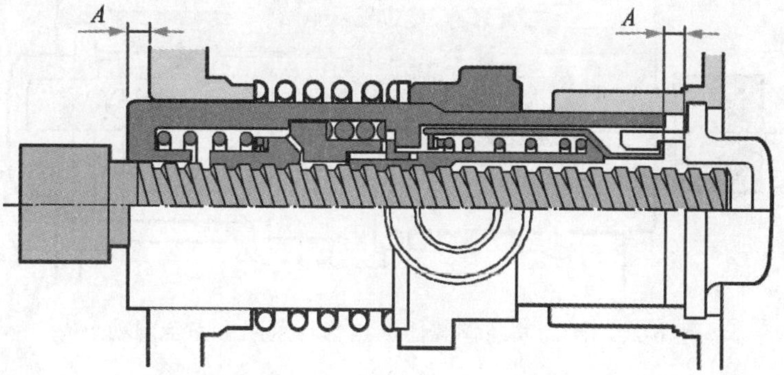

图 6-18　闸瓦间隙调整器的结构示意图（准备制动临界状态）

气压推动活塞向下运动，活塞上的楔形块推动轴承将纵向运动转变为横向运动。

间隙调整器整体移动距离 A 等于闸瓦和轮缘之间的距离。在这种情况下，不传动制动力。力的传递过程为：楔形块、YOKE、调节器套筒、弹簧 12、齿圈、前调节螺母、丝杠、后调节螺母。此时 12 号弹簧只发生一点压缩，但由于刚度足够大（44 N/mm），足够推动丝杠前进了。

3）需要调整的制动间隙过大

需要调整的制动间隙过大，大于 A 值，如图 6-19 所示。

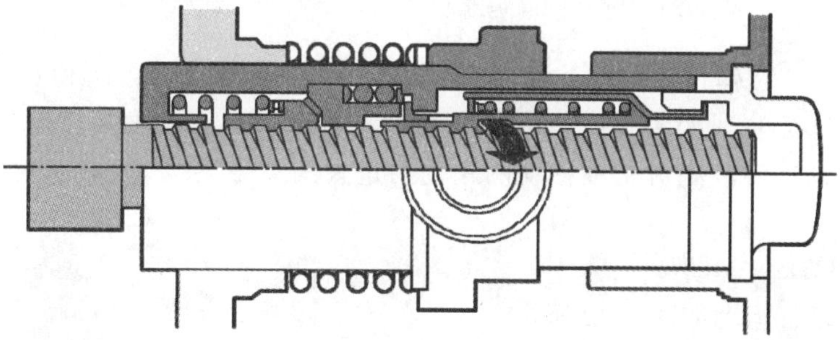

图 6-19　闸瓦间隙调整器的结构示意图（间隙过大）

需要调整的距离 $L = A + e$，间隙调整器移动到距离 A 以后，因闸瓦没受到阻力，间隙调整器继续前进 e，后螺母在弹簧的弹力作用下在主轴上反方向旋转，相对主轴移动的距离与过大间隙 e 相等。

4）完全制动

完全制动如图 6-20 所示。

随着压力的进一步增加，间隙调整器继续前进一个距离 e，在这个行程期间，是传递制动力的。压缩弹簧 E、夹紧零件 B 防止前螺母旋转，不允许要调整的现象发生。

5）制动缓解

制动缓解如图 6-21 所示。

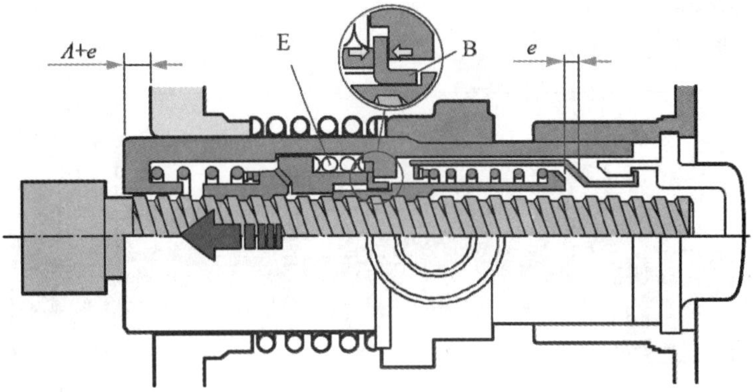

图 6-20　闸瓦间隙调整器的结构示意图（完全制动）

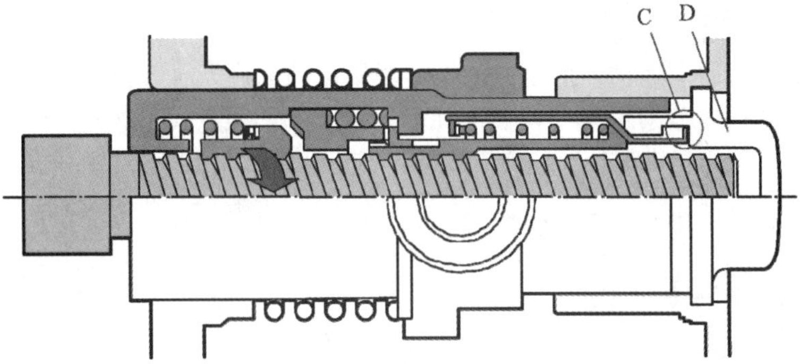

图 6-21　闸瓦间隙调整器的结构示意图（制动缓解）

制动缓解时，在弹簧的作用下调整器后移。后调整螺母旋转再次和 6 号小套筒啮合。丝杠后退，C 部分靠到 D 部分上，前调整螺母与齿圈脱离，在弹簧作用下迫使前调整螺母在主轴上反向旋转，相对主轴移动的距离与过大间隙 e 相等。因此，增加了调整器的长度。

6）手动调节丝杠运动

手动调节丝杠运动如图 6-22 所示。

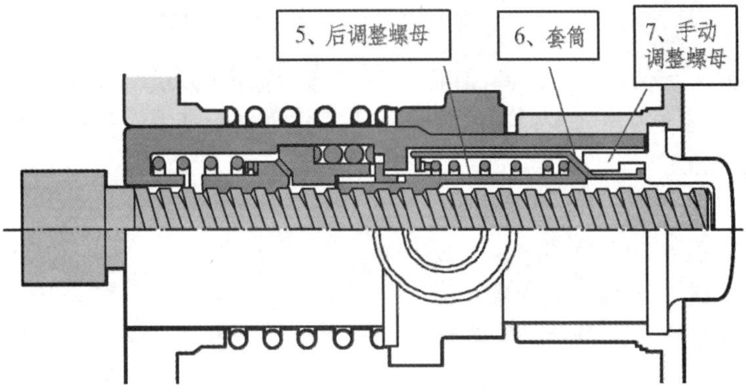

图 6-22　闸瓦间隙调整器的结构示意图（手动调节）

3. 停放缸的工作原理

1）停放缸缓解位

停放缸缓解位如图 6-23 所示。

空气压力作用在停车制动气缸 4 上，使弹簧 1 和弹簧 2 压缩，停车制动保持在缓解位。

视频：停放制动装置的组成和作用原理

2）停车制动与缓解

如图 6-24 所示，停车制动实施时，弹簧制动气缸开始排气。弹簧 1 和弹簧 2 扩张，借助轴承、旋转套筒 5 以及棘轮机构和活塞推杆 6 传递弹簧的力。当活塞推杆 6 向下移动到常用制动气缸时，就会向下推动常用制动活塞，然后通过 BFC 的间隙调整器部分来实施制动。

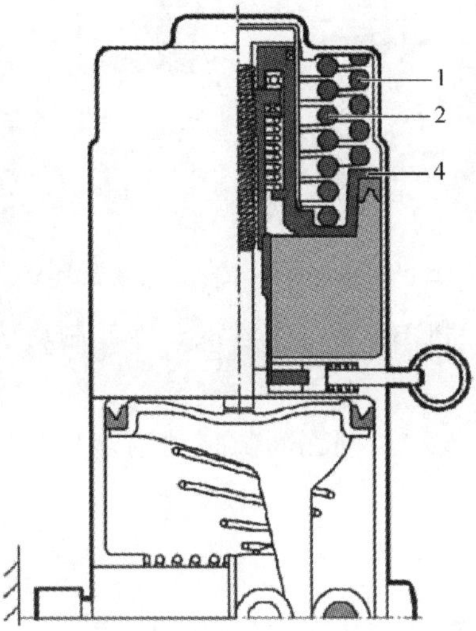

图 6-23 停放制动缸的结构、原理（缓解位）

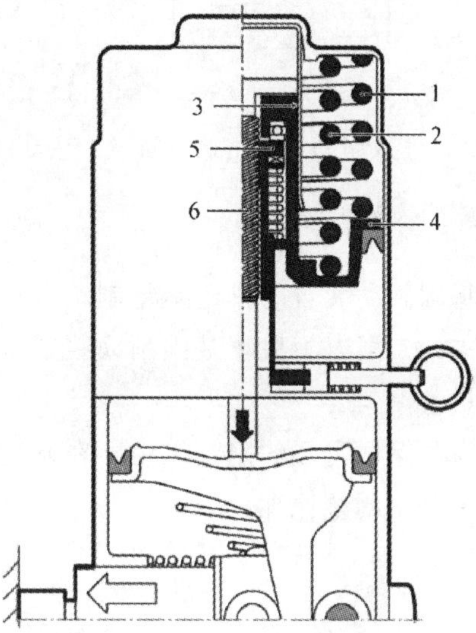

图 6-24 停放制动缸的结构、原理（停车制动位）

停车制动缓解时，弹簧制动气缸重新接纳压缩空气，活塞位 4 向上移动到初始位，重新压缩弹簧 1 和弹簧 2。

3）手动缓解与重新复位

手动缓解与重新复位如图 6-25 所示。

实施停车制动时，借助拉环 7 完成手动缓解。松开棘轮销与棘轮装置 8 之间的锁紧机构。所以来自弹簧 1 和弹簧 2 的力迫使棘轮装置 8 自由旋转。活塞向上移动，同时向上推动活塞推杆 6，直到完全缓解为止。

弹簧制动气缸重新充入压缩空气后，棘轮机构复位。推动活塞 4 压缩弹簧 1 和弹簧 2，使棘轮机构反转，使停车制动充满压缩空气复原，准备实施下次制动。

4）常用制动

如图 6-26 所示，实施常用制动时，空气的压力作用在常用制动气缸的活塞上。借助楔子、可移动的前轴承、间隙调整器将活塞的力传递到制动闸瓦。借助停车制动缓解空气压力使停车制动活塞 4 保持在缓解位。

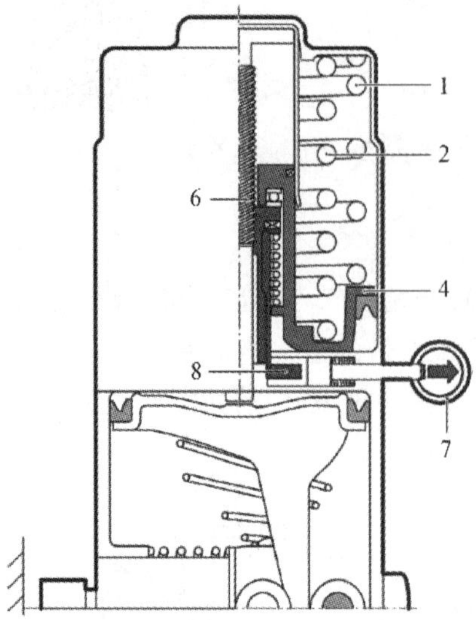

图 6-25　停放制动缸的结构、原理（手动缓解）

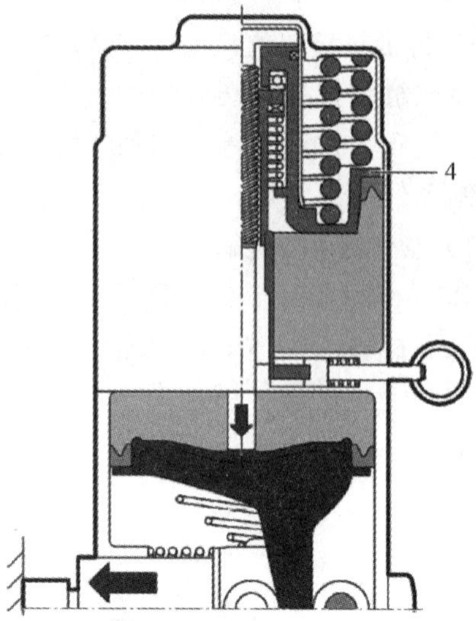

图 6-26　停放制动缸的结构、原理（常用制动）

学习指导

基础制动装置的作用是将制动缸压力转换为制动力，在转换的过程中进行放大。

HXD2 型电力机车基础制动装置分为两种，BFC 和 BFCF，前者没有停放制动功能，后者具备。

为了保证可靠的制动作用，在基础制动装置中均设置了闸瓦间隙自动调整装置，注意学习其自动调整原理。

任务三　HXD3 型电力机车基础制动装置认知

任务描述

1. 学习、掌握 HXD3 型电力机车基础制动装置与停放制动装置的结构与工作原理。
2. 分析闸瓦间隙自动调整的过程及原理。
3. 会操作使用基础制动装置。

知识储备

HXD3 型电力机车基础制动装置是对运行中的机车执行减速和停车的一种装置。它采用的是轮盘式制动，每个车轮安装一套独立的单元制动器，每个转向架还装有 2 套带有弹簧停车储能制动的单元制动器，安装在第一、六轴车轮上，如图 6-27 所示。当机车制动时，制动单元得到压缩空气，通过制动缸鞲鞴推动卡钳和闸片，压力作用到安装在车轮辐板上的摩擦盘上，使闸瓦与摩擦盘产生摩擦，消耗功率，将动能转变为热能散发掉，从而使机车达到减速或停车的目的。

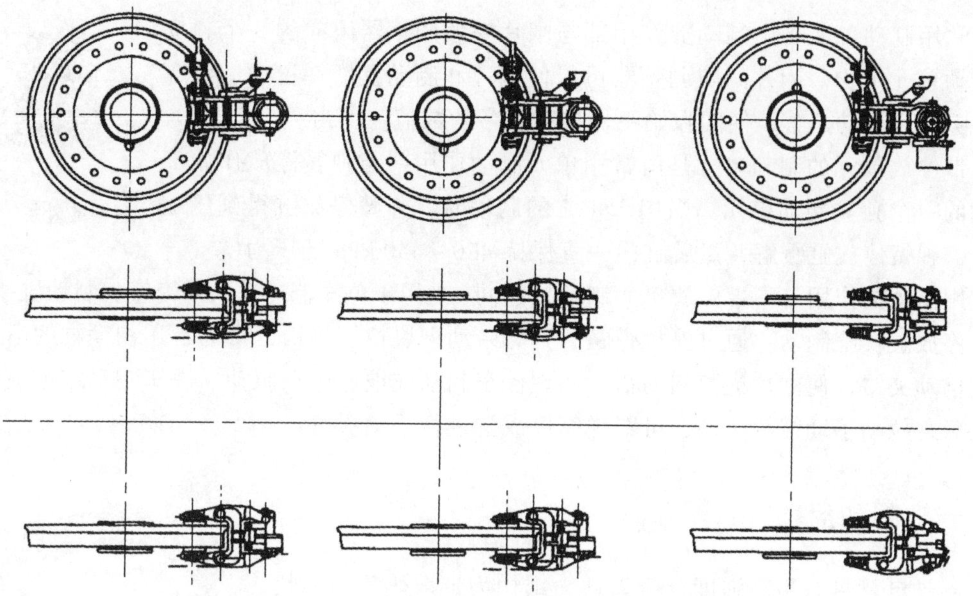

图 6-27　HXD3 型电力机车的基础制动装置

轮盘制动和踏面制动同属于摩擦制动方式，但轮盘制动相对于踏面制动有如下优点：

（1）传统的踏面（闸瓦）制动方式大部分热能由车轮和闸瓦来承担。随着机车速度的提高和载重的增大，车轮的制动热负荷也相应增加。轮盘制动代替了闸瓦对车轮踏面的摩擦，增大了摩擦接触面积，也减少了车轮的磨耗，延长了车轮的使用寿命并改善了运行品质，保证了行车安全。

（2）在轮盘制动装置中，作为摩擦副的制动盘和闸片的材质及结构，可根据制动的要求进行多种方案的选择，可以获得较高的摩擦系数，并且比较稳定，受速度的影响小。因此可以减小制动压力，制动缸及杠杆的尺寸都可以缩小，减轻了制动装置的质量。

（3）轮盘制动装置的散热性能比较好，摩擦系数稳定，能得到较恒定的制动力。它的热容量允许它采用较高的制动率，可以在更高的速度下制动，获得较高的减速度，从而也缩短了制动距离。

（4）轮盘制动装置结构紧凑，制动效率高，便于装拆和维护。

轮盘制动装置包括单元制动缸（常用单元制动缸和带停放单元制动缸）、制动盘、闸片及夹钳，如图 6-28 所示。

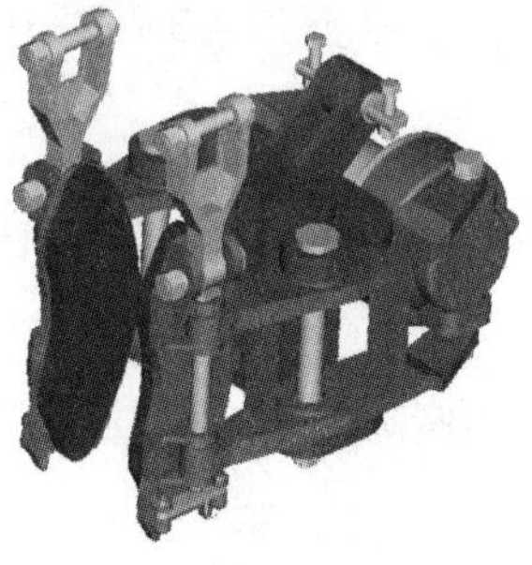

（a）常用制动单元

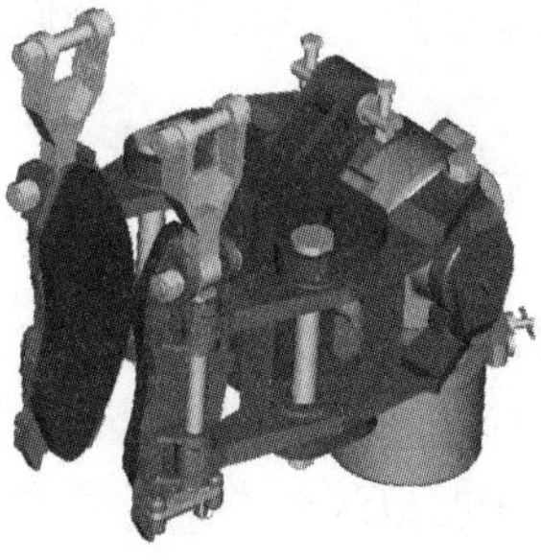

（b）带停放单元的制动单元

图 6-28　轮盘式制动单元

常用制动单元是由制动缸作用部与闸片间隙调整器组成的一个独立的制动单元结构。闸片间隙调整器可以使闸片和制动盘磨耗过大后使盘片间隙得到自动调整，使间隙始终保持在正常的数值范围内。

视频：盘式制动装置的外形、结构

带停放单元的制动单元是由常用单元制动作用部与弹簧停放作用部组成的一个独立制动单元。当用于正常的制动时，弹簧停放缸得到压缩空气，弹簧停放缸缓解，然后缸内一直保持 420 ~ 450 kPa 的压力空气。其常用制动缸作用与不带停放单元制动缸相同。当用于停车制动时，弹簧停放制动缸排气，弹簧停放缸实施制动。通过停放弹簧的弹力带动楔块拉杆机构，带动常用制动缸的活塞部分，推动夹钳，使闸片抱紧制动盘，实现停车制动或坡道停车制动。停车制动或坡道停车制动后，拉动手动缓解拉柄，可对弹簧停放缸进行手动缓解。

一、制动盘

制动盘材料采用高强度合金铸铁，结构为带散热筋的环状结构。通过均布的 6 个 ϕ25 圆键和 18 个 M12 的 10.9 级高强度螺栓、全金属锁紧螺母安装在机车车轮辐板上，如图 6-29 所示。

制动盘抗热温度不小于 400 °C；闸片为合成材料，它采用标准的燕尾插装式安装在闸片托上。

制动盘与闸片的平均摩擦系数为 0.35。

图 6-29　制动盘外形

（一）制动盘的设计特点

车轮制动盘是环形的铸件，并且带有放射状的冷却筋。

根据车轮制动盘的不同用途，其制造材料包括灰铸铁、球墨铸铁、铸钢或者铝。HXD3 型电力机车制动盘的材料采用高强度合金铸铁。

车轮制动盘是制动组件的一部分，它通过摩擦方式将动能转化成热能。

（二）制动盘的结构特点

（1）车轮制动盘由两个摩擦盘组成，根据它们与车轮的相对位置确定其是在内还是在外。

（2）在这个结构中，其中一个制动盘在安装面设有冷却筋。冷却筋具有散热功能和支承作用。

（3）制动盘的厚度、冷却筋的数量以及形状都是为了在制动时使制动盘的温度能保持在正常范围内。

（4）结构设计上要尽可能地减小部件的质量。

（5）用螺栓和圆销将制动盘固定在轮心上，以传递制动力矩，螺栓的紧固力应保证制动盘因受热膨胀时也不会产生位移和松弛。

（6）定位销是圆柱形的元件，它的两端被磨成扁平的。定位销的扁平部分插到制动盘的槽内起到定位作用。

（三）制动盘的基本设计原理

车轮制动盘的尺寸设计，通常是使摩擦表面与轮子轮辋的外表面齐平，保证了制动盘能够与所有标准闸片和制动单元结合使用。

（四）制动盘的安装要点

（1）在开始工作以前一定要固定好车轮。

（2）车轮制动盘出厂时是平衡的。残余的不平衡在每一个制动盘的外边缘的某个位置上进行调整。

（3）制动盘和轮子上不平衡的点应该在接近 180°时互相抵消。如果车轮没有进行动平衡，则两块制动盘上的不平衡点按 180°安装。

（4）安装时必须按照要求在安装接触表面涂有 Molykote D321。根据安装图纸的说明来安装车轮制动盘的所有部件。

（5）紧固螺栓时要交叉对角紧固，扭矩为安装和装配图纸中标明的一半，即 30 N·m；全部进行一遍后按照标准力矩 60 N·m 紧固。

（五）制动盘的日常维护及限度

（1）如果制动盘松动就意味着螺栓的压力有所损失，必须检查螺栓是否松动。

（2）如果螺母需要拧紧，则必须按照适用的安装图纸中规定的数值拧紧。

（3）必须检查冷却筋是否有灰尘沉积，如果需要，用压缩空气清洁。

（4）当制动盘磨耗到限的标志为制动盘外台阶磨耗没有了的时候，就需要更换制动盘了。

二、停放制动装置控制

司机通过位于操作台的选择开关可以对停放制动进行控制，当旋到制动位时，因脉冲电磁阀的作用电磁阀得电，于是停放制动缸制动；当旋到缓解位时，因脉冲电磁阀的作用电磁阀失电，于是停放制动缸缓解。同时设置了停放制动和空气制动的联锁，即当制动缸充风制动时，自动缓解停放制动缸。

停放制动的控制关系如下：

在发送供电故障的情况下，也可以使用脉冲电磁阀的手动装置对停放制动装置进行手动操作。在系统无风的情况下，可以使用停放制动单元的手动缓解装置（位于制动缸夹钳上）缓解停放制动。手动缓解后，不能再次实施停放制动。如果需要重新实施停放制动，必须使系统总风压力达到 550 kPa 以上，方可实施停放制动。

学习指导

HXD3 型电力机车采用轮盘制动，它的基础制动装置的作用依然是将制动缸的压力转换为制动力，只不过摩擦副换成了闸片和制动盘，从而使它具备了许多优点。

注意学习制动盘的安装要点和日常维护。

任务四　空气防滑器认知

任务描述

1. 学习、掌握空气防滑器（MGS2）的结构组成。
2. 理解、掌握空气防滑器（MGS2）的工作原理。

知识储备

一、防滑器概述

防滑器，顾名思义是防止车轮在滚动过程中轮轨之间发生相对滑动的装置（严重的而不是轻微的相对滑动）。

轮轨间纵向滑动有两种：一种是牵引状态下发生的，轮轴牵引力超过了黏着限制，车轮飞快地转动而车速很慢、甚至根本不动，这叫空转或打飞轮；另一种情况是制动状态下发生的，制动力超过了黏着限制，车轮转速急剧下降甚至停转而车速降得很慢，这叫滑行或抱死轮。制动系统中的防滑器主要是防止车轮滑行的装置。

车轮在钢轨上滚动的黏着状态实际上是一种滚动中有微滑的状态。在制动力小于黏着力时，这种微滑不但不会导致机车车辆滑行，相反它还可以起到清除轮轨解除处污垢、改善轮轨接触表面状态的作用。但当制动力大于黏着力时，轮轨接触面的纵向相对滑动就会急剧增大。在这过程中，闸瓦摩擦力随车轮转速的急剧降低、摩擦系数的急剧增大而急剧增大，制动力则与其背道而驰，反而随轮轨间纵向滑动的急剧增大而急剧减少。防滑器的功能就是要在这短暂的过渡阶段内检测出车轮即将发生滑行的危险，并且迅速动作，快速降低制动缸的压力而不排空，使制动力迅速降至小于黏着力即可，目的是防止车轮滑行、恢复轮轨的黏着状态。而且，在黏着恢复后，还要使制动缸及时再充风，尽量恢复较大的制动力。

二、MGS2 型防滑器的结构

MGS2 型防滑器属于微处理器控制的防滑器，由防滑处理器 ESRA、防滑排风阀 GV12-ESRA、速度传感器及感应齿轮等组成。

（一）速度传感器和感应齿轮

MGS2 型防滑器的感应齿轮安装在车轴端部，齿轮有 80 齿。齿轮组装后齿顶距速度传感器顶部须保留 0.4 ~ 1.4 mm 间隙。具体安装如图 6-30 所示。

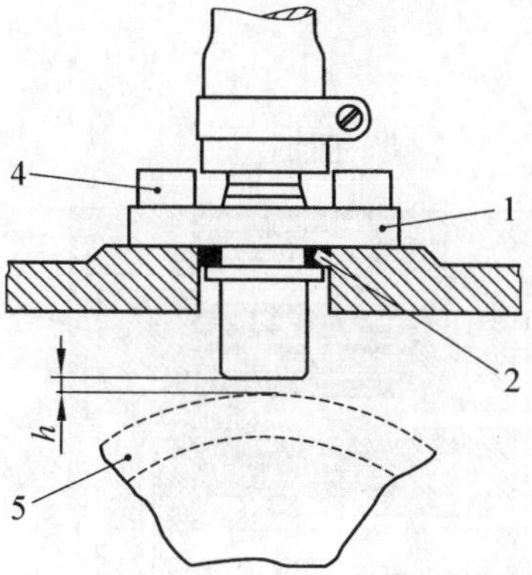

1—速度传感器；2—密封圈；4—紧固螺栓；5—感应齿轮；
h—安装间隙（0.4 ~ 1.4 mm）。

图 6-30　传感器安装示意图

（二）防滑处理器 ESRA

防滑处理器 ESRA 由外壳、电源板、主板、通信板、控制钮、信息窗等部分组成，如图 6-31 所示。它是防滑控制的处理装置。

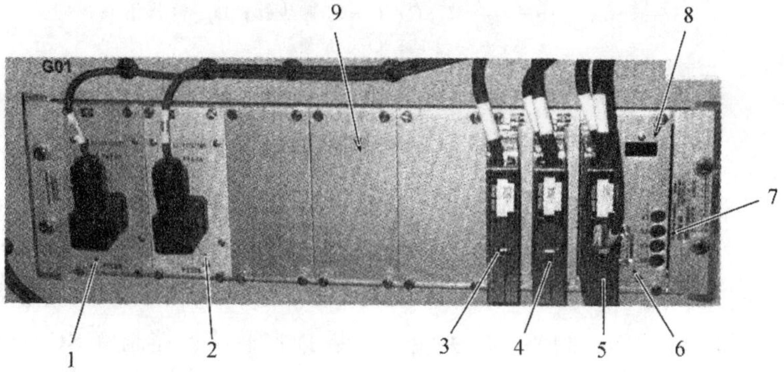

1—电源控制板；2—电源控制板；3—通信板 EB01B；4—主板 MB03B；
5—主板 MB04B；6—通信接口；7—操作按钮；
8—信息窗口；9—外壳。

图 6-31　防滑处理器 ESRA

（三）防滑排风阀 GV12-ESRA

它是防滑控制的执行装置，每个机车上装有 6 个防滑排风阀，分别动力控制每根车轴上的制动缸的压力。防滑阀的控制电压为 DC 12 V。

1. 结　构

防滑阀主要由 2 个动作膜板、一个双阀电磁阀和一个阀座组成。阀座上有缩堵 DC 和 DD，两个阀座由两个膜板开关控制。D 膜板控制 D 室至 C 室通道的通断，C 膜板控制 C 室至大气通道的通断。双阀电磁阀由两个 2 位三通电磁阀（VM1 排气，VM2 进气）组成，具体结构如图 6-32 所示。

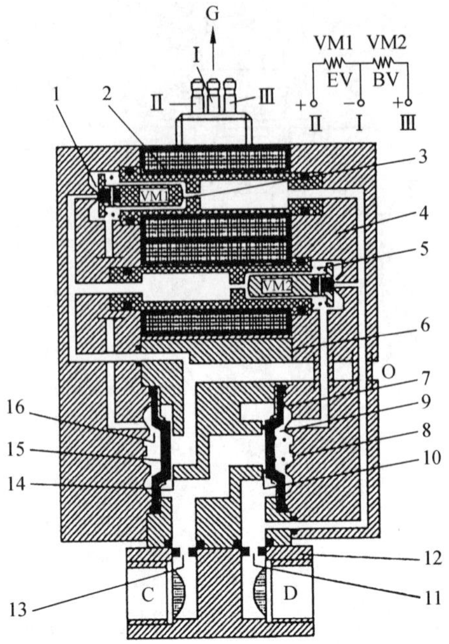

1—外阀座；2—内阀座；3—对阀座；4—侧板；5—弹簧；6—壳体；7—膜板 D；8—弹簧；9—控制室 SD；10—阀座 VD；11—缩孔 dD；12—阀支架；13—缩孔 dC；14—阀座 VC；15—膜板 C；16—控制室 SC；C—通制动缸；D—通作用阀；G—电接口；O—通大气。

图 6-32　防滑阀的结构

视频：防滑阀的工作原理

2. 工作原理

（1）防滑器未投入：电磁阀 VM1 和 VM2 失电，VC 关闭，VD 开启；C 和 D 之间通道开放。

（2）防滑器投入（BC 缓解）：电磁阀 VM1 和 VM2 得电，压力 D 通过 VM2 电磁阀到达控制室 SD，膜板 D 动作，阀座 VD 关闭，切断 D 室通路；控制室 SC 压力通过 VM1 排空，膜板 C 动作，阀座 VC 开启，C 室压力通过阀座 VC 排大气。

（3）防滑器投入（BC 保压）：电磁阀 VM1 失电，电磁阀 VM2 得电；压力 D 通过电磁阀 VM2 到达控制室 SD，膜板 D 动作，阀座 VD 关闭，切断 D 室通路；控制室 SC 压力保持，阀座 VC 仍关闭，C 室压力处于保压状态，如图 6-33 所示。

三、MGS2 型防滑器的控制原理及功能

（一）MGS2 型防滑器的控制原理

1. 基本逻辑

速度传感器的脉冲信号传输到防滑处理器 ESRA，防滑处理器 ESRA 对本车或本转向架的速度信号进行处理，当数据判断达到有关标准时，防滑处理器发出防滑控制指令，操纵防滑排风阀 GV12-ESRA，控制相应的制动缸进行阶段排风或一次排风，从而达到防止轮对滑行，并根据轮轨黏着系数调节制动力的目的。

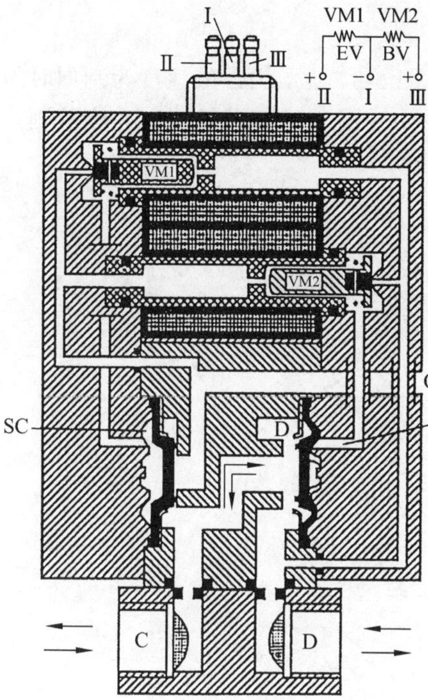

（a）未投入

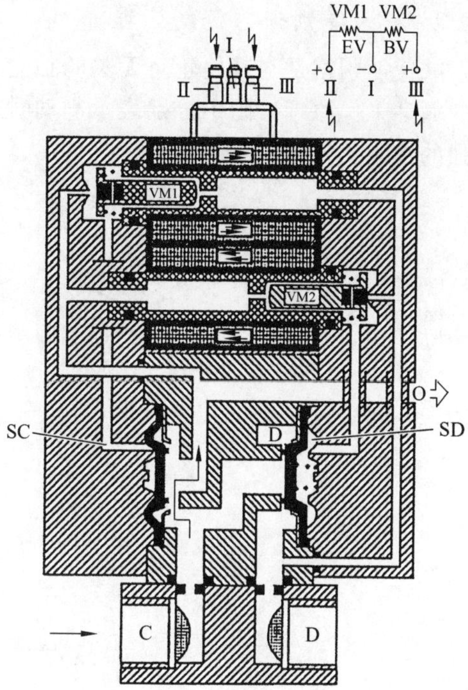

（b）BC 缓解

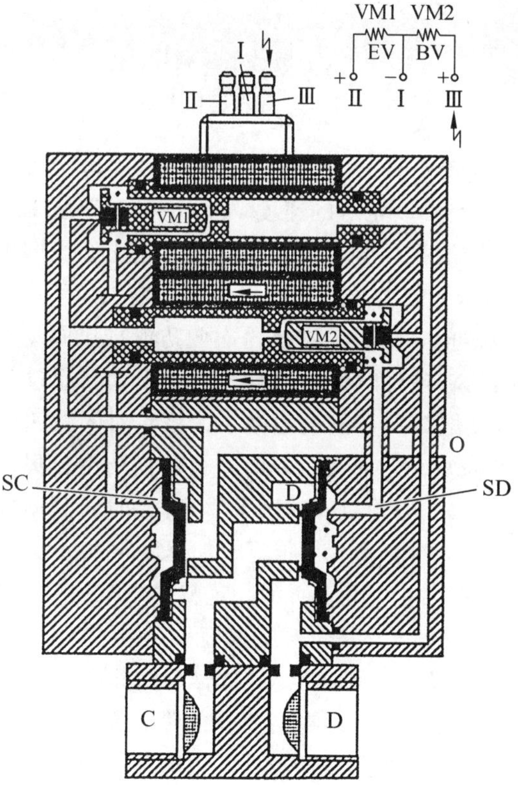

（c）BC 保压

图 6-33　防滑阀的工作原理

2. 减速度判据的控制原理

减速度判据是与其他轮对无关的独立判据标准，图 6-34 所示为以减速度为判据时防滑器的循环工作原理。图中分别表示制动时列车速度、一个轮对速度、轮对减速度及制动缸压强的控制变化关系。

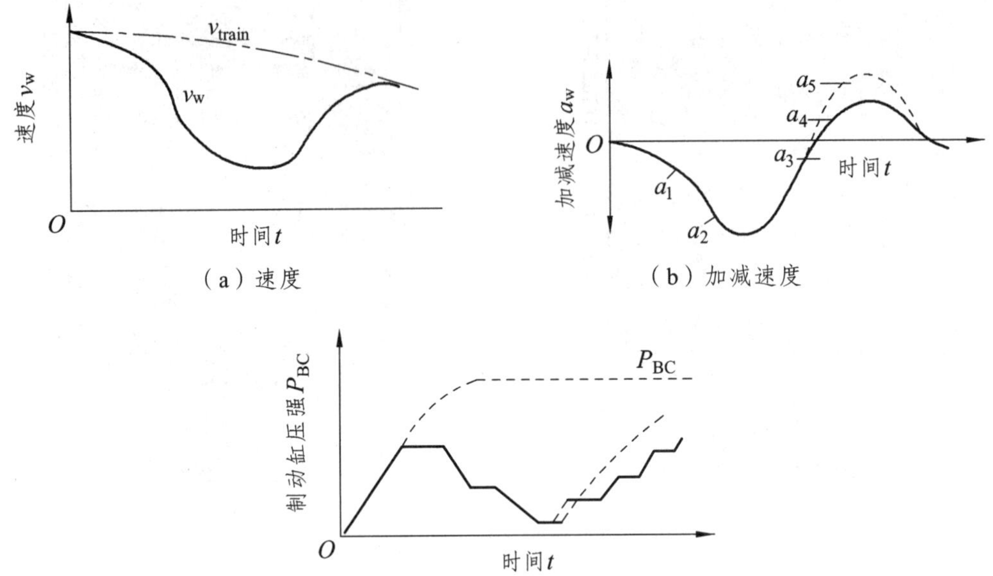

（a）速度　（b）加减速度

（c）制动缸压强

图 6-34　防滑器工作曲线图

制动时，当轮轨间黏着较差时，轮对发生连滚带滑的运行状态。此时，该轮对产生一个大于正常值的减速度 a，致使该轮对的速度 v_W 低于列车速度 v_{train}。当该减速度继续增到第一个判据 a_1 时，主机使防滑排风阀动作，使制动缸停止充风即保压（如果在制动充风过程中）。若轮轨间黏着状态差，该轮对减速度将会继续增加，其速度也将继续降低。当该轮对减速度达到第二个判据 a_2 时，防滑器主机再次使防滑排风阀动作，使该轮对的制动缸阶段排风。如果遇到极差的黏着条件时，轮对减速度 a 很大，超过一次排风的判据标准时，可实现一次排风。由于制动缸排风，制动力减小，该轮对的减速度逐渐减小。当减速度减小到 a_3 时，轮对即将开始恢复正常转动，此时主机将使防滑排风阀施行制动缸保压（不再排风）。该轮对速度渐渐增加，当轮对加速度 a 大于 a_4 时，制动缸开始阶段再充风以恢复该轮对的制动力。倘若轮轨间的黏着变得很好，加速度很大，即 a 大于 a_5 时，主机控制实现制动缸一次再充风，如图 5-21 中虚线所示。这就是以减速度为标准的控制原理。

当遇到特定的轮轨黏着条件，6 条轮对减速度小于或等于 a_1，制动缸呈充风保压状态，但它们既达不到 a_2 的标准，又达不到速度差判据Δv_2 的标准，即 6 条轮对同时以相近的减速度微量滑动。这种状态持续太久，终将会使 6 条轮对发生滑行。为了避免发生这种特殊情况，对防滑器制订了专门的判据标准，一旦发生这种情况，经过一定的时间，将使各制动缸排风，让轮对恢复正常的运行状态。一旦各轮对恢复正常的转动，主机立即控制防滑排风阀，使各制动缸再充风，发挥出相应的制动力。

3. 速度差判据的控制原理

黏着蠕滑理论的实验表明，轮对速度 v 与列车速度 v_{train} 存在一定的速度差（$\Delta v = v_{train} - v$），此速度与列车速度的百分比（$\eta = \Delta v / v_{train} \times 100\%$），称为该轮对此时的滑移率。当滑移率在 5%～15%时，轮轨可获得最佳黏着。

为了按照速度差标准控制防滑器，微处理器按以下步骤工作：

（1）速度比较。由于无法得到制动时列车的真实速度，为此要对机车 6 条轮对的速度分别进行计算、比较，选出最高者作为列车速度，称之为参照速度 v_r。当 6 条轴同时滑行时，则按照列车制动模式曲线计算列车参照速度值。

（2）将各轮对的真实速度 v 与 v_r 进行比较，当 $v_r - v \geqslant \Delta v_1$ 时（第一个速度差判据），主机控制防滑排风阀动作，实现制动时的充风保压（如果这时正在充风）。

（3）如果黏着条件差，该轮对可能继续减速，当 $v_r - v \geqslant \Delta v_2$ 时（第二个速度差判据），主机控制防滑排风阀动作，使制动缸实现阶段排风。减速的轮对将逐渐恢复其转动速度。

（4）如果黏着条件差继续恶化，该轮对可能继续减速，当 $v_r - v \geqslant \Delta v_4$ 时（第四个速度差判据），主机控制防滑排风阀动作，使制动缸迅速排风，快速减小制动力，使轮对恢复转动。

（5）逐渐恢复转动的轮对，当 $v_r - v \leqslant \Delta v_3$ 时（第三个速度差判据），主机控制防滑排风阀动作，使制动缸实现阶段再充风，以恢复该轮对的制动力。

上述就是用速度差判据控制，使其滑移率在最佳黏着范围内的防滑过程原理。

（二）MGS2 型防滑器的功能

（1）制动时能有效防止轮对因滑行造成的踏面擦伤。

（2）能根据轮轨间的黏着变化调节制动缸压力，从而有效利用轮轨黏着，缩短制动距离。

（3）具有轮径自动修正功能。

（4）具有防滑排风阀自动切换与相邻轴速度部件互补的功能。

（5）具有监视、故障存储和显示及诊断功能。

学习指导

防滑器的作用是通过控制制动缸的压力下降进而减少制动过程中的滑动来有效防止轮对因滑行造成的踏面擦伤。

任务五　制动倍率、传动效率和制动率分析

任务描述

1. 学习、掌握制动倍率、传动效率和制动率的概念。
2. 学习、掌握制动倍率、传动效率和制动率的计算方法。

知识储备

一、制动倍率

为了在制动时得到足够的制动力，就必须有一定的闸瓦压力。闸瓦压力源于制动缸活塞（或停车制动装置）产生的制动原力，而制动原力的大小与制动缸直径、制动缸内空气压力成正比。因此，增大制动缸直径和制动缸内空气压力可提高制动原力，达到增大闸瓦压力，产生足够的制动力的目的。但是，由于经济成本和技术条件的制约，制动缸的直径和缸内空气压力被限制在一定的范围内。在实际工作中，一般是靠制动传动装置将制动原力放大一定倍数后传递到闸瓦装置，形成闸瓦压力。这个将制动原力放大的倍数，称为制动倍率。

制动倍率用 γ_b 表示，其表达式为

$$\gamma_b = \sum K_{理} / F \tag{6-1}$$

式中　$\sum K_{理}$——一个制动缸所形成的闸瓦压力的总和（理论值）（kN）；

F——制动原力（kN）。

制动倍率的大小取决于制动传动装置各杠杆的尺寸大小。根据杠杆原理可知

$$\gamma_b = \frac{各杠杆主动臂长度的乘积}{各杠杆从动臂长度的乘积} \tag{6-2}$$

制动倍率是基础制动装置的重要特性，它的数值与制动缸活塞行程及闸瓦与车轮间的间隙大小有关，所以制动倍率的大小对制动效果及运用维修工作都有直接的影响。

二、基础制动装置的传动效率

（一）制动传动效率

制动时，在制动缸活塞杆推力传递至闸瓦的过程中，需要克服缓解弹簧的反拨力、制动缸活塞与缸壁间的摩擦力，以及制动传动装置各销套间的摩擦力等，所以闸瓦所得到的实际闸瓦压力小于按上述杠杆原理计算的理论闸瓦压力。实际闸瓦压力与理论闸瓦压力的比值称为基础制动装置的传动效率，一般用 η 表示，其表达式为

$$\eta = \sum K_{实} / \sum K_{理} \tag{6-3}$$

式中　$\sum K_{实}$——一个制动缸所形成的实际总闸瓦压力（kN）；

$\sum K_{理}$——根据式（6-1）和式（6-2）计算的一个制动缸所形成的总闸瓦压力（kN）。

基础制动装置的传动效率 η 表征着制动原力的有效利用程度。同一般机械设备一样，我们希望 η 值越大越好。η 值的大小与基础制动装置中各杠杆的结构形式、销套连接的多少、制动缸的直径等因素有关，还与机车车辆所处的状态及其保养状态有关。通常，制动传动效率值是由试验获得的。

（二）闸瓦压力的计算

由式（6-3）可知，一个制动缸所产生的实际闸瓦压力为

$$\sum K_{实} = \sum K_{理}\eta$$

根据式（6-1）可得

$$\sum K_{理} = F\gamma_{b}$$

则

$$\sum K_{实} = F\gamma_{b}\eta \tag{6-4}$$

若要计算机车实际闸瓦总压力，则还要乘上制动缸的总数 m，即

$$\sum K = m\sum K_{实} = mP_{z}\gamma_{b}\eta\frac{3.14d^{2}}{4}\ \ (\text{kN}) \tag{6-5}$$

式中 m——每台机车的制动缸个数；

P_z——制动缸压力（kPa）；

d——制动缸活塞直径（m）；

γ_b——制动倍率；

η——制动传动效率。

三、制动率

机车、车辆的制动能力不能仅以闸瓦压力来表示，因为同样大小的闸瓦压力对于重量不同的机车车辆来说，其制动效果是不同的。只有机车、车辆或车列单位质量所具有的闸瓦压力，才能确切地表示其制动能力。我们把机车、车辆或车列单位质量所具有的闸瓦压力称作机车、车辆或列车制动率。

所谓机车制动率，是指机车单位质量所获得的闸瓦压力。机车制动率用 δ 表示，其表达式为

$$\delta = \sum K / q \tag{6-6}$$

式中 $\sum K$——机车闸瓦总压力（kN）；

q——机车总质量（kN）。

制动率表征机车、车辆制动能力的大小。合理地确定制动率对保证运行速度及运行安全都有重要意义。为了提高制动效果，通常希望采取较大的制动率，但是提高制动率受轮轨间黏着条件的限制。另外，制动率还需要根据所选用的闸瓦材料的摩擦系数适当选取。

学习指导

制动倍率体现了基础制动装置将制动原力放大的倍数，它由基础制动装置的几何尺寸决定。

传动效率体现了制动原力传输放大过程中的损耗程度，不是定值。

制动率相对准确地体现了机车、车辆制动能力的大小。

任务六　制动力分析

任务描述

1. 学习、掌握制动力的形成原理。
2. 会进行简单制动力的计算。

知识储备

一、制动力的形成

列车制动力是由机车车辆制动装置产生的通过轮轨黏着转化而成的（或通过制动电磁铁与钢轨间的相互作用而引起的）阻碍列车运行的外力。对闸瓦制动来说（见图 6-35），就是：闸瓦作用于车轮的压力 K 引起闸瓦作用于车轮的摩擦力 $K\cdot\varphi_K$（φ_K 为轮瓦间的摩擦系数），这个摩擦力对车轮中心形成一个力矩 $K\cdot\varphi_K\cdot r$（r 是车轮半径）。它的方向与车轮转动方向相反。它一方面起着制止车轮转动的作用，使车轮获得角减速度 α，转速因而迅速减慢以至停止转动；另一方面，由于机车车辆重力通过各个车轮紧紧地压在钢轨上，制动时车轮受到的闸瓦摩擦力矩也在轮轨接触点引起了车轮对钢轨的纵向水平作用力（静摩擦力）和钢轨对车轮的反作用力 B（也是静摩擦力），后者对车轮、对整个列车来说都是外力，而且与列车运行方向相反，它起着阻碍列车运行的作用，使整个列车（包括车轮在内）获得减速度 a，运行速度因而迅速降低以至停止运动。

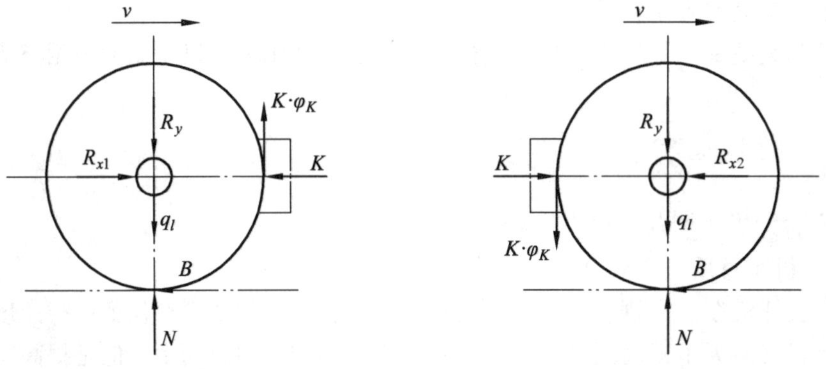

（a）闸瓦在车轮前面（按运行方向）　　（b）闸瓦在后面

q_l—轮对质量；R_{x1}、R_{x2}—轴承对轴颈的纵向水平反作用力；R_y—轴颈受到的垂直载荷，设同一台车各个轴颈受到的垂直载荷均相同；N—钢轨给轮对的垂直反作用力；K—闸瓦压力；φ_K—闸瓦与车轮间的摩擦系数；B—钢轨给轮对的纵向水平反作用力；v—列车运行速度。

图 6-35　单侧制动时轮对的受力情况

下面以单侧闸瓦制动的二轴转向架为例，在轮对没有发生滑行的正常制动情况下，对这个问题做一简略的力学分析（注意：这里只研究制动力的形成，不包括自然产生的阻力）。

先取轮对为分离体（见图 6-35）。

根据牛顿第二定律，当闸瓦按车辆运行方向在车轮之前时，可列出下式

$$B+K-R_{x1}=\frac{q_l}{g}\times a \tag{6-7a}$$

闸瓦在车轮之后时，可列出下式

$$B+R_{x1}-K=\frac{q_l}{g}\times a \tag{6-7b}$$

式中 a——列车减速度；

g——重力加速度。

由于轮对在列车中除了做平移运动外，还做回转运动，根据转动定律，可得

$$K\times\varphi_K\times r-B\times r=J\times\alpha \tag{6-8}$$

式中 r——车轮半径；

J——轮对的转动惯量；

α——轮对的角减速度。

再取转向架构架为分离体（见图 6-36）。按牛顿第二定律，可得

$$R_{x1}-R_{x2}-P_x=\frac{q_z}{g}\times a \tag{6-9}$$

再取车体为分离体（见图 6-37），按牛顿第二定律，可得

$$2\times P_x=\frac{q_t}{g}\times a \tag{6-10}$$

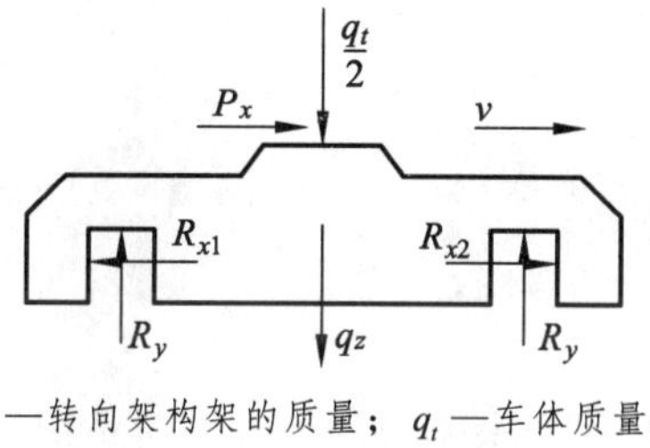

q_z—转向架构架的质量；q_t—车体质量；

P_x—心盘间的纵向水平作用力。

图 6-36 转向架构架受力情况

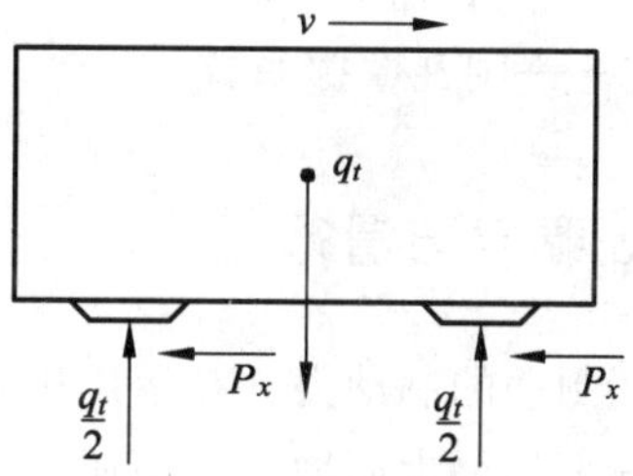

图 6-37 车体受力情况

四轴车包括 4 个轮对（其中，按车辆运行方向，有两个轮对的闸瓦在车轮之前，另两个轮对的闸瓦在车轮之后）、2 个转向架和 1 个车体。所以，对于整台车，由式（6-7a）、式（6-7b）、式（6-9）和式（6-10），可得

$$2(B+K-R_{x1})+2(B+R_{x2}-K)+2(R_{x1}-R_{x2}-P_x)+2P_x=4\times\frac{q_l}{g}\times a+2\frac{q_z}{g}\times a+\frac{q_t}{g}\times a$$

内力互相消去以后，可得

$$4B=(4q_1+2q_2+q_t)\frac{a}{g}$$

由于

$$4q_1+2q_2+q_t=q\ （车辆总质量）$$

故前式可变为

$$4B=\frac{q}{g}\times a \tag{6-11}$$

可见，使总质量为 q 的整台车获得减速度 a 的制动力，确实是由闸瓦摩擦力引起并通过轮轨黏着转化而成的外力——钢轨给车轮的纵向水平反作用力 B（对整个车辆来说是 $4B$）。

同理，若将式（6-8）乘以 4，可得

$$4K\times\varphi_K\times r-4B\times r=4J\times a \tag{6-12}$$

可见，闸瓦摩擦力矩确实可分为两部分（起两种作用）：一部分是 $4Br$，其作用是引起钢轨给车轮的纵向水平反作用力 B，使整个车辆获得减速度 a；另一部分是 $4Ja$，其作用是使转动惯量为 J 的各轮对获得角减速度 α。后一部分的数值不大。为简化起见，在计算制动力时通常将它忽略不计，留到计算制动距离时再加以修正（参见《牵引计算》相关内容）。因此，通常认为，制动力在数值上就等于闸瓦摩擦力，并且写成

$$B_{\mathrm{m}}=1\,000\sum(K\times\varphi_K) \tag{6-13}$$

式中 B_{m}——一辆车、一台机车或全列车的制动力（N）；

K——闸瓦压力（kN）；

φ_K——闸瓦摩擦系数。

二、黏着与滑行

闸瓦制动的制动力，在运用中是通过控制闸瓦压力来调节的。在正常情况下，制动力随闸瓦压力的增大而增大。而所谓的正常情况，指的是车轮没有发生滑行，或者说，轮轨间的黏着没有被破坏。

（一）黏　着

按刚体平面运动学的分析：沿钢轨自由滚动的车轮，具有不断变化的瞬时转动中心，车轮和钢轨的各个接触点在它们接触的瞬间是没有相对运动的，轮轨之间的纵向水平作用力就是物理学上说的静摩擦力，其最大值——“最大静摩擦力”是一个与运动状态无关的常量，它等于钢轨对车轮的垂直支反力 N 与静摩擦系数 μ 的乘积。

实际上问题比较复杂：车轮和钢轨在很高的压力作用下都有变形，轮轨间实际上是椭圆面接触而不是点接触，不存在理想的瞬时转动中心；车辆运行中不可避免地要发生冲击和各种振动，车轮在钢轨上滚动的同时还伴随着微量的纵向和横向滑动，即实际上不是纯粹的“静摩擦”状态；在制动过程中，由于制动力和车辆惯性力不是作用在同一水平面内，造成车辆前后车轮作用于钢轨的垂直载荷不均匀分配。所以，轮轨间的纵向水平作用力的最大值实际上与运动状态有关，而且比物理上的“最大静摩擦力”要小得多。轮轨间的静摩擦系数 μ、黏着系数 ψ、动摩擦系数 φ 的关系如下：$\mu > \psi > \varphi$。

因此，在铁路牵引和制动理论中，分析轮轨间纵向力问题时，不用“静摩擦”这个名词，而以“黏着”的概念来代替它。相应地，轮轨间纵向水平作用力的最大值就叫作（轮轨间的）黏着力，而黏着力与轮轨间垂直载荷的比值就叫黏着系数。而且，为便于应用，还假定轮轨间垂直载荷在制动过程中固定不变，即黏着力的变化完全是由于黏着系数的变化引起的。这样，黏着力与运动状态的关系就被简化成了黏着系数与运动状态的关系。但此时黏着系数也就成了假定值。由于它和假定不变的轮轨间垂直载荷的乘积等于实际的黏着力，所以这个假定用于黏着力计算是可行的。

依靠黏着滚动的车轮与钢轨黏着点之间的黏着力来实现机车车辆的制动，叫作黏着制动。黏着制动是目前主要的一种制动方式，它能实现的最大制动力不会超过黏着力。

影响黏着系数的因素概括起来主要有两个：一个是车轮和钢轨的表面状况，另一个是车列运行速度。

车轮和钢轨的表面状况又受许多因素的影响，如干湿情况，清洁和污秽以及是否生锈的情况，是否撒砂，砂子的数量和质量，等等。轮轨的湿度和脏污的程度又与天气、环境污染情况和制动装置形式（踏面和轨面能否得到清扫）等因素有关。

车列运行速度对黏着系数的影响也相当复杂，但总的来说随着速度的提高，黏着系数呈下降趋势。

（二）滑　行

列车制动过程中发生滑行的过程如图 6-38 所示。在没有发生滑行时，如果忽略由于冲击、振动等带来的微量纵向和横向滑动，可以认为车轮基本上是在钢轨上做纯粹的滚动。这时，如果不考虑轮对的回转质量惯性，可以认为制动力就等于闸瓦摩擦力，即 $B_{\mathrm{m}} = \sum K \times \varphi_K$，它随着闸瓦压力 K 的增大和运行速度 v 的降低（使 φ_K 增大）而增大。当它增大到接近甚至等于黏着力时，轮轨间的黏着状态就开始被破坏，出现车轮在钢轨上“连滚带滑”的现象，即在车轮滚动的同时伴随着少量的但越来越大的纵向相对滑动，此时制动力不仅不再随闸瓦摩擦力的增大而增大，反而开始急剧减小。随着车轮转速急剧降低，闸瓦摩擦系数剧增，使闸瓦摩擦力几乎直线上升，终于使轮轨黏着状态完全被破坏，车轮被“抱死”而不再滚动，车辆在钢轨上滑行，这时，钢轨对车轮的纵向水平反力完全变成滑动摩擦力，在阻力忽略不计时，可以认为它就是制动力 B_0，由于 $B_0 = N \cdot \varphi$，φ 是轮轨间滑动摩擦系数，它比黏着系数小得多（见图 6-39），所以制动力大大下降；同时，由于滑行，车轮踏面将发生局部擦伤。

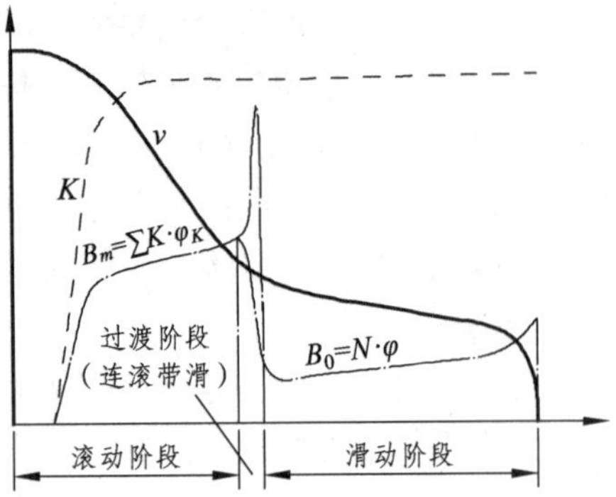

图 6-38　滑行发生的过程

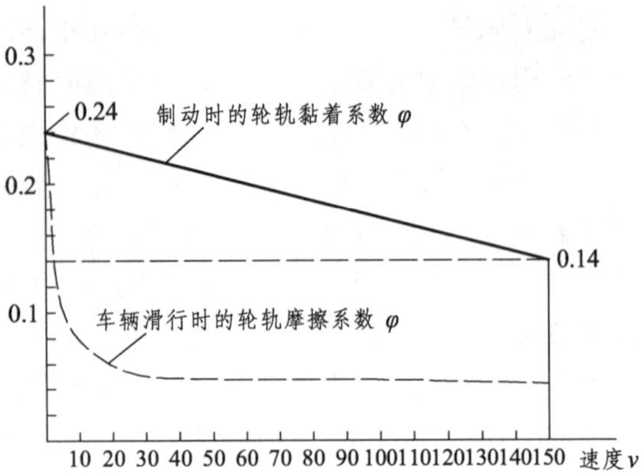

图 6-39　轮轨黏着系数和摩擦系数

这就是说，制动时钢轨对车轮的纵向水平反力（近似地说，即闸瓦摩擦力）不能大于轮轨间的黏着力。或者说，闸瓦制动的制动力是受轮轨黏着能力限制的。

三、闸瓦对制动力的影响

对闸瓦制动装置来说，闸瓦是非常重要的最基本的零件。由前所述，闸瓦压力和闸瓦摩擦系数直接影响制动力的大小和制动性能的优劣，同时它又是铁路运输中消耗铁量最大的零件，据不完全统计，我国铁路车辆每年需消耗铸铁闸瓦 10^5 t。所以，必须对闸瓦，特别是它的摩擦性能进行较深入的研究，找出其变化规律，并用以解决有关的制动问题，以提高制动效能，减少材料消耗。

（一）闸瓦摩擦系数及影响因素

闸瓦摩擦系数 φ_K 不是固定值，它直接影响着列车的制动力。在闸瓦压力一定时，制动力的大小和变化就取决于闸瓦摩擦系数的大小和变化。

影响闸瓦摩擦系数的因素很多，主要有以下几方面：

1. 闸瓦材质和制造工艺

闸瓦材质对摩擦系数影响很大，现在机车车辆上大多使用的是铸铁闸瓦。铸铁闸瓦中磷是对摩擦性能起主要作用的元素，适当提高含磷量，摩擦系数与耐磨性均可相应增加。1999 年 6 月以后，我国主要使用含磷量为 2.5%～5%的高磷闸瓦，取代含磷量为 0.7%～1.0%的中磷闸瓦。

此外，闸瓦的铸造工艺也影响着摩擦系数，用铁模浇铸的铸铁闸瓦，其摩擦系数就小于用砂模浇铸的闸瓦。

随着对铸铁闸瓦研究的不断深入，据国内外一些文献报道，铸铁闸瓦的浇铸温度、浇铸法及闸瓦中所含的杂质都会大大降低闸瓦的耐热性与导热性，使闸瓦易于熔化，对摩擦系数也必然会有影响，从而导致同一材质的闸瓦可能有不同的摩擦系数。

2. 闸瓦压力

闸瓦对车轮单位面积上的压力越大，摩擦系数越小；反之，摩擦系数越大。这是因为，闸瓦压力大时，摩擦产生的热量多，闸瓦温度升高，在接触面上可能有一薄层因高温而变软，起着近似润滑剂的作用，所以降低了摩擦系数。

3. 列车运行速度

铸铁闸瓦与车轮间的摩擦系数受列车运行速度的影响较大。列车速度高，闸瓦与车轮踏面摩擦的相对速度就越大，在摩擦过程中产生的热量就越多，使闸瓦温度升高，摩擦系数减小。这显然不能满足高速时需要有较大制动力的要求。列车速度低，摩擦系数反而增大，尤其是在速度很低时，摩擦系数急剧上升，容易发生“抱死轮”，即“滑行”现象。

4. 列车制动初速度

初速度较低时，其摩擦系数较高。当制动初速度较高时，闸瓦温度高，则摩擦系数较低。根据试验：制动初速每提高 10 km/h，铸铁闸瓦和低摩合成闸瓦的摩擦系数将降低 0.006 ~ 0.012。

除了上述几种主要因素外，闸瓦摩擦系数还与气候、接触面状态等因素有关。

（二）改善闸瓦摩擦性能的措施

对于闸瓦，除了要求有高的、比较稳定的摩擦系数外，还要求它有较好的耐磨性和导热性以及一定的机械强度，并且希望制造成本低。

1. 提高铸铁闸瓦中的含磷量

据研究，含磷量高的高磷铸铁闸瓦可明显减小以至完全消除火花，制动效果好，但容易脆裂。我国研究出采用钢背作为补强措施的高磷铸铁闸瓦，现在已被普遍使用。

2. 采用双侧制动或复式闸瓦

双侧制动，即每一车轮两侧各有一块闸瓦。复式闸瓦是一个闸瓦托上安装两块或两块以上闸瓦。采用双侧制动或复式闸瓦能增加闸瓦的摩擦面积，减小闸瓦单位面积的压力。根据试验，闸瓦单位面积的压力较小时，可获得良好的摩擦系数与较小的磨耗量；同时闸瓦单位面积的压力小，制动时的温度较低，由此而引起的闸瓦变形也较小，使闸瓦与车轮有更好的接触状态，得以提高其摩擦系数。据国外试验资料表明，采用复式闸瓦时的制动距离比采用单式闸瓦的制动距离可缩短 10% ~ 15%。

此外，为减小制动过程中闸瓦因高温而发生的变化，除采用上述的复式闸瓦外，还可以采用两端硬化的闸瓦，以防止闸瓦冷却后两端翘起，使闸瓦接触面减小，摩擦系数降低。

3. 采用合成闸瓦

由于铸铁闸瓦摩擦系数较低，而且随速度增加而减小，耐磨性也较差，已不能满足铁路运输高速、重载和行车安全的要求，因而出现了一种很有前途的新型闸瓦——合成闸瓦。

合成闸瓦是用非金属材料（石墨粉、石棉、矿渣、云母、黏土等）和金属粉末（铸铁粉、铜粉、铅粉和铅锌等氧化物）为填充料，用橡胶或树脂等黏性材料作为黏结剂，在高温高压下塑合而成的。

合成闸瓦根据摩擦系数的大小大致可以分为两种类型：一种是对原来使用铸铁闸瓦的制动装置不做其他变更，原封不动地就可以换装的低摩擦系数合成闸瓦；另一种是在制动率较小的新造机车车辆上使用的高摩擦系数合成闸瓦。与铸铁闸瓦相比，高摩合成闸瓦的摩擦系数大而稳定，使基础制动装置受力减小；摩擦系数-速度曲线特性与轮轨黏着特性一致，有利于缩短制动距离。此外，合成闸瓦的耐磨性也有显著提高，制动时的摩擦火花也小，可防止火灾。

学习指导

闸瓦摩擦力在正常情况下大部分转换为制动力，这即是制动力的形成原因。理解掌握式（6-12）的来历是正确掌握制动力形成的基础。

闸瓦作为制动过程中的一个重要部件，对制动效果有很大的影响。应重点掌握合成闸瓦的特点与应用。

项目自检

1. 简述 BFC/BFCF/JPXZ-1/JPXZ-2 制动装置的组成。
2. 简述 BFC/BFCF/JPXZ-1/JPXZ-2 制动装置的工作原理。
3. 简述 BFC 楔子的主要工作原理。
4. 简述 BFC/JPXZ 间隙调整器的工作原理。
5. 简述 BFCF 停放缸的工作原理。
6. 轮盘制动相对于踏面制动有哪些优点？
7. 简述制动盘的安装要点。
8. 简述制动盘的日常维护及限度。
9. 简述 MGS2 型防滑器的组成。
10. 简述 MGS2 型防滑器的工作原理。
11. 简述制动倍率的概念。它与哪些因素有关？
12. 简述传动效率的概念。它与哪些因素有关？
13. 简述制动率的概念及计算方法。
14. 为什么在通常情况下认为制动力在数值上就等于闸瓦摩擦力？
15. 影响闸瓦摩擦系数的因素有哪些？

项目七　制动理论基础认知

项目描述

对世事万物，我们都要有深度探究的精神，知其然，知其所以然，对于制动亦然。本项目在讲解制动理论基本概念的基础上，深入学习制动缸压力计算及制动管有效减压量的确定，在掌握制动机操作及其现象的基础上，进一步理解制动冲动产生的原因及机理。

知识目标

1. 掌握常用名词术语的含义。
2. 掌握制动管最大、最小有效减压量的大小及意义。
3. 掌握制动机的稳定性、安定性与灵敏度的意义及相互关联。

能力目标

1. 会分析二压力机构制动机、三压力机构制动机的作用原理及差别。
2. 会计算、分析制动缸压力。
3. 会确定、分析制动管最小有效减压量。
4. 会确定、分析制动管最大有效减压量。

思政目标

1. 培养“敬业爱岗、遵章守纪、乐于奉献”的职业精神。
2. 牢记“安全第一、以质量促安全”的职业规范。
3. 树立“因果”理念，弘扬“精益求精”工匠精神。

任务一　制动系统常用名词术语认知

任务描述

1. 学习制动系统常用名词术语。
2. 掌握制动系统常用名词术语的含义及相互间的关系。

知识储备

一、压力与压强

理论上，压力与压强是两个不同的物理量。压力是指物体间的相互作用力，其单位为牛顿（N）；而压强则是指单位面积上所受力的大小，其单位为帕（Pa，N/m^2）。

在空气管路系统中，人们习惯将“压强”称为“压力”，但其含义不变，只是名称的更换。例如，制动管“压力”为 500 kPa，实际上指制动管“压强”为 500 kPa。

二、绝对压力及表压力

由物理学可知，大气对地球表面作用着一定压力，这一压力称为大气压。人们定义 760 mm 高水银柱的压力为一个标准大气压，一般以 1 atm 计量，换算成国际单位制为 101.333 3 kPa。工程上为计算方便，一般取 100 kPa。

绝对压力是指压力空气的实际压力。若气体未压缩而呈自由状态，其绝对压力即为大气压力，若处于绝对真空状态，则其绝对压力为零。

表压力是指压力表指示的压力值。由于一般压力表只指示高于大气压力的数值（真空压力表则例外），所以绝对压力与表压力的差值为大气压力值。

可见，绝对压力等于表压力与大气压之和。

三、二压力机构及三压力机构制动机

凡是根据两种压力之间的变化来控制三通阀或分配阀的主活塞动作，以实现制动、缓解与保压作用的制动机，称为二压力机构制动机。例如，GK 型三通阀主活塞两侧的压力空气分别来自制动管与副风缸；109 型分配阀的主阀活塞两侧的压力空气分别来自制动管和工作风缸。这种制动机只具有一次缓解性能，而不具备阶段缓解性能。即当制动管充风至高于副风缸或工作风缸一定压力时，就推动三通阀（或分配阀）主活塞至充气缓解状态，直至实现制动机的完全缓解为止。

为适应铁路运输发展的需要，制动机应具备阶段缓解性能与自动补风性能。因此，目前对分配阀进行了改造，即在主活塞上除了保留制动管与工作风缸的作用外，另增加制动

缸压力的作用。这种根据 3 种压力之间的变化来控制分配阀的主活塞动作，以实现制动、缓解与保压作用的制动机，称为三压力机构制动机。例如国产的 JZ-7 型、美国生产的 26-L 型制动机均为三压力机构制动机。

有时为了满足二压力机构制动机与三压力机构制动机混编的需要（前者缓解较后者快），通常在三压力机构制动机上加装转换装置，以实现二、三压力机构制动机的转换。例如 JZ-7 型和 26-L 型制动机均属二、三压力可调式制动机。各种压力机构制动机的作用示意图如图 7-1、图 7-2 和图 7-3 所示。

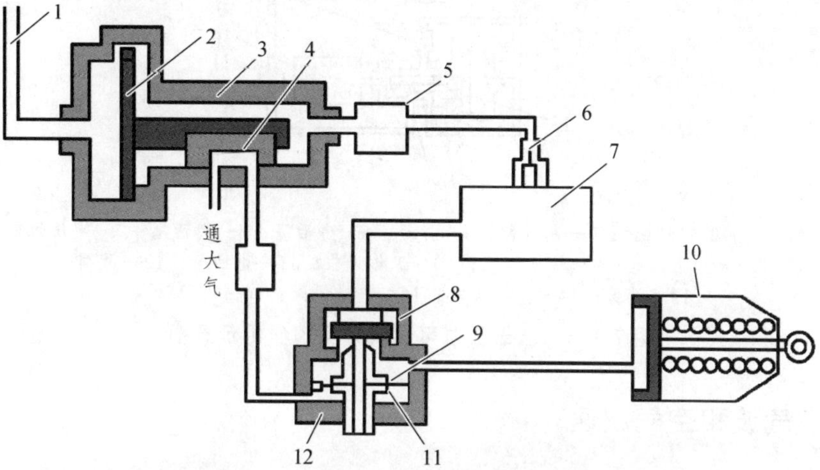

1—制动管；2—主活塞；3—分配阀；4—滑阀；5—工作风缸；6—止回阀；
7—副风缸；8—均衡阀；9—均衡活塞；10—制动缸；
11—容积室；12—中继阀。

图 7-1 二压力机构分配阀作用示意图

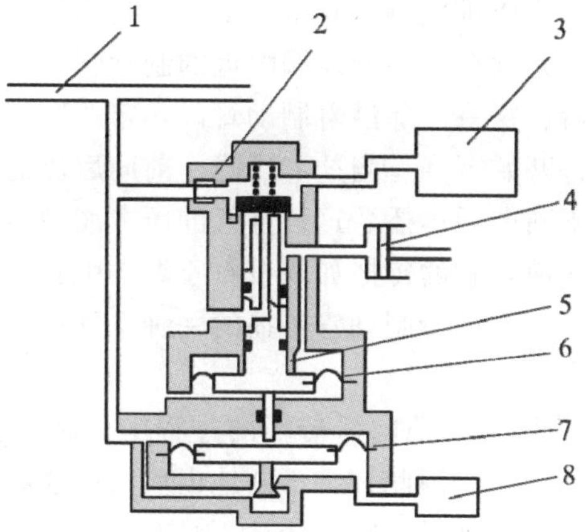

1—制动管；2—分配阀；3—副风缸；4—制动缸；5—缩孔；
6—小膜板；7—大膜板；8—工作风缸。

图 7-2 三压力机构分配阀作用示意图

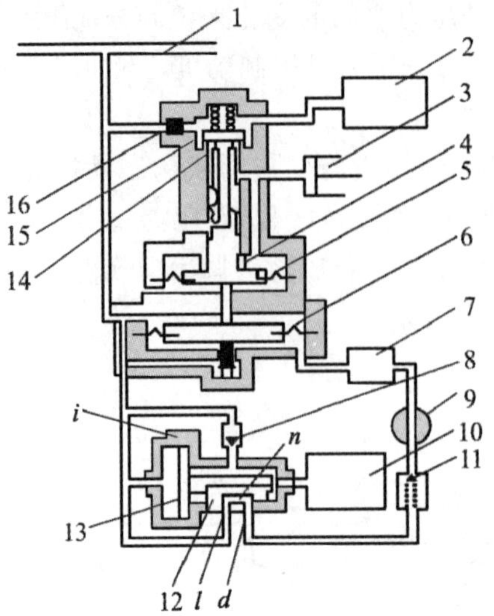

1—制动管；2—副风缸；3—制动缸；4—弹簧；5—小活塞；6—大活塞；7—定压风缸；
8—充气止回阀；9—转换塞门；10—工作风缸；11—止回阀；12—滑阀；
13—活塞；14—排风阀口；15—进排风阀；16—止回阀。

图 7-3　二、三压力可调式分配阀作用示意图

四、空气波和空气波速

（一）空气波

制动管有两种功能：一是向列车制动系统充风（包括漏泄时的补风）；二是通过充风或排风，引起制动管空气压力的增减，从而控制全列车制动机的动作。在铁路运输中，由于机车车辆是编组成列车运行的，制动管又细又长，空气又是个弹性的物质。所以，当司机在列车前端控制制动管充风或排风时，并不是全列车制动管立即同时、同步地增压或减压。以施行制动为例，首先是列车前端制动阀附近的制动管空气压力开始下降，使其原有的压力平衡遭到破坏，然后，这一压降沿着制动管以一定的速度逐渐向后传播，直到列车尾端制动管封闭处的压力也开始下降。当这一压降由前向后传播时，制动管前端的空气压力继续下降，新的压降也不断向后传播。这种空气的压力波动沿制动管长度方向由前向后传播所形成的波，称为空气波。它的传播如同投石于湖中引起的水面波纹不断向外扩散一样，也是一种机械波。不过，它是沿制动管传播的一种空气波，其性能与声波等其他空气波相似。

在列车前端排风减压并且不断地向后传播的过程中，制动管内的压力空气不断地膨胀，它的压能不断地转化为动能。因此，它不断地由后向前连续流动，经由制动阀排气口排向大气。显然，气体的连续流动与压降的传播不是一回事。压降的传播（空气波）属于一种振动波，它按振动的规律在媒介质中进行传播；空气在管内的连续流动则不是一种波，而是媒介质的一种连续运动，故周围（如管壁）阻力对它的影响很大。另外，在减压时气流方向与压降的传播方向是相反的（充风增压时空气波传播方向与气流方向虽然相同，但也不是一回事）。

由于空气波在传播过程中能量有损失，所以空气波动强度实际上是逐渐减弱的，就如投石于湖中激起的水波在向外扩展中逐渐减弱一样，因此制动管的减压速度也是越往后越低。

（二）空气波速

通常，以物理量“空气波速”来衡量空气波传播的快慢，所谓空气波速是指空气波的传播速度。可用下列公式计算

$$v_{kb}=\frac{L_{kb}}{t_{kb}}$$

式中　v_{kb}——空气波速（m/s）；

L_{kb}——空气波传播的距离（m）；

t_{kb}——空气波传播的时间（s）。

一般来说，空气波速为 330 m/s 左右。

目前，要想大幅度提高空气波速，使列车前后部的制动管减压速度达到最大限度的一致性，采用电气控制的电空制动机是一个有效的途径。

五、制动管减压量与减压速度

制动管减压量为列车管减压前后的压力差。

空气波传到列车中任一分配阀后，该阀主活塞外侧（制动管一侧）即开始减压。但是，要使主活塞动作，还必须使主活塞两侧形成一定的压力差，而且压力差要累积到大于主活塞的移动阻力，主活塞才能移到制动位，才能沟通作为风源的副风缸压力空气进入制动缸的通路，从而实现制动作用。此压力差的建立取决于制动管的减压速度。减压速度大，压力差建立就快，反之就慢。如果减压速度过低，由于副风缸压力空气经充气通路逆流入制动管，主活塞两侧的压力差就建立不起来，阀就不能产生动作。

在列车中各车辆的分配阀处的减压速度，受到距排风口的远近、制动管长度、车辆制动支管的长度及主活塞外侧容积、制动阀排气方式和制动管定压等许多因素影响。

六、制动波和制动波速

（一）制动波

如前所述，当司机施行制动时，由于空气波的存在，列车中各制动机的制动作用并不是全列车立即同时、同步地发生，而是有一个陆续发生的过程。在理想情况下，制动作用沿列车长度方向由前向后逐次发生，这种制动作用沿列车长度方向由前向后逐次传播的现象，人们把它叫作“制动波”。

实际上，由于各制动机的结构、性能和状态的影响，制动作用有时就不是完全由前向后逐次发生，而是存在某种“跳越”现象，即列车中某车辆或某几辆车的制动作用可能比其后的车辆发生得还要晚。这说明，制动波并不是一种波，只是习惯上那么叫罢了。

（二）制动波速

衡量制动波传播速度的物理量，称为制动波速，一般以“m/s”为计量单位。

制动波速 w_{zb} 通过试验由下式求得

$$w_{zb} = \frac{L_{zb}}{t_{zb}} = L_{zb} /(t_{kb} + t_d)$$

式中 w_{zb}——制动波速（m/s）；

L_{zb}——制动波传播距离（一般以制动管长度计算，m）；

t_{zb}——制动波传播时间（从开始减压至最后一台制动机开始动作时为止，s）；

t_{kb}——空气波传播时间（s）；

t_d——制动机动作时间（s）；

由于制动波的传播速度受到空气波传播快慢、三通阀（分配阀）动作灵敏性及制动机性能好坏等因素的限制，所以，制动波速总比空气波速要小。

制动波速是综合评定制动机性能的重要指标。制动波速越高，表明列车前、后部制动作用的同时性越好，有利于减轻制动时的纵向动力作用和缩短制动距离；同时制动波速越高，则制动作用的传播长度可以更大一些，即能适应长大列车的要求。目前我国性能较好的制动机，紧急制动波速可达 250 m/s 以上，一般在 150 ~ 280 m/s；常用制动波速可达 225 m/s 以上，常用制动波速一般在 60 ~ 255 m/s。

近年来，有关部门研制了新型车辆制动机和机车制动机。各种阀类采用橡胶膜板活塞、柱塞结构，使其气密性好，灵敏度高，动作时间短，从而使制动机性能更加优越，适应了客观要求。但仍需研究如何进一步提高制动波速，以适应高速、重载列车发展的需要。

七、缓解波和缓解波速

与制动波和制动波速相似，当司机操纵制动机进行缓解时，缓解作用沿制动管长度方向由前向后逐次传播的现象，称为缓解波。其传播的速度称为缓解波速。

同样，缓解波速也受到空气波传播快慢、三通阀（分配阀）动作灵敏性及制动机性能好坏等因素的影响，所以，如何提高缓解波速也成为亟待解决的问题之一。目前，国产 120 型控制阀的缓解波速已达到 150 m/s。

八、制动机的稳定性、安定性与灵敏度

（一）稳定性

当制动管减压速率低于某一数值范围时，制动机将不发生制动作用的性能，称为制动机的稳定性。也就是说，要使制动机可靠地产生制动作用，除了要有一定的制动管减压量外，还需要一定的减压速率，两者缺一不可。其数值范围因各型制动机而不同。我国规定：制动管减压速率或漏泄小于 20 kPa/min。

（二）安定性

常用制动时不发生紧急制动作用的性能，称为制动机的安定性，即当制动管减压速率为 10 ~ 40 kPa/s 时，紧急阀不应动作。

（三）灵敏度

当制动管减压速率达到一定数值范围时，制动机必须产生制动作用的性能，称为制动机的灵敏度。一般来说，常用制动灵敏度为 10 ~ 40 kPa/s；紧急制动灵敏度为 70 kPa/s。

上述三者之间相互联系，在同一制动机上必须协调一致，保证三者之间有明显的隔离区间，否则将使制动机无法正常工作。

学习指导

在学习和工作中必然会遇到制动系统中的各种常用术语，只有理解这些术语的含义和相互之间的关系，才能对制动系统有进一步的深入学习和研究，才能更好地操纵使用好制动机。

任务二　制动缸压力的计算

任务描述

1. 会计算不同减压量下的制动缸压力。
2. 会根据行车需求确定列车管减压量。

知识储备

一、空气制动机的工作过程

空气制动机的工作过程是利用压力空气的压力与容积的变化关系来实现的。如果空气制动机的型号一定，那么空气的压力与容积之间保持着一定的关系。

根据热工学的推论认为，克拉贝隆理想气体状态方程为

$$PV = GRT$$

式中　P——气体的压力（Pa，N/m^2）；

V——气体的容积（m^3）；

T——气体的温度（K）；

G——气体的摩尔数（mol）；

R——普适气体恒量，$R = 8.31\ J/(mol\cdot K)$。

该公式同样适用于实际气体。气体的变化又分为绝热、等温、等压以及多变等变化过程。

在空气制动机的工作过程中，一方面，虽然空气压缩机产生的压力空气具有一定的温度，但压力空气须经散热管进入总风缸，并且总风缸又置于大气之中，所以当总风缸向制动管及各风缸充入压力空气时，压力空气都已经过充分冷却，使其温度与外界接近于相等。另一方面，在制动过程中，随着制动管减压速度的不同，副风缸向制动缸（或工作风缸向容积室）充风速度也不相同，致使气体因动能的变化而造成气体温度的波动和压力的波动。但待风缸的压力稳定后，其气体温度与大气温度也接近于相等（有关试验资料表明，制动机工作过程受到温度的影响约为 1 °C 左右），同时，在制动机中存在着各种漏泄和间隙，对计算精确度也有影响。所以，为简化计算起见，可以忽略温度变化对计算结果的影响，即把压力与容积的变化过程看作是等温变化过程。根据波义耳-马略特定律，空气压力与容积之间的关系为

$$PV = 常量$$

式中 P——压力空气的压力（绝对压力，Pa，N/m^2）；

V——压力空气的容积（m^3）。

即 $$P_1V_1 = P_2V_2$$

上式说明：压力空气的绝对压力与体积的乘积为常量，即等温过程变化前与变化后，其压力与体积乘积相等。

二、制动缸压力的计算

常用制动过程中，分析制动机制动管、副风缸和制动缸之间的变化关系时，应考虑下列因素：

（1）当制动管的减压量非常小时，三通阀的充气沟作为制动管与副风缸的连通通路并未被主活塞切断时，制动管与副风缸的空气压力是平衡的。

（2）制动时，进入制动缸的空气量等于副风缸排出的空气量，而副风缸减压后的压力与制动管压力相平衡。

（3）在制动计算中，副风缸与制动缸的容积之比选取 3.25：1（即 $V_f : V_z = 3.25 : 1$。该比值并不是副风缸和制动缸的实际比值，而是考虑到各空气通路所占有的容积和漏泄量诸因素后的换算比值）。

下面，以副风缸内的压力空气为研究对象，根据波义耳-马略特定律列方程

$$P_0'V_f = (P_0' - r)V_f + P_1'V_z$$

化简得 $$P_1' = \frac{V_f}{V_z} \times r \qquad (7\text{-}1)$$

或 $$P_1 = P_1' - 100 = \frac{V_f}{V_z} \times r - 100 \qquad (7\text{-}2)$$

式中 V_f——副风缸容积（m^3）；

V_z——制动缸容积（m^3）；

P_0'——列车管定压，绝对压力（kPa）；

P_1'——制动缸压力，绝对压力（kPa）;

P_1——制动缸压力，表压力（kPa）;

r——列车管减压量（kPa）。

式（7-1）或式（7-2）说明：制动缸压力与副风缸和制动缸的容积之比以及制动管的减压量有关。当副风缸与制动缸的容积比值一定时，制动缸的压力正比于制动管的减压量 r 值，所以司机操纵列车时，通常是通过控制制动管减压量 r 值来控制列车制动力的大小。

下面，我们具体讨论 GK 型车辆制动机和使用 109 型分配阀的 DK-1 型电空制动机制动缸压力的计算问题。

（一）GK 型车辆制动机

对于 GK 型车辆制动机，其副风缸与制动缸的容积比为 $\frac{V_f}{V_z}=3.25$，则有

$$P_1 = 3.25r - 100\text{（kPa）} \tag{7-3}$$

可见，制动管减压量 r 值取不同值时，便可得到相应的制动缸压力。

例如，设制动管减压量为 50 kPa、100 kPa 和 140 kPa 时，制动缸压力分别是多少？

解：（1）$r = 50$ kPa 时，$P_1 = 3.25 \times 50 - 100 = 62.5$（kPa）。

（2）$r = 100$ kPa 时，$P_1 = 3.25 \times 100 - 100 = 225$（kPa）。

（3）$r = 140$ kPa 时，$P_1 = 3.25 \times 140 - 100 = 355$（kPa）。

（二）机车 109 型分配阀

作为机车制动机的 DK-1 型电空制动机所采用的 109 型分配阀，在工作中起着空气制动机三通阀的作用，但由于机车制动机的特殊要求，其结构、作用原理较车辆三通阀复杂，因此，在分析计算时须做必要的简化。

109 型分配阀属于二压力机构分配阀，制动缸的压力取决于容积室的压力，而容积室的压力则与制动管定压、制动管减压量、容积室的大小及工作风缸容积等有关。按照其作用原理，根据波义耳-马略特定律，经必要的参数修正得到下式

$$P_1 = P_r = 2.6r \tag{7-4}$$

式中 P_1——制动缸表压力（kPa）;

P_r——容积室表压力（kPa）;

r——列车管减压量（kPa）;

2.6——修正比例系数。

可见，制动缸压力与制动管减压量成正比。

例如，设制动管减压量为 50 kPa、70 kPa、140 kPa 时，制动缸压力分别是多少？

解：（1）$r = 50$ kPa 时，$P_1 = 2.6 \times 50 = 130$（kPa）。

（2）$r = 70$ kPa 时，$P_1 = 2.6 \times 70 = 182$（kPa）。

（3）$r = 140$ kPa 时，$P_1 = 2.6 \times 140 = 364$（kPa）。

综上所述，制动缸压力正比于制动管减压量，产生一个制动管减压量，就有一个制动

缸压力值与其对应。但是，实际工作过程中，制动缸压力受到有效制动作用的限制，因此，制动管减压量范围也就受到了相应的有效减压量的限制。

学习指导

制动缸压力是制动原力，只有知道制动原力的大小，才能更好地控制机车或列车的制动，因此，必须掌握制动缸压力的计算，会计算不同减压量下的制动缸压力，进而能够根据行车目的自行确定减压量的大小，从而熟练操纵制动机。

任务三　制动管最小及最大有效减压量的确定

任务描述

1. 会确定制动管最小有效减压量。
2. 会确定制动管最大有效减压量。

知识储备

一、制动管最小有效减压量

根据理论分析，由式（7-2）$\left(P_1=\dfrac{V_f}{V_z}\cdot r-100\right)$可知，制动管无论减压多少，制动缸均应得到相应的压力，但在实际上是有差异的。

无论何种类型的机车制动机，都以控制全列车实现制动、缓解与保压为目的，而只有全列车的闸瓦均压紧车轮，才有效地产生了制动作用。实际工作表明，制动缸充风后将制动缸活塞推出使闸瓦压紧车轮的过程中，需要克服制动缸弹簧对活塞的背压及相关的摩擦阻力，因此制动缸存在最小有效制动缸压力，那么相对应的存在一个制动管最小有效减压量（简称制动管最小有效减压量）r_{min}值。下面以 GK 型车辆制动机为例，介绍最小有效减压量 r_{min} 的确定方法。

实践表明，只有制动缸压力达到 35 kPa 以上时，才足以克服制动缸弹簧对活塞的背压以及各种摩擦等阻力，产生有效的制动作用，则有

$$P_{1min}=35\ (kPa)$$

将 P_{1min} 值代入式（7-3）（$P_1=3.25r-100$）中可得

$$P_{1min}=3.25r_{min}-100$$

所以

$$r_{min}=41.5\ (kPa)$$

以上计算结果说明：当制动管减压量小于 41.5 kPa 时，GK 型车辆制动机不足以产生

有效制动。工作实践中，制动管最小有效减压量的确定还要考虑其他因素的影响，例如，制动管减压值在车列中不是完全一致的，车列越长其尾部制动管减压值比首部越小，因此要求制动管减压量不能过低，避免后部车列无制动作用，以影响行车安全。一般来说，单机时，最小有效减压量选取 40 kPa；牵引列车时，最小有效减压量选取 50 kPa；牵引 60 辆以上车辆时，最小有效减压量选取 70 kPa。例如 DK-1 型电空制动机，在设计初制动时，考虑到最初制动管减压量的要求，制动管定压为 500 kPa 时，制动管最小有效减压量选取 36 kPa；制动管定压为 600 kPa 时，制动管最小有效减压量选取 56 kPa。

二、制动管最大有效减压量

由式（7-2）$\left(P_1=\dfrac{V_f}{V_z}\times r-100\right)$可知，制动缸压力随制动管减压量的增加而成正比例增加。但当制动管减压量增大到（即制动管压力降到）一定程度时，副风缸与制动缸的压力将达到平衡状态，此时若制动管继续减压，制动缸压力也不会上升，因此，制动缸存在制动缸最大压力 P_{1max} 值，而相应于制动缸最大压力 P_{1max} 值的制动管减压量则被称为制动管最大有效减压量 r_{max} 值。

（一）GK 型车辆制动机制动管最大有效减压量的确定

以副风缸内的压力空气为研究对象，根据波义耳-马略特定律列方程

$$P_0'V_f=P_{1max}'(V_f+V_z)$$

所以 $$P_{1max}'=\frac{P_0'V_f}{V_f+V_z}\quad 或\quad P_{1max}=P_{1max}'-100=\frac{P_0'V_f}{V_f+V_z}-100$$

式中 P_0'——列车管定压，绝对压力（kPa）；

P_{1max}'——制动后制动缸与副风缸的平衡压力，绝对压力（kPa）；

P_{1max}——制动后制动缸与副风缸的平衡压力，表压力（kPa）

V_f——副风缸的容积（m^3）；

V_z——制动缸的容积（m^3）；

将 $\dfrac{V_f}{V_z}=3.25$ 代入上式得

$$P_{1max}'=0.765P_0'\quad 或\quad P_{1max}=0.765P_0'-100$$

1. 取制动管定压为 500 kPa（表压力）时

$$P_{1max}'=0.765\times(500+100)=459\text{（kPa）}$$

即 $$P_{1max}=0.765\times(500+100)-100=359\approx360\text{（kPa）}$$

将 $P_{1max}\approx360$ 代入式（7-3）（$P_1=3.25r-100$）中得

$$r_{max}=(360+100)/3.25\approx140\text{（kPa）}$$

2. 取制动管定压为 600 kPa（表压力）时

$$P'_{1max}=0.765\times(600+100)=535.5\text{（kPa）}$$

即 $$P_{1max}=0.765\times(600+100)-100=435.5\approx436\text{（kPa）}$$

将 $P_{1max}\approx436$ 代入式（7-3）（$P_1=3.25r-100$）中得

$$r_{max}=(436+100)/3.25\approx170\text{（kPa）}$$

（二）机车制动管最大有效减压量的确定

以工作风缸内的压力空气为研究对象，根据波义耳-马略特定律列方程

$$P'_0V_g+100V'_r=P'_{r\max}(V_g+V_r)$$

可得 $$P'_{r\max}=(P'_0V_g+100V'_r)/(V_g+V_r)$$

或 $$P_{r\max}=(P'_0V_g+100V'_r)/(V_g+V_r)-100$$

式中 P'_0——列车管定压（即制动前工作风缸压力），绝对压力（kPa）;
$P'_{r\max}$——制动后工作风缸与容积室（即制动缸）压力，绝对压力（kPa）;
$P_{r\max}$——制动后工作风缸与容积室（即制动缸）压力，表压力（kPa）;
V_g——工作风缸容积（m^3）;
V'_r——制动前容积室容积（m^3）;
V_r——制动后容积室容积（m^3）。

将 $V_g=(11.504\times10^{-3})\ m^3$，$V'_r=(4.267\times10^{-3})\ m^3$，$V_r=(4.327\times10^{-3})\ m^3$ 代入上式，可得

$$\begin{aligned}P_{r\max}&=(11.504\times10^{-3}P'_0+100\times4.267\times10^{-3})/(11.504\times10^{-3}+4.327\times10^{-3})-100\\&=0.727P'_0-73\end{aligned}$$

1. 取制动管定压为 500 kPa（表压力）时

$$P_{1max}=P_{r\max}=0.727\times(500+100)-73\approx360\text{（kPa）}$$

将 $P_{1max}=P_{r\max}\approx360$ 代入式（7-4）（$P_1=P_r=2.6r$）中得

$$r_{max}=360/2.6\approx140\text{（kPa）}$$

2. 取制动管定压为 600 kPa（表压力）时

$$P_{1max}=P_{r\max}=0.727\times(600+100)-73\approx430\text{（kPa）}$$

将 $P_{1max}=P_{r\max}\approx430$ 代入式（7-4）（$P_1=P_r=2.6r$）中得

$$r_{max}=430/2.6\approx170\text{（kPa）}$$

可见，由于制动管的定压不同，其制动管最大有效减压量也不同。当制动管压力为 500 kPa 或 600 kPa 时，则其制动管最大有效减压量分别为 140 kPa 或 170 kPa。制动管减压量超过制动管最大有效减压量时即为过量减压，一般情况下应尽量避免，因为损失压力空气而未能使制动力增加，将延长充风时间，带来安全隐患。

综上所述，尽管制动缸压力正比于制动管减压量，但却是在一定范围内成立。在实际工作过程中，制动缸压力受到有效制动作用的限制，因而，制动管的减压量范围也就受到了相应的制动管最小、最大有效减压量的限制。

学习指导

制动缸充风后将制动缸活塞推出使闸瓦压紧车轮的过程中，需要克服制动缸弹簧对活塞的背压及相关的摩擦阻力，因此制动缸存在最小有效制动缸压力，那么相对应的存在一个制动管最小有效减压量（简称制动管最小有效减压量）r_{min} 值。

尽管制动缸压力正比于制动管减压量，但制动缸压力受有效制动作用的限制，因而，制动管的最大减压量也受到了限制，这个最大减压量称为最大有效减压量。

在最大和最小有效减压量之间，制动缸压力与列车管减压量一一对应，且减压量越大，制动缸压力也越大。

任务四　列车纵向动力作用认知

任务描述

1. 掌握产生纵向动力作用的主要原因。
2. 掌握减缓纵向动力作用的主要途径。

知识储备

对于空气制动机，在施行制动或缓解时所产生的空气波存在一个沿制动管长度方向由前向后扩散或传播的过程，列车越长，其前后部开始制动或缓解的时间差就越大。这种“沿列车长度的制动或缓解作用的不同时性”是列车制动或缓解时发生强烈纵向动力作用的主要原因。对于重载（或扩编）列车，这个问题尤其突出。

一、制动阶段的划分及其性质

根据列车制动过程中各制动缸压力的变化及分布情况，整个制动过程可划分为 4 个阶段，如图 7-4 所示，该图所示为一列车（为简化分析，设该列车编组为 4 辆）各制动缸的充风曲线（即 p-t 曲线）。

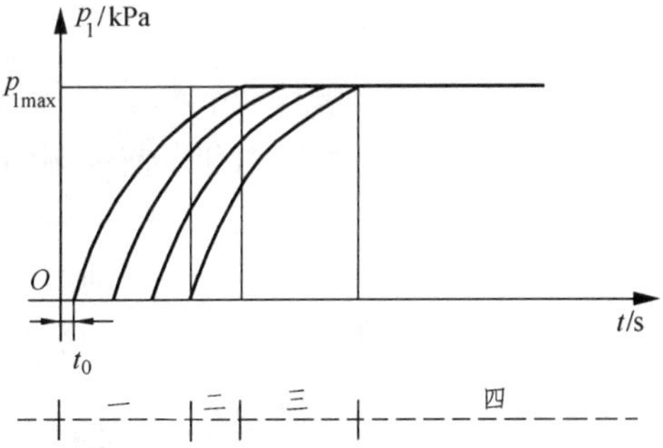

t_0—第一台制动机发生制动作用的时间。

图 7-4　列车制动时制动缸的充风曲线

第一制动阶段——由司机扳动制动阀手柄至制动位时开始，到最后一辆车制动缸压力开始上升的瞬间为止。在这个阶段，由列车前部第一辆开始，各车辆制动机逐次发生制动作用，并且，制动缸压力及相应的制动力沿列车长度方向由前向后越来越小。因此，前部车辆减速度大，而后部车辆减速度小，形成各车辆间的动能之差，导致了列车各车辆从两端向列车中部挤压的相对运动，并将动能差转换为车钩缓冲器弹簧的势能，即造成列车各车钩缓冲器弹簧的压缩，该压缩为静压缩。由于列车的这种压缩具有一定的作用速度，所以表现为列车的纵向动力作用。当第一制动阶段终了时，列车压缩力达到最大值，车钩缓冲器弹簧到达新的静平衡位置，静压缩也达到最大值。

第二制动阶段——由最后一辆车制动缸压力开始上升起，到第一辆车制动缸压力上升到最大值为止。在这个阶段，各车辆的制动缸压力保持着第一阶段末已形成的压力差而按相同的速率上升，车钩缓冲器弹簧继续被压缩，形成动压缩。当第二制动阶段所形成的动能差全部转换为势能时，动压缩达到最大值；然后车钩缓冲器弹簧开始伸张，造成列车的纵向动力振动。由于车钩缓冲器的摩擦阻尼作用，这个动力振动将很快衰减而消失，但静压缩则仍保持不变。

第三制动阶段——由第一辆车制动缸压力上升到最大值的瞬间起，到最后一辆车的制动缸压力上升到最大值为止。在这个阶段，各车辆的制动缸压力逐渐趋于一致，第一制动阶段所储存在车钩缓冲器弹簧中的静压缩势能逐渐释放出来，列车中各车辆在车钩缓冲器弹簧的反拨力作用下发生由列车中部向两端伸张的现象。这种伸张也具有一定的作用速度（比压缩的速度小，能量有损失），所以也会引起列车纵向动力作用。这个冲动由于车钩缓冲器的摩擦阻尼作用也很快衰减和消失。

第四制动阶段——由最后一辆车的制动缸压力上升到最大值时起，到列车完全停车或缓解为止。在这个阶段，各个车辆的制动机都产生了最大制动力。如果列车单位制动力分配均匀，则车辆之间形成任何因制动而产生的作用力。但如单位制动力分配不均匀，则仍将有压缩力或拉伸力存在，即可造成列车的纵向动力作用。这是静力性质的，当制动力达到最大值时，这种作用力也达到最大值。

实际工作中，在列车制动过程中的每一瞬间，各个机车车辆具有不同的单位制动力。如果列车施行制动时是处在拉伸状态，则制动之初首先要消除这些车钩与车钩之间的自由间隙，这就必然会产生强烈的纵向动力作用，或发生强烈的纵向动力作用。

二、产生动力作用的原因

列车制动时产生纵向动力作用的主要原因有 3 个：

（1）制动作用沿列车长度方向的不同时性，即列车前部制动力形成得早，上升快，后部则晚而慢。

（2）全列车制动缸的压力都达到指定值以后，单位制动力（列车每吨重量的制动力）沿列车长度方向的不均匀分布。这是由于列车中车辆类型和装载状态不同而造成的。

由于上述两种原因，列车中各车辆在制动过程中的每一瞬间都具有不同的单位制动力。如果没有车钩的连接，各车辆都将按各自的减速度运行；但这是不可能的，组成列车的机车和车辆必须按同一减速度运行，具有相同的单位惯性力（列车每吨重量的惯性力）。

因此，在各车辆间的车钩连接处，必然要产生相应的纵向动力作用。

（3）各车辆之间的非刚性连接（缓冲器可压缩，车钩与车钩之间有自由间隙）使由于前两种原因产生的纵向动力作用更加剧烈。

为了缓和因制动不同时性和单位制动力分布不均所造成的强烈纵向动力作用，每个车钩后面都装有可压缩的缓冲器，制动时可通过前从板压缩缓冲器弹簧，吸取和衰减纵向动力作用的能量，将它限制在允许的范围内。但这样一来，列车纵向的可压缩量也增大了。由于列车的这种压缩不是缓慢进行的，它具有一定作用速度，所以弹簧被压缩到静平衡位置时列车的压缩并未停止。当弹簧继续被压缩并达到动平衡位置时，列车压缩的相对运动的能量被用尽，弹簧和列车的压缩量才达到最大值，车钩受到的纵向力也才达到最大值。

列车制动纵向动力作用随着列车长度的增加和制动力的增大而加剧，严重时它能导致车钩缓冲器装置折损和车体严重损坏等重大事故。所以，对于这个问题的试验和研究是一项很重要的工作。

苏联科学家的研究表明：

（1）提高制动波速和延长制动缸充风时间都可以减轻列车制动时的纵向动力作用。但提高制动波速还可以缩短制动距离，而延长制动缸充风时间却会导致制动距离延长。要想在不延长制动距离的条件下减轻制动时的纵向动力作用，只有首先大力提高制动波速，同时适当科学地延长制动缸充风时间，如采用“先快后慢”的变速充风。

（2）发展大吨位车辆比增加编组辆数对减轻制动冲动较为有利。

（3）由于闸瓦摩擦系数随列车速度的降低而增大，故在闸瓦压力相同的条件下，低速时制动冲击力更大。

（4）列车在拉伸状态下制动，其纵向冲击力比在压缩状态下大很多。

学习指导

列车制动过程中会引起纵向动力作用，降低列车运行平稳性和乘坐舒适性，这就需要了解纵向动力作用产生的原因，进而采取相应的措施去减缓纵向动力作用。

项目自检

1. 二压力机构制动机和三压力机构制动机有何区别？

2. 制动机的稳定性、安定性与灵敏度如何定义，它们之间有何关联？

3. 列车管减压量分别为 70 kPa、100 kPa、140 kPa 时，对应的机车制动缸压力分别是多少？

4. 列车管最大及最小有效减压量如何确定？

下篇

实训篇

项目八　制动机操纵与故障处理

项目描述

制动系统关乎运输安全，学习制动知识的目的在于运用，本项目主要学习制动机的操纵、性能试验及常见故障的分析处理。本项目包括以下十个任务：

任务一　CCBⅡ型制动机检查试验
任务二　CCBⅡ型制动机故障处理
任务三　法维莱 Eurotrol 制动机检查试验
任务四　法维莱 Eurotrol 制动机故障处理
任务五　DK-2 型制动机的操作
任务六　DK-2 型制动机检查试验
任务七　DK-2 型制动机故障处理
任务八　HXD3C 型电力机车制动机单机日常试验程序
任务九　HXD3C 型电力机车制动机单机检修后试验程序
任务十　HXD1C 型机车法维莱制动系统作业流程

知识目标

1. 掌握各型制动机各种试验程序及应有现象。
2. 掌握各型制动机常见故障现象及处理方法。
3. 掌握各型制动机日常各种作业流程。

能力目标

1. 会操纵 HXD3 型电力机车 CCBⅡ型制动机进行检查试验，能够通过试验进行故障查找和在故障发生后能够进行相应的故障处理。

2. 会操纵 HXD2 型电力机车法维莱 Eurotrol 制动机进行检查试验，能够通过试验进行故障查找和在故障发生后能够进行相应的故障处理。

3. 会操纵 HXD 型电力机车 DK-2 型制动机进行检查试验，能够通过试验进行故障查找和在故障发生后能够进行相应的故障处理。

思政目标

1. 培养“敬业爱岗、遵章守纪、乐于奉献”的职业精神。
2. 牢记“安全第一、以质量促安全”的职业规范。
3. 树立“因果”理念，弘扬“精益求精”工匠精神。
4. 养成“勇于尝试、勤于动手、善于思考”的工作作风。

实训环境与设备

制动机实训室、制动机仿真驾驶装置、制动机示教板、电空制动屏柜、制动机各部件实物。

任务一　CCB Ⅱ型制动机检查试验

任务描述

会进行 CCB Ⅱ型制动机检查试验，能够通过试验发现制动机故障。

任务实施

学生在教师指导下，在仿真试验台上进行试验，通过视频和多媒体课件学会试验内容和标准，进而完成本任务。

知识储备

CCB-Ⅱ型制动机“五步闸”检查方法如表 8-1 所示。

表 8-1　CCB Ⅱ型制动机“五步闸”检查方法

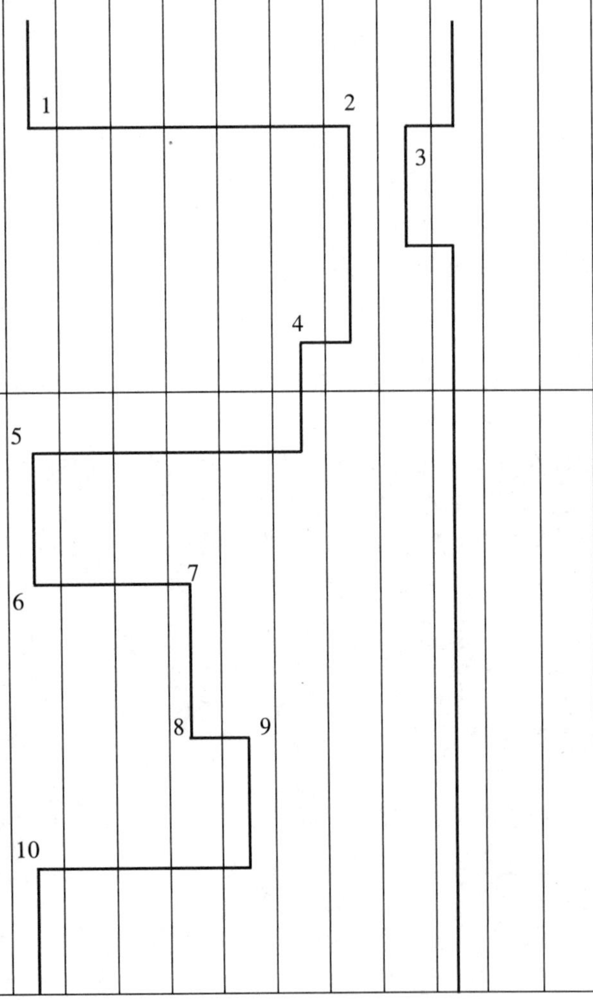

步骤	设置	自动制动手柄 运转	初制	制动	全制	抑制	重联	紧急	单独制动手柄 侧缓	运转	制动	全制	检查内容
1	本机/不补风												1. 总风压力为 750～900 kPa，制动缸压力为 0，均衡风缸压力为 500 kPa，制动主管压力为 500 kPa； 2. 制动主管压力在 3 s 内降为 0，制动缸在 3～5 s 内升至 200 kPa，并继续增压至 450 kPa，均衡风缸压力降为 0，紧急制动倒计时 60 s 开始； 3. 制动缸压力下降为 0，手柄复位后制动缸压力恢复； 4. 60 s 倒计时结束后操作，制动主管、均衡风缸、制动缸压力不变
2	本机/不补风												5. 均衡风缸增压至 500 kPa，制动主管增压至 480 kPa 的时间不大于 9 s，制动缸压力下降为 0； 6. 等 60 s 使系统各风缸充满风； 7. 均衡风缸在 5～7 s 内减压到 360 kPa，制动主管减压到（均衡风缸压力 ±10 kPa），制动缸 6～8 s 内增压到 360 kPa； 8. 保压 1 min，均衡风缸压力泄漏不大于 7 kPa，制动主管压力泄漏不大于 10 kPa，制动缸压力变化不大于 25 kPa； 9. 各压力无变化； 10. 均衡风缸增压至 500 kPa，制动主管压力增至 500 kPa，制动缸压力下降为 0

续表

步骤	设置	自动制动手柄							单独制动手柄				检查内容
		运转	初制	制动	全制	抑制	重联	紧急	侧缓	运转	制动	全制	
3	本机/不补风	14	11				13		12				11. 充满风后，均衡风缸减压 50 kPa，制动主管减压到（均衡风缸压力 ± 10 kPa），制动缸增压到 70 ~ 110 kPa; 12. 制动缸压力下降为 0，手柄复位后制动缸压力不恢复； 13. 均衡风缸以常用制动速率降为 0，制动主管减压至 55 ~ 85 kPa 后保持，制动缸增压至 450 kPa； 14. 均衡风缸增压至 500 kPa，制动主管压力增至 500 kPa，制动缸压力下降为 0
4	本机/不补风			19						16 18		15 17	15. 阶段制动，制动缸压力阶段上升，全制动制动缸压力为 300 kPa； 16. 阶段缓解，制动缸压力阶段下降，"运转位"制动缸压力下降为 0； 17. 制动缸在 2 ~ 3 s 内上升到 280 kPa，最终为（300 ± 15）kPa； 18. 制动缸压力在 3 ~ 5 s 内下降到 35 kPa 以下； 19. 均衡风缸减压 100 kPa，制动主管减压到(均衡风缸压力 ± 10 kPa)，制动缸增压到 230 ~ 250 kPa
5	单机	22			20				21	24		23	20. 均衡风缸减压 140 kPa，制动主管压力保持不变，制动缸压力保持不变； 21. 制动缸压力下降为 0，手柄复位后制动缸压力不恢复； 22. 均衡风缸增压至 500 kPa，制动主管压力保持不变，制动缸压力保持不变； 23. 制动缸压力在 2 ~ 3 s 内上升到 280 kPa，最终为 300 kPa； 24. 制动缸压力在 3 ~ 5 s 内下降到 35 kPa 以下

注：试验完毕，机车恢复本机/不补风状态设置。

学习指导

试验中需要注意对时间和压力值的观察，以发现相应故障。

试验完毕后同学们按小组进行评价。

质量评价标准

<table>
<tr><td colspan="7">考核项目：　　　　工时定额：　　　　开始时间：　　　　结束时间：
班　　级：　　　　姓　　名：　　　　学　　号：　　　　实际用时：</td></tr>
<tr><td>项目</td><td>分数</td><td>考核内容</td><td>每次扣分</td><td>次数</td><td>扣分</td><td>得分</td></tr>
<tr><td rowspan="9">操作技能</td><td rowspan="9">70 分</td><td>1. 操作、检查、测量、调整方法不当或错误</td><td>4 分</td><td></td><td></td><td></td></tr>
<tr><td>2. 工序错乱</td><td>6 分</td><td></td><td></td><td></td></tr>
<tr><td>3. 漏拆、漏检、漏修、漏测</td><td>6 分</td><td></td><td></td><td></td></tr>
<tr><td>4. 零部件或工具脱落</td><td>4 分</td><td></td><td></td><td></td></tr>
<tr><td>5. 口述内容有遗漏、错误</td><td>4 分</td><td></td><td></td><td></td></tr>
<tr><td>6. 工作中返工</td><td>10 分</td><td></td><td></td><td></td></tr>
<tr><td>7. 作业后未按要求恢复、整理</td><td>3 分</td><td></td><td></td><td></td></tr>
<tr><td>8. 按工艺要求，质量不符合规定</td><td>2 分</td><td></td><td></td><td></td></tr>
<tr><td>9. 超过时间者（每分钟）
（超过额定工时一半者本次考核无效）</td><td>1 分</td><td></td><td></td><td></td></tr>
<tr><td rowspan="5">工具设备使用</td><td rowspan="5">20 分</td><td>1. 工、量具及设备开工前不检查，收工时不清理</td><td>3 分</td><td></td><td></td><td></td></tr>
<tr><td>2. 工、量具及设备使用不当</td><td>3 分</td><td></td><td></td><td></td></tr>
<tr><td>3. 工、量具脱落</td><td>6 分</td><td></td><td></td><td></td></tr>
<tr><td>4. 工具不全</td><td>3 分</td><td></td><td></td><td></td></tr>
<tr><td>5. 工具、设备损坏（视情况）</td><td>5～20 分</td><td></td><td></td><td></td></tr>
<tr><td rowspan="3">安全生产</td><td rowspan="3">10 分</td><td>1. 按规定，着装不符合要求</td><td>3 分</td><td></td><td></td><td></td></tr>
<tr><td>2. 违章或违反安全事项</td><td>4 分</td><td></td><td></td><td></td></tr>
<tr><td>3. 工作场地不整洁，工件、工具摆放不整齐</td><td>2 分</td><td></td><td></td><td></td></tr>
<tr><td>合计</td><td>100</td><td colspan="2"></td><td></td><td></td><td></td></tr>
<tr><td colspan="2">考核员</td><td colspan="5">签名：　　　　　　　　　　　日期：　　年　　月　　日</td></tr>
</table>

任务二　CCBⅡ型制动机故障处理

任务描述

在试验或运行中能够发现 CCBⅡ型制动机的故障，能够对故障进行相应的处理。

任务实施

学生在教师指导下，在仿真试验台上操纵进行试验，通过视频和多媒体课件学会故障处理，进而完成本任务。

知识储备

一、CCBⅡ型空气制动系统故障排除

表 8-2 列出了与电子空气制动（EAB）操作有关的机车故障及故障排除步骤，必须按表中所示的顺序排出故障。表中部分步骤参见“集成微处理器模块（IPM）故障代码改正措施（见表 8-4）”或“自检故障代码改正措施（见表 8-5）”。

表 8-2　机车故障与故障排除步骤

故障	故障排除步骤
机车显示屏上显示“Air Brake Fault（空气制动故障）”	司乘人员信息故障显示器将包括一个三位故障代码（文本紧跟着），记下这个三位故障代码并参阅表 8-4 所示的改正措施操作。在表 8-3（司乘人员信息术语表）中有司乘人员信息描述
系统不自检	司乘人员信息故障显示器将包括一个四位故障代码（文本紧跟着），记下这个四位故障代码并参阅表 8-4 所示的改正措施操作
动力切除开关（PCS）不能清除或不能缓解制动	1. 放置自动制动手柄在“抑制位（SUP）”并等待处罚清除。如果“处罚来源仍存在”信息出现，则有必要复位处罚来源。处罚被复位后，移动自动制动手柄到“运行位（RUN）”。检查看 ER 和 EP 两个压力是否都提高。如果 ER 提高而 BP 不提高，参见“不能给制动管充风”故障排除方法操作。如果 ER 和 BP 都提高，或者二者都不提高，到步骤 2 2. 保证主手柄在“Isolate”位而换向器手柄在“中间位”。放置自动制动手柄在“OverReduction（OVR）”位并监测诊断追踪信息。给集成微处理器模块（IPM）加动力周期。查看在 IPM 上电过程中“PCS Negated”信息是否出现。如果“PCS Negated”出现在追踪信息中，但是机车 PCS 灯仍亮着，更换 IPM。如果问题还存在，更换继电器接口模块（RIM），并从 IPM 经 RIM 到机车 PCS 检查接线的连续性。如果“PCS Negated”没有出现在追踪信息中，一个“紧急”或“处罚”来源是活动的，必须被清除
不能给制动管充风	1. 保证机车设置是“牵引车接入”。移动自动制动手柄到“运行位（RUN）”。保证 ER 充风到缓解设置（60～110 psi*）。如果 ER 不充风，参见“动力切除开关（PCS）不能清除”故障排除方法操作 2. 隔离机车（关闭端角塞门）并重复步骤 1。如果 BP 现在充风但以前不充风，检查列车管是否泄漏或没有连接 3. 至少 10 次“急剧地”放置电子制动阀（EBV）自动制动手柄到“移出位（EMER）”。复位紧急制动，并移动自动制动手柄到“运行位（RUN）”，如果 BP 压力升高，则故障原因是 EBV 上的 21 放风阀卡住 4. 如果 BP 部分向 ER 升高，但是达不到 ER（在 EPCU 听到空气吹动的声音），应更换 BPCP（可能是继电器脏了）。如果 BP 根本不提高，则更换 IPM（可能是二进制输出故障）

注：*psi 为非法定计量单位，英制单位，$1\ psi = 1\ b \cdot cm^{-2}$。

续表

故障	故障排除步骤
在机车上自动制动不能被单独缓解	运行CCBⅡ自检（参阅表8-4）。如果自检通过，更换EBV（可能是单独缓解开关/总线故障）；如果自检未通过，参阅表8-4所示的故障代码改正措施操作
当有电阻制动时，自动制动不能被单独缓解	把机车放在电阻制动位置1，并保证在DBI阀接线盒的BC部分有电压。测量空气制动接线盒端子47和48（电缓解）的电压，如果没有电压，问题不在空气制动系统；如果有电压，则更换BC部分（可能是DBI电磁阀故障）
不能建立制动缸压力	1. 保证机车被设置在“牵引车接入”。保证转向架制动缸是接入的（角塞门）； 2. 用自动制动手柄进行制动作用。注意制动管压力是否降低； 3. 在制动缸控制部分（BCCP）检查空气吹动，如果没有听到泄漏声，则从EPCU总管到转向架制动缸检查机车管路的完整性
不能进入空气制动远程对话（自检、标定、事件记录等）	保证主手柄位于“Isolate”（隔离位）

二、司乘人员信息

表8-3所示为与CCBⅡ型EAB（电子空气制动）系统有关的司乘人员信息，应熟悉并掌握。

表8-3　司乘人员信息术语表

司乘人员信息	描　　述
空气制动故障	制动系统使用其自诊断探测到一个维护问题，在司乘人员信息末尾将有一个三位故障代码。参阅表8-4所示的改正措施操作
空气制动正在上电	制动系统正在运行引导程序，如果IPM/IHUB已经被启动，则系统运行引导程序需要大约1 min
警报器处罚	由于司乘人员没有满足司乘人员警惕系统的要求，制动系统进行了处罚制动作用
自动不能缓解—设置空气制动关闭—×××	存在一个空气制动维护问题，所以自动制动不能被缓解。关闭空气制动线路断路器，设置机车为另一个牵引机车后的拖车位置。“×××”是一个三位故障代码，记录该代码并报告给维修人员
自动不能缓解—设置拖车—×××	存在一个空气制动维护问题，所以自动制动在牵引车模式不能被缓解。设置机车为拖车，并在另一个牵引车后面使用，没有必要关闭空气制动线路断路器。“×××”是一个三位故障代码，记录该代码并报告给维修人员
EMERGENCY，自动制动紧急	一个司机发起的紧急制动在起作用（通过移动自动制动手柄到“紧急位”进行）
EMERGENCY，自动制动手柄在“紧急位”	这是一个指导信息，如果自动制动手柄在“紧急位”，该信息被贴在被拖动单元
备份BC—记录—×××	制动系统有一个（或部分）微机故障，但是它使用其备份气动系统操作为牵引车，到备份的转换是自动的。“×××”是一个三位故障代码，记录该代码并报告给维修人员
备份模式被占用×××	制动系统有一个（或部分）微机故障，但是它使用其备份气动系统操作为牵引车，到备份的转换是自动的。“×××”是一个三位故障代码，记录该代码并报告给维修人员

续表

司乘人员信息	描　述
备份模式—无 Bail—×××	制动系统有一个（或部分）微机故障，但是它使用其备份气动系统操作为牵引车，到备份的转换是自动的。在这个模式下，没有 bail-off 能力。“×××”是一个三位故障代码，记录该代码并报告给维修人员
备份模式—无 BC 表—×××	制动系统有一个（或部分）微机故障，但是它使用其备份气动系统操作为牵引车，到备份的转换是自动的。在这个模式下，没有制动缸压力示数。“×××”（在屏幕上）是一个三位故障代码，记录该代码并报告给维修人员
装置持续 Bail—将 AB 设置成关闭状态—×××	空气制动故障一旦发生，会导致自动制动管持续“bailing off”。打开空气制动回路，使用拖车上位于其他牵引单元之后的单元。“×××”是一个三位故障代码，记录该代码并报告给维修人员
分布式电源紧急制动	在进入分布式电源模式时，紧急制动开始
分布式电源处罚	在进入分布式电源模式时，处罚式制动开始作用
PRESENT，紧急来源仍然存在	紧急制动应用不能被缓解，因为导致紧急制动的条件仍活动（比如，分散动力）
故障紧急	制动系统使用其自诊断发现一个维护问题。为安全地停止列车，应用了紧急制动
故障处罚	制动系统使用其自诊断发现一个维护问题。为安全地停止列车，应用了处罚制动
手柄必须在“紧急位”来恢复	在紧急制动应用被缓解前，必须将自动制动手柄移动到“紧急位”
手柄必须在“抑制位”来恢复	在处罚制动应用被缓解前，自动制动手柄必须被移动到“抑制位”
集成机车微机暂停处罚	由于与集成机车微机（ILC）失去通信，制动系统应用了处罚制动。检查保证 ILC 有电
不兼容电子空气制动子系统	一个或多个 LRU 被安装在制动系统，它们有和其他系统不兼容的软件
单独全部或缓解—设置拖车—×××	电子制动阀（EBV）或“控制器”有一个机械问题。单独制动可被完全应用或完全缓解。“×××”是一个三位故障代码，记录该代码并报告给维修人员
保持手柄在“紧急位”	当紧急来源复位，自动制动手柄必须保持在“紧急位”
保持手柄在“紧急位”××s	制动系统强迫进行紧急制动（通常 90 s）。为了紧急制动被复位，在这期间，自动制动手柄必须保持在“紧急位”
保持手柄在“抑制位”××s	制动系统在执行最轻处罚制动应用计时（通常 8～10 s）。为了处罚制动被复位，在这期间，自动制动手柄必须保持在“抑制位”
移动手柄到“抑制位”	为了从处罚制动应用恢复，操作者必须移动自动制动手柄到“抑制位”
没有制动缸表—记录—×××	制动系统有一个（或部分）微机出现故障，但是它使用其备份气动系统操作为牵引车，到备份的转换是自动的。没有制动缸压力指示（在屏幕上）可用。“×××”是一个三位故障代码，记录该代码并报告给维修人员
没有制动管切除—设置拖车×××	一个阻碍制动管切除的空气制动故障发生（不能保证紧急制动应用）。设置单元为在另一个牵引车后的拖车。不要打开空气制动线路断路器。“×××”是一个三位故障代码，记录该代码并报告给维修人员
在拖车单元没有制动，设置拖车—×××	一个阻碍制动缸平均管加压的空气制动故障发生。设置单元为在另一个牵引车后的拖车。不要打开空气制动线路断路器。“×××”是一个三位故障代码，记录该代码并报告给维修人员

续表

司乘人员信息	描　述
没有组成单独缓解—设置拖车×××	一个阻碍动作管加压的空气制动故障发生。设置单元为在另一个牵引车后的拖车。不要打开空气制动线路断路器。“×××”是一个三位故障代码，记录该代码并报告给维修人员
没有流量表—记录—×××	由于传感器故障流量指示（屏幕上）是不可操作的。机车可按操作者的判断没有流量表使用。“×××”是一个三位故障代码，记录该代码并报告给维修人员
在拖车单元没有单独制动，设置拖车—×××	一个阻碍单独应用和缓解（IA&R）管加压的空气制动故障发生。设置单元为在另一个牵引车后的拖车。不要打开空气制动线路断路器。“×××”是一个三位故障代码，记录该代码并报告给维修人员
非可抑制处罚	制动系统被机车微机（ILC）命令应用非可抑制处罚。处罚的来源不确定
操作者紧急制动	一个司机发起的紧急制动在起作用（通过移动自动制动手柄到“紧急位”进行）
处罚来源仍存在	进行了处罚制动应用。处罚制动不能被缓解，因为要求处罚的来源，比如，司机室信号、超速等，仍在执行它
放置自动制动手柄在“手柄取出位”	该信息被贴出，提示操作者放置自动制动手柄在“手柄取出位”或“司机室信号位”，为分散动力设置做准备
放置单独制动手柄在“缓解位”	该信息被贴出，提示操作者放置单独制动手柄在“缓解位”，为分散动力设置做准备
上电紧急制动	制动系统在执行紧急制动应用，直到其完成引导程序（大约 1 min）
上电处罚	制动系统在执行处罚制动应用，直到其完成引导程序（大约 1 min）
PTU HAS OVERRIDDEN，便携测试单元最优先	便携测试单元（PTU）被连接到制动系统，并正在控制制动命令，机车应该采用手制动停住
从牵引车/接入单元恢复空气制动	该拖车单元在执行紧急或处罚制动应用。为了恢复制动系统，制动管必须靠缓解连接牵引车单元的制动来充风。选择性地，该单元可以被转为牵引车模式并被恢复
远程对话最优先	外部制动指令已经进入了制动系统微机。在这一模式下，制动控制器发出的指令可能无效。机车应该采用停车制动设置停住
换向器没有居中	机车换向器没有被居中，为允许空气制动模式改变为“拖车”
可抑制处罚	制动系统已经被应用可抑制处罚，处罚来源没有确定
为清除紧急制动，将手柄移至“运行位”	为了缓解紧急制动，操作人员必须将自动制动手柄移至“运行位”
为清除处罚制动，移动手柄到“抑制位”	为了重新设置处罚制动，操作者必须移动自动制动手柄到“抑制位”
为中断，循环 IPM 动力	为清除该操作模式或故障，关闭 IPM，再打开。IPM 通常在 LECB、DPCB 或 MTB 线路断路器
列车紧急制动	由于列车某处制动管快速排气，紧急制动被应用
等××s	该信息在各个时期被贴出，通知操作者在进行下一步行动前，等待各种定时器到时间
警告—空气制动在制造测试模式	制动系统在制造测试模式，将对正常输入不响应。该信息不能在正常运行系统发生。打开空气制动线路断路器并通知维修人员

续表

司乘人员信息	描　述
设置 AB 关闭—×××	因空气制动维护问题存在，所以自动制动不能缓解。关闭空气制动回路断路器。将机车设置成牵引机车后的拖车程序。“×××”是一个三位故障代码，记录该代码并报告给维修人员
空气制动故障，警告—在拖车上设置空气制动	空气制动系统设置成“拖车”模式，此时会收到控制器已经脱离隔离模式的信号。它警告操作人员，空气制动被设置成“拖车”模式，而且对任何制动手柄的移动都不会做出相应的反应，除了紧急制动手柄外

三、CCBⅡ型制动机的 IPM 故障改正措施

表 8-4 示出了 CCBⅡ型制动机的诊断故障代码和故障改正措施，这些代码在机车制动屏幕上显示给操作者。三位故障代码也可在事件/故障记录中察看。

IPM 故障代码被显示在故障信息的末尾。例如，如下故障信息：

> 空气制动故障
> 使用备份模式　　简化 IND BRK -001

将显示故障代码“001”，参见表 8-4 所示的改正措施。

注意：在任何给定时间，在故障信息中只能显示一个“故障”，尽管可能存在多个故障。

用户可从“空气制动主菜单/系统维护”屏进入“LRU Fault Summary 故障汇总”表，以确认哪个 LRUs 有故障。

表 8-4　故障改正措施

故障代码	描述	被……探测	故障原因	改正措施	还不好，请尝试：
001	ERCN 故障	IPM	ERCN 脉冲损失 4 s	可以在备份模式下作为牵引机车使用，直到进车间。保证 LON 电缆紧紧固定在 ERCP 上。断电恢复	1. 检查 ER 控制节点上的黄灯，如果稳定或闪烁，重装程序或更换； 2. 如果动力重启后 ERCP 仍亮红灯，更换 ERCP
002	ERCP AW4 故障	ERCP	ER 压力＞825 kPa 或在 10 s 内压力波动超出±35 kPa 范围	可以在备份模式下作为牵引机车使用，直到进车间。运行 ER 自检，如果通过，通过断电恢复来清除备份模式，失败则更换 ERCP	检查管路柜后部的软管和风缸
003	ERT 故障	ERCP	传感器输出电压大于 4.5 V 或小于 0.5 V	可以在备份模式下作为牵引机车使用，直到进车间。断电恢复	更换 ERCP
004	MRT 故障	ERCP	传感器输出电压大于 4.5 V 或小于 0.5 V，或者 IPM 探测传感器信号被停止发送 15 s	可以在备份模式下作为牵引机车使用，直到进车间。断电恢复	更换 ERCP

续表

故障代码	描述	被……探测	故障原因	改正措施	还不好，请尝试：
006	MVER 失电关闭	ERCP	输出反馈显示失电	可以在备份模式下作为牵引机车使用，直到进车间。更换 ERCP	
008	MRT 故障 2 (MRT-备份)	BPCP	传感器输出电压大于 4.5 V 或小于 0.5 V，或者 IPM 探测传感器信号被停止发送 15 s	系统可不带流量指示操作。在下次进车间时更换 BPCP	
009	FLT 故障	BPCP	传感器输出电压大于 4.5 V 或小于 0.5 V	系统可不带流量指示操作。在下次进车间时更换 BPCP	
010	BPT 故障	BPCP	传感器输出电压大于 4.5 V 或小于 0.5 V，或者 IPM 探测传感器信号被停止发送 15 s	系统将用备份传感器操作。如果故障仍然存在，断电恢复后，在下一次进车间时更换 BPCP	
014	MV53 失电打开	BPCP	连续性损失	设置制动系统为断电状态，并以气动备份作为拖车使用。更换 BPCP	
016	BPCN 故障 (BP 通信丢失)	IPM	BPCN 损失脉冲信号 4 s	AB 系统断电恢复	检查 BP 控制节点上的黄灯，如果稳定或闪烁，重装程序或更换 BPCP；如果断电恢复后红灯仍亮，更换 BPCP
017	MVEM 得电，打开	BPCP	输出反馈显示得电	如果系统持续在紧急情况，设置系统断电，并以气动备份状态以拖车使用。更换 BPCP	
018	MVEM 失电关闭	BPCP	输出反馈表示失电	产生紧急情况的备份模块失效。机车可操作，直到进车间，更换 BPCP	
025	MV13S 得电打开	13CP	输出反馈表示得电	检查看机车是否正被单独缓解。如果是，设置系统断电，并以气动备份状态以拖车使用。如果不是，机车可以作为牵引机车使用，直到下次进车间。更换 13CP	
026	MV13SS 失电关闭	13CP	输出反馈表示失电	按拖车使用，直到进车间。紧急情况的单缓和单缓的备用模式失效。更换 13CP	

续表

故障代码	描述	被……探测	故障原因	改正措施	还不好，请尝试:
027	MV13E 得电关闭	13CP	输出反馈表示得电		
028	MV13E 失电打开	13CP	输出反馈表示失电		
031	13CN 故障（13 通信丢失）	IPM	13CN 丢失脉冲信号 10 s	按拖车使用，直到进车间。紧急情况的单缓和单缓的备用模式失效。更换 13CP	检查 13 控制节点上的黄灯，如果稳定或闪烁，重装程序或更换 LRU；如果断电恢复后红灯仍亮，更换 13CP
032	MVERBU 得电打开	16CP	输出反馈表示得电	可以在备份模式下作为牵引机车使用，直到进车间。断电恢复后故障仍存在，更换 16CP	更换 13CP。如果故障在更换 16CP 和 13CP 后仍存在，检查 LON 电缆
033	MVERBU 失电关闭	16CP	输出反馈表示失电	可以在备份模式下作为牵引机车使用，直到进车间。断电恢复后故障仍存在，更换 16CP	更换 13CP。如果故障在更换 16CP 和 13CP 后仍存在，检查 LON 电缆
036	16CP AW4 故障（AW4-16 故障）	16CP	16 #管压力 > 690 kPa 或在 10 s 内压力波动超出 ± 35 kPa 范围	可以在备份模式下作为牵引机车使用，直到进车间。断电恢复后故障仍存在，更换 16CP	检查制动柜后部的软管和风缸。
037	16T 故障	16CP	传感器输出电压大于 4.5 V 或小于 0.5 V，或者 IPM 探测传感器信号被停止发送 15 s	可以在备份模式下作为牵引机车使用，直到进车间。更换 16CP	
038	MV16 得电打开	16CP	输出反馈表示得电	可以在备份模式下作为牵引机车使用，直到进车间。断电恢复后故障仍存在，更换 16CP	
039	MPV16 失电关闭	16CP	输出反馈表示失电	可以在备份模式下作为牵引机车使用，直到进车间。更换 16CP	
048	BPT 故障 2（BPT 备份）	16CP	传感器输出电压大于 4.5 V 或小于 0.5 V，或者 IPM 探测传感器信号被停止发送 15 s	可以在备份模式下作为牵引机车使用，直到进车间。断电恢复后故障仍存在，更换 16CP	
049	BCT 故障	16CP	传感器输出电压大于 4.5 V 或小于 0.5 V	机车可以不带 BC 表，使用在备份模式下。建议按补机或无火使用，直到进车间。更换 16CP	

续表

故障代码	描述	被……探测	故障原因	改正措施	还不好，请尝试：
052	16CN 故障（16 通信丢失）	IPM	16CN 丢失脉冲信号 4 s	机车可以不带 BC 表，使用在备份模式下。建议按补机或无火使用，直到进车间。更换 16CP。保证 LON 电缆安装牢固，断电恢复	检查 16 控制节点上的黄灯，如果稳定或闪烁，重装程序或更换 16CP；如果断电恢复后红灯仍亮，更换 16CP
055	20CP AW4 故障（AW-4-20 故障）	20CP	在 10 s 内压力不在规定值 ± 35 kPa 范围内	运行 20 自检。如果通过，则采用断电恢复来清除备份模式；如果不能通过，设置到补车。在进车间后更换 20CP	检查制动柜后部的软管和风缸
056	20T 故障（20T/拖车故障）	20CP	传感器输出电压大于 4.5 V 或小于 0.5 V	设置到补机模式。单独制动压力有轻微泄露。在进车间后更换 20CP	
057	MVLT 得电打开	20CP	输出反馈表示得电	可以在备份模式下作为牵引机车使用，直到进车间。断电恢复后故障仍存在，更换 20CP	
058	MVLT 失电关闭	20CP	输出反馈表示失电	设置到补机。在进车间后更换 20CP	
062	20CN 故障	IPM	20CN 丢失脉冲信号 4 s	保证 LON 电缆安装牢固，断电恢复。如果故障还存在，设置为补机，以气动备份状态使用	检查 20 控制节点上的黄灯，如果稳定或闪烁，重装程序或更换 20CP；如果断电恢复后红灯仍亮，更换 20CP
075	自动制动手柄失效	EBV	电位计输出电压小于最小值	设置到补机。更换 EBV	
076	单独制动手柄失效	EBV	电位计输出电压小于最小值	设置到补机。更换 EBV	
077	限位开关打开	EBV	自动制动或单独制动手柄故障	将手柄移开故障位置再将手柄移回	更换 EBV
085	EBVCN 故障	IPM	EBVCN 丢失脉冲信号 6 s	保证 LON 电缆牢固安装在 EBV 连接器和 PSJB、J100 上。断电恢复	检查 EBV 控制节点上的黄灯，如果稳定或闪烁，重装程序或更换 EBV；如果断电恢复后红灯仍亮，更换 EBV
090	IPMCN 故障（LON 通信丢失）	IPM	LON 网信息丢失达 1.5 s	断电恢复	从 IPM 到 RIM 再到 PSJB 检查电缆。如果电缆良好，更换 IPM
098	BPT 和 BPT2 故障	IPM	BPT 和 BPT 备份故障	断电恢复。如果故障仍存在，设置系统断电，并按补机空气制动备份使用	检查控制节点上的黄灯，如果稳定或闪烁，重装程序或更换涉及的 LRU。检查 LON 电缆连接。如果必要，更换 BPCP 和 16CP

续表

故障代码	描述	被……探测	故障原因	改正措施	还不好，请尝试:
099	故障 20TL（20T/本机车故障）	20CP	传感器输出电压大于 4.5 V 或小于 0.5 V	断电恢复。如果故障还存在，设置到补机，使系统断电。在进车间后，更换 20CP	
100	ER 备份并伴有代码 036、051、052	16CP	ER 备份，并且 036、037、052 故障	设置到补机	

四、使用 CCBⅡ自检

下面介绍 CCBⅡ（电子空气制动）系统自检程序的设置和操作，同时介绍在机车制动屏幕上显示的 CCBⅡ自检故障代码及其改正措施。四位的故障代码可在事件/故障记录或在自检状态屏上看到。

（一）系统的设置

（1）设置停放制动并用铁楔垫机车车轮。

（2）保证制动系统得电。

（3）保证空气压缩机可以工作，并且总风缸已充满。

（4）通过拆下重联车列车软管和关闭所有重联车端部塞门来隔离机车。设置机车到“本机\投入”。

（5）放置自动和单独制动手柄到“运转位”。一旦系统复位，放置单独制动手柄到“全制动位”。

（6）保证司控器在“零”位，而换向器手柄在“中立位”。

（二）从 LCDM 制动显示屏运行自检程序

（1）自检必须从“空气制动主菜单 EAb”屏运行。为进入该屏幕，选择“F3-F7”，则显示屏出现“空气制动主菜单”。

（2）选择 F1“自检”，“自检授权”屏出现（见图 8-1）“口令”，接下来选择“接受”，则显示屏出现“单个单元自检”。

这时，有两个选项可选择：选择“运行”，将在所有 LRUs 上运行单循环自检；或者选择“设置”，允许操作者选择将测试哪个 LRU（s）（只是有一个“X”靠近它们的 LRUs 可被测试）。若使用缺省值，当你从主菜单进入“单个单元自检”屏，所有 LRUs 被选择。你也可以从设置屏选项，通过放置一个“X”在靠近“Loop Continuously”的地方的方框内，有选择地“连续循环”。

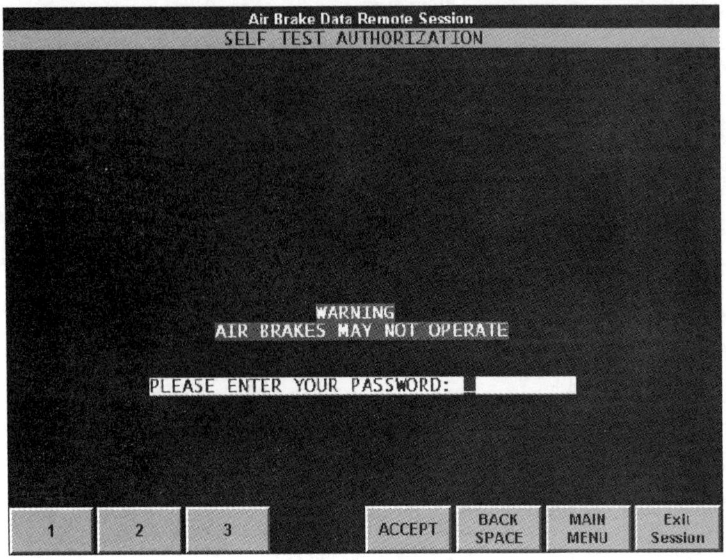

图 8-1　自检界面

（三）在所有 LRUs 上运行自检

选择运行，系统自动开始自检，如果任何时候由于任何原因想停止自检，可用“中断”选项。

注意：“自检”将对每个 LRU 测试一次。如果所有 LRUs 通过自检，将出现一个“没有探测到故障”和“自检通过”信息。如果任何测试点发生测试失败，测试被中断，则显示故障代码和相应描述（见表 8-4 所示改正措施）。

（四）在选择的 LRUs 上运行自检

（1）选择“设置”，显示屏出现“单个单元自检”（见图 8-2）。

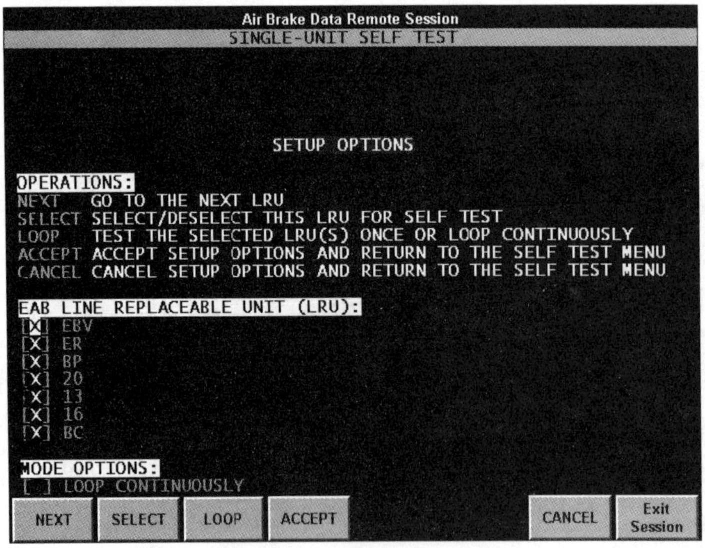

图 8-2　单个单元自检

（2）通过在靠近 LRU 被列出的地方的方框内放一个“X”，选择你想自检的 LRU（s）。如果你想让自检连续运行（按照列在“设置选项”下的键盘命令来选择期望设置），选择“连续循环”。

注意：如果选择“连续循环”，微机将在选择的 LRU（s）上运行自检，除非按动“中断”按钮才可停止自检（一个表示自检完成了多少次循环和自检程序中探测到多少错误的信息将出现）。在任何 LRU 上，如果连续 5 个相同的错误被记录，“连续循环”周期也将中断。

如果没有选择“连续循环”，在选择的 LRU 上将进行单次自检。如果所有的 LRU 通过，将出现一个“没有探测到故障”和“自检通过”信息。如果一个 LRU 没有通过自检，测试马上中断，并出现一个故障代码号和相应描述。

（3）一旦输入想要的设置，选择“接受”，则重新出现“单个单元自检”屏。

（4）选择“运行”，系统开始自检。任何时候“中断”选项可停止自检。

五、EAB 自检步骤、故障代码和改正措施

EAB 自检步骤、故障代码和改正措施如表 8-5 所示。

表 8-5　EAB 自检步骤、故障代码和改正措施

步骤	进行的测试	故障原因	导致失败代码	最可能原因	改正措施	如果还不好，试着:
1	测试 ER 模块，列车管切除（MV53 电磁阀得电）ER 缓解，充风 ER 到作用阀压力	ER 压力不在作用阀压力的 ±2 psi 内	1102（在缓解时 ER 控制错误）	AW－4 误动作或 ERCP 上的控制节点故障	标定 ERT。如果还不好，更换 ERCP	检查制动柜后面的软管和风缸，ERG 管线及 ER 测试装置的泄漏
2	ER 在缓解时偏离。验证“ER±1”为 5 s	ER 压力不在步骤 1 压力的 ±1 psi 内（偏移）	1103（在缓解时 ER 偏移）	AW-4 误动作或 ERCP 上的控制节点故障	标定 ERT。如果还不好，更换 ERCP	检查制动柜后面的软管和风缸，ERG 管线及 ER 测试装置的泄漏
3	ER 全制动设置“ER＝FV－26”	ER 压力不在（FV- 26 psi）空气压力的 ±2 psi 内	1104（在全制动时 ER 控制错误）	AW-4 误动作或 ER 上的控制节点故障	标定 ERT。如果还不好，更换 ERCP	检查制动柜后面的软管和风缸，ERG 管线及 ER 测试装置的泄漏
4	ER 压力在全制动时偏离。验证“ER±1”为 5 s	ER 压力不在步骤 3 空气压力读数的 ±1 psi 内（在全制动偏移）	1105（在全制动时 ER 偏移）	AW-4 误动作或 ER 上的控制节点故障	标定 ERT。如果还不好，更换 ERCP	检查制动柜后面的软管和风缸，ERG 管线及 ER 测试装置的泄漏
5	MVER 失电 5 s，接着 MVER 得电。等 2 s 读取 ERT 压力读数	MVER 排气速率不在限制内（38～52 psi）	1106 [MVER 失电测试（制动率降低）]	13CP 塞堵被堵住或 MVER 卡住	检查 13CP 排气塞堵（底部）。如果没有堵，更换 ERCP 并标定 ERT	检查制动柜后面的软管和风缸，ERG 管线及 ER 测试装置的泄漏；更换 13CP

续表

步骤	进行的测试	故障原因	导致失败代码	最可能原因	改正措施	如果还不好，试着:
6	MVER 得电。等 18 s。验证“ER±3”	ER 压力从步骤 5 空气压力偏移±3 psi	1107（MVER 得电测试）	泄漏（AW-4 线路没有被激活）	检查 ERCP 和 13CP 总管垫泄漏以及软管和总管后面的风缸泄漏	检查 ERCP 测试装置泄漏；更换 ERCP
7	测试 BP 模块柔性转到列车投入状态。ER 目标：BP 和 MV53 失电					
8	BP 充风。设置“ER＝FV－40”，等 30 s；验证“BP±3”	BP 压力不在（FV－40 psi）空气压力的±2 psi 内	1205 [BP 控制错误（充风）]	BP 泄漏。ERT 或 BPT 标定失误	保证端部塞门是关闭的，标定 ERT 和 BPT	检查 BPCP 有泄漏。更换 BPCP
9	MV53/BPCO 切除列车管，设置“ER＝FV”。列车管不应随均衡风缸增加	BP 压力不在（FV－40 psi）空气压力的+3～－8 psi 内（允许 0.5 psi/s BP 泄漏）	1207（MV53/BPCO 没有切除）	MV53/BPCO 没有切除，或 BPCO 关闭不严	标定 ERT 和 BPT。重新运行自检。如果 BP 高于允许范围，更换 BPCP	如果 BP 低于允许范围，找出 CCB Ⅱ 或机车上 BP 的泄漏处
10	MV53/BPCO 列车管投入，验证列车管压力大于（FV－30 psi）	BP 压力不大于(FV－ 30 psi）空气压力	1208.（MV53/BPCO 没有接入）	MV53/BPCO 没有接入，或列车管大量泄漏	保证 MR 在 FV 压力以上。保证端塞门是关闭的	更换 BPCP
11	等 5 s。列车管完成充风。验证“BP＝ER±3”	BP 压力不在 ER 压力的±3 psi 内	1206（在缓解时 BP 控制错误）	标定失败	标定 ERT 和 BPT。重新运行自检。保证端塞门是关闭的。确保没有 BP 或 BPCP 泄漏	关闭 A、B 端的折角塞门
12	ERT/BPT 在不补风状态下的标定	BPT 压力没有低于 ERT 压力 4～17 kPa	1212（ERT/BPT 在不补风状态下的标定错误）	ERT/BPT 没有正确标定	标定 ERT/BPT	重新标定 BPT 使其压力低于校验表大约 4 kPa
13	BP、BPCO 低压，设置“ER＝0”，等 60 s，验证列车管压力是在 8.4～14 psi 内	BP 压力不在 8～14 psi 内	1209 (在 BP 低压时，BPCO 不切除)	在 BP 低压力时 BPCO 不切除	标定 BPT，保证端塞门是关闭的。确保没有 BP 或 BPCP 泄漏	更换 BPCP
14	MVEM 设置列车管压力＝40 kPa，等 40 s 后切除列车管，MVEM 得电产生紧急制动作用。等 5 s；验证列车管压力小于 5 psi	BP 压力大于 5 psi	1210 (MVEM 故障)	MVEM 故障，PVEM 故障，机车放风阀无动作	如果 BP 压力到 0 psi，而放风阀不动作，检查放风阀	更换 BPCP。检查制动柜后面列车管排风口是否被堵

续表

步骤	进行的测试	故障原因	导致失败代码	最可能原因	改正措施	如果还不好，试着：
15	等 70 s 放风阀复位					
16	EMV 设置"BP=40"，等 40 s；切除列车管。EMV 得电产生紧急制动作用，等 5 s，验证列车管压力小于 5 psi	BP 压力大于 5 psi	1211 (EMV 故障)	EMV 故障，PVEM 故障，IPM 输入/输出故障，接线故障	检查接线和连接器。更换 IPM、RIM。如果还不好，更换 BPCP	拆去从 IPM 到 RIM 到 PSJB 的电缆。更换 PSJB
17	等 70 s 放风阀复位					
18	20CP LRU 设置 20 管压力为 55 psi，等 7 s 让 20 管稳定	20 管压力不在 50～60 psi 之间	1301 (20 管不充风)	AW-4 误动作或 20CP 上的控制节点故障或平均管泄露	保证端部塞门是关闭的，平均管没有泄露。标定 20T。如果还不好，更换 20CP	检查制动柜后面的软管和风缸及 20 管测试装置的泄漏
19	排放 20 管压力，等 7 s 让 20 管排气	20 管压力大于 5 psi	1302 (20 管不排风)	AW-4 误动作或 20CP 上的控制节点故障	保证端部塞门是关闭的。标定 20T。如果还不好，更换 20CP	可能制动柜后面泄漏。更换 20CP
20	MVLT 设置"20 管压力=55 kPa"。设置到补机。排放 20 AW4 压力，等 5 s，读 20TT，验证大于 50 psi	20 管压力小于 50 psi。	1303 （MVLT 在本机时卡住）	MVLT 故障或 PVLT 在本机时卡住；平均管泄漏	保证端部塞门是关闭的，没有 20 管泄漏。检查 20CP 垫是否泄露	更换 20CP
21	20 管排气					
22	测试 13LRU 设置"BP=FV"					
23	MVER 失电，13S 失电。等 10 s，列车管压力下降，产生制动					
24	MVER 得电，停止 ER/BP 减压。MV16 失电，BC 的控制压力由备用模式提供。等 5 s。让系统转换。BC 大于 35 psi	BC 压力小于 35 psi	1506 （没有 BC 的备用模式）	DBTV 故障或 BCCP 故障或制动缸泄漏或 13CP 故障，单缓功能一直作用	检查 BC 和 BCCO 相关管路的泄漏。标定 16T 和 BCT 运行自检。替换 DBTV	检查管路柜后面的风缸以及 16 管 BC 测试接头的泄漏。替换 16CP。替换 BCCP。替换 13CP

续表

步骤	进行的测试	故障原因	导致失败代码	最可能原因	改正措施	如果还不好,试着:
25	13S 得电，使 13/BO 管压力等于总风压力。等 10 s。BC 压力小于 5 psi	BC 压力大于 5 psi	1401 (13 管没有充风)	13/BO 管压力没有增加到 25 psi 以上。DBTV 上的单缓阀故障，没有排掉 16TV 管的压力	检查 MR 压力大于 25 psi。替换 13CP	检查 EPCU 后 13 号口的泄漏，或者 13 号过滤器的泄漏。替换 DBTV
26	测试 16LRU。缓解自动和单独制动。设置“ER = 90 psi”					
27	16/BC 充风。设置“BC = 72”，等 5 s；验证 16 管压力在 71 ~ 77 psi 之间	16 管压力不在 71 ~ 77 psi 之间	1503 (16 管不充风)	AW-4 误动作或 16CP 上的控制节点故障	标定 16T 和 BCT。重新运行自检。如果还不好，更换 16CP	检查制动柜后面的软管和风缸以及在 16 管测试装置的泄漏
28	16/BC 充风，设置“BC = 72”，验证 BC 压力为 69 ~ 75 psi	BC 压力不在 69 ~ 75 psi 之间	1600 (BC 不充风)	16CP 上的控制节点故障，或 BCT 故障或制动缸泄漏	标定 16T 和 BCT。检查 BC 和 BCCO 相关管路的泄漏。重新运行自检。如果还不好，更换 16CP	如果通过 1503 但未通过 1600，且 BC 没有泄漏，更换 BCCP
29	16/BC 排风。设置“BC = 30”，等 5 s，验证 16 管压力为 28 ~ 34 psi	16 管压力不在 28 ~ 34 psi 之间	1504 (16 管不排风)	AW-4 误动作或 16CP 上的控制节点故障	标定 16T 和 BCT。检查 BC 和 BCCO 相关管路的泄漏。重新运行自检。如果还不好，更换 16CP	检查制动柜后面的软管和风缸及在 16 管测试装置、BC 测试装置的泄漏
30	16/BC 排风。设置“BC = 30”，验证制动缸压力为 27 ~ 33 psi	BC 压力不在 27 ~ 33 psi 之间	1601 (BC 不排风)	AW-4 误动作或 BCCP、BCT 上的控制节点故障	检查制动缸泄漏；标定 16T 和 BCT。重新运行自检。如果还不好，更换 16CP	检查制动柜后面的软管和风缸及 BC 测试装置的泄漏。更换 BCCP
31	设置“ER = FV ± 1”。等 30 s。让 MVER 失电，ER/BP 减压。等 10 s。产生自动制动。让 MVER 得电。让 MV16 失电					
32	BC 转换到 BC 备份（16TV 到 16 Vol.）。等 5 s，验证 BC 压力大于 35 psi	BC 压力小于 35 psi	1506 (没有备份 BC)	DBTV 故障，BCCP 故障，制动缸泄漏	检查 BC/BCCO 相关管路的泄漏。标定 16T 和 BCT。运行自检程序。更换 DBTV	检查制动柜后面的软管和风缸及在 16 管测试装置、BC 测试装置的泄漏。替换 16CP，替换 BCCP

续表

步骤	进行的测试	故障原因	导致失败代码	最可能原因	改正措施	如果还不好，试着:
33	设置“16(AW4)=0”。等5 s，检查16管压力小于2 psi	16管压力大于2 psi	1505 (16管不排风到0)	标定错误	标定16T和BCT，重新运行自检	更换16CP
34	BC备份，单独缓解。设置“13=MR”，等10 s，设置“13管压力=0”；验证BC压力小于5 psi	BC压力大于5 psi	1507 (没有备份BC单独缓解)	没有备份BC单独缓解；13管压力可能不大于25 psi	保证端部塞门是关闭的，运行13CP自检。如果通过，更换DBTV	
35	排放辅助风缸压力小于ELV设定值（450 kPa），反复单独缓解设置					
36	辅助风缸压力小于ELV设定值。切除BP，激活MVEM。等20 s；验证BC压力是在ELV设置的±5 psi内	BC压力不在ELV设置的±5 psi内	1508 [ELV故障(典型设置为65 psi)]	ELV设置偏移或故障	更换16CP	
37	等20 s让放风阀复位。测试BC LRU					
38	MVER和MV16得电。设置“BP=0，BC=0”，并应用单独缓解	BP压力不小于15 psi，BC压力不小于2 psi。	1204 (BP不排风) 1601 (BC不排风)			
39	通过ERBU设置“BP=30”(ERBU得电，MV16失电)，等10 s	BP压力不大于25 psi或BC压力不小于2 psi	1509 (ERBU将不得电)	标定失败；ERBU不得电	标定BPT、BCT和16T。如果还不好，更换13CP	更换16CP
40	恢复ER备份(MV16得电，ERBU失电)，等10 s	ER压力大于5 psi或BC压力小于25 psi	1510 (ERBU不失电)	ERBU不失电或泄漏或制动缸低压泄漏	更换13CP或修理制动缸泄漏	更换16CP
41	测试BC LRU(PVPL)					
42	设置“20管压力=0”，等3 s					
43	20CP保压，设置“16管压力=40”，ERBU得电，PVPL打开。等5 s使20管压力等于BC压力	20管压力不在BC压力的±4 psi范围内	1602 (PVPL卡住，关闭)	PVPL故障，或通道堵塞	替换BCCP	检查管路通道
44	ERBU失电，关闭PVPL。设置20管压力排放。等10 s，20CP保压。等3 s，20管压力小于5 psi	20管压力大于5 psi	1603 (PVPL泄漏)	PVPL故障	替换BCCP	

学习指导

CCBⅡ型制动机各管路采用的是微机数字闭环控制，因此制动机本身具备故障检测功能。学习过程中，要在司机操纵台上或者制动机仿真试验台上通过与 LCDM 显示屏交互操作来掌握制动机故障检测与故障处理。

质量评价标准

评价维度	分值	行为表现描述
问题解决	6	对问题的理解完全正确
	3	对问题部分理解或解释错了
	0	对问题完全理解错了
制订计划	6	只要正确地执行该计划，就能使问题得到解决
	3	基于对问题某部分的正确解释，制订的计划部分正确
	0	没有制订计划，或制订的整个计划不恰当
获得答案	3	正确给出所有的答案
	2	答案不正确（错误的答案源于错误的计划），但在计划执行过程中学生的思维具有逻辑性
	1	抄写错误，计算错误，缺少最后答案或只回答出部分答案
	0	没有答案，或者解题计划错误导致答案错误

任务三　法维莱 Eurotrol 制动机检查试验

任务描述

会进行法维莱 Eurotrol 制动机检查试验，能够通过试验发现制动机故障。

任务实施

学生在教师指导下，在仿真试验台上操纵进行试验，通过视频和多媒体课件学会试验内容和标准，进而完成本任务。

知识储备

法维莱 Eurotrol 制动机“五步闸”检查方法如表 8-6 所示。

表 8-6　法维莱制动机“五步闸”检查方法

步骤	自动制动								直接制动				检查内容
	一次缓解位	阶段缓解位	中立位	制动位	紧急制动位				缓解位	中立位	制动位		
1													1. 确认压力：总风缸在 750～900 kPa，工作风缸、均衡风缸及制动主管为 500 kPa（或 600 kPa），制动缸为 0； 2. 制动主管压力在 3 s 内减少到 35 kPa 以下，制动缸压力在 3～5 s 内达到（375±10）kPa，主断路器断开； 3. 制动缸压力不变； 4. 制动主管压力在 11 s 内升至 580 kPa，制动缸压力在 6～8 s 缓解至 40 kPa 以下
2													5. 10 s 内均衡风缸压力过量减压至（400±5）kPa，后不再下降，制动主管压力追随均衡风缸压力，制动缸压力为（375±10）kPa； 6. 均衡风缸和制动主管压力恢复到定压，制动缸压力缓减至 0
3													7.（将抑制开关上扳至“抑制位”）均衡风缸压力减压 50 kPa，制动主管压力与均衡风缸压力基本保持一致，制动缸压力≥90 kPa。待压力稳定后，记录 1 min 内制动主管和制动缸的压力下降值，不得高于 10 kPa； 8. 均衡风缸和制动主管压力恢复到定压，制动缸压力缓减至 0
4													9. 制动缸压力在 2～3 s 内升至 280 kPa； 10. 制动缸压力在 3～5 s 内从最大压力降至 40 kPa，并继续降到 0
5													11. 按下紧急制动按钮，制动主管压力应在小于 3 s 内减少到 0，制动缸压力应在 3～5 s 内升至 375 kPa； 12. 提起紧急制动按钮，制动主管压力应在 11 s 内升至 480（或 580）kPa，制动缸压力在 6～8 s 内降至 40 kPa 以下

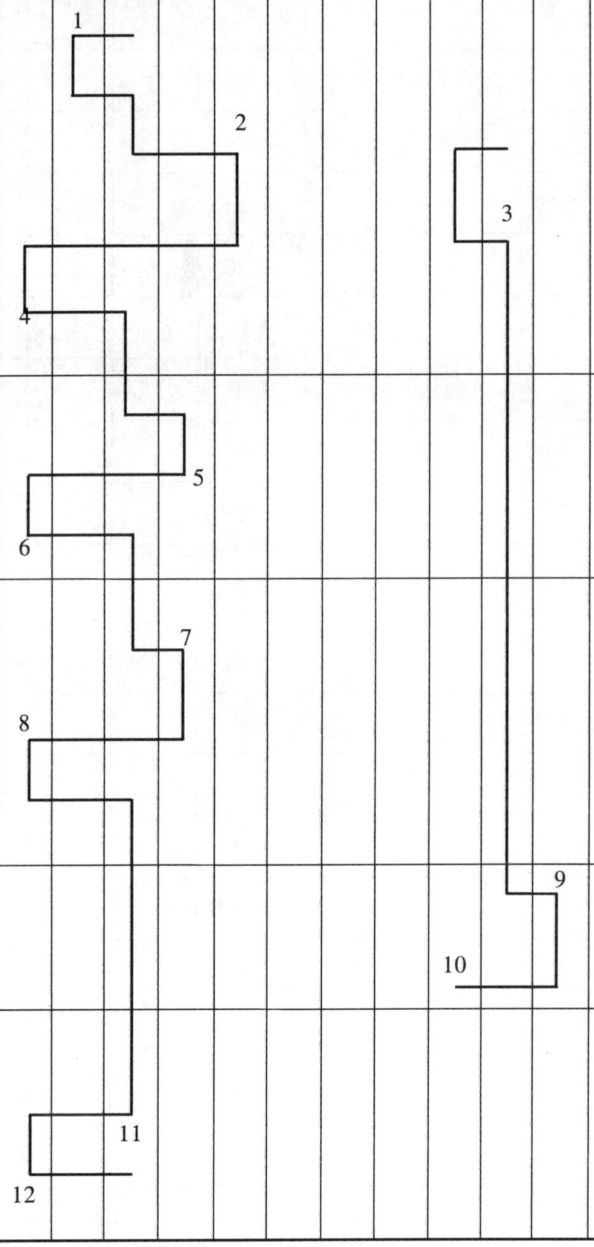

学习指导

试验中需要注意对时间和压力值的观察，以发现相应故障。

试验完毕后同学们按小组进行评价。

质量评价标准

<table>
<tr><td colspan="7">考核项目：　　工时定额：　　开始时间：　　结束时间：
班　　级：　　姓　　名：　　学　　号：　　实际用时：</td></tr>
<tr><td>项目</td><td>分数</td><td>考核内容</td><td>每次扣分</td><td>次数</td><td>扣分</td><td>得分</td></tr>
<tr><td rowspan="9">操作技能</td><td rowspan="9">70 分</td><td>1. 操作、检查、测量、调整方法不当或错误</td><td>4 分</td><td></td><td></td><td></td></tr>
<tr><td>2. 工序错乱</td><td>6 分</td><td></td><td></td><td></td></tr>
<tr><td>3. 漏拆、漏检、漏修、漏测</td><td>6 分</td><td></td><td></td><td></td></tr>
<tr><td>4. 零部件或工具脱落</td><td>4 分</td><td></td><td></td><td></td></tr>
<tr><td>5. 口述内容有遗漏、错误</td><td>4 分</td><td></td><td></td><td></td></tr>
<tr><td>6. 工作中返工</td><td>10 分</td><td></td><td></td><td></td></tr>
<tr><td>7. 作业后未按要求恢复、整理</td><td>3 分</td><td></td><td></td><td></td></tr>
<tr><td>8. 按工艺要求，质量不符合规定</td><td>2 分</td><td></td><td></td><td></td></tr>
<tr><td>9. 超过时间者（每分钟）
（超过额定工时一半者本次考核无效）</td><td>1 分</td><td></td><td></td><td></td></tr>
<tr><td rowspan="5">工具设备使用</td><td rowspan="5">20 分</td><td>1. 工、量具及设备开工前不检查，收工时不清理</td><td>3 分</td><td></td><td></td><td></td></tr>
<tr><td>2. 工、量具及设备使用不当</td><td>3 分</td><td></td><td></td><td></td></tr>
<tr><td>3. 工、量具脱落</td><td>6 分</td><td></td><td></td><td></td></tr>
<tr><td>4. 工具不全</td><td>3 分</td><td></td><td></td><td></td></tr>
<tr><td>5. 工具、设备损坏（视情况）</td><td>5～20 分</td><td></td><td></td><td></td></tr>
<tr><td rowspan="3">安全生产</td><td rowspan="3">10 分</td><td>1. 按规定，着装不符合要求</td><td>3 分</td><td></td><td></td><td></td></tr>
<tr><td>2. 违章或违反安全事项</td><td>4 分</td><td></td><td></td><td></td></tr>
<tr><td>3. 工作场地不整洁，工件、工具摆放不整齐</td><td>2 分</td><td></td><td></td><td></td></tr>
<tr><td>合计</td><td>100</td><td colspan="2"></td><td></td><td></td><td></td></tr>
<tr><td colspan="2">考核员</td><td colspan="5">签名：　　　　日期：　　年　　月　　日</td></tr>
</table>

任务四　法维莱 Eurotrol 制动机故障处理

任务描述

在试验或运行中能够发现法维莱 Eurotrol 制动机的故障，能够对故障进行相应的处理。

任务实施

学生在教师指导下，在仿真试验台上进行试验，通过视频和多媒体课件学会故障处理，进而完成本任务。

知识储备

一、故障分类

法维莱 Eurotrol 制动系统包括的部件较多，造成故障的原因较为复杂，基本上可以分为 4 大类：

（1）控制电路故障。司机控制阀制动系统采用微机控制电-空方式操纵，且许多阀带有电连接点需要返回到 BCU，因此常会出现一些控制电路故障。

（2）气动部件故障。气动部件故障主要发生在气动部件的滑件上。

（3）管路及连接部分故障。这类故障的现象一般比较明显，主要表现在堵塞和泄漏，如接头漏风等。

（4）操作不当造成的故障。司机在使用机车前，必须全面学习掌握司机控制阀制动系统的功能原理，并按照制动机的操作要求来操纵机车，如果违反规定操纵不当，也会使制动系统出现故障。

二、故障代码分类

故障代码分为以下 3 类：

类型 83：在运行期间请求向驾驶员发送信息的主要故障代码（DM），在 CPU 显示信息为 8983。

类型 84：在运行结束时请求向驾驶员发送信息（该信息在 CPU 显示器上显示为 8984）的次要故障代码（DC）。

类型 87：仅用于维护的一般故障代码（该信息在 CPU 显示器上显示为 8987）。

当检测到一个故障时，该故障代码保存于 BCU 内部，仅在维护时进行复位。故障代码的复位删除掉内存中所有的故障列表，因此故障记录的功能必须在 TCMS 中实现。

当一个故障代码被检测到，BCU 继续工作。BCU 仅在故障被确认和声明后进行反应。故障代码类型 83 与 BCU 信息有关，这些故障代码请求将系统切换到备用模式，与时间、日期（由 TCMS 通过 MVB 网络发送的时钟信号）一起存储于 BCU 内存中，这些故障能够通过对 Eurotrol 先导室 RE 完全排气引起制动，它们通过 MVB 网被送到 TCMS。故障代码类型 84 与 B_BCU 信息有关，这些故障代码不向驾驶员请求任何操作，仅请求在运行结束时进行维护方面的干预，同时间、日期（由 TCMS 通过 MVB 网络发送的时钟信号）一起存储于 BCU 内存中，它们通过 MVB 网被送到 TCMS。故障代码类型 87 同时间、日期（由 TCMS 通过 MVB 网络发送的时钟信号）一起存储于 BCU 内存中，它们通过 MVB 网被送到 TCMS。BCU 故障代码说明如表 8-7 所示。

表 8-7 BCU 故障代码说明

序号	故障描述	类型
01	BCU 启动错误	83
02	CA1(PRN)CPF 故障	84
03	CA2(PRN)CPF 故障	84
04	CA(PRN)RE 故障	84
05	CA(PRN)CG 故障	84
06	CA2(PRN)CG 故障	84
07	CA1(PRN)RE 故障	84
08	控制列车管的压力传感器故障	83
09	CA1(PRN)EQ 故障	87
10	CA2(PRN)EQ 故障	87
11	CA1(PRN)CF1 故障	87
12	CA1(PRN)CF2 故障	87
13	CA1(PRN)FD 故障	84
14	CA(PRN)DEB 故障	87
15	VE1(DG)阀短路故障	84
16	VE1(DG)阀开路故障	84
17	VE2(DG)阀短路故障	84
18	VE2(DG)阀开路故障	84
19	VE(SEC)阀短路故障	83
20	VE(SEC)阀开路故障	83
21	VE(SG)阀短路故障	84
22	VE(SG)阀开路故障	84
23	制动阀 VE(SEC) + VE(SG)故障	83
24	VE-URG1 阀短路故障	84
25	VE-URG1 阀开路故障	84
26	快速缓解阀 VE(GD)短路	84
27	快速缓解阀 VE(GD)短路	84

续表

序号	故障描述	类型
28	大流量缓解电磁阀 VE(GD)和气动阀 VV(GD)不一致（阀处于小流量缓解）	84
29	大流量缓解电磁阀 VE(GD)和气动阀 VV(GD)不一致（阀处于大流量缓解）	83
30	Eurotrol 电源故障	83
31	缓解阀 VE1(DG) + VE2(DG)故障	83
32	缓解电磁阀 VE(N)开路故障	84
33	缓解电磁阀 VE(N)短路故障	84
34	阀 VE(N)和 VV(N)不一致（非中立状态）	84
35	阀 VE(N)和 VV(N)不一致（中立状态）	83
36	VE(IS)RM 和 VV(IS)RM 不一致（非隔离状态）	83
37	VE(IS)RM 和 VV(IS)RM 不一致（隔离状态）	83
38	遮断阀 VE(IS)RM 开路故障	84
39	遮断阀 VE(IS)RM 短路故障	84
40	电磁阀 VE-Q(P)FR 短路故障	84
41	电磁阀 VE-Q(P)FR 开路故障	84
42	电磁阀 VE-Q(P)FR 和 SW-VE-Q(P)FR 不一致（EPM 没激活）	84
43	电磁阀 VE-Q(P)FR 和 SW-VE-Q(P)FR 不一致（EPM 激活）	84
44	RS 422 通信故障	84
45	司机室 1 制动控制器故障	84
46	司机室 2 制动控制器故障	84
47	CAN 总线故障	84
48	EPM-DISTR 分配阀故障	84
49	EPM-FSE 备用制动故障	84
50	EPM-FD 直通制动故障	83
51	制动显示器故障(RS485）	84
52	传感器 CA1(PRN)EQ + CA2(PRN)EQ 故障	84
53	传感器 CA1(PRN)CF1 + CA2(PRN)CF1 故障	84
54	紧急阀故障	83
55	MVB 通信故障	84
56	RB-UM 和 VV(IS)RM 不一致	84
57	传感器 CA2(PRN)CF1 故障	87
58	传感器 CA2(PRN)CF1 故障	87

续表

序号	故障描述	类型
59	传感器 CA1(PRN)CF2 + CA2(PRN)CF2 故障	84
61	VE-URG2 短路故障	84
62	VE-URG2 开路故障	84
63	VE(DG)EQ 短路故障	84
64	VE(DG)EQ 开路故障	84
65	VE-Q(P)FR1 短路故障	84
66	VE-Q(P)FR1 开路故障	84

学习指导

法维莱 Eurotrol 制动机各管路采用的是微机数字闭环控制，因此制动机本身具备故障检测功能。学习过程中，要在司机操纵台上或者制动机仿真试验台上通过与 LCDM 显示屏交互操作来掌握制动机故障检测与故障处理。

质量评价标准

评价维度	分值	行为表现描述
问题解决	6	对问题的理解完全正确
	3	对问题部分理解或解释错了
	0	对问题完全理解错了
制订计划	6	只要正确地执行该计划，就能使问题得到解决
	3	基于对问题某部分的正确解释，制订的计划部分正确
	0	没有制订计划，或制订的整个计划不恰当
获得答案	3	正确给出所有的答案
	2	答案不正确（错误的答案源于错误的计划），但在计划执行过程中学生的思维具有逻辑性
	1	抄写错误，计算错误，缺少最后答案或只回答出部分答案
	0	没有答案，或者解题计划错误导致答案错误

任务五　DK-2 型制动机的操作

任务描述

学习掌握 DK-2 型制动机各个典型任务的操作方法，会熟练操作 DK-2 型制动机。

任务实施

学生在教师指导下分组阅读教材，通过查阅资料完成操作方法的学习，通过分组操练熟练操作 DK-2 制动机。

知识储备

一、制动机运行模式设置

闭合电空制动电源约 40 s，待制动机状态指示灯长亮后（见图 8-3），将制动控制器自动制动手柄置于“重联位”或“抑制位”1 s，制动机将被激活。

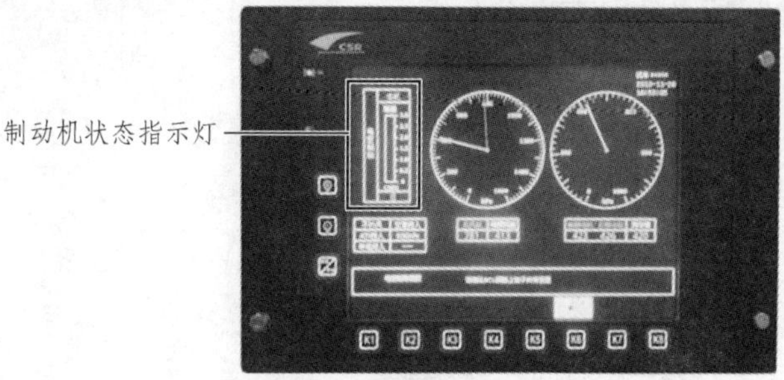

图 8-3　制动机状态指示灯

（一）内重联模式（作为主机牵引）

如果机车牵引客、货物列车或单机运行时，机车以内重联模式运行。操纵节制动显示屏上的钮子开关信息栏显示：不补风、空联投入、ATP 投入、定压 500 kPa(600 kPa)、单机切除，同时显示屏流量表上方显示“本机”字样（见图 8-4）。

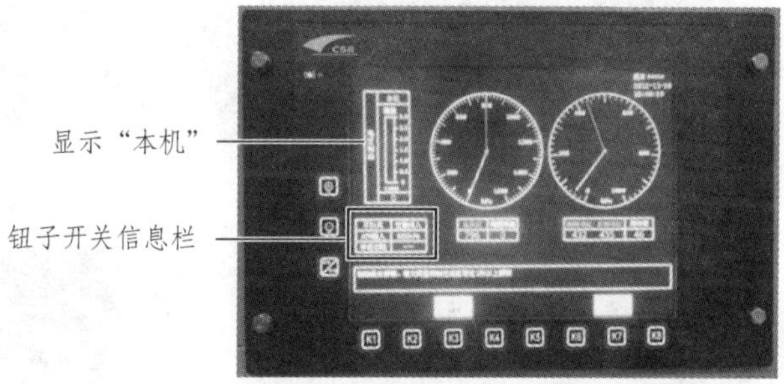

图 8-4　内重联模式操纵节制动显示屏状态

非操纵节制动显示屏上的钮子开关信息栏显示：不补风、空联投入、ATP 投入、定压 500 kPa（600 kPa）、单机切除，同时显示屏流量表上方显示“补机”字样（见图 8-5）。

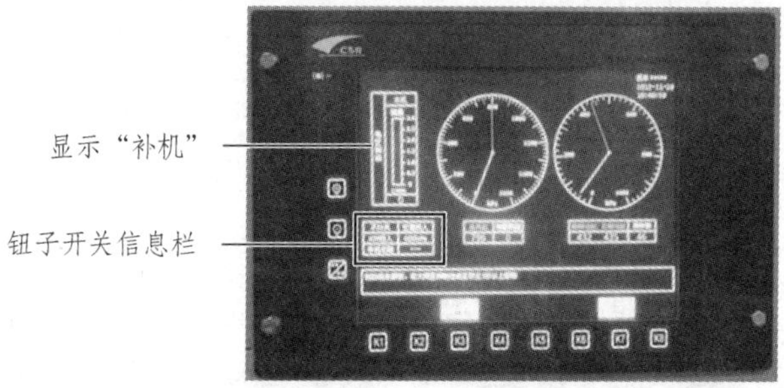

图 8-5　内重联模式非操纵节制动显示屏状态

注意：

（1）非操纵节大闸置重联位、小闸置运转位，并拔出制动控制器的钥匙。

（2）操纵节制动柜上的重联阀转换手柄置于“本机位”（若需转换位置，须先将转换手柄向里推，然后再转动 180°到所需的位置后松开），分配阀缓解塞门 156 置于“打开位”（塞门手柄方向与地面垂直），转换阀 153 置于“正常位”，无火塞门 155、无火安全阀塞门 139 处于“关闭位”，其他所有塞门都应开通，如图 8-6 所示，制动控制单元 BCU 数码管将显示“bCU”，如图 8-7 所示。

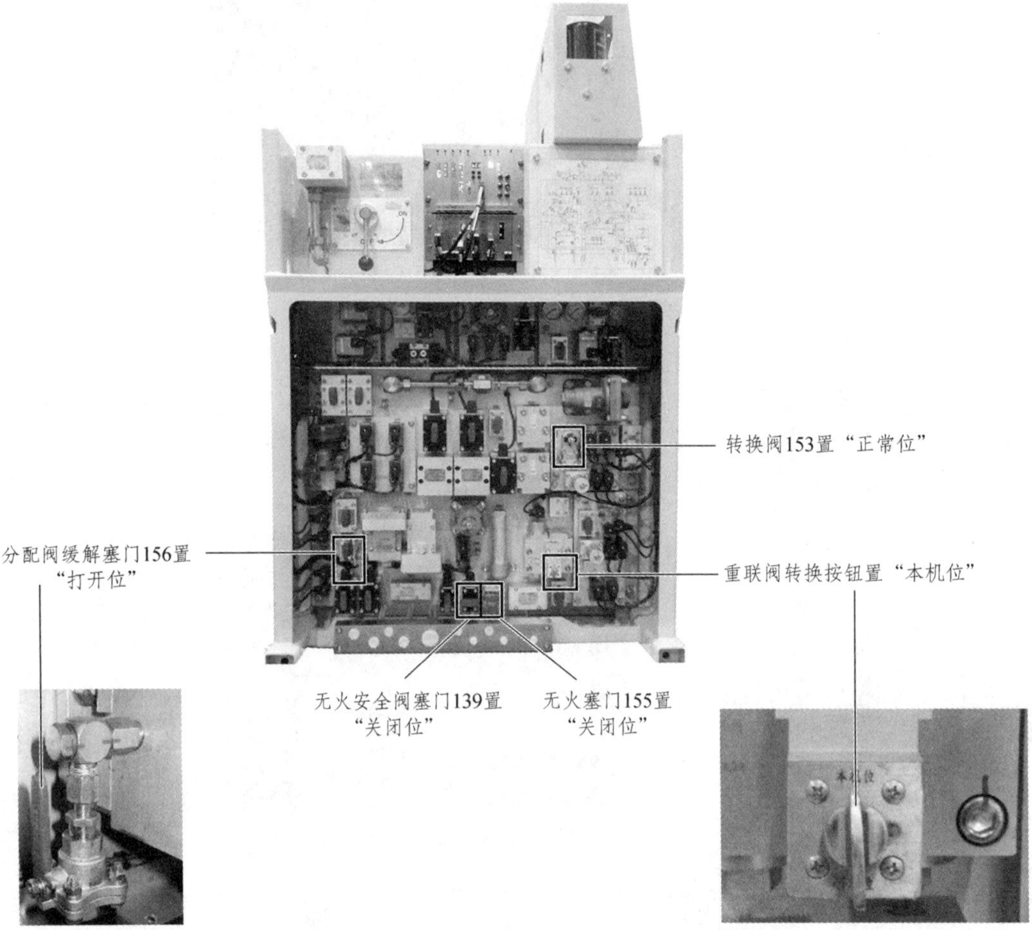

图 8-6　内重联模式操纵节制动柜塞门设置

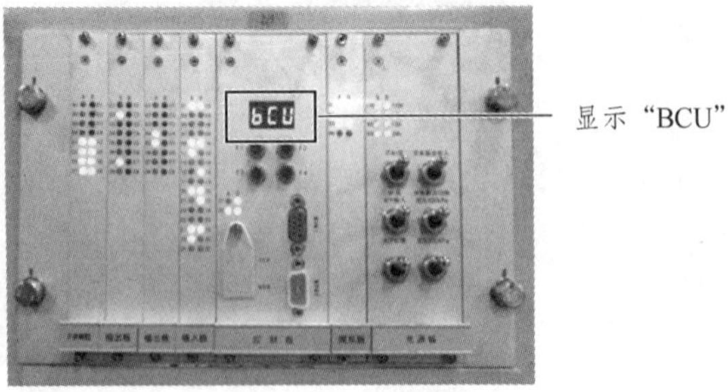

图 8-7　内重联模式操纵节 BCU 状态

（3）非操纵节制动柜上的重联阀转换按钮置于“补机位”，转换阀 153 置于“正常位”，分配阀缓解塞门 156 置于“关闭位”（塞门手柄与地面平行），无火塞门 155、无火安全阀塞门 139 处于关闭状态，其他所有塞门都应开通，如图 8-8 所示，制动控制单元 BCU 数码管将显示“bcu”，如图 8-9 所示。

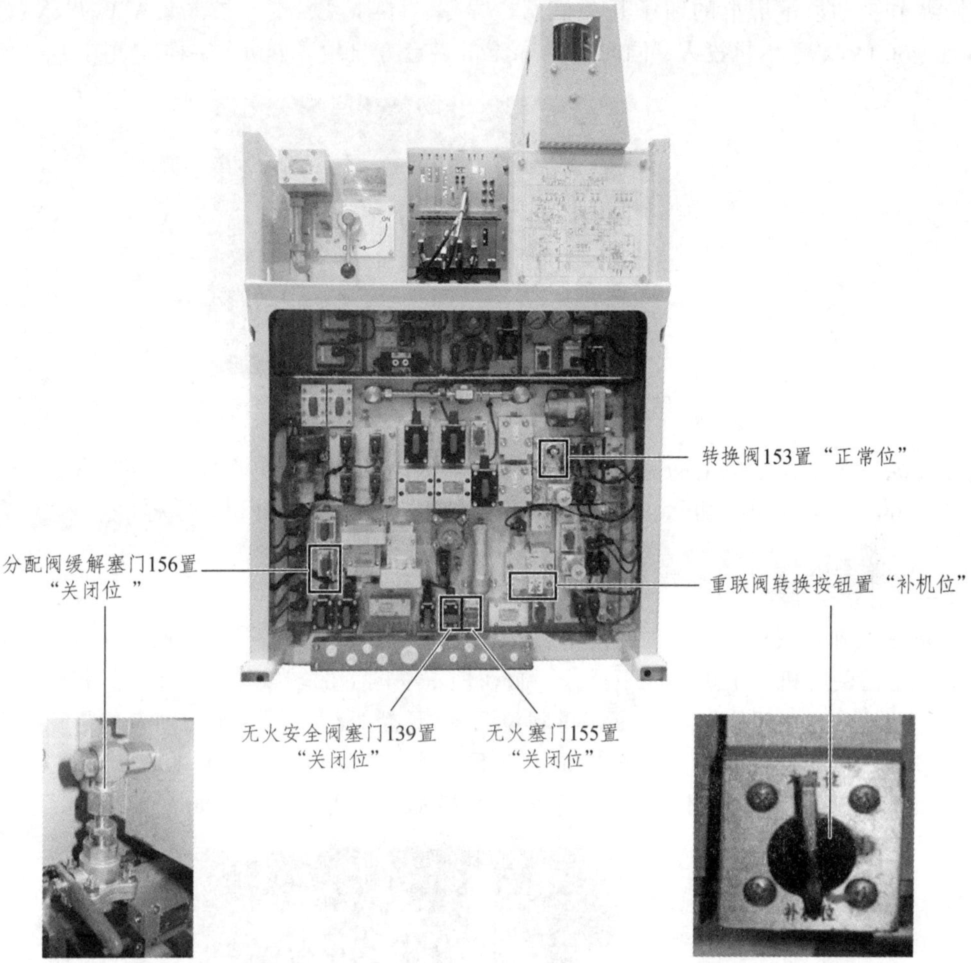

图 8-8　内重联模式非操纵节制动柜塞门设置

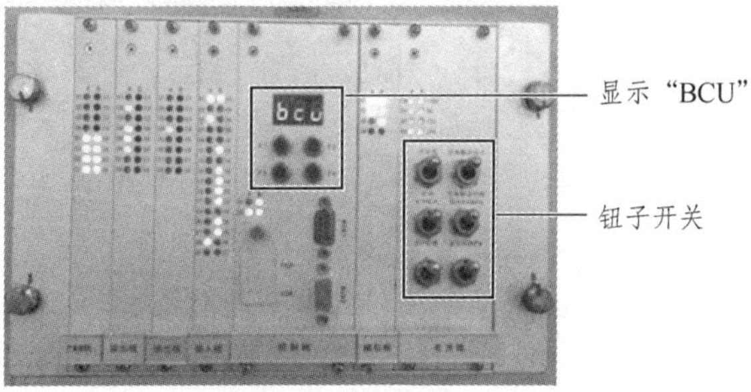

图 8-9　内重联模式非操纵节 BCU 状态

（4）换端操作时，注意重联阀转换按钮和分配阀缓解塞门 156 的转换。

（二）重联、附挂机车模式（单机模式）

当机车以单机模式附挂运行时（和前部牵引机车只连接列车管），应将操纵节 BCU 上的单机模式投入/切除钮子开关打到“单机投入”位，操纵节大闸置“重联位”，小闸置“运转位”，其他设置和内重联模式一致，此时，仅小闸可以投入使用。

操纵节制动显示屏上的钮子开关信息栏显示：不补风、空联投入、ATP 投入、定压 500 kPa（600 kPa）、单机投入，同时显示屏流量表上方显示“单机”字样，如图 8-10 所示。

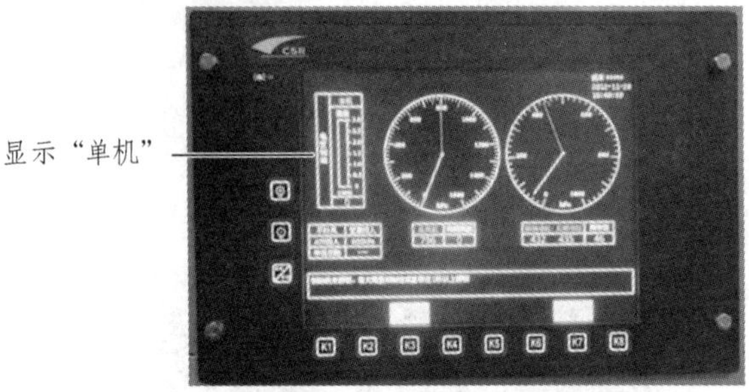

图 8-10　单机模式制动显示屏状态

非操纵节制动显示屏上的钮子开关信息栏显示：不补风、空联投入、ATP 投入、定压 500 kPa（600 kPa）、单机切除，同时显示屏流量表上方显示“补机”字样。

（三）外重联模式（作重联补机）

当机车以外重联模式运行（和前部机车连接列车管、平均管、总风联管），机车作重联补机时，需在两节机车上进行以下操作：制动柜重联阀上的转换按钮打到“补机位”，分配阀 156 塞门置于“关闭位”，大闸置“重联位”，小闸置“运转位”，闸位锁定后将钥匙取出。

制动显示屏上的钮子开关信息栏显示：不补风、空联投入、ATP 投入、定压 500 kPa（600 kPa）、单机切除，同时显示屏流量表上方显示“补机”字样，如图 8-11 所示。

图 8-11　外重联模式制动显示屏状态

注意：如果重联补机的某节机车制动机处于“空气位”或处于“电空位”但无电空制动电源，还应将某节机车中继阀座下方的中继阀列车管塞门 115 关闭。

（四）后备制动模式（纯空气制动）

后备制动操纵方式是作为“电空位”故障后的一种应急补救操纵措施，以免在区间途停而影响线路正常运行。在该位操纵时，不具备“电空位”操纵时齐全的功能，后备制动具有“制动位”“中立位”“缓解位”3 个操作位置，只能保证全列车的制动、保压、缓解的基本功能。

1. 司机室设置

（1）将大闸手柄置“重联位”，小闸手柄置“运转位”。

（2）将操纵节司机室后备制动模块上的后备塞门打开，如图 8-12 所示，此时操纵节的制动机会自动断电。

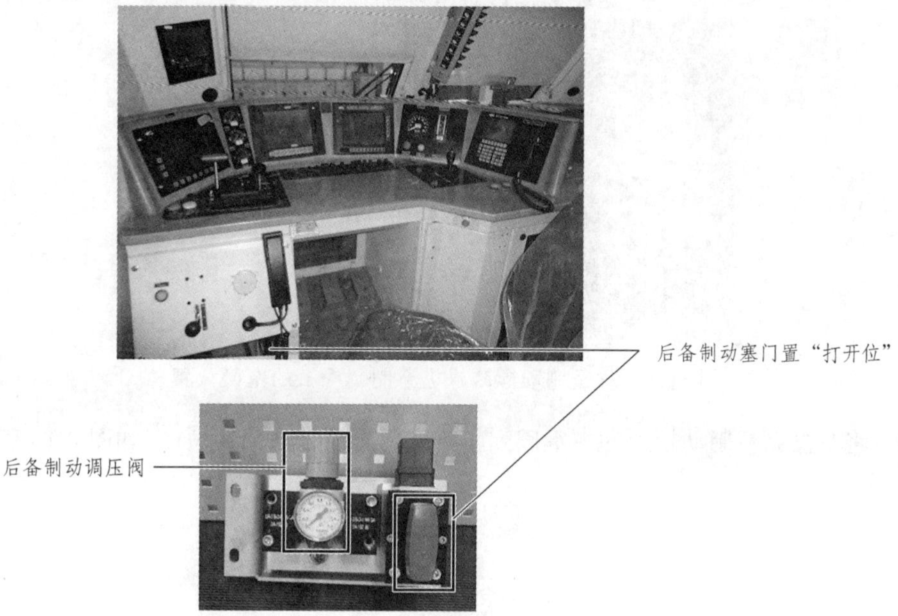

图 8-12　后备制动模块设置

2. 机械间内设置

（1）将两节车上的制动机电源都断开（每节车上 = 28-F04、 = 28-F06 开关打到向下位置)，如图 8-13 所示。其中“ = 28-F04”为制动控制器的电源开关，“ = 28-F06”为 BCU 的电源开关。

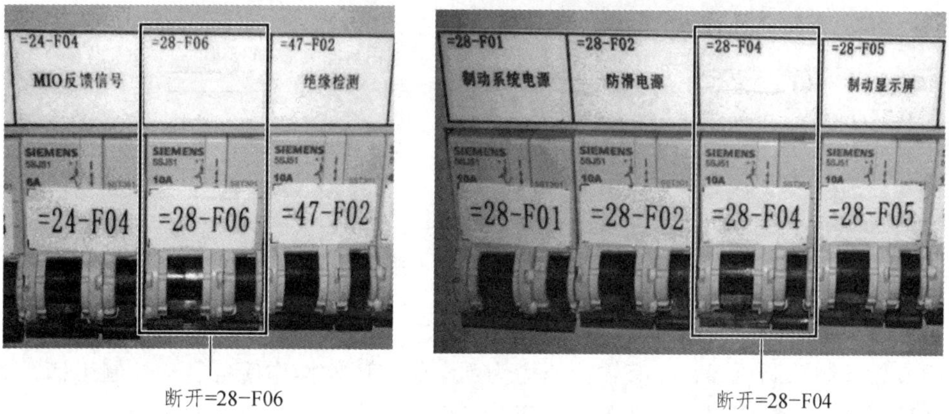

图 8-13　断开制动机电源

（2）将操纵节制动柜上的转换阀 153 由“正常位”转到“空气位”，如图 8-14 所示。

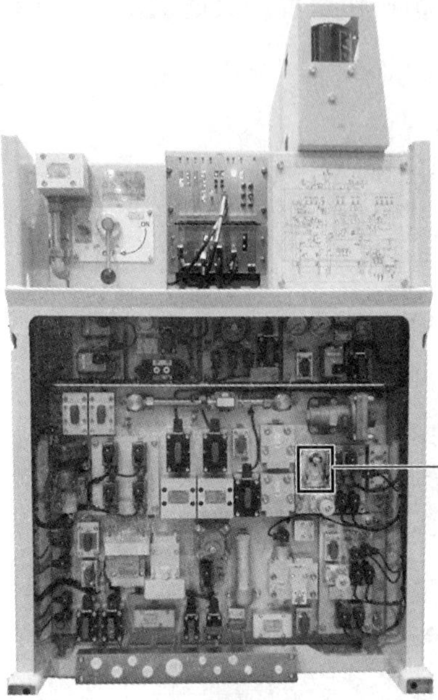

图 8-14　后备制动模式操纵节制动柜上的塞门设置

（3）将非操纵节制动柜上的中继阀列车管塞门 115 置“关闭位”，如图 8-15 所示。

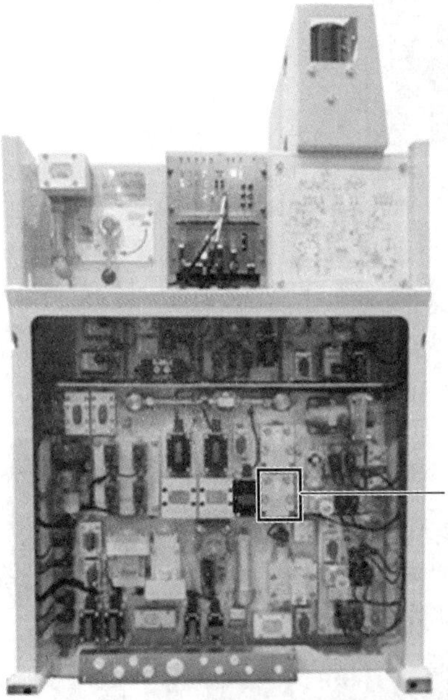

图 8-15　后备制动模式非操纵节制动柜上的塞门设置

3. 试　闸

调节后备制动调压阀，使其输出压力为列车管定压，操作后备制动控制手柄，对机车进行制动和缓解，按压后备制动单缓按钮，可以单缓机车，如图 8-16 所示。

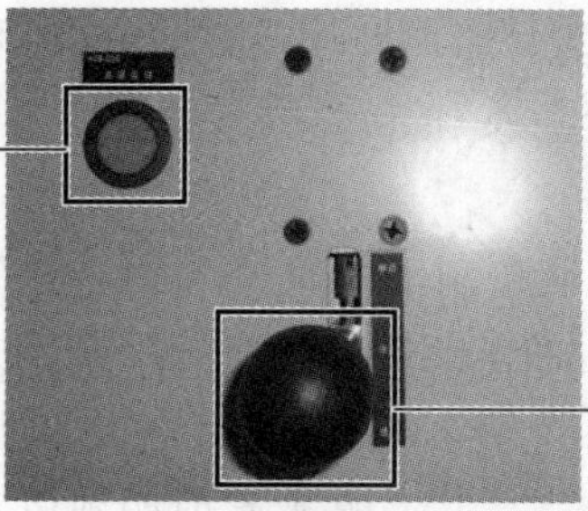

图 8-16　后备制动操作部件

（五）操作中的注意事项

（1）自动制动控制器紧急制动后，机车速度为零时起制动机紧急状态锁定 60 s，制动显示屏倒计时结束后，手把移至“紧急位”再回“运转位”才能缓解全列车（或车辆）。

（2）自动制动控制器在“运转位”（或制动区）时，由于其他原因引起紧急制动作用后，机车速度为零时起制动机紧急状态锁定 60 s，制动显示屏倒计时结束，手把移至“紧急位”再回“运转位”才能缓解全列车（或车辆）。

（3）当制动机接收到惩罚制动指令时，制动机产生惩罚制动，制动控制单元会根据不同惩罚制动级别施加相应的列车管减压（见表 8-8），同时制动显示屏提示相应的惩罚制动信息。如需解除惩罚制动，首先惩罚源必须消除，同时需要将自动制动手柄置“抑制位”1 s 以上。

表 8-8　惩罚制动级别与减压量对照

惩罚制动级别	制动机外部输入信号		列车管减压量（kPa）
	X03_C5	X03_C7	
1 级惩罚制动	1	0	80
2 级惩罚制动	1	1	120
3 级惩罚制动	0	1	140/170
注：表中“1”表示高电平；“0”表示低电平。			

☞注意：惩罚制动发生时，制动显示屏将提示相应信息，如果在已施加常用制动情况下触发惩罚制动，列车管将以常用速率减压至 0 kPa。如果惩罚制动正在施加，全列车的牵引将被 CCU 封锁。

（4）当制动机状态指示灯不亮时，表示制动机处于无电状态或制动控制单元 BCU 正在启动；当制动机状态指示灯长亮时，表示制动控制单元 BCU 已启动完毕；当制动机状态指示灯慢闪时（约 4 s 闪烁一次），表示制动机存在不影响机车运行的故障（制动显示屏将在主界面显示故障的级别，通过制动显示屏的事件查询功能可以查询相应的故障信息），可维持机车运行到段后进行处理；当制动机状态指示灯快闪时（约 0.5 s 闪烁一次），表示制动机存在影响机车运行安全的故障（制动显示屏将在主界面显示故障的级别，通过制动显示屏的事件查询功能可以查询相应的故障信息），需立即进行停车与制动机故障处理。

（5）后备制动操作时应注意：

① 操纵空气后备制动阀可对全列车进行制动、保压和缓解，单缓机车则要按单缓按钮。

② 应将自动制动控制器手把置“重联位”，单独制动控制器手把置“运转位”。

③ 需紧急制动时，可按压紧急按钮或者拉车长阀，并同时将后备制动阀手把移放“制动位”。

④ 因列车管具有补风作用，后备制动阀减压后放“中立位”保压时，要注意监视列车速度的变化，防止长时间保压时的车辆制动机自然缓解。

⑤ 因为空气位的制动机性能不齐全，不能长期使用，但可作为制动机“电空位”故障时的一种维持运行的补救操作措施，因此在操作时必须格外注意，做到正副司机密切协调，方能确保行车安全。

二、停放制动操作

库停后的操作：

（1）按压停放制动施加按钮，停放制动施加，停放指示器红色。

（2）断开制动机电源，制动机自动常用制动。

三、无火回送

（一）设置及检查方法

无火回送时，无火回送机车制动、缓解由牵引机车控制，无火回送操作步骤如下（以下操作均在两节车上完成，如图 8-17 所示）：

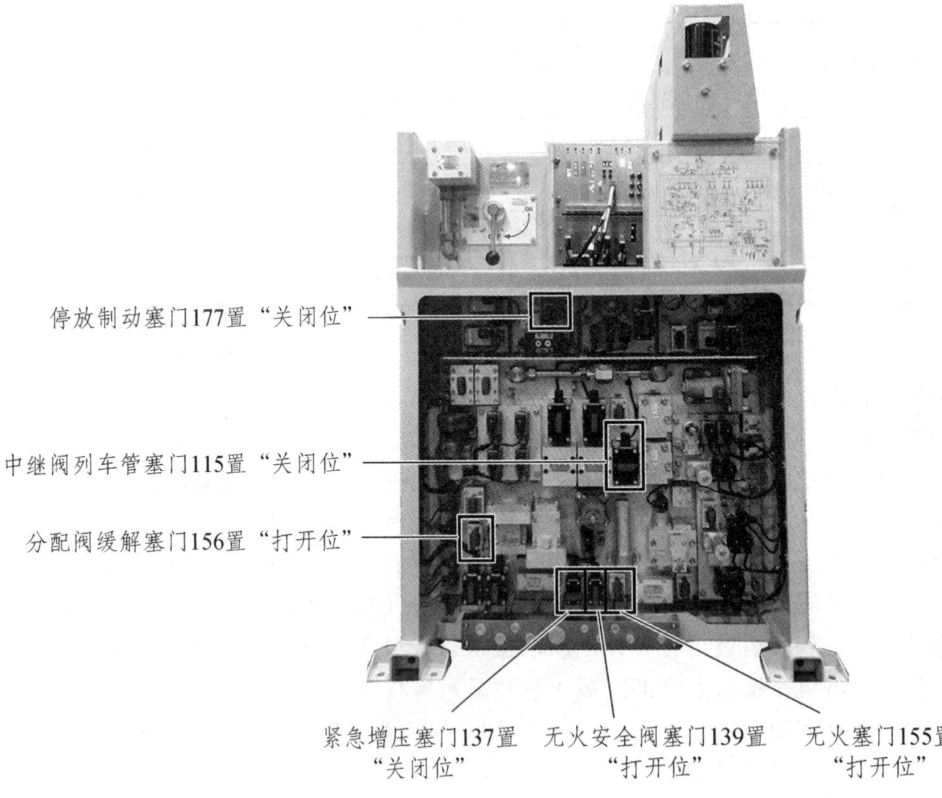

图 8-17　无火回送制动柜上的塞门设置

1. 确认停放制动缓解并切除停放制动（确保机车不会溜逸）

（1）关闭制动柜停放制动塞门 177，待单元制动器停放缸压力降为 0 kPa，观察停放指示器完全变红后，方可手动缓解停放制动（手拉停放制动缓解拉环），手缓解后应检查机车所有制动器闸片和制动盘是否已经分离，确认手动缓解成功。

（2）若（1）中手动缓解不成功，需进行以下操作：

① 打开停放制动塞门 177。

② 将车端列车软管与其他机车车端列车软管相连，并打开车端列车管折角塞门与制动柜无火塞门 155。

③ 将列车管充风至定压。

④ 重复（1）中的相关操作。

2. 正确设置各塞门以及手柄

（1）将大闸手柄置“重联位”、小闸手柄置“运转位”，将制动控制器钥匙转至“关”并取出钥匙。

（2）关闭以下各塞门：中继阀列车管塞门 115、紧急增压塞门 137、第二总风缸隔离塞门 A10，如图 8-18 所示。

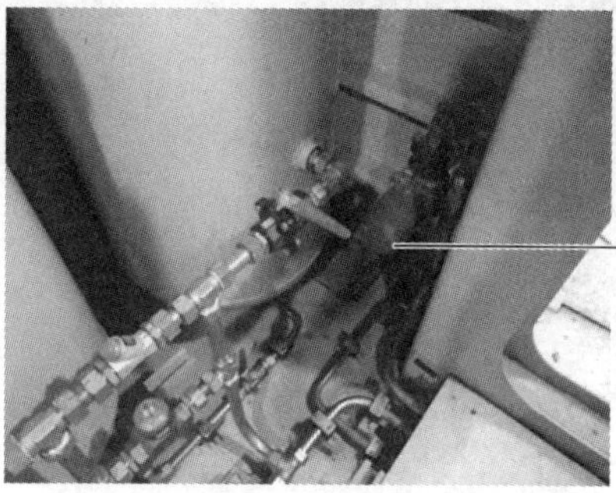

图 8-18　无火回送总风缸塞门 A10 状态

（3）打开以下各塞门：无火安全阀塞门 139、无火塞门 155、分配阀缓解塞门 156。

（4）制动系统断电。

3. 检查试验步骤及方法

（1）联接牵引机车将无火机车列车管充至定压，闸缸压力应为 0 kPa，同时所有制动器闸片和制动盘应缓解分离。

（2）操作牵引机车列车管减压、充风，无火机车制动、缓解作用正常；在常用全制动与紧急制动工况下，无火机车制动缸压力应限制在（250 ± 10）kPa。

（3）操作牵引机车列车管缓解并制动至少 3 次循环，观察无火机车制动缸压力能正常缓解与制动。

（二）故障及应急处理措施

（1）制动缸无法缓解：应检查各节机车相关塞门是否处于正确的位置。尤其需要重点检查分配阀缓解塞门 156 是否处于打开状态（塞门手柄垂直地）。

（2）制动缸不保压或不制动：应重点检查分配阀安全阀，看安全阀阀口是否松动漏风，如果松动，应紧固。

（3）停放制动不缓解：应按照上述正确操作步骤缓解停放制动并切除停放制动缸。

四、基础制动装置相关操作

（一）闸片间隙调整

闸片间隙（双边：2～4 mm）在出厂时已经设定并调整好，可用 3 mm 塞尺检测闸片间隙，如图 8-19 所示。正常情况下安装后无须重新设定，JPXZ-1 型、JPXZ-2 型制动器具有闸片间隙自动调整功能，能根据闸片磨耗量自动补偿间隙以保证闸片和轮盘间隙在正常范围。如有特殊情况需人为调整闸片间隙（如更换闸片），需用口径 27 mm 的扳手旋转制动器螺盖，顺时针旋会使转闸片间隙变大，逆时针旋转会使闸片间隙变小，如图 8-20 所示。

图 8-19　测量闸片间隙

图 8-20　闸片间隙调整

（二）更换闸片

JPXZ-1 型、JPXZ-2 型制动器更换闸片时需先将闸片间隙调大，然后将闸片托体下部的弯销向外撬动，使闸片挡板打开，闸片就能取出。闸片换装完毕后将闸片挡板向里推，使弯销复原，将螺盖逆时针旋转一圈，再进行制动、缓解操作，循环数次直至闸片间隙复原，完成闸片的更换工作，如图 8-21 所示。

图 8-21　闸片更换（用螺丝刀向外撬动弯销）

（三）手拉缓解

机车在停放时要移动而又无司机操纵或机车无风时，需对停放制动施行手动缓解，只要拉动手动缓解拉环，听到风缸的机械撞击声后松开即可缓解停放制动，如图 8-22 所示。

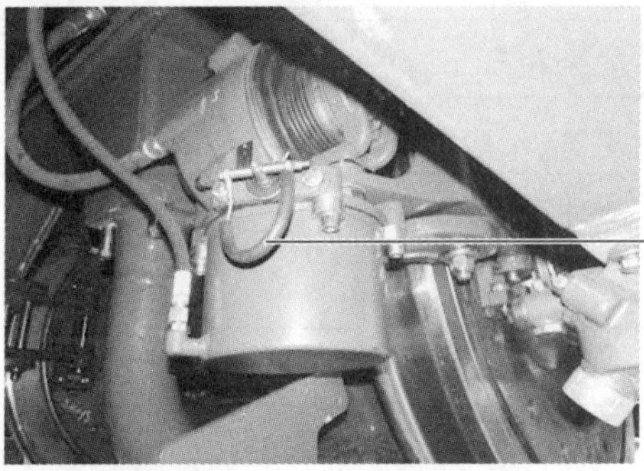

图 8-22　JPXZ-2 型盘形制动器手拉缓解部分

学习指导

根据操作项目和目的，注意操作对象和操作顺序。训练中应注意操作规范。

操作训练完毕后同学们按小组进行评价。

质量评价标准

考核项目：　　工时定额：　　开始时间：　　结束时间：
班　　级：　　姓　　名：　　学　　号：　　实际用时：

项目	分数	考核内容及评分标准	每次扣分	次数	扣分	得分
操作技能	70 分	1. 操作、检查、测量、调整方法不当或错误	4 分			
		2. 工序错乱	6 分			

续表

操作技能	70 分	3. 漏拆、漏检、漏修、漏测	6 分			
		4. 零部件或工具脱落	4 分			
		5. 口述内容有遗漏、错误	4 分			
		6. 工作中返工	10 分			
		7. 作业后未要求恢复、整理	3 分			
		8. 按工艺要求，质量不符合规定	2 分			
		9. 超过时间者（每分钟） （超过额定工时一半者本次考核无效）	1 分			
工具设备使用	20 分	1. 工、量具及设备开工前不检查，收工时不清理	3 分			
		2. 工、量具及设备使用不当	3 分			
		3. 工、量具脱落	6 分			
		4. 工具不全	3 分			
		5. 工具、设备损坏（视情况）	5～20 分			
安全生产	10 分	1. 按规定，着装不符合要求	3 分			
		2. 违章或违反安全事项	4 分			
		3. 工作场地不整洁，工件、工具摆放不整齐	2 分			
合计	100					
考核员		签名：	日期：	年	月	日

任务六　DK-2 型制动机检查试验

任务描述

会进行 DK-2 型制动机检查试验，能够通过试验发现制动机故障。

任务实施

学生在教师指导下，在仿真试验台上操纵进行试验，通过视频和多媒体课件学会试验内容和标准，进而完成本任务。

知识储备

DK-2 型制动机“五步闸”检查方法如表 8-9 所示。（注：《操规》无此项标准，本检查方法为厂家提供，仅供参考使用）

表 8-9　DK-2 型机车电空制动机“五步闸”检查方法

步骤	设置	自动制动手柄（大闸）							单独制动手柄（小闸）				检查方法及要求（列车管定压600 kPa）
		运转	初制	制动	全制	抑制	重联	紧急	侧缓	运转	制动	全制	
一	本机/不补风	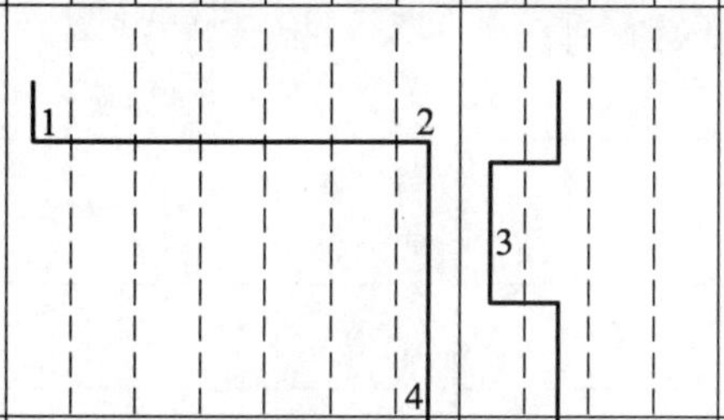											1.风压力750~900 kPa，列车管、均衡风缸为规定定压，制动缸压力为0； 2.列车管压力应在3 s内降至0；机车制动缸压力在5 s内升至400 kPa，最高压力为（450±10）kPa。均衡风缸压力降为0，紧急制动倒计时60 s开始； 3.制动缸压力应能缓解到0，手柄复位后制动缸压力恢复； 4.60 s倒计时结束后操作，列车管、均衡风缸、制动缸压力不变
二	本机/不补风	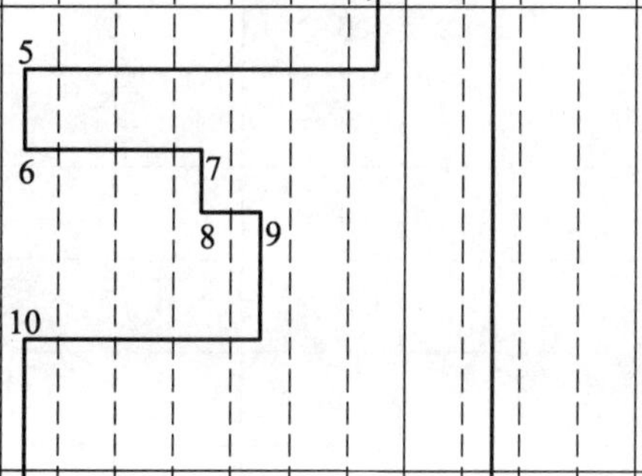											5.均衡风缸增压至600 kPa，列车管压力由0升至580 kPa的时间不大于11 s，制动缸压力下降为0； 6.等60 s使系统各风缸充满风； 7.均衡风缸减压170 kPa的时间为6~8 s；制动缸由零升至400 kPa的时间为7~9.5 s；列车管减压到（均衡风缸压力±10 kPa）； 8.均衡风缸、列车管、制动缸的泄漏量分别不大于每分钟5 kPa、10 kPa和10 kPa； 9.各压力无变化； 10.均衡风缸、列车管均恢复至定压600 kPa，制动缸压力为0
三	本机/不补风	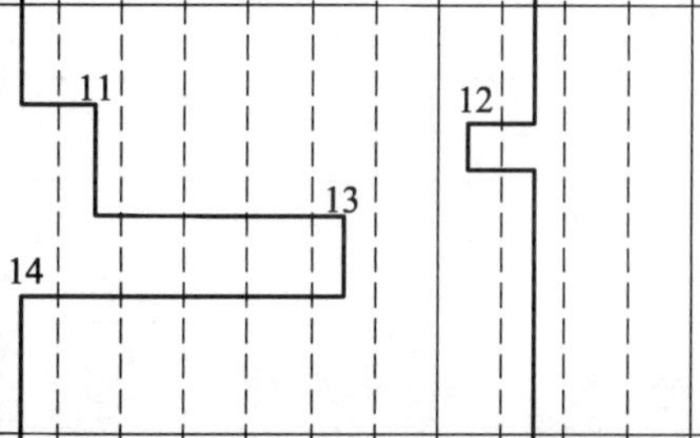											11.充满风后，均衡风缸减压（50±5）kPa，列车管减压到（均衡风缸压力±10 kPa），制动缸压力为90~110 kPa； 12.制动缸压力应能缓解到0，手柄复位后制动缸压力不恢复； 13.均衡风缸以常用制动速率降为0，列车管压力减压至35~85 kPa，制动缸压力最终上升至（450±10）kPa； 14.均衡风缸、列车管均恢复至定压600 kPa，制动缸压力为0
四	本机/不补风	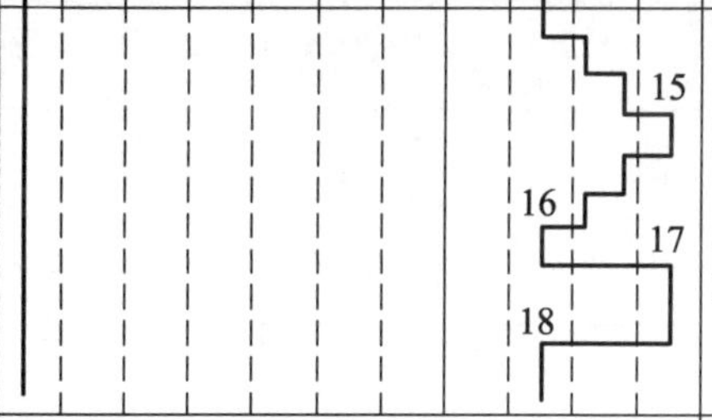											15.阶段制动，制动缸压力阶段上升，全制动制动缸压力降为（300±10）kPa； 16.阶段缓解，制动缸压力阶段下降，运转位制动缸压力下降为0； 17.制动缸在2~4 s内上升到285 kPa，最终达到(300±10)kPa； 18.制动缸在3~5 s内降至40 kPa以下
五	空气位	后备制动阀：缓解 / 中立 / 制动 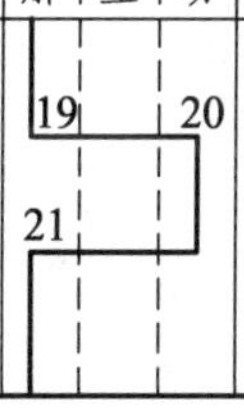											19.列车管、均衡风缸、总风缸均为规定压力，制动缸压力为0； 20.均衡风缸减压170 kPa的时间为6~8 s，制动缸压力由0上升至400 kPa的时间为7~9.5 s； 21.制动缸压力从常用制动最高压力降至40 kPa的时间小于8.5 s；均衡风缸、列车管恢复定压 注：步骤19~21系空气位操作，应按照操作规程由“电空位”转至“空气位”。试验完毕后，应恢复至“电空位”

学习指导

试验中需要注意对时间和压力值的观察，以发现相应故障。

试验完毕后同学们按小组进行评价。

质量评价标准

考核项目：		工时定额：	开始时间：		结束时间：	
班　　级：		姓　　名：	学　　号：		实际用时：	
项目	分数	考核内容及评分标准	每次扣分	次数	扣分	得分
操作技能	70 分	1. 操作、检查、测量、调整方法不当或错误	4 分			
		2. 工序错乱	6 分			
		3. 漏拆、漏检、漏修、漏测	6 分			
		4. 零部件或工具脱落	4 分			
		5. 口述内容有遗漏、错误	4 分			
		6. 工作中返工	10 分			
		7. 作业后未要求恢复、整理	3 分			
		8. 按工艺要求，质量不符合规定	2 分			
		9. 超过时间者（每分钟） （超过额定工时一半者本次考核无效）	1 分			
工具设备使用	20 分	1. 工、量具及设备开工前不检查，收工时不清理	3 分			
		2. 工、量具及设备使用不当	3 分			
		3. 工、量具脱落	6 分			
		4. 工具不全	3 分			
		5. 工具、设备损坏（视情况）	5～20 分			
安全生产	10 分	1. 按规定，着装不符合要求	3 分			
		2. 违章或违反安全事项	4 分			
		3. 工作场地不整洁，工件、工具摆放不整齐	2 分			
合计	100					
考核员	签名：		日期：　　年　　月　　日			

任务七　DK-2 型制动系统故障处理

任务描述

学习并掌握 DK-2 型制动系统故障的分类、处理方法，熟练典型故障的处理操作。

任务实施

学生在教师指导下，分组阅读教材，通过查阅资料、在试验台上操纵进行演练完成本任务。

知识储备

一、故障分类

由于 DK-2 制动系统与一般机车空气制动系统在结构、性能及操作方法等方面有着较大的不同，故障的性质与特征也不相同，造成故障的原因也较为复杂，一般可分为控制电路、阀类部件、管路及连接部分及操作不当这四个方面的故障因素。

（一）控制电路故障

DK-2 型机车制动系统的操纵与转换控制系统采用电控方式，因此常出现一些控制电路故障。例如：接线头、插座、插头的虚接和电子元件的虚焊会造成控制功能的错误；而开关接点不良，电空阀线圈断路和控制导线的短路、接地等会造成执行部件不动作。

（二）阀类部件故障

在 DK-2 型机车制动系统中，阀类部件的故障会直接影响到气路的作用。这类故障大多是发生在阀类部件内的滑动件上。例如：由于缺少油脂润滑，各种鞲鞴和分配阀的滑阀、节制阀会出现卡滞，造成风路不能沟通；由于动作频繁和老化等原因，弹簧件会失效，影响阀类部件的正常动作，橡胶件会出现龟裂造成窜风和漏风，使阀类部件不能动作或性能下降。同样，阀类部件内的小孔堵塞也会影响阀类部件的作用。

（三）管路及连接部分故障

这类故障的现象一般比较明显，主要表现在堵塞和泄漏，也有部分阀座内部暗孔内泄引起的窜风。例如：管道内部混合的机械杂质会在管道弯曲部分或变径处造成堵塞，而管接头和部件安装面则常会发生泄漏现象。

（四）操纵不当造成的故障

DK-2 型机车制动系统是一个比较复杂的系统，司机在使用机车前，必须全面学习并掌握 DK-2 型机车制动系统的功能与作用，并按照制动系统的操作方法来操纵机车，如果违反操作方法或操作不当，也会使制动系统出现故障。例如：塞门开闭不对，重联装置位置不对，非操纵端大闸及小闸的手柄位置不对，后备制动塞门位置不对，都将使制动系统不能正常工作。

二、故障处理方法

（1）首先，必须熟悉 DK-2 型机车制动系统的控制电路和空气管路，而且要熟悉各部件的内部结构、作用原理和制动机的操作方法，以便快速、准确地判断故障。

（2）对机车制动系统所出现的故障大致判断一下，按分类方法将故障分类。例如：通过观察电控阀、压力开关动作是否正常可以把故障区分成电路或气路故障。

（3）对每一种故障现象，可以根据经验从最易发生故障的地方入手查找并处理故障；也可以根据分析，并按照电路或气路顺序一处一处查找并处理故障。

三、典型故障应急处理

☞注意：任何情况下请确保制动柜右侧哈丁连接器连接正常，未出现松动现象。

（一）机车运行过程中大小闸操作无效，同时制动显示屏提示通信中断

处理措施：启用后备制动模式。

操作步骤：

1. 司机室设置

（1）将大闸手柄置“重联位”，小闸手柄置“运转位”。

（2）将操纵节司机室后备制动模块上的后备塞门打开，如图 8-23 所示，此时操纵节的制动机会自动断电。

图 8-23　司机室后备制动模块设置

2. 机械间内设置

（1）将两节车上的制动机电源都断开（每节车上“＝28-F04”“＝28-F06”开关打到向下位置），如图 8-24 所示。其中“＝28-F04”为制动控制器的电源开关，“＝28-F06”为 BCU 的电源开关。

（2）操纵节制动柜塞门设置（见图 8-25）：将操纵节制动柜上的转换阀由“正常位”转到“空气位”。

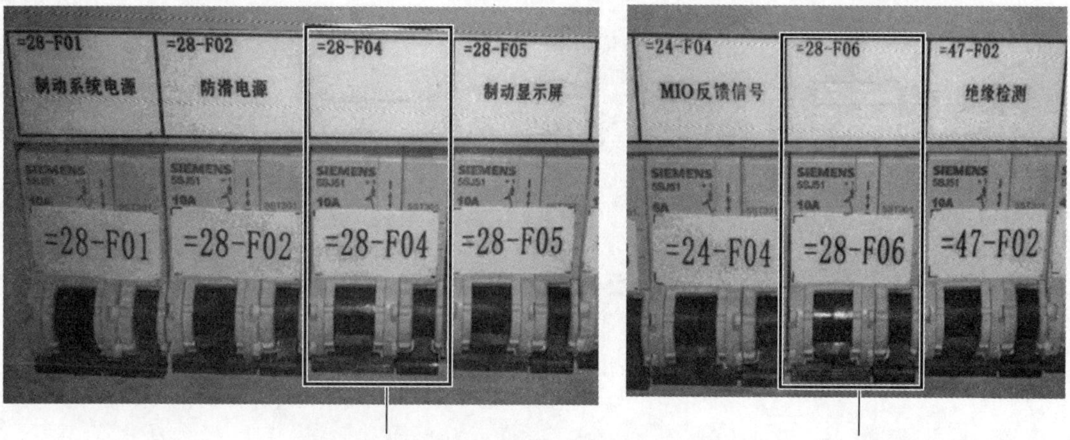

图 8-24　断开制动机电源

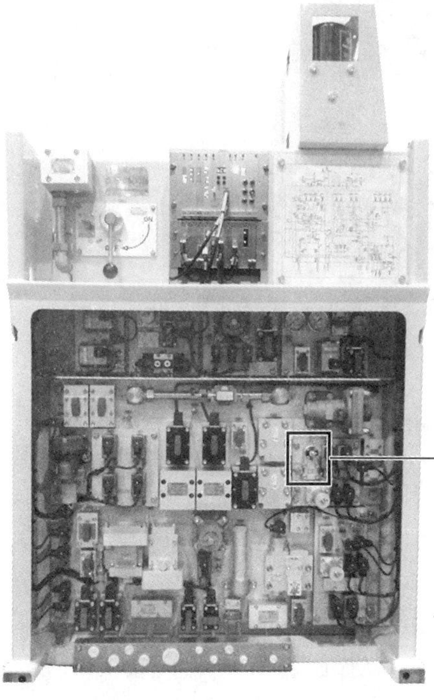

图 8-25　后备制动操纵节制动柜塞门设置

（3）将非操纵节制动柜上的中继阀列车管塞门 115 置“关闭位”，如图 8-26 所示。

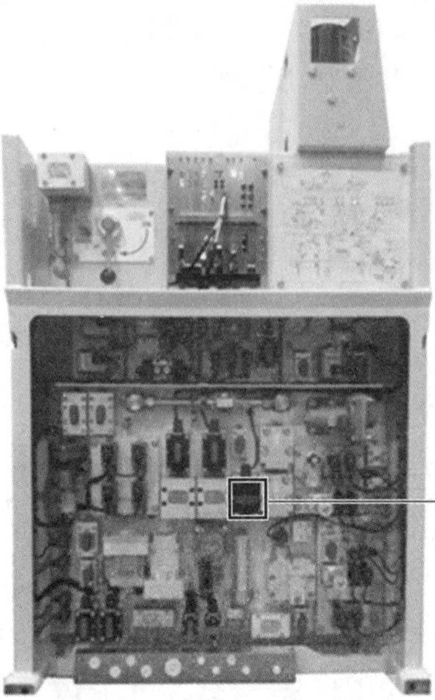

图 8-26　后备制动模式非操纵节制动柜上的塞门设置

3. 试　验

操作后备制动控制手柄，对机车进行制动和缓解，调节后备制动调压阀，使其输出压力为列车管定压，按压后备制动单缓按钮可以单缓机车（见图 8-27）。

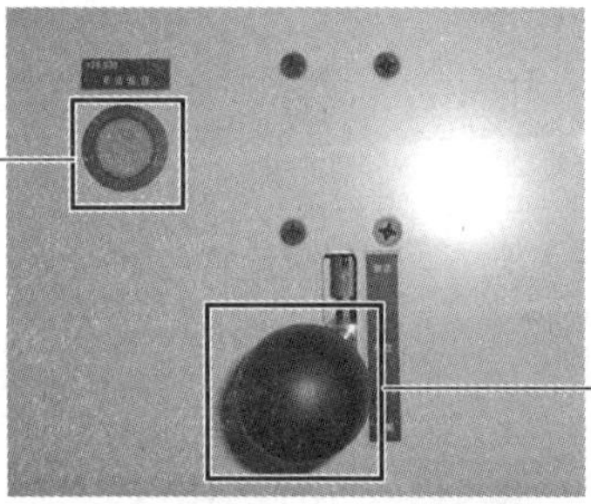

图 8-27　后备制动操作部件

4. 注意事项

（1）操纵空气后备制动阀可对全列车进行制动、保压和缓解，单缓机车则要按单缓按钮。

（2）应将自动制动控制器手把至“重联位”，单独制动控制器手把置“运转位”。

（3）需紧急制动时，可按压紧急按钮或者拉车长阀，同时将后备制动阀手把移至“制动位”。

（4）因列车管具有补风作用，后备制动阀减压后放“中立位”保压时，要注意监视列车速度的变化，防止长时间保压时的车辆制动机自然缓解。

（5）因为空气位的制动机性能不齐全，不能长期使用，但可作为制动机电空位故障时的一种维持运行的补救操作措施，因此在操作时必须格外注意，做到正、副司机密切协调，方能确保行车安全。

（二）机车运行过程中制动显示屏黑屏、蓝屏或白屏且自动制动控制器能正常控制制动机

处理措施：

（1）通过观察司机室机械风表显示的列车管、闸缸及总风压力来操纵机车。

（2）机车停车后尝试复位电源柜自动开关“ = 28-F05 制动显示屏”（如图 8-28 所示）来消除故障。

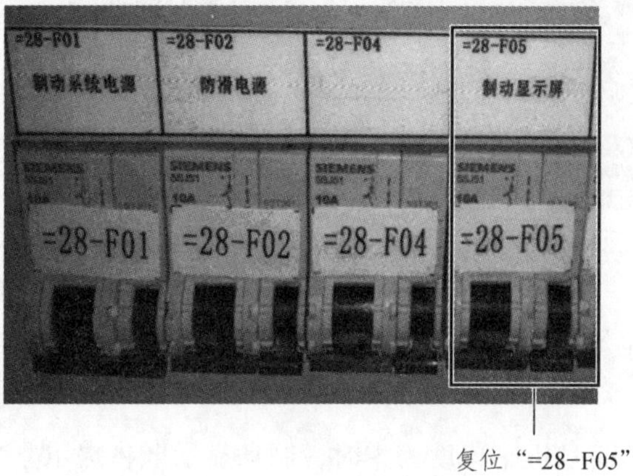

图 8-28　复位制动显示屏

（三）机车运行过程中，监控或 CCU 发出惩罚制动，制动机施加惩罚制动后，列车管无法缓解或者无法缓解至定压

处理措施：

（1）确保惩罚源消除，如果惩罚源已知且无法消除，而机车需要临时动车，可以临时将 BCU 电源板上的 ATP 钮子开关拨至“ATP 切除”来切除制动机外部的惩罚信号（紧急制动除外），原则上不推荐用户将 ATP 钮子开关置于“ATP 切除”。

（2）如需解除惩罚制动，首先惩罚源必须消除，同时需要将自动制动手柄置于“抑制位”1 s，制动机才能完成解锁。

（四）机车运行过程中，微机显示屏提示 BCU 牵引封锁请求，或者制动显示屏提示总风压力低于 500 kPa

处理措施：

（1）确保没有紧急制动产生或者紧急制动已解锁。

（2）确保总风压力不低于 750 kPa，如果低于 750 kPa 应立即启动压缩机打风。

（3）确保制动机本、补设置正确，操作节设置为本机，非操作节设置为补机（非操作节大闸至“重联位”，小闸至“运转位”，大、小闸处于锁闭状态）。

（4）如果前三步都无法消除故障，检查二节机车制动柜 BCU 状态，如图 8-29 所示，如果任何一节 BCU 数码管无显示或者 BCU 生命状态灯未跳变，请复位故障节 BCU 电源开关“ = 28-F06”。

（5）如果以上方法都无法消除故障，请启用后备制动模式。

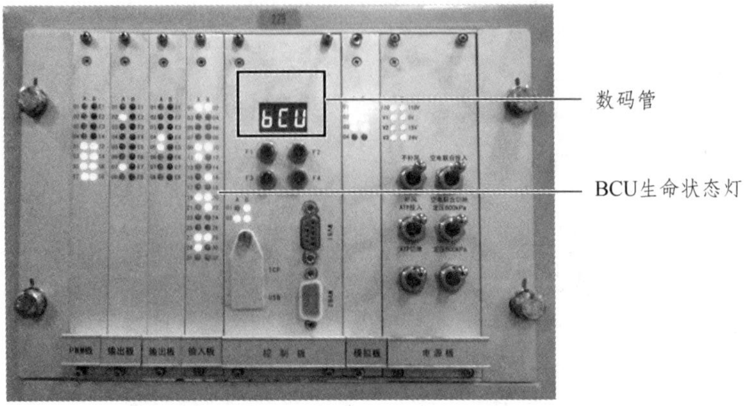

图 8-29　BCU 状态示意图

（五）机车紧急制动后，操作大闸至“运转位”，列车管不能缓解

处理措施：

（1）机车紧急制动而且机车速度为零时，制动显示屏将提示紧急解锁倒计时，倒计时 60 s 后，需将大闸手柄置“紧急位”或者“重联位”1 s 解锁（注意制动显示屏上提示），由其他原因引起机车紧急制动也需上述同样操作来解锁。

（2）如果制动显示屏提示紧急制动发生，但一直未提示紧急锁定倒计时，表明制动机一直未接收到来自 CCU 的零速信号（如图 8-30 所示，输入板第 27 点亮表示收到机车零速信号），请确认 CCU 工作是否正常，或进行操作节机车大复位。

（3）如果机车大复位后，列车管还不能缓解，如需临时运行机车，请启用后备制动模式。

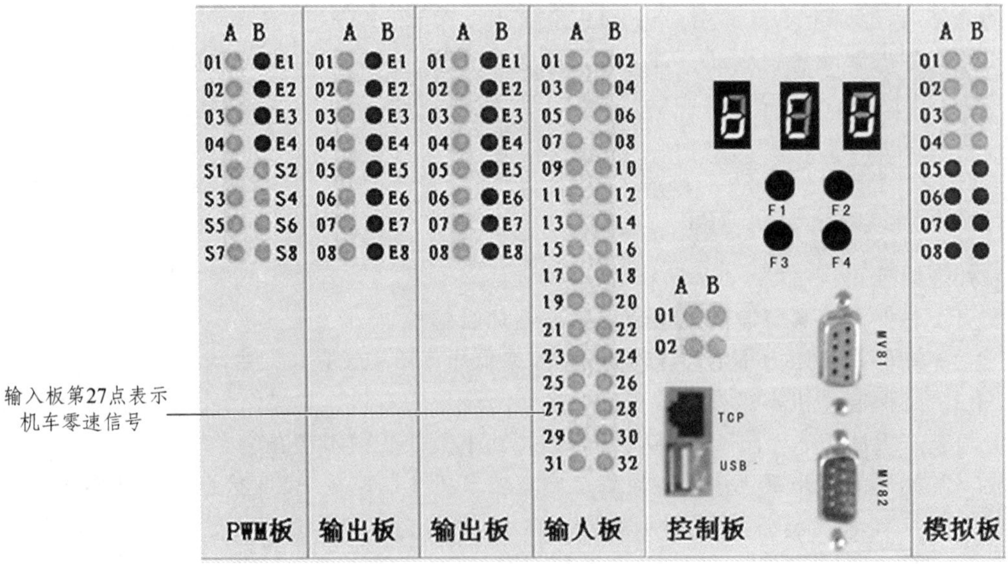

图 8-30　BCU 输入板示意图

（六）机车如果无法缓解或者缓解不到定压，同时制动柜中电动放风阀 94、电动放风阀 98 排风不止或者紧急阀 95 排风不止

处理措施：

（1）确认司机室紧急制动按钮已复位。

（2）如果是电动放风阀 94 故障，可临时关闭塞门 117 隔离。

（3）如果电动放风阀 98 故障，可临时关闭塞门 118 隔离。

（4）如果是紧急阀 95 故障，可临时关闭塞门 116 隔离。

（七）机车上电后，操作大小闸，制动机没有反应

处理措施：

（1）确认制动机电源开关“=28-F04”与“=28-F06”已闭合。

（2）确保机车总风压力大于 750 kPa。

（3）确保操作节制动柜重联阀装换阀至“本机位”，非操作节重联阀装换阀至“补机位”，非操作节大闸至“重联位”，小闸至“运转位”，机械锁闭钥匙被拔出。

（4）将操作节大闸置“重联位”或“抑制位”1 s，解制动机开机锁（注意制动显示屏上提示）。

（八）机车上电后，制动机解锁成功，大闸置“运转位”，但列车管不充风

处理措施：

（1）确保总风塞门 157、列车管塞门 115 处于“打开位”。

（2）确保电空转换阀 153 阀处于“正常位”。

（3）确保二节机车紧急按钮没有被按下。

（4）通过制动显示屏确认制动机是否未处于“单机”模式，如果制动机处于“单机”模式（大闸除“紧急位”有效外，其他位置均无效，小闸有效），将 BCU 钮子开关“单机投入/切除”置于“单机切除”位。

（九）机车上电后，制动机解锁成功，大闸置于制动区，闸缸不上闸

处理措施：

（1）确保闸缸塞门 119 和 120 置于“打开位”。

（2）确保制动机本补设置正确。

（3）制动机初充风时间过短，工作风缸未充满，将大闸置“运转位”90 s 以上，再进行制动操作。

（十）无火回送时，停放制动缸手动缓解拉杆不动或拉动不缓解

处理措施：

（1）升弓打风，使停放制动装置恢复正常状态后，重新进行无动力回送设置。

（2）若无法升弓打风，借用本务机车或调车机车列车管压力使停放制动单元复位后重新进行无动力回送设置。

（3）处理后检查机车缓解状态，确认所有闸片活动。

（十一）无火回送时，机车闸缸不随牵引机车列车管缓解而缓解

处理措施：应检查各节机车相关塞门是否处于正确的位置。尤其需要重点检查二节机车制动柜分配阀缓解塞门 156 是否处于“打开”状态（塞门手柄是垂直的）。

（十二）ATP 或 CCU 发出惩罚制动，制动机施加惩罚制动后，列车管无法缓解至定压

可能原因：① 惩罚源没有消除；② 制动机惩罚锁未解除。

解决方法：如需解除惩罚制动，首先惩罚源必须消除，同时需要将自动制动手柄置于“抑制位”1 s，制动机才能完成解锁。

（十三）制动显示屏提示“请确认钮子开关状态”消息

可能原因：人为改变 BCU 钮子开关状态。

解决方法：当制动显示屏出现“请确认钮子开关状态”消息提示，确认钮子开关状态后，请在操作端显示屏上按“确认”键。如未按下“确认”键，制动显示屏将不会出现其他消息提示，影响制动机正常操作。

（十四）制动机解锁成功后，大闸置“运转位”，均衡不充风

可能原因：电空转换阀 153 置于“空气位”。

解决方法：将 153 置于“正常位”。

四、DK-2 型制动机故障对照表

A 类故障：严重的故障，需司机和/或维护人员高度重视并及时处理的故障，处理不及时可能造成机车无法正常运行，同时制动机根据不同的 A 类故障将产生相应的安全导向措施（具体见制动显示屏的故障提示）。

B 类故障：一般的故障，需司机和/或维护人员注意，处理不及时可能会影响机车部分功能的运用。

C 类故障：轻微的故障，可由维护人员延迟处理，不影响机车正常运用。

DK-2 型制动机故障代码的定义如表 8-10 所示。

表 8-10　DK-2 型制动机故障代码定义

故障代码	故障等级	故障定义	故障分类
FAULTS[01]	A01	列车管传感器故障	运行故障
FAULTS[02]	A02	均衡传感器故障	运行故障
FAULTS[03]	A03	备用	运行故障
FAULTS[04]	A04	大闸手柄位置故障	运行故障
FAULTS[05]	A05	小闸手柄位置故障	运行故障

续表

故障代码	故障等级	故障定义	故障分类
FAULTS[06]	A06	电连锁塞门 115 关闭	运行故障
FAULTS[07]	A07	紧急微动开关故障	运行故障
FAULTS[08]- FAULTS[16]	A08-A16	备用	
FAULTS[17]	B01	闸 1 传感器故障	运行故障
FAULTS[18]	B02	闸 2 传感器故障	运行故障
FAULTS[19]	B03	总风传感器故障	运行故障
FAULTS[20]	B04	作用管传感器故障	运行故障
FAULTS[21]	B05	电联锁塞门 137 关闭	运行故障
FAULTS[22]	B06	电联锁塞门 119 或者 120 关闭	运行故障
FAULTS[23]	B07	电联锁塞门 139 打开	运行故障
FAULTS[24]	B08	停放塞门 177 切除	运行故障
FAULTS[25]	B09	40 kPa 压力开关故障	运行故障
FAULTS[26]	B10	闸缸预控传感器故障	运行故障
FAULTS[27]	B11	PWM 过流保护	运行故障
FAULTS[28]	B12	输出板的过流保护	运行故障
FAULTS[29]	B13	大闸制动区模拟量输出故障	运行故障
FAULTS[30]	B14	紧急电动放风阀塞门 117/118 关闭	运行故障
FAULTS[31]- FAULTS[49]	B15- B32	备用	
FAULTS[50]	B33	初充风，BP 与定压差大于 10 kPa	自检故障
FAULTS[51]	C33	初充风，BP 与 ER 压差大于 10 kPa	自检故障
FAULTS[52]	B34	初充风，制动缸未缓解到零	自检故障
FAULTS[53]	B35	大闸紧急 BP 降至零的时间大于 3 s	自检故障
FAULTS[54]	C34	大闸紧急制动缸从零升至 400 kPa 的时间大于 5 s	自检故障
FAULTS[55]	C35	大闸紧急后制动缸压力未在 440～460 kPa 之间	自检故障
FAULTS[56]	C36	大闸紧急后，小闸单缓，制动缸不能缓解到零	自检故障
FAULTS[57]	C37	（1）大闸紧急，小闸测压后回“运转位”，制动缸压力回升至 440～460 kPa 之间 （2）大闸紧急，小闸测压后回“运转位”，制动缸压力回升	自检故障
FAULTS[58]	C38	大闸紧急后回“运转位”充风，ER 升至 480～580 kPa 的时间超过 9～11 s	自检故障
FAULTS[59]	C39	大闸紧急后回“运转位”充风，列车管未充风	自检故障
FAULTS[60]	B36	大闸运转，小闸全制动，列车管压力有变化	自检故障
FAULTS[61]	B37	小闸全制动，制动缸升至 280 kPa 的时间大于 4 s	自检故障

续表

故障代码	故障等级	故障定义	故障分类
FAULTS[62]	C40	小闸全制动，制动缸最终压力不在 290～310 kPa 之间	自检故障
FAULTS[63]	C41	小闸全制动后回“运转位”，制动缸压力降至 40 kPa 的时间大于 5 s	自检故障
FAULTS[64]	B38	小闸全制动后回“运转位”，制动缸压力最终未到零	自检故障
FAULTS[65]	B39	大闸初制动，列车管减压量不在 45～55 kPa 之间	自检故障
FAULTS[66]	C42	大闸初制动，小闸运转，制动缸压力不在 90～110 kPa 之间	自检故障
FAULTS[67]	C43	大闸初制动，小闸运转，均衡管泄漏超过每分钟 3 kPa	自检故障
FAULTS[68]	B40	大闸初制动，小闸运转，列车管泄漏超过每分钟 5 kPa	自检故障
FAULTS[69]	C44	大闸减压 100 kPa，小闸运转，制动缸压力不在 240～270 kPa 之间	自检故障
FAULTS[70]	C45	大闸减压 170/140 kPa，小闸运转，制动缸压力不在（405～435 kPa）/（340～370 kPa）之间	自检故障
FAULTS[71]	C46	大闸全制动，小闸运转，均衡风缸减压(170 ± 5 kPa)/(140 ± 5) kPa 的时间不在(6～8 s)/(5～7 s)范围内	自检故障
FAULTS[72]	C47	大闸全制动，小闸运转，闸缸压力值 400 kP/340 kPa 不在(7～9.5 s)/(6～8 s)范围内	自检故障
FAULTS[73]	C48	大闸全制动，小闸运转，列车管最终减压不在(160～180 kPa)/(130～150 kPa)之间	自检故障
FAULTS[74]	C49	大闸全制动，小闸运转，闸缸压力值不在 400～435 kPa 范围内	自检故障
FAULTS[75]	C50	大闸运转，小闸运转，8.5 s / 7 s 后闸缸压力值大于 40 kPa	自检故障
FAULTS[76]	C51	大闸抑制位，小闸运转，列车管最终减压不在(160～180 kPa)/(130～150 kPa)之间。	自检故障
FAULTS[77]	C52	大闸抑制位，小闸运转，制动缸压力不在(405～435 kPa)/(340～370 kPa)	自检故障
FAULTS[78]	C53	大闸重联位，小闸运转位，检查列车管最终压力不在 35～85 kPa 范围内	自检故障
FAULTS[79]	C54	大闸重联位，小闸运转位，检查制动缸最终压力不在 435～465 kPa 范围内	自检故障

学习指导

根据故障现象分析故障原因，进而进行故障的操作处理，注意故障时和故障修复后的现象对比。

操作演练完毕后同学们进行按小组进行评价。

质量评价标准

考核项目： 工时定额： 开始时间： 结束时间：

班 级： 姓 名： 学 号： 实际用时：

项目	分数	考核内容及评分标准	每次扣分	次数	扣分	得分
操作技能	70 分	1. 操作、检查、测量、调整方法不当或错误	4 分			
		2. 工序错乱	6 分			
		3. 漏拆、漏检、漏修、漏测	6 分			
		4. 零部件或工具脱落	4 分			
		5. 口述内容有遗漏、错误	4 分			
		6. 工作中返工	10 分			
		7. 作业后未要求恢复、整理	3 分			
		8. 按工艺要求，质量不符合规定	2 分			
		9. 超过时间者（每分钟） （超过额定工时一半者本次考核无效）	1 分			
工具设备使用	20 分	1. 工、量具及设备开工前不检查，收工时不清理	3 分			
		2. 工、量具及设备使用不当	3 分			
		3. 工、量具脱落	6 分			
		4. 工具不全	3 分			
		5. 工具、设备损坏（视情况）	5～20 分			
安全生产	10 分	1. 按规定，着装不符合要求	3 分			
		2. 违章或违反安全事项	4 分			
		3. 工作场地不整洁，工件、工具摆放不整齐	2 分			
合计	100					
考核员		签名：	日期： 年 月 日			

任务八　HXD3C 型电力机车制动机单机日常试验程序

任务描述

会进行 HXD3C 型电力机车制动机单机日常试验，能够通过试验发现制动机故障。

任务实施

学生在教师指导下，在仿真试验台上操纵进行试验，通过视频和多媒体课件学会试验内容和标准，进而完成本任务。

知识储备

一、试验前的检查确认

（1）必须设置停车制动以防止机车移动。

（2）机车总风缸风压不小于 750 kPa。

（3）检查总风缸截断塞门（A24）打开，总风缸 2 个排水塞门（A12）关闭。

（4）检查制动系统两端列车管塞门（B81）、两端总风管塞门（B80）、两端平均管塞门（B82）关闭，两端防撞折角塞门 B95、B96、B94 全开，紧急制动模块上制动缸截断塞门（S10.01）打开。

（5）确认自动制动手柄在“重联”位、单独制动手柄在“运转”位。

（6）必须在两端分别进行试验。

二、试验操作程序

试验操作程序如表 8-11 所示。

表 8-11　HXD3C 型电力机车制动机单机日常试验程序

项目	序号	操作程序与简要说明	LCDM 显示屏信息
制动试验前的工作	1	（1）合上蓄电池自动开关（QA61）	制动系统得电后约 60 s，制动显示屏得电并进入主操作画面（此时只有 F3 和 F7 两键有效）
		（2）打开电钥匙开关（给制动系统供电、供气）	① 检查此时总风缸压力：750～900 kPa； ② 制动缸压力：（450±15）kPa； ③ 均衡风缸压力：0 kPa； ④ 列车管压力低于 90 kPa
	2	在主操作界面中按 F3 键（电空制动）（查询制动系统的设置状态）	① 主操作界面上出现“电空制动设置”。本机牵引客运列车的正常显示为：“600 kPa-操纵端-投入-货车-不补风”； ② 制动显示屏流量表上方显示为“本机”字样（如参数显示不同，则可通过制动显示屏进行手动设置）

续表

项目	序号	操作程序与简要说明	LCDM显示屏信息
常用制动	3	移动自动制动手柄至“运转位”。移动单独制动手柄至“运转位”（等待 2 min，观察各压力表结果的稳定性）	① 均衡风缸增压至（600±7）kPa； ② 列车管压力增加至（均衡风缸压力±10 kPa）； ③ 制动缸减压至0 kPa；“动力切除”不显示
	4	（1）移动自动制动阀手柄至初“制动位”	① 均衡风缸减压到 540~560 kPa； ② 列车管减压到（均衡风缸压力±10 kPa）； ③ 制动缸压力上升到 70~110 kPa； ④ 制动显示屏无红色“动力切除”字样显示
		（2）等待 2 min，观察均衡风缸、列车管、制动缸的保压情况	① 均衡风缸保持在 540~560 kPa； ② 列车管压力保持在（均衡风缸压力±10 kPa）； ③ 制动缸压力不能增加 15 kPa，也不能减少 15 kPa
	5	（1）缓慢移动自动制动手柄至常用制动区，使均衡风缸减压至 495~505 kPa	① 列车管减压到（均衡风缸压力±10 kPa）； ② 制动缸压力增加到 200~240 kPa
		（2）移动自动制动手柄至“运转位”（等待 1 min）	① 均衡风缸增压至(600±7) kPa； ② 列车管压力增加至（均衡风缸压力±10 kPa）； ③ 制动缸减压至0 kPa；动力切除不显示
	6	快速移动自动制动手柄至“全制动位”（等待 1 min）	① 均衡风缸在 5~7 s 内减压至 430 kPa；均衡风缸继续减压到(415±10) kPa； ② 制动缸在 6~8 s 内从 0 增压至 340 kPa，并继续增压至 415~440 kPa； ③ 列车管减压到（均衡风缸压力±10 kPa）
	7	移动自动制动手柄至“抑制位”	① 均衡风缸压力保持在(415±10) kPa； ② 列车管压力保持在（均衡风缸压力±10 kPa）； ③ 制动缸压力保持在 415~440 kPa
	8	（1）移动自动制动手柄至“重联位”	① 均衡风缸缓慢减压到 0 kPa（不发生紧急放风）； ② 列车管减压到 55~85 kPa； ③ 制动缸压力增加到(450±15) kPa
		（2）移动自动制动手柄至“运转位”（等待 1 min）	① 均衡风缸增压至(600±7) kPa； ② 列车管增压至（均衡风缸压力±10 kPa）； ③ 制动缸减压至 0 kPa； ④ 制动显示屏无红色“动力切除”字样显示
紧急制动	9	（1）快速直接将自动制动手柄移至“紧急制动位” （一旦列车实施紧急制动，自动制动手柄必须在“紧急制动位”停留 60 s 后方可移至“运转位”，红色“动力切除”字样消失）	① 列车管迅速减压到 0 kPa 的时间不大于 3 s； ② 制动缸在 3~5 s 内增压至 200 kPa 并继续增压至（450±15）kPa； ③ 均衡风缸压力缓慢减压到 0 kPa； ④ “动力切除”信息显示在制动显示屏上

续表

项目	序号	操作程序与简要说明	LCDM 显示屏信息
紧急制动	9	（2）移动自动制动手柄至“运转位”（等待 1 min）	① 均衡风缸增压至(600±7) kPa; ② 列车管增压至（均衡风缸压力±10 kPa）; ③ 制动缸减压至 0 kPa; ④ 制动显示屏无红色“动力切除”字样显示
单缓制动	10	（1）置单独制动手柄于“全制动位”（等待 1 min）	① 制动缸压力在 2～3 s 内增加到 255 kPa；制动缸压力继续增加到（300±15）kPa; ② 均衡风缸保持在（600±7）kPa; ③ 列车管保持在（均衡风缸压力±10 kPa）
		（2）置自动制动手柄于“全制动位”（等待 1 min）	① 制动缸增压到 415～440 kPa; ② 均衡风缸减压到（415±10）kPa; ③ 列车管减压到（均衡风缸压力±10 kPa）
		（3）侧压单独制动手柄	① 制动缸减压到（300±15）kPa; ② 均衡风缸保持在（415±10）kPa; ③ 列车管保持在（均衡风缸压力±10 kPa）
	11	（1）置单独制动手柄于“运转位”（等待 1 min）	① 制动缸压力在 3～5 s 内从（300±15）kPa 减到 35 kPa，并继续减压到 0 kPa。 ② 均衡风缸保持在（415±10）kPa; ③ 列车管保持在（均衡风缸压力±10 kPa）
		（2）置自动制动手柄于“运转位”（等待 1 min）	① 均衡风缸增压至（600±7）kPa; ② 列车管增压至（均衡风缸压力±10 kPa）；制动缸减压到 0 kPa
单独制动	12	（1）逐步移动单独制动手柄至“全制动位”	制动缸压力逐步增加
		（2）逐步移动单独制动手柄至“运转位”	制动缸压力逐步减少
		（3）放置单独制动手柄至“运转位”	制动缸压力为 0 kPa
弹簧停放	13	（1）实施弹停制动	① 司机室“停车制动”灯亮; ② 在机车两侧弹停状态指示器显示“红”色
		（2）实施弹停缓解（注意：防止机车溜移。试验后实施弹停制动）	① 司机室“停车制动”灯灭; ② 在机车两侧弹停状态指示器显示“绿”色
结束	14	置自动制动手柄于“重联位”	① LCDM 显示屏上信息同初始状态; ② 给自动制动手柄上锁

学习指导

试验中需要注意对时间和压力值的观察，以发现相应故障。

试验完毕后同学们按小组进行评价。

质量评价标准

考核项目：　　　　工时定额：　　　　开始时间：　　　　结束时间：
班　　级：　　　　姓　　名：　　　　学　　号：　　　　实际用时：

项目	分数	考核内容及评分标准	每次扣分	次数	扣分	得分
操作技能	70分	1. 操作、检查、测量、调整方法不当或错误	4分			
		2. 工序错乱	6分			
		3. 漏拆、漏检、漏修、漏测	6分			
		4. 零部件或工具脱落	4分			
		5. 口述内容有遗漏、错误	4分			
		6. 工作中返工	10分			
		7. 作业后未要求恢复、整理	3分			
		8. 按工艺要求，质量不符合规定	2分			
		9. 超过时间者（每分钟） （超过额定工时一半者本次考核无效）	1分			
工具设备使用	20分	1. 工、量具及设备开工前不检查，收工时不清理	3分			
		2. 工、量具及设备使用不当	3分			
		3. 工、量具脱落	6分			
		4. 工具不全	3分			
		5. 工具、设备损坏（视情况）	5~20分			
安全生产	10分	1. 按规定，着装不符合要求	3分			
		2. 违章或违反安全事项	4分			
		3. 工作场地不整洁，工件、工具摆放不整齐	2分			
合计	100					
考核员	签名：		日期：　年　月　日			

任务九　HXD3C 型电力机车制动机单机检修后试验程序

任务描述

学习并掌握 HXD3C 型电力机车制动机单机检修后试验，并能根据试验结果进行判断和处理。

任务实施

学生在教师指导下，在仿真试验台上操纵进行试验，通过视频和多媒体课件学会试验内容和标准，进而完成本任务。

知识储备

一、制动机静态试验

（一）试验前的检查确认

（1）必须设置停放制动或在车轮下放置止轮器以防止机车移动。

（2）机车总风缸风压不小于 750 kPa。

（3）检查总风缸截断塞门（A24）打开，总风缸 2 个排水塞门（A12）关闭。

（4）检查制动系统两端列车管塞门（B81）、两端总风管塞门（B80）、两端平均管塞门（B82）关闭，两端防撞折角塞门 B B95、B96、B94 全开，紧急制动模块上制动缸截断塞门（S10.01）打开。

（5）确认自动制动阀手柄在“重联”位、单独制动阀手柄在“运转”位。

（6）必须在两端分别进行。

（二）试验操作程序

试验操作程序如表 8-12 所示。

表 8-12　HXD3C 型电力机车制动机单机检修后试验程序

项目	序号	操作程序与简要说明	LCDM 显示屏信息
制动试验前的工作	1	（1）合上蓄电池自动开关（QA61）	制动系统得电后约 60 s，LCDM 显示屏得电并进入主操作界面（此时只有 F3 和 F7 两键有效）
		（2）打开电钥匙开关（给制动系统供电、供气）	① 检查此时总风缸压力：750 ~ 900 kPa； ② 制动缸压力：(450 ± 15) kPa； ③ 均衡风缸压力：0 kPa； ④ 列车管压力低于 90 kPa

续表

项目	序号	操作程序与简要说明	LCDM显示屏信息
制动试验前的工作	2	在主操作界面中按F3键（电空制动） （查询制动系统的设置状态）	① 主操作界面上出现“电空制动设置”。本机牵引客运列车的正常显示为：“600 kPa-操纵端-投入-货车-不补风”； ② 微机屏流量表上方显示为“本机”字样（如参数显示不同，则可通过LCDM显示屏进行手动设置）
常用制动	3	移动自动制动手柄至“运转位”（等待2 min，观察各压力表结果的稳定性）	均衡风缸压力表数值上升的同时，列车管压力也随之上升；制动缸压力下降。结果为： ① 均衡风缸增压至（600±7）kPa； ② 列车管压力增加至（均衡风缸压力±10 kPa）； ③ 制动缸减压至0 kPa； ④ 不显示“动力切除”
	4	（1）移动自动制动阀手柄至“初制动位”	① 均衡风缸减压到540～560 kPa； ② 列车管减压到（均衡风缸压力±10 kPa）； ③ 制动缸压力上升到70～110 kPa； ④ 不显示“动力切除”
		（2）等待3 min，观察均衡风缸、列车管、制动缸的保压情况	① 均衡风缸压力保持在540～560 kPa； ② 列车管压力保持在（均衡风缸压力±10 kPa）； ③ 制动缸压力不能增加15 kPa，也不能减少15 kPa
	5	缓慢移动自动制动阀手柄至常用制动区，使均衡风缸减压至495～505 kPa （等待1 min）	① 列车管减压到（均衡风缸压力±10 kPa）； ② 制动缸压力增加到200～240 kPa
	6	移动自动制动阀手柄至“全制动位”（等待1 min）	① 均衡风缸减压到（415±10）kPa； ② 列车管减压到（均衡风缸压力±10 kPa）； ③ 制动缸压力增压到415～440 kPa
	7	移动自动制动手柄至“抑制位”	① 均衡风缸压力保持在（415±10）kPa； ② 列车管压力保持在（均衡风缸压力±10 kPa）； ③ 制动缸压力保持在415～440 kPa
	8	缓慢移动自动制动阀手柄至“抑制位”和“重联位”之间，使均衡风缸减压到300～420 kPa	① 列车管减压到（均衡风缸压力±10 kPa）； ② 制动缸压力为415～440 kPa； ③ 不显示“动力切除”
	9	移动自动制动阀手柄至“抑制位”	① 均衡风缸压力保持在300～420 kPa； ② 列车管压力保持在（均衡风缸压力±10 kPa）； ③ 制动缸压力保持在415～440 kPa
	10	移动自动制动阀手柄至“重联位”	① 均衡风缸缓慢减压到0 kPa（不发生紧急放风）； ② 列车管减压到55～85 kPa； ③ 制动缸压力增加到（450±15）kPa
	11	移动自动制动手柄至“运转位”（等待2 min）	① 均衡风缸增压至（600±7）kPa； ② 列车管增压至（均衡风缸压力±10 kPa）； ③ 制动缸减压至0 kPa； ④ 不显示“动力切除”
	12	直接将自动制动阀手柄移至“全制动位”	① 均衡风缸在5～7 s内减压至430 kPa； ② 制动缸在6～8 s内从0增压至340 kPa，并继续增压至415～440 kPa

续表

项目	序号	操作程序与简要说明	LCDM显示屏信息
常用制动	13	移动自动制动手柄至“运转位”（等待2 min）	① 均衡风缸增压至（600±7）kPa; ② 列车管增压至（均衡风缸压力±10 kPa）; ③ 制动缸减压至0 kPa; ④ 不显示“动力切除”
紧急制动	14	快速直接将自动制动阀手柄移至“紧急制动位” （自动制动手柄必须在“紧急制动位”滞留60 s后移至“运转位”，红色“动力切除”字样消失）	① 紧急排风阀（N97）打开; ② 列车管迅速减压到0 kPa的时间不大于3 s; ③ 撒砂电磁阀得电并撒砂约5 s; ④ 确保S10.36紧急电磁阀得电; ⑤ 均衡风缸缓慢减压到0 kPa; ⑥ 制动缸在3～5 s内增压至200 kPa并继续增压至(450±15) kPa; ⑦“动力切除”显示在LCDM显示屏上
	15	（1）移动主控制器手柄回零位 （2）移动自动制动手柄到“运转位” （等待1 min）	① 均衡风缸增压至（600±7）kPa; ② 列车管压力由0升至580 kPa的时间不大于9 s，并增压至（均衡风缸压力±10 kPa）; ③ 制动缸减压至0 kPa; ④ 不显示“动力切除”
	16	拉开车长阀	① 紧急排风阀（N97）打开; ② 列车管迅速减压到0 kPa; ③ 均衡风缸压力保持在（600±7）kPa; ④ 制动缸压力增压到（450±15）kPa
	17	（1）关闭车长阀	① 撒砂电磁阀得电并撒砂约5 s; ②“动力切除”显示在LCDM显示屏上
		（2）移动自动制动手柄至“紧急位”（等待1 min）	均衡风缸减压至0 kPa
	18	移动自动制动手柄到“运转位”（等待1 min）	① 均衡风缸增压至（600±7）kPa; ② 列车管增压至（均衡风缸压力±10 kPa）; ③ 制动缸减压至0 kPa; ④ 不显示“动力切除”
	19	按压“紧急制动”按钮	① 紧急排风阀（N97）打开; ② 列车管迅速减压到0 kPa; ③ 均衡风缸压力保持在（600±7）kPa; ④ 制动缸压力增压到（450±15）kPa; ⑤ 撒砂电磁阀得电并撒砂约5 s; ⑥ 确保S10.36紧急电磁阀得电; ⑦ 主断路器跳开; ⑧“动力切除”显示在LCDM显示屏上
	20	（1）复位“紧急制动”按钮	主断路器自动闭合
		（2）移动自动制动手柄至“紧急位”（等待1 min）	均衡风缸减压至0 kPa
	21	移动自动制动手柄至“运转位”（等待1 min）	① 均衡风缸增压至（600±7）kPa; ② 列车管增压至（均衡风缸压力±10 kPa）; ③ 制动缸减压至0 kPa; ④ 不显示“动力切除”

续表

项目	序号	操作程序与简要说明	LCDM 显示屏信息
单缓	22	置单独制动阀手柄于“全制动位”（等待 1 min）	① 制动缸充气到（300±15）kPa； ② 均衡风缸保持在（600±7）kPa； ③ 列车管压力保持在（均衡风缸压力±10 kPa）
	23	置自动制动阀手柄于“全制动位”（等待 1 min）	① 制动缸增压到 415～440 kPa； ② 均衡风缸减压到（415±10）kPa； ③ 列车管减压到（均衡风缸压力±10 kPa）
	24	侧压单独制动阀手柄	① 制动缸减压到（300±15）kPa； ② 均衡风缸压力保持在（415±10）kPa； ③ 列车管压力保持在（均衡风缸压力±10 kPa）
	25	再次侧压单独制动阀手柄	所有的压力保持不变
	26	置单独制动阀手柄于“运转位”（等待 1 min）	① 制动缸压力回零； ② 均衡风缸压力保持在（415±10）kPa； ③ 列车管压力保持在（均衡风缸压力±10 kPa）
	27	置自动制动阀手柄于“运转位”（等待 1 min）	① 均衡风缸增压至（600±7）kPa； ② 列车管增压至（均衡风缸压力±10 kPa）； ③ 制动缸减压到 0 kPa
单独制动	28	逐步移动单独制动阀手柄至“全制动位”	制动缸压力逐步增加
	29	随着单独制动阀手柄移至“全制动位”	制动缸压力应为（300±15）kPa
	30	逐步移动单独制动阀手柄至“运转位”	制动缸压力逐步减少
	31	放置单独制动阀手柄至“运转位”	制动缸压力为 0 kPa
	32	快速移动单独制动阀手柄至“全制动位”	制动缸压力在 2～3 s 内增加到 255 kPa
	33	快速移动单独制动阀手柄至“运转位”	制动缸压力在 3～5 s 内从（300±15）kPa 减到 35 kPa，并继续减压到 0 kPa
贯通试验	34	（1）做好防护后，开放列车管折角塞门 （试验完成后关闭列车管折角塞门）	列车管排风正常，列车管畅通
		（2）在列车管连接器安装防尘堵；做好防护后，开放列车管折角塞门 （试验完成后关闭列车管折角塞门）	① 列车管折角塞门开关过程中，排风口排风正常； ② 塞门关闭时排风口无漏风

续表

项目	序号	操作程序与简要说明	LCDM 显示屏信息
贯通试验	35	（1）做好防护后，开放总风管折角塞门 （试验完成后关闭总风管折角塞门）	总风管排风正常，总风管畅通
		（2）在总风管连接器安装防尘堵；做好防护后，开放总风管折角塞门 （试验完成后关闭总风管折角塞门）	① 总风管折角塞门开关过程中，排风口排风正常； ② 塞门关闭时排风口无漏风
结束	36	置自动制动阀手柄于“重联位”	① LCDM 显示屏上信息同初始状态； ② 给自动制动手柄上锁

二、停车制动（蓄能制动）试验

停车制动（蓄能制动）试验如表 8-13 所示。

表 8-13　HXD3C 型电力机车制动机停车制动试验程序

序号	操作程序	具体要求
1	将弹停塞门置于“关闭位” （弹停塞门 B40.06）	① 查看塞门关闭信息显示正确； （查看方法：按“机器状态”→“空制状态”） ② 弹簧制动缸压力排向大气
2	将弹停塞门置于“开放位”	塞门开放信息显示正确（方法同上）
3	（1）实施弹停缓解 （注意：防止机车溜移）	司机室“停车制动”灯灭
	（2）试验后实施弹停制动	在机车两侧弹停状态指示器显示绿色
4	实施弹停制动	① 司机室“停车制动”灯亮； ② 在机车两侧弹停状态指示器显示红色

三、制动缸压力指示器试验

制动缸压力指示器试验如表 8-14 所示。

表 8-14　HXD3C 型电力机车制动机制动缸压力指示器试验程序

序号	操作程序	具体要求
1	将制动缸隔离塞门（Z10.22）、（Z10.23）置于“关闭”位置	① 信息显示正确； （查看方法：按“机器状态”→“空制状态”） ② 制动缸排风； ③ 机车两侧制动缸压力指示器显示绿色
2	将制动缸隔离塞门（Z10.22）、（Z10.23）置于“开启”位置	① 信息显示正确；（查看方法同上） ② 制动缸压力上升； ③ 机车两侧制动缸压力指示器显示红色

学习指导

试验中需要注意对时间和压力值的观察，以发现相应故障。
试验完毕后同学们按小组进行评价。

质量评价标准

考核项目：		工时定额：	开始时间：		结束时间：	
班　　级：		姓　　名：	学　　号：		实际用时：	
项目	分数	考核内容及评分标准	每次扣分	次数	扣分	得分
操作技能	70分	1. 操作、检查、测量、调整方法不当或错误	4分			
		2. 工序错乱	6分			
		3. 漏拆、漏检、漏修、漏测	6分			
		4. 零部件或工具脱落	4分			
		5. 口述内容有遗漏、错误	4分			
		6. 工作中返工	10分			
		7. 作业后未要求恢复、整理	3分			
		8. 按工艺要求，质量不符合规定	2分			
		9. 超过时间者（每分钟） （超过额定工时一半者本次考核无效）	1分			
工具设备使用	20分	1. 工、量具及设备开工前不检查，收工时不清理	3分			
		2. 工、量具及设备使用不当	3分			
		3. 工、量具脱落	6分			
		4. 工具不全	3分			
		5. 工具、设备损坏（视情况）	5～20分			
安全生产	10分	1. 按规定，着装不符合要求	3分			
		2. 违章或违反安全事项	4分			
		3. 工作场地不整洁，工件、工具摆放不整齐	2分			
合计	100					
考核员		签名：		日期：　　年　　月　　日		

任务十　HXD1C 型机车法维莱制动系统作业流程

任务描述

学习并掌握 HXD1C 型电力机车制动机各作业流程，并能熟练操作。

任务实施

学生在教师指导下，在仿真试验台上操纵进行试验，通过视频和多媒体课件学会试验内容和标准，进而完成本任务。

知识储备

一、HXD1C 型机车法维莱制动系统上、下班作业流程

（一）接班作业检查

（1）确认制动柜所有塞门及 A10 塞门处于“竖直”位置。

说明：A10 总风塞门在管路柜的右侧总风管上。机车在正常状态下，管路柜各塞门处于“竖直”位置。

（2）确认制动柜 BCU 故障代码显示屏显示“9999”。

说明：如果显示其他代码，处理如下：

① 代码 8983：有维修人员的地点必须进行处理，否则需将制动机置于备用模式下维持运行，回段报修。

② 代码 8984 或 8987：无维修人员处理时，制动机可以在正常模式下运行，回段报修。

（3）制动机“五步闸”试验。

说明：按段发株机技措（2010）46 号文要求执行。

（二）下班作业检查

（1）关闭前、后台车的制动缸隔离塞门 04.17/01 和 04.17/02。

说明：塞门置水平位置为关闭位。

（2）关闭停放制动隔离塞门 06.10/01。

说明：塞门置水平位置为关闭位。

二、HXD1C 型机车法维莱制动系统附挂运行（机车重联出库转线挂车）作业流程

（1）断开制动电源，“制动系统检测”开关置闭合位，此时风笛可以使用。

说明：在机车附挂运行操作制动机断电、上电时，28-F131 和 28-F132 两个制动电源开关务必同时操作，即同时断开或同时闭合，否则易出现“8983”故障代码，引起制动机故障。

（2）将制动柜重联阀上的 04.56 塞门打到从控位。

说明：机车主控与从控的转换塞门，垂直位置为主控，水平位置为从控，操作时须先按压塞门手柄弹簧（手柄内侧）再转动塞门至指定位置。

（3）下车开放平均管塞门 B82 或 B86，确认管内余风排尽后再关闭塞门。

说明：确认平均管内余风排尽后再关闭塞门。

三、HXD1C 型机车法维莱制动系统无火回送作业流程

（1）断开制动电源，司控器置“0”位，将自动制动手柄放重联位，单独制动手柄放运转位。

说明：

① 在操作制动机断电、上电时，28-F131 和 28-F132 两个制动电源气开关务必同时断开或同时闭合，否则易出现“8983”故障代码，引起制动机故障。

② “制动系统检测”开关置闭合位，此时风笛可以使用。

（2）关闭制动柜中停放制动模块 06.10 塞门。

说明：塞门置水平位置为关闭位。

（3）手拉缓解每个停车制动单元，共四个：左 1、3 位，右 4、6 位。

说明：拉动弹停装置拉环时，应进行横向拉动拉环，而不是向上提拉环。停车制动单元缓解后必须进行确认是否处于缓解状态（用手摇动制动夹钳有旷动且与处于缓解状态的其他动轮制动夹钳状态一致，夹钳与制动盘有间隙，即可判断为处于缓解状态，此时车体上的停放制动指示牌指示红牌可视为正常状态）。

（4）将制动柜重联阀上的 04.56 塞门打到从控位，其右侧的 04.65 无火回送塞门打到切除位。

说明：重联阀塞门置水平位置为从控位，无火回送塞门置水平位置为切除位。

（5）关闭风源柜中的塞门 A10，打开风源柜中总风缸的排水塞门（风缸下方）将总风缸压力排至 250 kPa 左右，然后关闭。

说明：先关风源柜中的塞门 A10 后，再打开风源柜左侧总风缸的排水塞门，注意观察司机室总风压力表风压降至 250 kPa 左右，再关闭塞门。

（6）开放所有平均管塞门 B82、B86，关闭总风联管塞门 B80、B87。

（7）连接要连挂端的制动软管，缓慢打开该处制动管塞门 B81。

（8）连接另外一台机车将无火机车列车管充至定压，从主控机车进行制动机试验。

说明：从主控机车使用大闸缓解、制动至少 3 次循环，观察无火机车闸缸压力变化是否正常。

（9）测试完成后可以走车。

说明：途中再次连挂或更换连挂端时仅需要重复步骤（7）~（9）。

学习指导

试验中需要注意对时间和压力值的观察，以发现相应故障。

试验完毕后同学们按小组进行评价。

质量评价标准

考核项目： 工时定额： 开始时间： 结束时间：

班　　级： 姓　　名： 学　　号： 实际用时：

项目	分数	考核内容及评分标准	每次扣分	次数	扣分	得分
操作技能	70 分	1. 操作、检查、测量、调整方法不当或错误	4 分			
		2. 工序错乱	6 分			
		3. 漏拆、漏检、漏修、漏测	6 分			
		4. 零部件或工具脱落	4 分			
		5. 口述内容有遗漏、错误	4 分			
		6. 工作中返工	10 分			
		7. 作业后未要求恢复、整理	3 分			
		8. 按工艺要求，质量不符合规定	2 分			
		9. 超过时间者（每分钟） （超过额定工时一半者本次考核无效）	1 分			
工具设备使用	20 分	1. 工、量具及设备开工前不检查，收工时不清理	3 分			
		2. 工、量具及设备使用不当	3 分			
		3. 工、量具脱落	6 分			
		4. 工具不全	3 分			
		5. 工具、设备损坏（视情况）	5～20 分			
安全生产	10 分	1. 按规定，着装不符合要求	3 分			
		2. 违章或违反安全事项	4 分			
		3. 工作场地不整洁，工件、工具摆放不整齐	2 分			
合计	100					
考核员	签名：		日期：　年　月　日			

项目自检

1. 如何进行 CCBⅡ型制动机”五步闸”试验?
2. 如何进行法维莱 Eurotrol 制动机“五步闸”试验?
3. 如何进行 CCBⅡ型制动机的自检?
4. 法维莱 Eurotrol 制动机主要包括哪些故障?

项目九　制动机部件检修

项目描述

制动系统机械部件在运用过程中不可避免地会出现故障，这就需要及时进行检修、维护，本项目主要学习制动机机械部件的检修、维护。本项目包括以下三个任务：

任务一　螺杆式空气压缩机检修

任务二　中继阀检修

任务三　109 型分配阀检修

知识目标

1. 掌握螺杆式空压机检修工艺。
2. 掌握中继阀检修工艺。
3. 掌握分配阀检修工艺。

能力目标

1. 会检修螺杆式空压机。
2. 会检修中继阀。
3. 会检修分配阀。

思政目标

1. 培养“敬业爱岗、遵章守纪、乐于奉献”的职业精神。
2. 牢记“安全第一、以质量促安全”的职业规范。
3. 树立“因果”理念，弘扬“精益求精”工匠精神。
4. 养成“勇于尝试、勤于动手、善于思考”的工作作风。

实训环境与设备

制动机实训室、制动机示教板、电空制动屏柜、制动机各部件实物、试验台等。

任务一　螺杆式空气压缩机检修

任务描述

1. 掌握电力机车制动机系统中螺杆式空气压缩机的结构及其各组成部分的结构和作用。

2. 会分析电力机车制动机系统中螺杆式空气压缩机的工作原理和系统流程。

3. 能够独立识别螺杆式空气压缩机的各部件，并能阐述它们在螺杆式空气压缩机中的作用。

4. 能够完成螺杆式空气压缩机解体、检修、组装。

5. 能够完成螺杆式空气压缩机组装后的试验以及在试验中能对发生的螺杆式空气压缩机的故障进行分析处理。

环境储备

1. 主要设备和工具：可调节带式扳手、清洗喷枪、油罐或油盘、漏斗、螺杆式空气压缩机试验台、清洗专用油箱、开口扳手、100 mm 十字改锥、拔轴器、铜棒、手锤、弹簧卡钳。

2. 主要材料：RS32 润滑油、白布、清洗剂。

知识储备

一、检修压缩机的技术要求

（1）更换润滑油、油细分离器及空气过滤器过滤元件。

（2）清洗冷却器。

（3）检查油过滤器的压差，如压差指示为红色，更换油过滤器的滤筒。

（4）检查温控阀状态，油温达到 66 °C 时须打开流向冷却器的通路，达到 76 °C 时应关闭直接流向机体的通路，润滑油全部流向冷却器。

（5）检查温度开关，动作时的温度为100^{+5}_{-10} °C。

（6）检查压力开关，压力升至 300 kPa 时应断开，降至 250 kPa 时应恢复接触。

（7）检修后进行风量试验：转速为 2 940 r/min，向 500 L 储气罐充气，记录压力从 0 kPa 升至 900 kPa 所用的时间不超过 115 s。

二、解　体

（1）拆下压缩机组底架的安装螺栓，拆下出风软管，拆开接线，将压缩机组整体吊下机车，运到检修场地。

（2）拆下压缩机和电机的连接螺栓，用天车轻轻将压缩机和电机分开。
（3）压缩机电机送交专业班组按工艺检修。
（4）缓慢拧开加油堵，释放油气筒残余压缩空气。

三、清洗与检修、组装

（一）更换空气过滤器滤芯及油细分离器

（1）打开空气过滤器。
（2）清理空气过滤器及防尘罩内部脏污，用白布擦拭干净。
（3）更新空气过滤器滤芯，将滤芯放入过滤器内，再次合上空气过滤器。
（4）用带式扳手逆时针旋下油细分离器，更换O形密封圈，在底座连接密封平面处涂一层同机组牌号的润滑油，更换新品油细分离器，用带式扳手顺时针旋紧。

（二）换油、更换油过滤器筒

（1）压缩机还温热时，打开放油堵，放掉机体内所有的油。注意：热油危险。
（2）加新密封圈，拧紧放油堵。
（3）检查油过滤器的压差，如压差指示为红色，须更换油过滤器的滤筒。更换时用批灰刀将原密封垫清除干净，更新密封垫，表面涂密封胶，用带式扳手旋紧。
（4）加入约10.5 kg新品壳牌RS32润滑油（更换油品必须循环至少1遍）。

（三）清洗冷却器

（1）将进出风管、油管拆下，拆开连接螺栓，将冷却器取下。
（2）风管、油管接头用胶带纸防护好，用毛刷（不许用铁丝刷）清除异物，用清洗机加清水或添加碱性清洗剂从下向上清洗干净，用压缩空气吹干。
（3）连接冷却器安装螺栓，连接紧固，平弹垫齐全。
（4）用管钳装上油管及风管。

（四）最小压力维持阀的检修

（1）用扳手缓缓松开螺堵，取出大小弹簧、弹簧座、膜板。
（2）检查大小弹簧，弹性良好，无裂损、歪扭，弹簧座、柱塞无裂损、拉伤。
（3）更新O形圈、膜板。
（4）对准中心位置按住螺堵，拧入螺堵。

（五）进气阀检修

（1）用弹簧卡钳取下挡圈。
（2）取下进气弹簧、阀板、阀座。
（3）拧开锥端定位螺钉M6×20，取下卸荷气缸、卸荷活塞、卸荷弹簧及卸荷阀座。

（4）检查各部件应良好，用清洗剂清洗，再用压缩空气吹干。

（5）检查弹簧弹性应良好，无裂损、歪扭。更新所有 O 形圈。

（6）在卸荷室涂适量润滑油，再从上向下把卸荷气缸装上，切勿将 O 形圈切坏或让 O 形圈在槽内扭转。

（7）按解体相反顺序组装。

（六）联轴器叶轮检修

（1）断开与电机连接的电线。

（2）拆下电机与电机底座连接的 4 条 M16 × 70 螺栓。

（3）拆下与蜗壳连接中托架上的 8 条 M10 × 30 螺栓。

（4）把电机小心地向远离蜗壳方向移动，便于安全及下一步操作。

（5）从联轴器上取下梅花状弹性体，更换新品。

（6）检查联轴器状态，如需更换，可用拔轴器取下联轴器更换新品。

（7）检查叶轮状态，不许有松动、裂损、变形，不良者更换。

（8）按相反顺序组装，注意保护叶轮，组装后盘车检查转动是否灵活。

（七）其他部件检修

（1）检查真空指示器，应完整、清晰、无破损。

（2）检查安全阀状态，运转时压力达到 900 kPa 时手提上部拉环，应能排放，试验动作良好。

（3）检查温度开关，应安装紧固，导线无破损、油污，护套完整。温度升至 105 °C 时须能断开，降至 90 °C 时应能接通。

（4）检查压力开关，应安装紧固，导线无破损、油污，护套完整，有漏油者更换。压力升至 300 kPa 时应能断开，降至 250 kPa 时应恢复接触。

（5）检查温控阀状态，油温达到 66 °C 时须打开流向冷却器的通路，达到 76 °C 时关闭流向机体的通路，润滑油全部流向冷却器。

（6）清扫、检查其他各部件，拧紧各螺栓、螺母。各部件清洁，无裂损。

四、机能试验

（一）转向确认

将经检修合格的电机和压缩机连接好，接上交流三相电源，合上电源 1 s 后马上断开，检查转向，风应吹向散热器上方，电机转向和标示转向一致，进风口往里吹；否则，调换电机任意 2 根接线，并再次确认转向。

（二）风量试验

转速为 2 940 r/min，向 500 L 储气罐充气，记录压力从 0 kPa 升至 900 kPa 所用的时间，压力由 0 至 900 kPa 所需时间不超过 115 s。

（三）安全试验

检查安全阀状态，运转时压力达到 900 kPa 时手提上部拉环，应能排放，试验动作良好。

学习指导

复习压缩机的组成和的工作原理，在掌握压缩机的解体、检修、组装及试验步骤及方法之后再分组进行压缩机的检修。

检修过程中注意进行安全防护工作。

检修完毕后同学们按小组进行评价。

质量评价标准

考核项目：		工时定额：	开始时间：	结束时间：		
班　　级：		姓　　名：	学　　号：	实际用时：		
项目	分数	考核内容及评分标准	每次扣分	次数	扣分	得分
操作技能	70 分	1. 操作、检查、测量、调整方法不当或错误	4 分			
		2. 工序错乱	6 分			
		3. 漏拆、漏检、漏修、漏测	6 分			
		4. 零部件或工具脱落	4 分			
		5. 口述内容有遗漏、错误	4 分			
		6. 工作中返工	10 分			
		7. 作业后未要求恢复、整理	3 分			
		8. 按工艺要求，质量不符合规定	2 分			
		9. 超过时间者（每分钟） （超过额定工时一半者本次考核无效）	1 分			
工具设备使用	20 分	1. 工、量具及设备开工前不检查，收工时不清理	3 分			
		2. 工、量具及设备使用不当	3 分			
		3. 工、量具脱落	6 分			
		4. 工具不全	3 分			
		5. 工具、设备损坏（视情况）	5～20 分			
安全生产	10 分	1. 按规定，着装不符合要求	3 分			
		2. 违章或违反安全事项	4 分			
		3. 工作场地不整洁，工件、工具摆放不整齐	2 分			
合计	100					
考核员		签名：	日期：　　年　　月　　日			

任务二　中继阀检修

任务描述

1. 掌握电力机车制动系统中中继阀的结构及其各组成部分的结构和作用。
2. 会分析电力机车制动机系统中中继阀的工作原理和系统流程。
3. 能够独立识别中继阀的各部件，并能阐述它们在中继阀中的作用。
4. 能够完成中继阀解体、检修、组装。
5. 能够完成中继阀组装后的试验以及对试验中可能发生的故障进行分析处理。

环境储备

1. 主要设备和工具：阀门试验台、平台、开口扳手、卡环钳子、螺丝刀、手锤、钢板尺、钢针、装取橡胶“O”形圈专用工具、油盘、毛刷。

2. 主要材料：水砂布、汽油、绸布、中性洗涤剂、润滑脂、凡士林等。

知识储备

一、中继阀质量标准

（一）检修技术要求

（1）各橡胶件不得有老化、划痕、破损、龟裂、脱壳和麻坑等缺陷。
（2）ϕ0.8 mm 缩口风堵、暗道应畅通，不得堵塞。
（3）各阀口不得有台阶、麻坑、腐蚀等缺陷。
（4）各阀座不得有松动、裂损、掉块等缺陷。
（5）各弹簧不得有裂纹、变形、腐蚀，弹簧自由高度较原形减少量不超过 3 mm。
（6）各阀与套接触面不许有拉伤、偏磨和锻磨，且配合间隙符合限度规定。
（7）各弹性挡圈不得裂损、腐蚀。
（8）顶杆不得折损、弯曲、变形。

（二）限度表

中继阀、总风遮断阀检修限度如表 8-15 所示。

表 8-15　中继阀、总风遮断阀检修限度　　单位：mm

序号	名称	限度	
		中修	禁用
1	供气阀套、排气阀套、总风遮断阀套与其阀体	0.20	
2	供气阀与阀套	0.12	
3	排气阀、总风遮断阀、过充柱塞大端与其阀体	0.15	
4	过充柱塞小端与其阀体	0.12	

二、检修步骤

（一）解　体

（1）外观检查，用压缩空气吹扫干净。

（2）将中继阀和总风遮断阀放在检修工作台上。

（3）用开口扳手卸下中继阀盖上 4 条 M12 × 45 螺栓，将阀盖连同过充部取下，用两手四指扣住主鞲鞴膜板上沿，拇指顶住膜板中间，沿箭头指示相反方向倾斜提出，使主鞲鞴膜板与顶杆挂钩脱扣，取下膜板鞲鞴。

（4）用卡环钳子取下定位挡圈，取出排气阀组成和顶杆。

（5）拆下排气阀挡圈，取出排气阀及排气阀弹簧。

（6）用专用扳手拧开中继阀螺盖，取出供气阀组成。

（7）拆下供气阀挡圈，取出供气阀及供气阀弹簧。

（8）分解膜板鞲鞴组成，取下内外鞲鞴及膜板。

（9）用开口扳手卸下过充柱塞阀盖上 2 条 M8 × 30 的双头螺栓，取下过充盖，抽出过充柱塞。

（10）用开口扳手将遮断阀盖上 4 条 M8 × 30 的双头螺栓、螺母旋下，取下遮断阀盖，并取出遮断弹簧。

（11）取出遮断阀组成。

（12）取下遮断阀挡圈，取出遮断阀及弹簧。

（13）取下所有零件上的“O”形圈及橡胶件。

（二）清洗与检修

（1）将解体后的零部件（除橡胶件）外置油盘中，用白色汽油或中性洗涤剂清洗干净，再用清水清洗后用压缩空气吹扫干净，阀体内部各暗孔、沟槽不得有余垢及异物。

（2）各橡胶件应符合技术要求，不良者更换新品，橡胶垫严禁用汽油清洗，组装时涂少量白色凡士林。

（3）检修中继阀双阀口应符合技术要求，不良者更换供、排气阀套。

（4）检修测量各弹簧，必须符合技术要求，每个弹簧反复压缩三次后应符合技术要求。

中继阀及总风遮断阀各弹簧自由高的原形尺寸为：

供气阀弹簧：29 mm。

排气阀弹簧：38 mm。

遮断阀弹簧：38 mm。

遮断鞲鞴弹簧：63 mm。

（5）检测各阀自由压缩行程：

供气阀行程：8.6 mm。

排气阀行程：8.7 mm。

遮断阀行程：1.4 ~ 2.0 mm。

（6）检查各阀口与阀平面胶垫的接触状态。压痕不均匀或过深者应用细砂布在平台上研磨胶面，研磨后不得低于金属座面，否则更换胶垫。

（7）用原形直柄钻头检查ϕ0.8 缩口风堵，应符合设计要求，并用压缩空气吹扫暗道。

（8）检查各阀与阀套应符合技术要求。

（9）检测顶杆长度为（92.2 ± 0.2）mm，应符合技术要求。

（10）检查过充柱塞将其放入套内压至底部，柱塞伸出量为 10 mm，施以 10N 的力作用在过充柱塞上，过充柱塞应恢复到原位，即低于限制平面 0.8 mm。

（11）检查各螺栓丝扣应良好，阀体不许破损、掉块。

（三）组装

（1）组装前对检修合格配件再一次进行清洁处理，用洁净绸布擦拭干净，再用压缩空气吹净，并在各运动部位涂少量润滑剂后进行组装。

（2）给各阀装上 O 形圈，O 形圈不得有翻拧现象，并给各风道装上密封圈，在各 O 形圈上涂少量凡士林。

（3）拧紧ϕ0.8 mm 缩口风堵。

（4）按解体相反顺序组装供气阀和排气阀，将供气阀组装在中继阀体内，紧固螺盖。

（5）装上排气阀组装及顶杆，然后装上排气阀挡圈。

（6）装入鞲鞴组装，按箭头方向推动鞲鞴，注意检查确认挂上顶杆。

（7）拨动顶杆动作灵活，并检查顶杆端与供气阀座口有 0.2 mm 间隙。

（8）装上阀盖及紧固螺母。

（9）将过充柱塞装入中继阀盖内，并装上过充阀盖。

（10）按解体相反顺序组装好总风遮断阀组装。

（四）试　验

将检修完毕的中继阀及总风遮断阀安装到 DK　1 试验台上进行试验，操作方法见表 8-16。

表 8-16　中继阀、总风遮断阀试验操作方法

试验项目	操　作　方　法
遮断性能	除闭合 2K 外，其余各开关置“断开”位，1TL 推位阀手柄置于“压入”位，先将 3BK 闭合再按 2A 按钮，均衡风缸压力充至 600 kPa，这时列车管压力应不随均衡风缸压力上升而上升
充气性能	断开 3BK 列车管压力应快速升至定压
保压性能	按压 3A 按钮，使均衡风缸减压 40～80 kPa 后松开 3A 按钮，保压 1 min，中继阀排风口应无排气现象
灵敏度	在均衡风缸上升或下降的任一时刻，使用锁定键，在数量仪上读出的均衡风缸与列车管的压力差值不大于 4 kPa
过充性能	均衡风缸压力为 600 kPa 时，按压 1A 按钮，列车管压力应比原值高出 40 kPa

三、安全注意事项

（1）检修时应穿戴工作服，做好必要的安全防护措施。

（2）必须按检修工艺规程进行检修。

（3）汽油清洗时禁止吸烟，工作场地要保持清洁。

（4）禁用活扳手拆装作业。

（5）给电或给风试验中须两人以上进行，一人试验、一人监护。遇有异常情况时，应首先切断电源、风源，防止事态扩大。

学习指导

复习中继阀的组成和工作原理，在掌握中继阀的解体、检修、组装及试验步骤及方法之后再分组进行中继阀的检修。

检修过程中注意进行安全防护工作。

检修完毕后同学们按小组进行评价。

质量评价标准

考核项目：		工时定额：	开始时间：		结束时间：	
班　　级：		姓　　名：	学　　号：		实际用时：	
项目	分数	考核内容及评分标准	每次扣分	次数	扣分	得分
操作技能	70 分	1. 操作、检查、测量、调整方法不当或错误	4 分			
		2. 工序错乱	6 分			
		3. 漏拆、漏检、漏修、漏测	6 分			
		4. 零部件或工具脱落	4 分			
		5. 口述内容有遗漏、错误	4 分			
		6. 工作中返工	10 分			
		7. 作业后未要求恢复、整理	3 分			
		8. 按工艺要求，质量不符合规定	2 分			
		9. 超过时间者（每分钟） （超过额定工时一半者本次考核无效）	1 分			
工具设备使用	20 分	1. 工、量具及设备开工前不检查，收工时不清理	3 分			
		2. 工、量具及设备使用不当	3 分			
		3. 工、量具脱落	6 分			
		4. 工具不全	3 分			
		5. 工具、设备损坏（视情况）	5～20 分			
安全生产	10 分	1. 按规定，着装不符合要求	3 分			
		2. 违章或违反安全事项	4 分			
		3. 工作场地不整洁，工件、工具摆放不整齐	2 分			
合计	100					
考核员	签名：		日期：　　年　　月　　日			

任务三　109 型分配阀检修

任务描述

1. 掌握电力机车制动系统中分配阀的结构及其各组成部分的结构和作用。
2. 会分析电力机车制动机系统中分配阀的工作原理和系统流程。
3. 能够独立识别分配阀的各部件，并能阐述它们在分配阀中的作用。
4. 能够完成分配阀解体、检修、组装。
5. 能够完成分配阀组装后的试验以及对试验中可能发生的故障进行分析处理。

环境储备

1. 主要设备和工具：阀门试验台、平台、开口扳手、卡环钳子、螺丝刀、手锤、钢板尺、钢针、装取橡胶“O”形圈专用工具、油盘、毛刷。

2. 主要材料：水砂布、汽油、绸布、中性洗涤剂、润滑脂、凡士林等。

知识储备

一、分配阀的质量标准

（1）各部位无泄漏，各作用位作用良好。

（2）更换橡胶件，其规格和技术要求符合原型图纸的要求。

（3）各部件清洁度符合“电力机车清洁度标准”。

（4）分配阀的试验：

① 充气、缓解位：当列车管缓解时（风压 500 kPa），工作风缸风压由零升至 500 kPa 的时间为 60 ~ 80 s。

② 初制动位：分配阀初制动位列车营的减压量不大于 20 kPa。

③ 全制动时制动缸升压时间为 5 ~ 7 s。

④ 紧急位：紧急制动后制动缸压力升至 400 kPa 的时间不大于 4 ~ 7 s。

⑤ 安全阀开启压力为（450 ± 10）kPa。

（5）主要尺寸限度如表 8-17 所示。

表 8-17　分配阀的主要尺寸限度

<table>
<tr><th>序号</th><th colspan="2">名　　称</th><th>中修限度</th></tr>
<tr><td>1</td><td colspan="2">各阀口磨耗量</td><td>≤0.5 mm</td></tr>
<tr><td>2</td><td colspan="2">紧急增压阀与套、均衡阀杆与套的配合间隙</td><td>≤0.2 mm</td></tr>
<tr><td>3</td><td colspan="2">均衡阀压痕深度</td><td>≤0.5 mm</td></tr>
<tr><td rowspan="4">4</td><td rowspan="4">弹簧自由高度较原形高度的减少量</td><td>增压阀弹簧和均衡阀弹簧</td><td>≤3.0 mm</td></tr>
<tr><td>递动弹簧</td><td>≤2.0 mm</td></tr>
<tr><td>节制阀弹簧</td><td>≤1.5 mm</td></tr>
<tr><td>安全阀调整弹簧</td><td>≤2.0 mm</td></tr>
</table>

二、操作程序及要求

（一）分　解

（1）将分配阀安放在专用支架上，并用压缩空气吹干净。
（2）卸下主阀上盖，抽出主鞲鞴杆组成及滑阀，并分解。
（3）卸下均衡阀后盖，抽出均衡鞲鞴杆组成共分解。
（4）卸下均衡阀上盖，抽出滤尘套及均衡阀组成，并分解。
（5）卸下阀盖，抽出增压阀杆及弹簧。
（6）分解安全阀。

（二）清　洗

将拆下的各零部件放在清洗油盘中清洗干净。

（三）检　修

（1）更换各橡胶件，检查各橡胶件应无老化、裂损等现象。
（2）检查各阀与套应无拉伤、偏磨现象，其相互间的配合应符合技术要求。
（3）检查均衡阀口应无台阶、麻坑。不良者可磨修，磨修量须符合技术要求。
（4）均衡阀压痕深度应符合技术要求，压痕可用砂布打磨消除。
（5）检查各弹簧应无裂损和严重锈蚀，其自由高度应符合技术要求。各弹簧自由高度为：均衡阀弹簧：40 mm；增压阀弹簧：53 mm；递动稳定弹簧：34.5 mm；节制阀弹簧：14 mm。
（6）节制阀与滑阀、滑阀与座应密闭良好，不良者可研磨处理。
（7）检查各缩堵及暗道应畅通。分配阀有四个缩孔：缩孔Ⅰ～Ⅲ均为ϕ0.8 mm，缩孔Ⅳ为ϕ1 mm。
（8）检查安全阀，阀体与阀座的接触状态应良好，接触不良可研磨修复。
（9）检查安全阀体导向部分与阀套径向间隙应符合技术要求。

（四）组　装

（1）用压缩空气吹扫检修好的各部件，并用绸布擦干。
（2）在阀体内壁涂植物油。
（3）在有相对运动的零件表面涂适量的凡士林。
（4）按与分解相反的顺序进行组装，在组装过程中按动各鞲鞴杆，动作应灵活，无卡滞现象。
（5）安全阀组装后需拧紧顶部螺帽。

（五）试　验

（1）将安全阀放在试验台上进行试验，其试验性能应符合技术要求，完毕后需打好铅封。

（2）组装好的分配阀必须在试验台上进行实验，各项试验须符合技术要求。

① 试验准备：总风压力应在 600 kPa 以上，调压阀调到 500 kPa。

② 充气和充气位试验：手把置“充气位”，工作风缸压力上升充至定压。

- 工作风缸由零充到定压时间应符合技术要求规定。
- 用肥皂水检查合结合部及排气口漏泄，允许肥皂水少许鼓泡保持 5 s 内不破。

③ 缓解、制动灵敏度及保压试验：手把移至“运转位”，待工作风缸充至定压后，手把置“制动位”，减压 40 kPa 后，保压 60 s 然后移“缓解位”，保压时用肥皂水检查各排气口及结合部漏泄。

- 制动灵敏度：应在列车管减压 20 kPa 以前起制动作用。
- 制动保压漏泄：保压时各结合部不得漏泄，排气口允许肥皂水少许鼓泡，且 5 s 内不破灭，保压 60 s 内不得发生自然缓解。
- 缓解灵敏度：手把移动“运转位”，应在 15 s 内开始缓解。

④ 全缓解试验：将工作风缸充至定压后，减压 140 kPa 再保压，直到缓解。

- 容积风缸压力由零上升至 340 kPa 的时间应小于 6 s。
- 容积风缸压力由 360 kPa 下降至 40 kPa 的时间应小于 6 s。
- 制动缸压力应跟随容积风缸压力下降，两者压差不超过 25 kPa。

三、安全注意事项

（1）检修时应穿戴工作服，做好必要的安全防护措施。

（2）必须按检修工艺规程进行检修。

（3）汽油清洗时禁止吸烟，工作场地要保持清洁。

（4）禁用活扳手拆装作业。

（5）给电或给风试验中须两人以上进行，一人试验、一人监护。遇有异常情况时，应首先切断电源、风源，防止事态扩大。

学习指导

复习分配阀的组成和工作原理，在掌握分配阀的解体、检修、组装及试验步骤及方法之后再分组进行分配阀的检修。

检修过程中注意进行安全防护工作。

检修完毕后同学们按小组进行评价。

质量评价标准

考核项目：		工时定额：	开始时间：	结束时间：		
班　　级：		姓　　名：	学　　号：	实际用时：		
项目	分数	考核内容及评分标准	每次扣分	次数	扣分	得分
操作技能	70 分	1. 操作、检查、测量、调整方法不当或错误	4 分			
		2. 工序错乱	6 分			
		3. 漏拆、漏检、漏修、漏测	6 分			
		4. 零部件或工具脱落	4 分			
		5. 口述内容有遗漏、错误	4 分			
		6. 工作中返工	10 分			
		7. 作业后未要求恢复、整理	3 分			
		8. 按工艺要求，质量不符合规定	2 分			
		9. 超过时间者（每分钟） （超过额定工时一半者本次考核无效）	1 分			
工具设备使用	20 分	1. 工、量具及设备开工前不检查，收工时不清理	3 分			
		2. 工、量具及设备使用不当	3 分			
		3. 工、量具脱落	6 分			
		4. 工具不全	3 分			
		5. 工具、设备损坏（视情况）	5～20 分			
安全生产	10 分	1. 按规定，着装不符合要求	3 分			
		2. 违章或违反安全事项	4 分			
		3. 工作场地不整洁，工件、工具摆放不整齐	2 分			
合计	100					
考核员	签名：		日期：　年　月　日			

参考文献

[1] 李书营，马金法. 交流传动机车制动系统[M]. 成都：西南交通大学出版社，2019.

[2] 中华人民共和国铁道部. 铁路技术管理规程[M]. 北京：中国铁道出版社，2020.

[3] 中华人民共和国铁道部. 内燃、电力机车段修管理规程[M]. 北京：中国铁道出版社，2019.

[4] 张有松，朱龙驹. 韶山 $_4$ 型电力机车[M]. 北京：中国铁道出版社，1998.

[5] 张铁竹，李学雷. 电力机车检修专业综合实训指导书[M]. 北京：中国铁道出版社，2008.

[6] 中华人民共和国劳动和社会保障部. 国家职业标准——电力机车电工[M]. 北京：中国铁道出版社，2017.

[7] 中华人民共和国劳动和社会保障部. 国家职业标准——电力机车钳工[M]. 北京：中国铁道出版社，2017.

[8] 汪亚军，王大军，宋捷. HXD_3 型电力机车实用指导书[M]. 北京：中国铁道出版社，2010.

[9] 杨连宇，王俊勇. HXD_2 电力机车制动控制系统用新型中继阀[J]. 机车电传动，2010（6）.

[10] 西安铁路局. HXD_3 型大功率交流电力机车应急故障处理[M]. 北京：中国铁道出版社，2010.

[11] 中华人民共和国铁道部. 铁路机车操作规程铁运〔2012〕281 号[M]. 北京：中国铁道出版社，2013.